中华人民共和国交通部部标准

公路桥涵标准图

(1973～1993年)常用结构标准图汇编

第四部分　预应力混凝土Ⅰ形组合梁斜桥

1	JT/GQB	006-93	装配式后张法预应力混凝土Ⅰ形组合梁斜桥
2	JT/GQB	007-93	装配式后张法预应力混凝土Ⅰ形组合梁斜桥

人民交通出版社股份有限公司
China Communications Press Co.,Ltd.

图书在版编目(CIP)数据

公路桥涵标准图(1973~1993年)常用结构标准图汇编.第4部分,预应力混凝土Ⅰ形组合梁斜桥／人民交通出版社股份有限公司汇编.—北京:人民交通出版社股份有限公司,2014.11
(中华人民共和国交通部部标准)
ISBN 978-7-114-11865-4

Ⅰ.①公… Ⅱ.①人… Ⅲ.①公路桥—桥涵工程—标准图—汇编—中国 ②公路桥—预应力混凝土桥-组合梁桥-斜桥-标准图-汇编-中国 Ⅳ.①U448.142.5

中国版本图书馆 CIP 数据核字(2014)第 268793 号

书　　名:	公路桥涵标准图(1973~1993年)常用结构标准图汇编.
	第四部分　预应力混凝土Ⅰ形组合梁斜桥
著　作　者:	人民交通出版社股份有限公司
责任编辑:	张征宇　赵瑞琴
出版发行:	人民交通出版社股份有限公司
地　　址:	(100011)北京市朝阳区安定门外外馆斜街3号
网　　址:	http://www.ccpress.com.cn
销售电话:	(010)59757973
总　经　销:	人民交通出版社股份有限公司发行部
经　　销:	各地新华书店
印　　刷:	北京市密东印刷有限公司
开　　本:	787×1092　1/8
印　　张:	27.5
版　　次:	2014年11月　第1版
印　　次:	2014年11月　第1次印刷
书　　号:	ISBN 978-7-114-11865-4
定　　价:	200.00元

(有印刷、装订质量问题的图书由本公司负责调换)

前　言

改革开放以来，我国桥梁建设得到了快速发展，至 2013 年底，公路桥梁数量已达 73.5 万座，其中危桥近 8.6 万座。在这批危桥中，相当一部分桥梁是在 20 世纪 70 年代至 90 年代建设的，桥梁结构形式大都采用中小跨径标准图设计，限于当时经济、技术等方面的制约，设计荷载偏低，加之交通量日益增大，超重、超载车辆屡禁不绝，桥梁已不堪重负，急需进行安全隐患排查和桥梁加固改造。

目前，各省市部分公路桥梁养护管理单位危旧桥梁基础资料严重缺失，给桥梁养护管理带来很大困难。为配合交通运输部做好危旧桥梁安全隐患改造，满足公路桥梁养护管理单位以及桥梁检测、评定、加固、维修和改造等单位的迫切需求，人民交通出版社股份有限公司将 20 世纪 70 年代至 90 年代交通部部标准公路桥涵标准图中常用结构的石拱桥、钢筋混凝土、预应力混凝土 T 形梁，钢筋混凝土、预应力混凝土板和预应力混凝土 I 形组合梁等 16 本标准图汇编成册再版，为危旧桥梁养护管理工作的开展和技术档案真实完整，以及进行桥梁检测、评定、加固、维护和改造提供依据和技术支持。

交通部部标准公路桥涵标准图(1973~1993 年)常用结构标准图见附表。

交通部部标准公路桥涵标准图(1973~1993年)常用结构标准图汇编　　　　　　　　　　　　　　　　附表

部　　分	编　号		图　名	跨　径(m)	斜交角度	荷　载	净　宽(m)
第一部分　石拱桥	1	JT/GQB 017-73	石拱桥	6、8、10、13、16、20	/	汽车-15级 挂车-80	净7
	2	JT/GQB 018-73	石拱桥	6、8、10、13、16、20	/	汽车-20级 挂车-100	净7
	3	JT/GQB 046-84	石拱桥	25、30、40、50、60	/	汽车-20级 挂车-100	净7
第二部分　钢筋混凝土、预应力混凝土T形梁桥	1	JT/GQB 011-73	装配式钢筋混凝土T形梁桥(Ⅱ级钢筋)	10、13、16、20	/	汽车-20级 挂车-100	净7 净9
	2	JT/GQB 013-73	装配式钢筋混凝土T形梁桥(Ⅲ级钢筋)	10、13、16、20	/	汽车-20级 挂车-100	净7 净9
	3	JT/GQS 025-84	装配式钢筋混凝土T形梁	10、13、16、20	/	汽车-15级 挂车-80 汽车-20级 挂车-100 汽车-超20级 挂车-120	2×净7.5 2×净7 净9 净7
	4	JT/GQB 025-75	装配式后张法预应力混凝土简支梁	25、30、35、40	/	汽车-15级 挂车-80	净7 净9
	5	JT/GQB 026-75	装配式后张法预应力混凝土简支梁	25、30、35、40	/	汽车-20级 挂车-100	净7 净9
	6	JT/GQS 024-83	装配式预应力混凝土简支梁	25、30、35、40	/	汽车-20级 挂车-100 汽车-超20级 挂车-120	2×净7.5 2×净7 净9 净7
第三部分(上册)　钢筋混凝土、预应力混凝土板	1	JT/GQB 001-73	装配式预应力混凝土空心板	8、10、13、16	/	汽车-15级 挂车-80	净7 净9
	2	JT/GQB 004-73	装配式钢筋混凝土矩形板式桥涵上部构造	1.5、2.0、2.5、3.0、4.0、5.0、6.0、8.0	/	汽车-20级 挂车-100	净7 净9
	3	JT/GGQS 011-84	装配式钢筋、预应力混凝土板	5、6、8、10、13、16	0°、15°、30°、45°	汽车-超20级 挂车-120	2×净11
第三部分(下册)　钢筋混凝土、预应力混凝土板	1	JT/GQB 001-93	装配式预应力混凝土斜空心板桥上部构造	10、13、16、20	10°、20°、30°、40°	汽车-20级 挂车-100 汽车-超20级 挂车-120	2×净11 2×净9.75 净9 净7
	2	JT/GQB 002-93	装配式钢筋混凝土空心板桥上部构造	6、8、10、13	10°、20°、30°、40°	汽车-20级 挂车-100 汽车-超20级 挂车-120	2×净11.5 2×净9.75 净9 净7
第四部分　预应力混凝土Ⅰ形组合梁斜桥	1	JT/GQB 006-93	装配式后张法预应力混凝土Ⅰ形组合梁斜桥	30	0°、15°、30°、45°	汽车-20级 挂车-100 汽车-超20级 挂车-120	净11.5 净9.75 净9 净7
	2	JT/GQB 007-93	装配式后张法预应力混凝土Ⅰ形组合梁斜桥	40	0°、15°、30°、45°	汽车-20级 挂车-100 汽车-超20级 挂车-120	净11.5 净9.75 净9 净7

总 目 录

1　JT/GQB　006-93　装配式后张法预应力混凝土 I 形组合梁斜桥 …………………………………………………………………………（ 1 ）

2　JT/GQB　007-93　装配式后张法预应力混凝土 I 形组合梁斜桥 …………………………………………………………………………（107）

中华人民共和国交通行业标准

公路桥涵标准图

装配式后张法预应力混凝土工形组合梁斜桥

（钢绞线）

编　号：JT/GQB 006-93

跨　径：30 m

斜交角：0°、15°、30°、45°

荷　载：汽车-20级、挂车-100
　　　　汽车-超20级、挂车-120

净　宽：净-11.5+2×0.50 m
　　　　净-9.75+2×0.50 m
　　　　净-9+2×1.50 m
　　　　净-9+2×1.00 m
　　　　净-7+2×1.00 m

人民交通出版社

目 录

名　　　　称	图　号
说　　　　明	
一孔上部构造工程材料数量指标表	1
一孔上部构造主要工程材料数量表 (一)～(五)	2～6
内力表 (一)～(七)	7～13
桥梁横断面 (一)、(二)	14、15
主梁一般构造 (一)～(十二)	16～27
预制I型梁钢束构造 (一)、(二)	28、29
钢铰线股数数量表	30
钢束座标表 (一)、(二)	31、32
一片主梁钢束数量表 (一)～(七)	33～39
预制I型梁钢筋构造 (一)～(八)	40～47
端部钢筋构造 (一)～(八)	48～55
桥面板钢筋构造 (一)～(五)	56～60

名　　　　称	图　号
预制桥面底板钢筋构造 (一)～(三)	61～63
横隔板布置	64
横隔板钢筋构造 (一)～(七)	65～71
栏杆钢筋构造 (一)、(二)	72、73
1.5米人行道钢筋构造 (一)～(三)	74～76
1.0米人行道钢筋构造 (一)～(三)	77～79
人行道材料数量表	80
护栏、泄水管钢筋构造 (一)、(二)	81、82
桥面连续构造 (一)、(二)	83、84
橡胶支座、滑板支座	85
伸缩缝构造 (一)～(六)	86～91

说　　明

一、设计依据

1、交通部公路规划设计院（89） 公规标字第066号“关于对《预应力混凝土Ⅰ形组合梁斜桥》标准图初步设计审核意见的函”。

2、交通部公路规划设计院（89） 公规标字第098号“关于对《预应力混凝土Ⅰ形组合梁斜桥》标准图初步设计审核意见的反馈意见的函”。

二、设计标准与规范

1、中华人民共和国交通部部标准《公路工程技术标准》（JTJ 01—88）。

2、中华人民共和国交通部部标准《公路桥涵设计通用规范》（JTJ021—89）。

3、中华人民共和国交通部部标准《公路钢筋混凝土及预应力混凝土桥涵设计规范》（JTJ023—85）。

三、技术指标

技术指标表见表1

四、主要材料

1、混凝土：预制Ⅰ形梁、预制部分横隔板和预制桥面底板用50号混凝土；现浇桥面板和现浇横隔板用30号混凝土。当采用水泥混凝土桥面铺装时用30号防水混凝土；当采用沥青混凝土面层加水泥混凝土三角垫层时，垫层用25号混凝土；人行道系用25号混凝土。

技 术 指 标 表

表1

荷载	净空(m)	跨径(m)	斜交角(度)	计算跨径(m)	主梁间距(m)	梁数(片)	梁全长(m)	梁高(m)	支点距梁端距离(m)
汽车—超20级 挂车—120	净—11.50+2×0.50	30	0	29.14	2.50	5	29.94	2.0	0.40
			15	29.06					0.44
			30	28.96					0.49
			45	28.86					0.54
汽车—20级 挂车—100	净—9.75+2×0.50	30	0	29.14	2.15	5			0.40
			15	29.06					0.44
			30	28.96					0.49
			45	28.86					0.54
	净—9+2×1.50 人行道	30	0	29.14	2.15	5			0.40
			15	29.06					0.44
			30	28.96					0.49
			45	28.86					0.54
	净—9+2×1.00 人行道	30	0	29.14	2.15	5			0.40
			15	29.06					0.44
			30	28.96					0.49
			45	28.86					0.54
	净—7+2×1.00 人行道	30	0	29.14	2.15	4			0.40
			15	29.06					0.44
			30	28.96					0.49
			45	28.86					0.54

注：人群荷载均为3.5KN/m²。

2、预应力钢绞线：应符合GB5224—85的规定，钢绞线直径φʲ15（7φ5.0）mm，标准强度R_y^b＝1570MPa，弹性模量Ey＝1.9×10⁵ MPa，Ⅱ级松弛。

3、钢筋：应符合GB1499—84的规定，直径≥12mm者，采用Ⅱ级（20MnSi）钢筋；直径<12mm者采用Ⅰ级钢筋。预制桥面底板钢筋采用直径8mm的冷拉Ⅱ级钢筋。

4、钢板：应符合GB700—79规定的普通碳素结构钢（A3）。

5、锚具及管道成孔：锚具采用国内生产的XM型锚具或QM型锚具及与其配套的设备。分橡胶抽拔管和波纹铁皮管两种成孔方式。

五、构造及设计要点

1、为了增强桥梁横向整体性，在预制Ⅰ形梁安装后现浇横隔板及桥面板。

2、为了方便施工，在预制Ⅰ形梁之间，先安装5cm厚的预制桥面底板，作为现浇桥面板的底模。但边梁外侧桥面板仍需在支架上立模一次浇筑。

3、为了简化模板便于施工，预制Ⅰ形梁梁肋宽度一律采用18cm，马蹄宽度一律采用54cm，端部梁肋宽度加宽成与马蹄同宽。斜梁除端横隔板与主梁斜交外，中横隔板均与主梁正交。

4、桥面横坡一律采用2%。用于一级汽车专用公路者为单向横坡，由墩台帽形成，因此，Ⅰ形梁顶面、桥面板顶底面均为2%横坡，但Ⅰ形梁底面仍保持水平。用于二、三级公路者则为双向横坡，桥面横坡由三角垫层形成。

5、桥面铺装，一级汽车专用公路采用6cm等厚沥青混凝土，二级公路采用边缘6cm厚的水泥混凝土或4cm等厚沥青混凝土加水泥混凝土三角垫层组成的两种桥面铺装形式，供选择。

6、锚具在梁端布置力求均匀。封锚厚度一般不少于12cm。为了使锚下垫板不超越支座中心线并减少封锚混凝土数量，将成对弯起钢束的锚固面在平面上做成双台阶状。

7、为了简化施工，钢束在立面上一律以圆弧弯起，在平面上没有弯曲。凡成对的钢束均采用在同一点起弯，起弯角和半径亦相同，但由于预制Ⅰ形梁梁端做成双台阶状锚固面，故在曲线终点外应将该端长束在凸出的台阶范围内沿其切线方向延长至锚固点。

8、斜梁弯矩计算采用刚接板梁法乘以修正系数K。横隔板按刚接板梁法除以修正系数K。桥面板用板的专用程序进行受力分析，并根据主、横梁间距分别按单向板及双向板计算进行校核。

9、Ⅰ形梁在预加力阶段跨中上挠度值及使用阶段下缘正应力分别见表2、表3。

预加力阶段上挠度值

表2　单位：mm

项	目	0°		15°		30°		45°	
		边梁	中梁	边梁	中梁	边梁	中梁	边梁	中梁
B=12.5m	汽车—超20级	44.5	40.2	43.6	38.5	42.3	36.6	40.8	36.7
b=2.5m	汽车—20级	42.3	33.5	39.1	36.7	37.2	34.8	37.3	35.0
B=10.75m	汽车—超20级	42.3	36.6	40.8	36.7	39.0	34.8	37.3	35.0
b=2.15m	汽车—20级	37.2	34.4	35.5	34.4	36.8	33.6	35.6	30.3
B=12.5m	b=2.15m	40.8	36.6	37.3	36.7	35.4	36.2	36.8	35.1
B=11.5m	b=2.15m	39.0	36.6	35.5	34.9	36.8	36.2	35.6	35.1
B=9.50m	b=2.15m	37.2	34.8	35.5	34.9	36.8	35.1	35.6	33.5

注：不设预拱度
表中B、b分别为桥宽及梁距

使用阶段下缘应力表（跨中）

表3　单位：MPa

项	目	0°		15°		30°		45°	
		边梁	中梁	边梁	中梁	边梁	中梁	边梁	中梁
B=12.5m	汽车—超20级	2.103	2.507	2.204	2.284	2.309	2.257	2.754	3.103
b=2.5m	挂车—120	5.516	1.543	7.552	1.359	9.405	1.402	1.583	2.377
B=12.5m	汽车—20级	3.295	3.577	2.674	3.238	3.725	4.288	4.425	4.862
b=2.5m	挂车—100	1.161	5.046	6.752	1.847	1.861	3.009	2.836	3.787
B=12.5m	汽车—20级	3.134	2.438	2.29	2.678	2.461	2.62	3.053	2.791
b=2.15m	挂车—100	1.083	1.012	2.393	1.287	0.71	1.396	1.509	1.748
B=11.5m	汽车—20级	3.218	2.828	2.631	2.513	3.014	2.981	3.172	3.121
b=2.15m	挂车—100	1.162	1.402	7.427	1.118	1.267	1.757	1.624	2.077
B=10.75m	汽车—超20级	2.859	2.349	3.006	2.867	2.974	3.106	3.096	3.822
b=2.15m	挂车—120	1.209	1.316	1.461	1.876	1.57	2.218	1.849	3.062
B=10.75m	汽车—20级	3.052	3.216	2.989	3.423	3.411	3.144	3.454	2.731
b=2.15m	挂车—100	8.655	1.721	9.518	1.991	1.563	1.861	1.816	1.63
B=9.50m	汽车—20级	2.809	2.642	2.754	2.898	3.029	2.835	3.235	1.843
b=2.15m	挂车—100	0.492	1.212	0.624	1.521	1.055	1.591	1.491	7.758

注：1、其它截面均受压，压应力大于表中压应力
2、表中B、b分别为桥宽及梁距

10、预应力钢束的管道摩擦损失分别按橡胶抽拔管及波纹铁皮管成孔考虑。为了方便配束，一孔桥的各梁采用不多于两种束。但预留孔道直径仍用一种（取其大者）。计算时考虑了同一截面内孔道重心与钢束重心不一致的影响。

钢束张拉后应尽快用50号水泥浆压入孔道，以形成整体截面。

表4

锚具型号	孔道直径（mm）	孔道直径取用值（mm）
XM15-6	φ66	φ66
XM15-7	φ66	

11、混凝土收缩和徐变引起的预应力损失采用《公路钢筋混凝土及预应力混凝土桥涵设计规范》附录九的方法计算。计算锚具变形、钢束回缩等引起的预应力损失时，考虑了与张拉钢束时的摩阻力相反的摩阻作用。

12、各梁均须待梁体混凝土强度达到设计强度的100%时方可张拉钢束。钢束的锚下控制应力 $\sigma_k = 1136.19$ MPa。各钢束的锚下控制张拉力如下表：

表5

钢绞线股数	钢绞线面积（mm）	控制张拉力（KN）
6	831.66	944.92
7	970.27	1102.41

13、为了减少钢束的松驰损失和克服锚圈口与钢绞线之间的摩擦损失，钢束采用超张拉工艺。钢束张拉程序按《公路桥涵施工技术规范》（JTJ041-89）办理。

14、考虑斜梁桥钝角部分桥面板在支承附近由于扭矩产生的拉应力影响，在板端设置了平行于支承线的φ12的附加钢筋。

15、本图支座采用板式橡胶支座，桥面连续后同一联内中间各支座按照主梁可能的最大伸缩量，采用等高度的橡胶支座。各联两个端支座采用等高度的四氟滑板支座。温度变化范围按±30℃考虑。若一联内各墩刚度差别较大，应根据具体条件另行设计。

16、本设计行车道伸缩缝构造均采用橡胶伸缩缝，亦可根据情况选用其它类型的伸缩缝。

六、施工注意事项

有关桥梁的施工工艺及其质量检查标准，均按《公路桥涵施工技术规范》（JTJ041-89）有关条文办理。并注意：

1、在浇筑桥面混凝土时，应将防撞护栏（或栏杆）、人行道块件锚固钢筋、伸缩缝有关部件、桥面连续钢筋等预先埋入，并预留好泄水管孔洞。

2、为了防止预制梁与现浇桥面混凝土，由于龄期的不同而产生过大的剪力差，两者的龄期不应大于三个月。

3、预制桥面底板安装时应座以7.5号水泥砂浆。由于板支承宽度很小，当预制板就位后，应首先将桥面板钢筋横桥向予以连接，以策安全。预制板设计考虑施工人员和施工料、具行走运输或堆放荷载为2.5MPa。

4、预制Ⅰ形梁安装采用兜底吊，吊点位置距梁端不得大于1.0m，吊装孔设在翼缘板根部，施工时应注意预留孔洞。

5、预制板顶、预制梁顶及横隔板侧面应进行严格拉毛处理，以使新、老混凝土很好结合。梁、板安装完毕并整体化后，在尚未浇筑桥面混凝土或沥青混凝土铺装前，汽车和筑路机械不得通过。

6、本图主持单位：交通部公路规划设计院

　　编制单位：交通部第一公路勘察设计院。

一孔上部构造工程材料数量指标表

斜交角	桥面净宽(m)	车辆荷载	混凝土(包括砂浆) 总体积(m^3)	混凝土(包括砂浆) 每平方米体积(m^3/m^2)	ϕ^j15钢绞线 总重量(kg)	ϕ^j15钢绞线 每平方米重量(kg/m^2)	钢筋 总重量(kg)	钢筋 每平方米重量(kg/m^2)	其它钢材 总重量(kg)	其它钢材 每平方米重量(kg/m^2)	建筑面积(m^2)
0°	净-11.50	汽车-超20级 挂车-120	218	0.581	6851	18.27	27835	74.23	773	2.06	375
		汽车-20级 挂车-100	218	0.581	6612	17.63	27049	72.13	773	2.06	375
	净-9.75	汽车-超20级 挂车-120	203	0.628	6511	20.16	23992	74.28	773	2.39	323
		汽车-20级 挂车-100	203	0.628	5999	18.57	23058	71.39	709	2.2	323
	净-9+2×1.50	汽车-20级 挂车-100	215	0.573	6443	17.18	22079	58.88	810	2.16	375
	净-9+2×1.00	汽车-20级 挂车-100	211	0.612	6374	18.48	21796	63.18	810	2.35	345
	净-7+2×1.00	汽车-20级 挂车-100	167	0.586	4977	17.46	17695	62.09	655	2.3	285
15°	净-11.50	汽车-超20级 挂车-120	220	0.587	6678	17.81	28155	75.08	753	2.01	375
		汽车-20级 挂车-100	220	0.587	6372	16.99	27409	73.09	753	2.01	375
	净-9.75	汽车-超20级 挂车-120	204	0.632	6440	19.94	24302	75.24	753	2.33	323
		汽车-20级 挂车-100	204	0.632	5928	18.35	23347	72.28	691	2.14	323
	净-9+2×1.50	汽车-20级 挂车-100	216	0.576	6304	16.81	22382	59.69	793	2.11	375
	净-9+2×1.00	汽车-20级 挂车-100	212	0.614	6133	17.78	22096	64.05	793	2.3	345
	净-7+2×1.00	汽车-20级 挂车-100	167	0.586	4906	17.21	17953	62.99	642	2.25	285
30°	净-11.50	汽车-超20级 挂车-120	220	0.587	6508	17.35	28560	76.16	753	2.02	375
		汽车-20级 挂车-100	220	0.587	6201	16.54	27822	74.19	753	2.01	375
	净-9.75	汽车-超20级 挂车-120	204	0.632	6269	19.41	24665	76.36	753	2.33	323
		汽车-20级 挂车-100	204	0.632	5758	17.83	23627	73.15	649	2.01	323
	净-9+2×1.50	汽车-20级 挂车-100	216	0.576	6030	16.08	22667	60.44	730	1.95	375
	净-9+2×1.00	汽车-20级 挂车-100	212	0.614	5962	17.28	22349	64.78	689	2.00	345
	净-7+2×1.00	汽车-20级 挂车-100	169	0.593	4696	16.48	18182	63.8	558	1.96	285
45°	净-11.50	汽车-超20级 挂车-120	222	0.592	6436	17.16	29586	78.9	743	1.98	375
		汽车-20级 挂车-100	222	0.592	6197	16.53	28839	76.9	743	1.98	375
	净-9.75	汽车-超20级 挂车-120	206	0.638	6197	19.19	25165	77.91	743	2.3	323
		汽车-20级 挂车-100	206	0.638	5485	16.98	24086	74.57	649	2.01	323
	净-9+2×1.50	汽车-20级 挂车-100	218	0.581	5859	15.62	23042	61.45	686	1.63	375
	净-9+2×1.00	汽车-20级 挂车-100	214	0.620	5791	16.79	22784	65.98	686	1.99	345
	净-7+2×1.00	汽车-20级 挂车-100	169	0.593	4565	16.02	18467	64.8	555	1.95	285

附注

1、表中未计入支座、伸缩缝及桥面连续的材料数量。

2、表中混凝土体积是按沥青混凝土桥面铺装方案统计的，其中包括水泥混凝土三角垫层，沥青混凝土及沥青砂的体积。

3、每平方米数量 $= \dfrac{\text{一孔上部构造工程或材料数量}}{\text{建筑面积}}$

建筑面积＝跨径×全宽

预应力混凝土Ⅰ形组合梁斜桥 跨径30米 斜交角0°;15°;30°;45°	汽车-20级 挂车-100 汽车-超20级 挂车-120 净-11.5 净-9+2×1.50 净-9.75 净-9+2×1.00 净-7+2×1.00	
一孔上部构造工程材料数量指标表	图号	1

一孔上部构造主要工程材料数量表

材料＼项目	单位	预制Ⅰ形梁				现浇横隔板				预制、现浇桥面板				行车道铺装				护栏、泄水管				一孔上部构造总计			
		0°	15°	30°	45°	0°	15°	30°	45°	0°	15°	30°	45°	0°	15°	30°	45°	0°	15°	30°	45°	0°	15°	30°	45
混凝土 25号	m^3																								
混凝土 30号	m^3					15	16	16	17	65	65	65	65					19	19	19	19	99	100	100	101
混凝土 50号	m^3	87	88	88	89					11	11	11	11									98	99	99	100
混凝土 小计	m^3	87	88	88	89	15	16	16	17	76	76	76	76					19	19	19	19	197	199	199	201
沥青混凝土	m^3													21	21	21	21					21	21	21	21
Φ^j15钢绞线	kg	6851 (6612)	6678 (6372)	6508 (6201)	6436 (6197)																	6851 (6612)	6678 (6372)	6508 (6201)	6436 (6197)
Φ^l8冷拉Ⅱ级钢筋	kg									2310	2320	2318	2322									2310	2320	2318	2322
钢筋 Ⅱ级 Φ32	kg																								
钢筋 Ⅱ级 Φ25	kg					1809	1826	1884	2017													1809	1826	1884	2017
钢筋 Ⅱ级 Φ22	kg																								
钢筋 Ⅱ级 Φ16	kg																	1575	1575	1561	1571	1575	1575	1561	1571
钢筋 Ⅱ级 Φ12	kg	2696	2694	2682	2683					9993 (8207)	9244 (8498)	9583 (8845)	10277 (9530)					917	917	915	916	12606 (11820)	12855 (12109)	13180 (12442)	13876 (13129)
钢筋 Ⅱ级 小计	kg	2696	2694	2682	2683	1809	1826	1884	2017									2492	2492	2476	2487	15990 (15204)	16256 (15510)	16625 (15887)	17464 (16717)
钢筋 Ⅰ级 Φ10	kg	2699	2751	2761	2820																	2699	2751	2761	2820
钢筋 Ⅰ级 Φ8	kg	4951	4939	4928	4955	1507	1511	1550	1647									378	378	378	378	6836	6828	6856	6980
钢筋 Ⅰ级 Φ6	kg																								
钢筋 Ⅰ级 小计	kg	7650	7690	7689	7775	1507	1511	1550	1647									378	378	378	378	9535	9579	9617	9800
钢板 δ=30	kg	762	741	741	731																	762	741	741	731
锚具 XM15-6	套	18(32)	28(46)	38(56)	42(56)																	18(32)	28(46)	38(56)	42(56)
锚具 XM15-7	套	42(28)	32(14)	22(4)	18(4)																	42(28)	32(14)	22(4)	18(4)
锚具 小计	套	60	60	60	60																	60	60	60	60
螺栓及螺母	kg	11	12	12	12																	11	12	12	12
铸铁泄水管	套																	6	6	6	6	6	6	6	6

附注

1、数量表中未计入支座、伸缩缝等的材料数量。

2、预留孔道压浆用的50号砂浆已计入预制Ⅰ型梁中，数量表中未列。

3、材料数量表中有括号并列者，括号内数字用于汽车—超20级，挂车—120，括号外数字用于汽车—20级，挂车—100，无括号者共用。

预应力混凝土Ⅰ形组合梁斜桥 跨径30米 斜交角0°15°30°45°	汽车-20级 挂车-100 汽车-超20级 挂车-120 净-11.50
一孔上部构造主要工程材料数量表(一)	图号 2

一孔上部构造主要工程材料数量表

材料 \ 项目	单位	预制Ⅰ形梁 0°	预制Ⅰ形梁 15°	预制Ⅰ形梁 30°	预制Ⅰ形梁 45°	现浇横隔板 0°	现浇横隔板 15°	现浇横隔板 30°	现浇横隔板 45°	预制、现浇桥面板 0°	预制、现浇桥面板 15°	预制、现浇桥面板 30°	预制、现浇桥面板 45°	行车道铺装 0°	行车道铺装 15°	行车道铺装 30°	行车道铺装 45°	护栏、泄水管 0°	护栏、泄水管 15°	护栏、泄水管 30°	护栏、泄水管 45°	一孔上部构造总计 0°	一孔上部构造总计 15°	一孔上部构造总计 30°	一孔上部构造总计 45°
混凝土 25号	m^3																								
混凝土 30号	m^3					13	13	13	14	57	57	57	57					19	19	19	19	89	89	89	90
混凝土 50号	m^3	87	88	88	89					9	9	9	9									96	97	97	98
混凝土 小计	m^3	87	88	88	89	13	13	13	14	66	66	66	66					19	19	19	19	185	186	186	188
沥青混凝土	m^3													18	18	18	18					18	18	18	18
ϕ^J15钢绞线	kg	6511 (5999)	6440 (5928)	6269 (5758)	6197 (5485)																	6511 (5999)	6440 (5928)	6269 (5758)	6197 (5485)
ϕ^l8冷拉Ⅱ级钢筋	kg									1499	1509	1510	1512									1499	1509	1510	1512
钢筋 Ⅱ级 Φ32	kg					930	939	966	1031													930	939	966	1031
钢筋 Ⅱ级 Φ25	kg					487	492	509	546													487	492	509	546
钢筋 Ⅱ级 Φ22	kg																								
钢筋 Ⅱ级 Φ16	kg																	1575	1575	1561	1571	1575	1575	1561	1571
钢筋 Ⅱ级 Φ12	kg	2696 (2694)	2694 (2692)	2682 (2680)	2682 (2680)					6619 (5724)	6866 (5952)	7177 (6217)	7397 (6401)					917	917	915	916	10232 (9335)	10477 (9561)	10774 (9812)	10995 (9997)
钢筋 Ⅱ级 小计	kg	2696 (2694)	2694 (2692)	2682 (2680)	2682 (2680)	1417	1431	1475	1577	6619 (5724)	6866 (5952)	7177 (6217)	7397 (6401)					2492	2492	2476	2487	13224 (12327)	13483 (12567)	13810 (12848)	14143 (13145)
钢筋 Ⅰ级 Φ10	kg	2668	2717	2726	2784																	2668	2717	2726	2784
钢筋 Ⅰ级 Φ8	kg	4951 (4914)	4939 (4900)	4928 (4852)	4955 (4874)	1272	1276	1313	1393									378	378	378	378	6601 (6564)	6593 (6554)	6619 (6543)	6726 (6645)
钢筋 Ⅰ级 Φ6	kg																								
钢筋 Ⅰ级 小计	kg	7619 (7582)	7656 (7617)	7654 (7576)	7739 (7658)	1272	1276	1313	1393									378	378	378	378	9269 (9232)	9310 (9271)	9345 (9269)	9510 (9429)
钢板 δ=30	kg	762 (699)	741 (679)	741 (638)	731 (638)																	762 (699)	741 (679)	741 (638)	734 (638)
锚具 XM15-6	套	38(26)	42(30)	52(12)	56(28)																	38(26)	42(30)	52(12)	56(28)
锚具 XM15-7	套	22(28)	18(24)	8(38)	4(22)																	22(28)	18(24)	8(38)	4(22)
锚具 小计	套	60(54)	60(54)	60(50)	60(50)																	60(54)	60(54)	60(54)	60(54)
螺栓及螺母	kg	11(10)	12	12(11)	12(11)																	11(10)	12	12(11)	12(11)
铸铁泄水管	套																	6	6	6	6	6	6	6	6

附注

1、数量表中未计入支座、伸缩缝等的材料数量。

2、预留孔道压浆用的50号砂浆已计入预制Ⅰ型梁中，数量表中未列。

3、材料数量表中有括号并列者，括号内数字用于汽车一超20级，挂车一120，括号外数字用于汽车一20级，挂车一100，无括号者共用。

预应力混凝土Ⅰ形组合梁斜桥 跨径30米 斜交角0°15°30°45°	汽车-20级 挂车-100 汽车-超20级 挂车-120
	净-9.75
一孔上部构造主要工程材料数量表（二）	图号 3

一孔上部构造主要工程材料数量表

材料＼项目	单位	预制 I 形梁				现浇横隔板				预制、现浇桥面板				人行道铺装				行车道铺装				栏杆、泄水管				一孔上部构造总计			
		0°	15°	30°	45°	0°	15°	30°	45°	0°	15°	30°	45°	0°	15°	30°	45°	0°	15°	30°	45°	0°	15°	30°	45°	0°	15°	30°	45°
混凝土 20号	m³													13	13	13	13					3	3	3	3	16	16	16	16
混凝土 25号	m³																	18	18	18	18					18	18	18	18
混凝土 30号	m³					13	13	13	14	57	57	57	57													70	70	70	71
混凝土 50号	m³	87	88	88	89					9	9	9	S													96	97	97	98
混凝土 小计	m³	87	88	88	89	13	13	13	14	66	66	66	66	13	13	13	13	18	18	18	18	3	3	3	3	200	201	201	203
沥青混凝土	m³																	11	11	11	11					11	11	11	11
φj15钢绞线	kg	6443	6304	6030	5859																					6443	6304	6030	5859
φl8冷拉II级钢筋	kg									1499	1509	1510	1512													1499	1509	1510	1512
钢筋 II级 φ32	kg					930	939	966	1031																	930	939	966	1031
钢筋 II级 φ25	kg					487	492	509	546																	487	492	509	546
钢筋 II级 φ22	kg																												
钢筋 II级 φ16	kg																												
钢筋 II级 φ12	kg	2696	2694	2681	2680					5724	5952	6217	6401	321	326	328	306					111	119	119	111	8852	9091	9345	9498
钢筋 II级 小计	kg	2696	2694	2681	2680	1417	1431	1475	1577	5724	5952	6217	6401	321	326	328	306					111	119	119	111	10269	10522	10820	11075
钢筋 I级 φ10	kg	2668	2717	2726	2784																					2668	2717	2726	2784
钢筋 I级 φ8	kg	4951	4939	4882	4874	1272	1276	1313	1393					899	897	897	889					196	196	196	195	7318	7309	7288	7351
钢筋 I级 φ6	kg													42	41	41	38					283	284	282	282	325	325	323	320
钢筋 I级 小计	kg	7619	7656	7608	7658	1272	1276	1313	1393					941	938	938	927					479	480	478	477	10311	10351	10337	10455
钢板 δ=30	kg	762	741	679	638																					762	741	679	638
钢板 δ=12	kg													37	40	40	37									37	40	40	37
钢板 小计	kg	762	741	679	638									37	40	40	37									799.	781	719	675
锚具 XM15-6	套	42	50	24	6																					42	50	24	6
锚具 XM15-7	套	18	10	30	44																					18	10	30	44
锚具 小计	套	60	60	54	50																					60	60	54	50
螺栓螺母	kg	11	12	11	11																					11	12	11	11
铸铁泄水管	套																					6	6	6	6	6	6	6	6

附注

1、数量表中未计入支座、伸缩缝等的材料数量。

2、预留孔道压浆用的50号砂浆已计入预制I型梁中，数量表中未列。

3、表中行车道铺装栏中仅列出沥青混凝土铺装形式的数量。当采用30号防水混凝土铺装时各斜交角均为28.4m³ 。

预应力混凝土I形组合梁斜桥 跨径30米 斜交角0°15°30°45°	汽车-20级 挂车-100
	净-9+2×1.50
一孔上部构造主要工程材料数量表 (二)	图号 4

一孔上部构造主要工程材料数量表

材料 \ 项目	单位	预制Ⅰ形梁				现浇横隔板				预制现浇桥面板				人行道铺装				行车道铺装				栏杆、泄水管				一孔上部构造总计			
		0°	15°	30°	45°	0°	15°	30°	45°	0°	15°	30°	45°	0°	15°	30°	45°	0°	15°	30°	45°	0°	15°	30	45°	0	15°	30°	45
混凝土 20号	m^3													10	10	10	10					3	3	3	3	13	13	13	13
混凝土 25号	m^3																	18	18	18	18					18	18	18	18
混凝土 30号	m^3					13	13	13	14	57	57	57	57													70	70	70	71
混凝土 50号	m^3	87	88	88	89					9	9	9	9													96	97	97	98
混凝土 小计	m^3	87	88	88	89	13	13	13	14	66	66	66	66	10	10	10	10	18	18	18	18	3	3	3	3	197	198	198	200
沥青混凝土	m^3																	11	11	11	11					11	11	11	11
$\phi^{j}15$钢绞线	kg	6374	6133	5962	5791																					6374	6133	5962	5791
$\phi^{l}8$冷拉Ⅱ级钢筋	kg									1499	1509	1510	1512													1499	1509	1510	1512
钢筋 Ⅱ级 φ32	kg					930	939	966	1031																	930	939	966	1031
钢筋 Ⅱ级 φ25	kg					487	492	509	546																	487	492	509	546
钢筋 Ⅱ级 φ22	kg																												
钢筋 Ⅱ级 φ16	kg																												
钢筋 Ⅱ级 φ12	kg	2696	2694	2680	2680					5724	5952	6217	6401	233	237	239	222					111	119	119	111	8764	9002	9255	9414
钢筋 Ⅱ级 小计	kg	2696	2694	2680	2680	1417	1431	1475	1577	5724	5952	8217	6401	233	237	239	222					111	119	119	111	10181	10433	10730	10991
钢筋 Ⅰ级 φ10	kg	2668	2717	2726	2794																					2668	2717	2726	2784
钢筋 Ⅰ级 φ8	kg	4951	4939	4852	4874	1272	1276	1313	1393					704	701	699	695					196	196	198	195	7123	7112	7060	7157
钢筋 Ⅰ级 φ6	kg													42	41	41	38					283	284	282	282	325	325	323	320
钢筋 Ⅰ级 小计	kg	7619	7656	7578	7658	1272	1276	1313	1393					746	742	740	733					479	480	478	477	10116	10154	10109	10261
钢板 δ=30	kg	762	741	638	638																					762	741	638	638
钢板 δ=12	kg													37	40	40	37									37	40	40	37
钢板 小计	kg	762	741	638	638									37	40	40	37									799	781	678	675
锚具 XM15-6	套	46	60	0	10																					46	60	0	10
锚具 XM15-7	套	14	0	50	40																					14	0	50	40
锚具 小计	套	60	60	50	50																					60	60	50	50
螺栓螺母	kg	11	12	11	11																					11	12	11	11
铸铁泄水管	套																					6	6	6	6	6	6	6	6

附注

1、数量表中未计入支座、伸缩缝等的材料数量。

2、预留孔道压浆用的50号砂浆已计入预制Ⅰ型梁中，数量表中未列。

3、表中行车道铺装栏中仅列出沥青混凝土铺装形式的数量。当采用30号防水混凝土铺装时各斜交角均为28.4m^3 。

预应力混凝土Ⅰ形组合梁斜桥 跨径30米 斜交角0°15°30°45°	汽车-20级 挂车-100 净-9+2×1.00
一孔上部构造主要工程材料数量表(四)	图号 5

一孔上部构造主要工程材料数量表

材料＼项目		单位	预制Ⅰ形梁				现浇横隔板				预制现浇桥面板				人行道铺装				行车道铺装				栏杆、泄水管				一孔上部构造总计			
			0°	15°	30°	45°	0°	15°	30°	45°	0°	15°	30°	45°	0°	15°	30°	45°	0°	15°	30°	45°	0°	15°	30°	45°	0°	15°	30	45
混凝土	20号	m^3													10	10	10	10					3	3	3	3	13	13	13	13
	25号	m^3																	12	12	12	12					12	12	12	12
	30号	m^3					9	9	10	10	46	46	46	46													55	55	56	56
	50号	m^3	70	70	71	71					7	7	7	7													77	77	78	78
	小计	m^3	70	70	71	71	9	9	10	10	53	53	53	53	10	10	10	10	34	34	34	34	3	3	3	3	157	157	159	159
沥青混凝土		m^3																	8	8	8	8					8	8	8	8
φj15钢绞线		kg	4977	4906	4696	4565																					4977	4906	4969	4565
φl8冷拉Ⅱ级钢筋		kg									1124	1132	1130	1134													1124	1132	1130	1134
钢筋 Ⅱ级	φ32	kg					709	716	736	782																	709	716	736	782
	φ25	kg					371	375	387	415																	371	375	387	415
	φ22	kg																												
	φ16	kg																												
	φ12	kg	2157	2156	2144	2144					4669	4862	5109	5237	233	237	239	222					111	119	119	111	7170	7374	7611	7714
	小计	kg	2157	2156	2144	2144	1080	1091	1123	1197	4668	4862	5109	5237	233	237	239	222					111	119	119	111	8250	8465	8734	8911
钢筋 Ⅰ级	φ10	kg	2178	2223	2231	2279																					2178	2223	2231	2279
	φ8	kg	3961	3951	3881	3899	957	960	988	1034					704	701	699	695					196	196	196	195	5818	5808	5764	5823
	φ6	kg													42	41	41	38					283	284	282	282	325	325	323	320
	小计	kg	6139	6174	6112	6178	957	960	988	1034					746	742	740	733					479	480	478	477	8321	8356	8318	8422
钢板	δ=30	kg	610	593	510	510																					610	593	510	510
	δ=12	kg													37	40	40	37									37	40	40	37
	合计	kg	610	593	510	510									37	40	40	37									647	633	550	547
锚具	XM15-6	套	44	48	4	12																					44	48	4	12
	XM15-7	套	4	0	36	28																					4	0	36	28
	合计	套	48	48	40	40																					48	48	40	40
螺栓螺母		kg	8	9	8	8																					8	9	9	8
铸铁泄水管		套																					6	6	6	6	6	6	6	6

附注

1、数量表中未计入支座、伸缩缝等的材料数量。

2、预留孔道压浆用的５０号砂浆已计入预制Ⅰ型梁中，数量表中未列。

3、表中行车道铺装栏中仅列出沥青混凝土铺装形式的数量。当采用３０号防水混凝土铺装时各斜交角均为２０m^3。

预应力混凝土Ⅰ形组合梁斜桥 跨径30米 斜交角0°15°30°45°	汽车—20级 挂车—100 净—7+2×1.00
一孔上部构造主要工程材料数量表（五）	图号 6

内力表

斜交角	荷载	边梁								中梁							
		L/2		L/4		变化		支点		L/2		L/4		变化		支点	
		M_{max} (KN-m)	Q_{max} (KN)	M_{max} (KN-m)	Q_{max} (KN)	M_{max} (KN-m)	Q_{max} (KN)	M_{max} (KN-m)	Q_{max} (KN)	M_{max} (KN-m)	Q_{max} (KN)	M_{max} (KN-m)	Q_{max} (KN)	M_{max} (KN-m)	Q_{max} (KN)	M_{max} (KN-m)	Q_{max} (KN)
0°	I型截面自重	1374	0	1035	92.89	382.0	158.8	0	209.3	1409	0	1060	95.32	390.5	162.9	0	213.4
	二期恒载	1635	3.55	1222	112.3	432.5	191.8	0	221.1	1689	7.1	1258	116.0	442.6	197.6	0	224.9
	三期恒载	858	0	643.3	58.9	229.0	100.8	0	117.8	678.7	0	508.9	46.6	181.1	79.8	0	93.2
	汽车	2451	149.5	1939	266.1	890.0	339.1	0	379.7	1888	120.4	1494	205.0	686.0	322.5	0	400.2
	挂车	2968	194.8	2329	319.5	905.0	375.0	0	389.3	2219	144.7	1730	237.3	672.0	400.5	0	541.6
	组合Ⅰ	8314	213.6	5880	689.4	2573	1046.9	0	1225	7390	177.1	5364	614.4	2243	1009	0	1234
	组合Ⅲ	7927	218.5	6042	681.7	2293	973.3	0	1086	6973	167.7	5295	581.9	1958	988.3	0	1258
15°	I型截面自重	1364	0	1029	93.02	387.1	158.3	0	209.6	1398	0	1053	95.44	395.8	162.4	0	213.7
	二期恒载	1614	1.9	1213	113.7	440.7	192.4	0	222.2	1665	7.1	1241	115.7	447.6	196.6	0	224.4
	三期恒载	853.2	0	639.7	58.8	231.4	100.2	0	117.5	674.9	0	506.0	64.5	183.0	79.34	0	93.0
	汽车	2286	159.6	1810	284.2	852.0	359.3	0	405.1	1804	125.3	1429	213.7	673.0	333.3	0	416.4
	挂车	2787	207.9	2173	341.2	871.0	400.0	0	416.0	2121	150.7	1654	247.3	663.0	414.2	0	564.2
	组合Ⅰ	8032	225.7	5700	716.5	2538	1075	0	1263	7362	183.9	5249	648.8	2239	1022	0	1257
	组合Ⅲ	7663	231.0	5848	707.8	2274	100.1	0	1117	6819	174.3	5179	614.9	1961	1001	0	1283
30°	I型截面自重	1353	0	1020	91.5	390.2	156.1	0	210.4	1388	0	1045	94.76	399.5	161.0	0	214.1
	二期恒载	1594	0	1197	108.1	440.2	186.1	0	231.6	1644	6.31	1227	114.6	451.8	184.8	0	239.3
	三期恒载	847.1	0	635.1	58.6	233.7	99.6	0	117.1	670.1	0	502.4	46.3	184.9	78.8	0	92.7
	汽车	2140	169.4	1697	301.9	825.0	381.2	0	430.0	1655	135.9	1311	231.8	638.0	358.0	0	451.4
	挂车	2612	220.7	2036	362.4	850.0	423.3	0	442.0	1847	163.4	1518	268.2	633.0	444.6	0	611.0
	组合Ⅰ	7775	237.2	5634	732.5	2505	1086	0	1311	7097	197.8	5073	650.3	2201	1053	0	1326
	组合Ⅲ	7426	242.9	5682	722.7	2212	1016	0	1157	6584	187.3	4999	613.8	1940	1031	0	1354
45°	I型截面自重	1345	0	1015	91.04	400.3	154.5	0	210.8	1379	0	1038	94.34	409.1	159.7	0	214.5
	二期恒载	1584	0	1191	107.1	452.5	183.7	0	232.0	1633	6.61	1219	114.6	463.4	193.6	0	242.7
	三期恒载	841.0	0	630.5	58.4	239.0	98.7	0	116.7	665.3	0	498.8	46.2	189.0	78.1	0	92.4
	汽车	1826	187.3	1449	352.1	731.0	442.1	0	501.0	1374	162.9	1090	277.9	550.0	424.6	0	540.9
	挂车	2229	257.3	1739	422.2	758.0	492.1	0	515.5	1622	186.4	1265	322.5	552.0	527.1	0	732.3
	组合Ⅰ	7434	276.2	5314	800.8	2404	1143	0	1414	6653	236.0	4781	695.2	2105	1145	0	1459
	组合Ⅲ	6976	283.0	5317	795.4	2144	1087	0	1263	6197	224.0	4698	674.1	1881	1119	0	1494

预应力混凝土I形组合梁斜桥 跨径30米 斜交角0°;15°;30°;45°	汽车-超20级 挂车-120 净-11.5
内力表 (一)	图号 7

内力表

斜交角	荷载	边梁 L/2 M_{max} (kN-m)	边梁 L/2 Q_{max} (kN)	边梁 L/4 M_{max} (kN-m)	边梁 L/4 Q_{max} (kN)	边梁 变化 M_{max} (kN-m)	边梁 变化 Q_{max} (kN)	边梁 支点 M_{max} (kN-m)	边梁 支点 Q_{max} (kN)	中梁 L/2 M_{max} (kN-m)	中梁 L/2 Q_{max} (kN)	中梁 L/4 M_{max} (kN-m)	中梁 L/4 Q_{max} (kN)	中梁 变化 M_{max} (kN-m)	中梁 变化 Q_{max} (kN)	中梁 支点 M_{max} (kN-m)	中梁 支点 Q_{max} (kN)
0°	I型截面自重	1374	0	1035	92.89	382.0	158.8	0	209.3	1409	0	1060	95.32	390.5	162.9	0	213.4
0°	二期恒载	1635	3.55	1222	112.3	432.5	191.8	0	221.1	1689	7.1	1258	116.0	442.6	197.6	0	224.9
0°	三期恒载	858	0	643.3	58.9	229.0	100.8	0	117.8	678.7	0	508.9	46.6	181.1	79.8	0	93.2
0°	汽车	1753	111.6	1516	191.2	629.0	228.8	0	268.4	1351	85.9	1168	147.3	480.0	228.3	0	274.9
0°	挂车	2489	162.3	1940	266.3	754.0	312.4	0	229.4	1849	120.5	1441	197.8	560.0	333.8	0	451.3
0°	组合 I	7449	160.5	5771	602.0	2197	887.9	0	1085	6745	128.8	5279	531.2	1983	873.4	0	1053
0°	组合 III	7378	182.8	5614	622.0	2082	885.3	0	910	6566	141.1	4977	527.1	1833	895.5	0	1157
15°	I型截面自重	1364	0	1029	93.02	387.1	158.3	0	209.6	1398	0	1053	95.44	395.8	162.4	0	213.7
15°	二期恒载	1614	1.9	1213	113.7	440.7	192.4	0	222.2	1665	7.1	1241	115.7	447.6	196.6	0	224.4
15°	三期恒载	853.2	0	639.7	58.8	231.4	100.2	0	117.5	674.9	0	506.0	64.5	183.0	79.34	0	93.0
15°	汽车	1636	119.2	1414	204.1	803.0	243.3	0	320.7	1292	89.6	1116	153.5	476.0	235.7	0	320.6
15°	挂车	2322	173.2	1810	284.4	726.0	333.0	0	346.6	1767	125.6	1377	206.2	553.0	345.3	0	470.2
15°	组合 I	7232	169.2	5710	622.5	2179	908.2	0	1141	6609	134.0	5169	582.0	1993	881.7	0	1119
15°	组合 III	7152	192.8	5449	644.1	2070	907.4	0	1040	6429	146.7	4875	557.6	1840	905.8	0	1178
30°	I型截面自重	1353	0	1020	91.5	390.2	156.1	0	210.3	1388	0	1045	94.76	399.5	161.0	0	214.1
30°	二期恒载	1594	0	1197	108.1	440.2	186.1	0	231.6	1644	6.31	1227	114.6	451.8	194.8	0	239.3
30°	三期恒载	847.1	0	635.1	58.8	233.7	99.6	0	117.1	670.1	0	502.4	46.3	184.9	78.8	0	92.7
30°	汽车	1534	126.7	1325	216.7	584.0	256.9	0	340.3	1186	97.3	1025	166.4	451.0	253.5	0	347.6
30°	挂车	2177	183.9	1697	302.0	708.0	352.8	0	368.2	1622	136.1	1265	223.5	527.0	370.5	0	509.5
30°	组合 I	7035	177.4	5541	631.6	2157	916.5	0	1182	6408	143.8	5002	555.9	1969	902.3	0	1176
30°	组合 III	6948	202.3	5299	654.9	2056	918.2	0	1076	6227	157.3	4721	563.7	1823	947.7	0	1240
45°	I型截面自重	1345	0	1015	91.04	400.3	154.5	0	210.6	1379	0	1038	94.34	409.1	159.7	0	214.5
45°	二期恒载	1564	0	1191	107.1	452.5	183.7	0	232.0	1633	6.61	1219	114.6	463.4	183.6	0	242.7
45°	三期恒载	841.0	0	630.5	58.4	239.0	98.7	0	116.7	665.3	0	498.8	46.2	189.0	78.1	0	92.4
45°	汽车	1310	147.8	1130	252.6	518.0	297.9	0	396.9	985.0	116.6	850.0	199.3	390.0	299.8	0	416.5
45°	挂车	1857	214.4	1448	352.1	632.0	410.1	0	4298	1351	163.7	1053	268.8	460.0	439.2	0	611.0
45°	组合 I	6676	206.9	5235	681.3	2137	969.6	0	1264	6081	171.2	4722	802.2	1911	965.5	0	1280
45°	组合 III	6567	235.8	4997	709.1	2005	994.9	0	1144	5899	188.0	4465	613.9	1780	1020.8	0	1358

预应力混凝土 I 形组合梁斜桥　汽车—20级　挂车—100

跨径30米　斜交角 0°, 15°, 30°, 45°　净—11.5

内力表（二）　图号 8

内　　力　　表

斜交角	荷　载	边梁 L/2 Mmax (KN-m)	边梁 L/2 Qmax (KN)	边梁 L/4 Mmax (KN-m)	边梁 L/4 Qmax (KN)	边梁 变化 Mmax (KN-m)	边梁 变化 Qmax (KN)	边梁 支点 Mmax (KN-m)	边梁 支点 Qmax (KN)	中梁 L/2 Mmax (KN-m)	中梁 L/2 Qmax (KN)	中梁 L/4 Mmax (KN-m)	中梁 L/4 Qmax (KN)	中梁 变化 Mmax (KN-m)	中梁 变化 Qmax (KN)	中梁 支点 Mmax (KN-m)	中梁 支点 Qmax (KN)
0°	I型截面自重	1374	0	1035	92.89	382.0	158.8	0	209.3	1409	0	1060	95.32	390.5	162.9	0	213.4
	二期恒载	1393	2.86	1041	95.72	368.6	163.4	0	188.5	1437	5.75	1070	98.7	376.9	168.1	0	191.6
	三期恒载	723.8	0	542,7	49.70	193.2	85.1	0	99.4	582.6	0	436.8	40.0	155.5	68.5	0	80.0
	汽　车	2284	139.5	1483	248.0	829.0	319.3	0	359.4	1800	113.9	1169	195.4	654.0	297.5	0	364.5
	挂　车	2844	185.4	2217	304.1	862.0	351.6	0	359.7	2147	140.0	1674	230.0	651.0	374.1	0	499.7
	组合 I	7608	198.8	5375	633.2	2362	963.9	0	1132.8	6833	166.4	4953	571.0	2084	922.8	0	1125
	组合 III	7317	207.4	5693	632.9	2122	893.0	0	992.3	6476	160.9	4922	544.5	1824	908.7	0	1154
15°	I型截面自重	1364	0	1029	92.96	387.1	158.3	0	209.6	1398	0	1053	95.44	395.6	162.4	0	213.7
	二期恒载	1376	1.74	1033	96.62	375.1	163.7	0	189.2	1417	5.75	1056	98.48	381.1	167.3	0	191.2
	三期恒载	719.7	0	539.6	49.60	195.2	84.6	0	99.2	579.3	0	434.3	39.9	157.1	68.1	0	79.8
	汽　车	2086	152.3	1351	270.2	776.0	346.6	0	400.0	1735	118.0	1126	202.6	647.0	306.2	0	360.3
	挂　车	2609	203.3	2035	333.5	816.0	384.4	0	392.7	2067	144.8	1812	237.6	647.0	385.9	0	516.9
	组合 I	7284	215.3	5164	665.3	2302	1002	0	1192	6697	172.1	4860	581.2	2087	933.2	0	1119
	组合 III	7022	225.7	5360	666.9	2087	929.0	0	1030	6347	166.2	4825	552.9	1833	919.9	0	1173
30°	I型截面自重	1353	0	1021	91.4	390.6	156.0	0	210.3	1388	0	1045	94.76	339.5	161.0	0	214.1
	二期恒载	1360	0	1022	91.9	376.7	158.3	0	196.5	1401	5.8	1049	100.6	391.5	168.9	0	206.4
	三期恒载	714.6	0	535.8	49.4	197.2	84.04	0	98.8	575.2	0	431.2	39.8	158.7	67.6	0	79.5
	汽　车	1939	163.1	1257	290.3	747.0	370.0	0	419.4	1552	131.3	1006	225.4	598	337.6	0	419.5
	挂　车	2413	216.5	1881	355.4	785.0	409.2	0	420.6	1850	161.0	1442	264.3	602.0	426.4	0	574.3
	组合 I	7033	228.3	5097	685.7	2269	1026	0	1230	6520	190.8	4661	615.7	2038	978.0	0	1223
	组合 III	6767	238.2	5164	690.3	2021	947.0	0	1091	6072	184.1	4616	584.4	1802	965.0	0	1256
45°	I型截面自重	1346	0	1016	92.47	401.0	154.3	0	210.4	1379	0	1038	94.34	409.1	159.7	0	214.5
	二期恒载	1353	1.29	1017	96.5	368.1	156.0	0	196.6	1385	4.9	1038	98.8	393.5	164.3	0	205.5
	三期恒载	709.5	0	531.9	49.2	201.6	83.3	0	98.5	571	0	428.1	39.6	162.2	67.0	0	79.2
	汽　车	1716	183.2	1112	326.5	687.0	413.6	0	471.7	1326	152.7	859.0	262.5	531.0	389.1	0	488.2
	挂　车	2136	243.3	1666	399.5	727.0	458.8	0	473.0	1581	187.4	1233	307.7	538.0	489.1	0	668.5
	组合 I	6687	258.0	4866	742.9	2215	1051	0	1305	6151	219.7	4418	646.8	1958	1044	0	1321
	组合 III	6440	269.2	4910	747.0	1989	997.0	0	1149	5741	212.0	4361	630.1	1750	1027	0	1361

预应力混凝土I形组合梁斜桥 跨径30米　斜交角0°,15°,30°,45°	汽车-超20级 挂车-120 净-9.75
内力表　(三)	图号　9

内　　力　　表

斜交角	荷载	边梁 L/2 Mmax (KN-m)	边梁 L/2 Qmax (KN)	边梁 L/4 Mmax (KN-m)	边梁 L/4 Qmax (KN)	边梁 变化 Mmax (KN-m)	边梁 变化 Qmax (KN)	边梁 支点 Mmax (KN-m)	边梁 支点 Qmax (KN)	中梁 L/2 Mmax (KN-m)	中梁 L/2 Qmax (KN)	中梁 L/4 Mmax (KN-m)	中梁 L/4 Qmax (KN)	中梁 变化 Mmax (KN-m)	中梁 变化 Qmax (KN)	中梁 支点 Mmax (KN-m)	中梁 支点 Qmax (KN)
0°	I型截面自重	1374	0	1035	92.89	382.0	158.8	0	209.3	1409	0	1060	95.32	390.5	162.9	0	213.4
	二期恒载	1393	2.88	1041	95.72	368.6	163.4	0	188.5	1437	5.75	1070	98.7	376.9	168.1	0	191.6
	三期恒载	723.8	0	542,7	49.70	193.2	85.1	0	99.4	582.6	0	436.8	40.0	155.5	68.5	0	80.0
	汽车	1634	104.0	1413	178.2	587.0	216.0	0	291.5	1288	81.9	1113	140.4	462.0	209.6	0	292.5
	挂车	2370	185.4	1847	304.1	718.0	292.9	0	299.7	1789	140.0	1394	229.6	542.0	313.2	0	416.3
	组合 I	6800	149.1	5274	551.5	2013	814.9	0	1035	6213	121.6	4870	491.7	1807	796.0	0	1021
	组合 III	6796	207.4	5174	632.9	1922	811.0	0	926.3	6082	160.9	4614	544.1	1704	823.9	0	1061
15°	I型截面自重	1364	0	1029	92.96	387.1	158.3	0	209.6	1398	0	1053	95.44	395.8	162.4	0	213.7
	二期恒载	1376	1.74	1033	96.62	375.1	163.7	0	189.2	1417	5.75	1056	98.48	381.1	167.3	0	191.2
	三期恒载	719.7	0	539.6	49.60	195.2	84.6	0	99.2	579.3	0	434.3	39.9	157.1	68.1	0	79.8
	汽车	1490	113.3	1288	194.1	549.0	234.4	0	318.0	1243	84.9	1074	145.5	458.0	215.5	0	303.4
	挂车	2174	203.3	1695	333.5	680.0	320.0	0	327.8	1723	144.8	1343	237.6	539	321.6	0	430.6
	组合 I	6550	160.7	5073	575.5	1975	840.6	0	1074.1	6104	125.8	4783	498.8	1850	802.4	0	1037
	组合 III	6543	225.7	4986	666.9	1897	839.9	0	958.2	5968	166.2	4529	552.8	1714	831.1	0	1076
30°	I型截面自重	1353	0	1021	91.4	390.6	156.0	0	210.3	1388	0	1045	94.76	339.5	161.0	0	214.1
	二期恒载	1360	0	1022	91.9	376.7	158.3	0	196.5	1401	5.8	1049	100.6	391.5	168.9	0	206.4
	三期恒载	714.6	0	535.8	49.4	197.2	84.04	0	98.8	575.2	0	431.2	39.8	158.7	67.6	0	79.5
	汽车	1389	121.8	1200	208.4	529.0	250.1	0	340.5	1112	94.6	961	161.8	423.0	237.2	0	336.6
	挂车	2011	180.4	1568	296.2	654.0	340.9	0	350.5	1541	134.2	1202	220.3	501.0	354.3	0	478.7
	组合 I	6361	170.5	5013	588.1	1955	853.0	0	1116	5874	139.3	4594	524.0	1818	833.4	0	1103.4
	组合 III	6325	198.4	4819	617.2	1877	870.1	0	992.3	5732	154.5	4352	535.0	1691	884.1	0	1149.1
45°	I型截面自重	1348	0	1016	92.47	401.0	154.3	0	210.4	1379	0	1038	94.34	409.1	159.7	0	214.5
	二期恒载	1353	1.28	1017	96.5	388.1	156.0	0	196.6	1385	4.9	1038	98.8	393.5	164.3	0	205.5
	三期恒载	709.5	0	531.9	49.2	201.6	83.3	0	98.5	571	0	428.1	39.6	162.2	67.0	0	79.2
	汽车	1230	137.0	1062	234.2	487.0	279.2	0	382.8	951.0	110.2	821.0	188.3	378.0	273.3	0	392.0
	挂车	1780	202.7	1388	333.0	606.0	382.5	0	394.3	1317	156.2	1027	256.5	448.0	407.8	0	557.0
	组合 I	6103	193.3	4793	632.1	1964	889.1	0	1177	5600	160.2	4362	559.2	1768	877.4	0	1182
	组合 III	6048	224.5	4605	865.1	1855	91.9	0	1040	5451	177.7	4135	572.7	1651	936.1	0	1236

预应力混凝土I形组合梁斜桥 跨径30米 斜交角0°,15°,30°,45°	汽车-20级 挂车-100 净-9.75
内力表 (四)	图号 10

内　力　表

斜交角	荷　载	边梁 L/2 Mmax (KN-m)	边梁 L/2 Qmax (KN)	边梁 L/4 Mmax (KN-m)	边梁 L/4 Qmax (KN)	边梁 变化点 Mmax (KN-m)	边梁 变化点 Qmax (KN)	边梁 支点 Mmax (KN-m)	边梁 支点 Qmax (KN)	中梁 L/2 Mmax (KN-m)	中梁 L/2 Qmax (KN)	中梁 L/4 Mmax (KN-m)	中梁 L/4 Qmax (KN)	中梁 变化点 Mmax (KN-m)	中梁 变化点 Qmax (KN)	中梁 支点 Mmax (KN-m)	中梁 支点 Qmax (KN)
0°	I型截面自重	1374	0	1035	92.89	382.0	158.8	0	209.3	1409	0	1060	95.32	390.5	162.9	0	213.4
	二期恒载	1393	2.88	1041	95.72	368.8	163.4	0	188.5	1437	5.75	1070	98.7	376.9	168.1	0	191.6
	三期恒载	933.7	0	700.1	64.1	249.2	109.7	0	128.2	1102	0	826.3	75.7	294.1	129.5	0	151.3
	汽车	1838	95.2	1551	186.6	628.0	260.1	0	374.0	1443	77.6	1223	148.3	498.0	211.8	0	288.9
	挂车	2190	142.8	1707	234.3	684	253.4	0	242.2	1699	110.8	1324	181.8	515.0	304.9	0	411.1
	组合 I	7365	136.7	5778	581.5	2183	926.5	0	1212.5	7096	115.5	5523	557.8	2070	891.6	0	1104
	组合 III	6850	160.5	5209	572.2	1930	797.0	0	897.2	6607	128.8	5004	523.6	1840	888.0	0	1120
15°	I型截面自重	1364	0	1029	92.96	387.1	158.3	0	209.6	1398	0	1053	95.44	395.8	162.4	0	213.7
	二期恒载	1376	1.74	1033	96.62	375.1	163.7	0	189.2	1417	5.75	1056	98.48	381.1	167.3	0	191.2
	三期恒载	928.5	0	696.1	63.96	251.8	109.1	0	127.9	1095	0	821.6	75.49	297.2	128.8	0	150.9
	汽车	1678	103.9	1414	203.4	587.0	282.4	0	408.3	1390	80.3	1176	153.4	491.0	217.5	0	298.9
	挂车	2000	155.7	1558	255.6	625.0	277.0	0	264.3	1642	115.0	1280	188.8	513.0	313.7	0	425.5
	组合 I	7089	147.5	5554	606.7	2140	958.3	0	1264	6970	119.3	5421	565.0	2075	897.4	0	1118
	组合 III	6602	173.4	5024	597.1	1904	822.0	0	923.0	6498	133.4	4925	531.0	1853	895.3	0	1135
30°	I型截面自重	1353	0	1021	91.4	390.8	156.0	0	210.3	1388	0	1045	94.76	339.5	161.0	0	214.1
	二期恒载	1360	0	1022	91.9	376.7	158.3	0	196.5	1401	5.8	1049	100.6	391.5	168.9	0	206.4
	三期恒载	921.9	0	691.1	63.74	254.4	108.4	0	127.4	1088	0	815.7	75.23	300.2	127.9	0	150.4
	汽车	1559	111.4	1313	217.8	564.0	300.5	0	436.2	1244	89.6	1053	170.9	454.0	239.7	0	332.6
	挂车	1858	166.7	1449	273.8	604.0	296.5	0	283.4	1464	127.4	1141	209.2	476.0	344.7	0	472.5
	组合 I	6872	156.0	5375	619.4	2116	974.3	0	1314	6714	132.3	5214	580.9	2042	911.5	0	1185
	组合 III	6406	183.4	4875	609.6	1890	833.4	0	952.8	6263	147.0	4747	554.8	1833	928.5	0	1228
45°	I型截面自重	1346	0	1016	92.47	401.0	154.3	0	210.4	1379	0	1038	94.34	409.1	159.7	0	214.5
	二期恒载	1353	1.28	1017	96.5	388.1	156.0	0	196.6	1385	4.9	1038	98.8	393.5	164.3	0	205.5
	三期恒载	915.3	0	668.1	63.52	260.1	107.4	0	127.0	1080	0	809.8	74.97	307.0	126.7	0	149.9
	汽车	1380	125.3	1162	244.8	517.0	335.3	0	490.2	1065	104.4	900.0	198.9	402.0	276.2	0	387.3
	挂车	1645	187.4	1283	307.8	560.0	333.0	0	318.9	1251	148.3	976.0	243.6	426.0	396.4	0	549.8
	组合 I	6583	177.0	5134	665.0	2082	1019	0	1367	6409	152.0	4859	618.2	1989	955.3	0	1263
	组合 III	6147	207.7	4674	654.4	1875	868.0	0	991.6	5989	169.0	4537	601.4	1800	996.4	0	1314

附注：
表中汽车荷载为汽＋人之和。

预应力混凝土I形组合梁斜桥	汽车－20级　挂车－100
跨径30米　斜交角0°;15°;30°;45°	净－9+2X1.50
内力表　(五)	图号　11

内力表

斜交角	荷载	边梁 L/2 M_{max} (kN-m)	L/2 Q_{max} (kN)	L/4 M_{max} (kN-m)	L/4 Q_{max} (kN)	变化 M_{max} (kN-m)	变化 Q_{max} (kN)	支点 M_{max} (kN-m)	支点 Q_{max} (kN)	中梁 L/2 M_{max} (kN-m)	L/2 Q_{max} (kN)	L/4 M_{max} (kN-m)	L/4 Q_{max} (kN)	变化 M_{max} (kN-m)	变化 Q_{max} (kN)	支点 M_{max} (kN-m)	支点 Q_{max} (kN)
0°	I型截面自重	1374	0	1035	92.89	382.0	158.8	0	209.3	1409	0	1060	95.32	390.5	162.9	0	213.4
	二期恒载	1393	2.88	1041	95.72	368.6	163.4	0	188.5	1437	5.75	1070	98.7	376.9	168.1	0	191.6
	三期恒载	835.5	0	626.5	57.39	223.0	98.23	0	114.7	1039	0	779.7	71.4	277.5	122.2	0	142.8
	汽车	1716	95.2	1459	178.2	596.0	229.9	0	331.3	1365	77.6	1164	143.0	477.0	209.1	0	288.9
	挂车	2190	142.8	1707	234.3	664.0	253.4	0	242.2	1669	110.8	1324	181.8	515.0	304.9	0	411.1
	组合 I	7062	136.7	5550	561.0	2063	867.7	0	1133	6902	115.5	5377	544.6	2018	878.4	0	1094
	组合 III	6732	160.5	5121	564.0	1899	783.3	0	881.4	6498	128.5	4948	518.5	1820	879.2	0	1110
15°	I型截面自重	1364	0	1029	92.96	387.1	158.3	0	209.6	1398	0	1053	95.44	395.8	162.4	0	213.7
	二期恒载	1376	1.74	1033	96.62	375.1	163.7	0	189.2	1417	5.75	1056	98.48	381.1	167.3	0	191.2
	三期恒载	830.8	0	622.9	57.2	225.3	97.7	0	114.4	1034	0	775.3	71.2	280.5	121.5	0	142.4
	汽车	1567	103.9	1332	194.4	557.5	249.8	0	361.1	1315	80.3	1120	147.9	470.9	214.5	0	298.9
	挂车	2000	155.7	1558	255.6	625.0	277.0	0	264.3	1642	115.0	1280	188.8	303.1	313.7	0	425.5
	组合 I	6803	147.5	5341	585.3	2064	896.0	0	1177.4	6783	119.3	5281	541.0	2025	883.8	0	1107
	组合 III	6485	173.4	4936	588.8	1872	808	0	906.6	6425	133.4	4869	525.8	1602	886.5	0	1125
30°	I型截面自重	1353	0	1021	91.4	390.6	156.0	0	210.3	1388	0	1045	94.76	399.5	161.0	0	214.1
	二期恒载	1360	0	1022	91.9	376.7	158.3	0	196.5	1401	5.8	1049	100.6	391.5	168.9	0	208.4
	三期恒载	824.9	0	618.4	57.0	227.6	97.0	0	114.0	1026	0	789.7	71.0	283.3	120.7	0	141.9
	汽车	1456	111.4	1237	208.1	535.0	266.1	0	386.6	1178	89.6	1003.6	164.7	435.0	236.6	0	332.6
	挂车	1858	166.7	1449	273.8	604.0	296.5	0	283.4	1464	127.4	1141	208.2	476.0	344.7	0	472.5
	组合 I	6598	156.0	5172	597.1	2040	909.4	0	1201.2	6539	132.4	5084	566.7	1993	898.1	0	1175
	组合 III	6289	183.4	4788	601.3	1858	819.7	0	936.7	6188	147.1	4692	549.8	1813	919.9	0	1219
45°	I型截面自重	1346	0	1016	92.47	401.0	154.3	0	210.4	1379	0	1038	94.34	409.1	159.7	0	214.5
	二期恒载	1353	1.28	1017	96.5	388.1	156.0	0	196.6	1385	4.9	1038	98.8	393.5	164.3	0	205.5
	三期恒载	819.0	0	613.9	56.8	232.7	96.1	0	113.6	1019	0	764.1	70.7	289.7	119.8	0	141.4
	汽车	1290	125.3	1094	233.9	491.6	297.2	0	434.5	1007	104.4	857.0	191.7	386.1	272.4	0	387.3
	挂车	1845	187.4	1283	307.8	560.0	333.0	0	318.9	1251	148.3	976.0	243.6	426.0	396.4	0	549.8
	组合 I	6329	177.0	4943	641.1	1947	930.9	0	1270	6247	152.0	4838	602.5	1944	941.1	0	1252
	组合 III	6031	207.7	4588	646.2	1782	871.1	0	975.5	5916	169.0	4482	596.3	1799	987.7	0	1304

附注：表中汽车荷载为汽＋人之和。

预应力混凝土 I 形组合梁斜桥　汽车-20级　挂车-100

跨径30米　斜交角0°;15°;30°;45°　净-8+2×1.00

内力表 (六)　图号 12

内 力 表

斜交角	荷载	边梁 L/2 M_{max} (KN·m)	边梁 L/2 Q_{max} (KN)	边梁 L/4 M_{max} (KN·m)	边梁 L/4 Q_{max} (KN)	边梁 变化 M_{max} (KN·m)	边梁 变化 Q_{max} (KN)	边梁 支点 M_{max} (KN·m)	边梁 支点 Q_{max} (KN)	中梁 L/2 M_{max} (KN·m)	中梁 L/2 Q_{max} (KN)	中梁 L/4 M_{max} (KN·m)	中梁 L/4 Q_{max} (KN)	中梁 变化 M_{max} (KN·m)	中梁 变化 Q_{max} (KN)	中梁 支点 M_{max} (KN·m)	中梁 支点 Q_{max} (KN)
0°	I型截面自重	1374	0	1035	92.89	382.0	158.8	0	209.3	1409	0	1060	95.32	390.5	162.9	0	213.4
0°	二期恒载	1393	2.9	1041	95.7	368.6	163.4	0	188.5	1437	5.75	1070	98.7	376.0	168.1	0	191.6
0°	三期恒载	813.9	0	610.2	55.8	217.2	95.6	0	111.8	863.5	0	847.5	59.3	230.5	101.5	0	118.6
0°	汽车	1691	91.6	1433	174.3	584.0	232.0	0	330.9	1407	80.3	1199	147.5	492.0	212.5	0	291.2
0°	挂车	2220	145.1	1730	238.1	673.0	261.9	0	253.9	1741	113.5	1357	186.3	528.0	308.8	0	413.6
0°	组合 I	6998	131.7	5491	553.5	2038	867.5	0	1129	6742	119.3	5262	525.8	1981	857.3	0	1067
0°	组合 III	6739	163.1	5126	566.4	1902	789.5	0	891.0	6367	131.8	4826	508.9	1778	858.7	0	1083
15°	I型截面自重	1364	0	1029	92.88	386.9	158.2	0	209.5	1398	0	1053	95.23	395.3	162.2	0	213.5
15°	二期恒载	1377	2.02	1033	96.3	374.4	163.4	0	188.9	1415	5.18	1057	99.1	382.3	167.9	0	191.7
15°	三期恒载	809.3	0	606.8	55.8	219.5	95.1	0	111.5	858.6	0	643.8	59.2	232.3	100.9	0	118.3
15°	汽车	1546	100.1	1310	190.3	547.0	252.4	0	360.9	1354	83.1	1154	152.6	486.0	218.1	0	301.2
15°	挂车	2032	158.3	1584	259.8	636.0	285.6	0	277.2	1677	117.4	1307	192.7	524.0	317.1	0	427.7
15°	组合 I	6746	142.6	5288	577.2	2040	896.1	0	1173	6617	122.6	5166	533.4	1988	863.7	0	1081
15°	组合 III	6496	176.6	4945	591.4	1877	814.2	0	917.0	6251	135.4	4742	516.2	1789	866.0	0	1099
30°	I型截面自重	1355	0	1022	92.85	391.8	157.4	0	210.1	1389	0	1046	95.11	400.2	161.3	0	214.5
30°	二期恒载	1365	1.03	1027	97.03	381.0	163.4	0	195.9	1408	4.29	1053	99.7	389.3	167.8	0	205.4
30°	三期恒载	803.5	0	602.4	55.6	221.7	94.5	0	111.2	852.5	0	639.1	58.9	235.2	100.2	0	117.8
30°	汽车	1439	107.5	1220	204.0	526.0	269.0	0	386.0	1212	92.5	1033	169.7	448.0	240.4	0	334.9
30°	挂车	1889	169.5	1473	278.2	614.0	305.5	0	297.2	1505	131.0	1174	215.1	489.0	348.8	0	475.9
30°	组合 I	6555	151.7	5134	597.6	2026	918.7	0	1196	6380	134.6	4969	558.3	1950	877.3	0	1148
30°	组合 III	6306	187.7	4802	612.6	1869	834.4	0	947.6	6035	149.2	4577	551.9	1768	899.9	0	1192
45°	I型截面自重	1345	0	1015	91.27	399.9	154.7	0	210.8	1380	0	1041	95.05	410.7	160.1	0	215.2
45°	二期恒载	1351	0	1015	92.3	384.7	157.6	0	198.2	1392	3.61	1046	100.0	400.2	167.3	0	208.5
45°	三期恒载	797.8	0	598.0	55.4	226.7	93.8	0	110.7	846.4	0	634.5	58.7	240.5	99.3	0	117.4
45°	汽车	1274	120.9	1078	229.3	483.0	299.6	0	438.7	1036	107.8	882.0	197.4	398.0	276.7	0	390.1
45°	挂车	1672	190.5	1304	312.8	569.0	343.0	0	334.3	1287	152.5	1003	250.5	438.0	402.0	0	553.7
45°	组合 I	6275	169.3	4896	626.0	1984	933.7	0	1275	6082	155.3	4726	598.3	1910	926.4	0	1231
45°	组合 III	6032	209.6	4588	643.5	1839	881.7	0	991.4	5758	172.1	4369	591.7	1743	973.3	0	1284

附注
表中汽车荷载为汽+人之和。

预应力混凝土 I 形组合梁斜桥 汽车—20级 挂车—100
跨径30米 斜交角 0°; 15°; 30°; 45° 净—7+2×1.00

内力表 (七)　图号 13

净—11.50

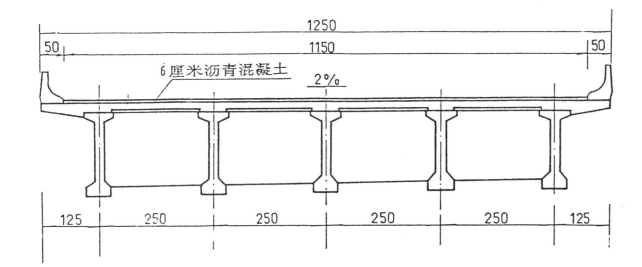

净—9.75

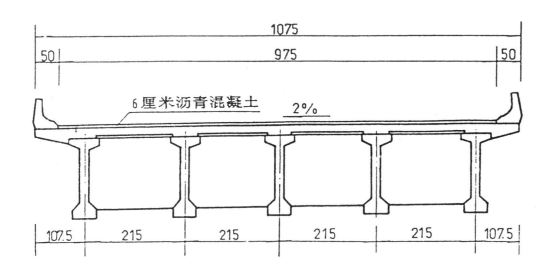

中 梁　　　边 梁

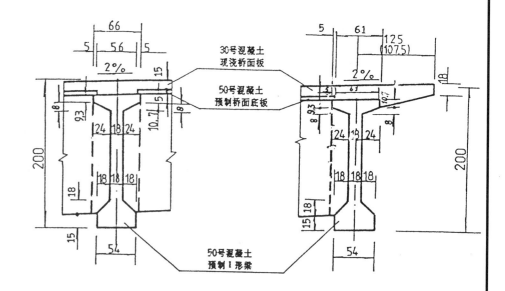

一孔行车道铺装数量表

桥面净宽 (m)	桥面面积 (m²)	沥青混凝土 (m³)
净—11.50	345	20.7
净—9.75	293	17.6

附注

1、图中尺寸均以厘米计。

2、图中数字有括号并列者，括号内数字用于主梁间距为2.15米者，括号外数字用于主梁间距为2.50米者。无括号者共用。

预应力混凝土I形组合梁斜桥	汽车—20级 挂车—100 汽车超20级 挂车—120
跨径30米 斜交角 0°；15°；30°；45°	净—11.50 净—9.75
桥梁横断面 （一）	图号 14

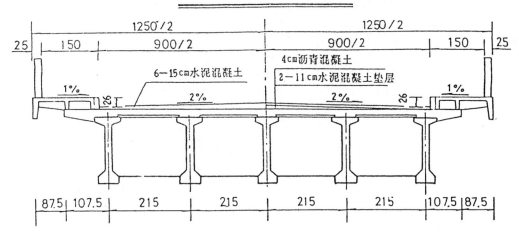

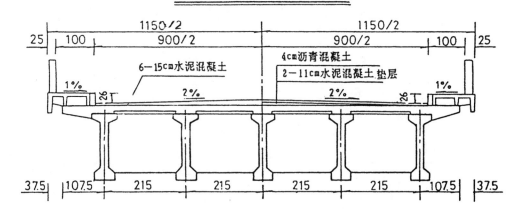

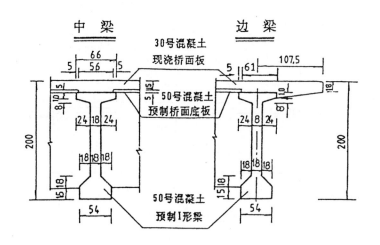

净—9＋2×1.50米人行道

净—9＋2×1.00米人行道

净—7＋2×1.00米人行道

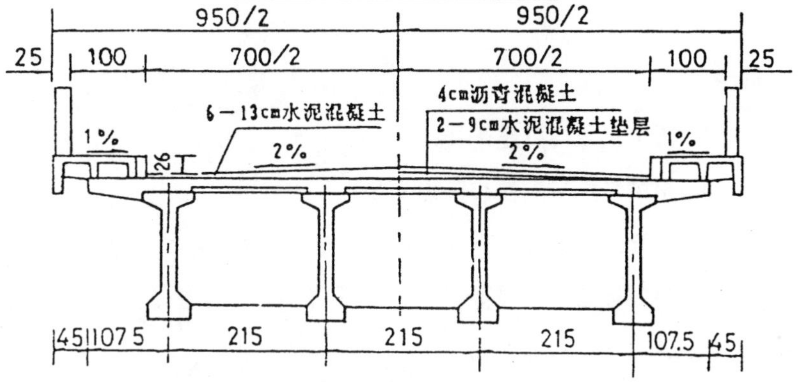

一孔行车道铺装材料数量表　单位：(m³)

桥面净宽 (m)	桥面铺装类型		
	水泥混凝土	沥青混凝土	
	30号防水混凝土	25号混凝土三角垫层	沥青混凝土面层
净—9	28.4	17.6	10.8
净—7	20.0	11.6	8.4

一孔人行道铺装材料数量表　单位：(m³)

人行道宽度 (m)	人行道铺装方案	
	20号水泥砂浆	沥青砂
2×1.00	1.5	1.5
2×1.50	2.1	2.1

附注

图中尺寸均以厘米计。

预应力混凝土I形组合梁斜桥 跨径30米　斜交角0°15°30°45°	汽车—20级　挂车—100
	净—9＋2×1.50 净—9＋2×1.00 净—7＋2×1.00
桥梁横断面　(二)	图号　15

半Ⅳ—Ⅳ（尺寸以中梁轴线示出）

半Ⅴ—Ⅴ

一片预制I形梁混凝土数量表

梁位	50号混凝土（m³）	安装重量（t）
边梁	17.30	44.9
中梁	17.60	45.7

附注

1、图中尺寸均以厘米计。

2、图中Ⅴ－Ⅴ断面仅示出一半。

3、主梁及桥面底板为50号混凝土预制，桥面板及横隔梁为30号混凝土现浇。

4、图中括号内外数字分别用于净－9.75及净－11.5米，无括号者共用。

预应力混凝土Ⅰ形组合梁斜桥 跨径30米 斜交角 0°	汽车－20级 挂车－100 汽车－超20级 挂车－120 净－11.50 净－9.75
主梁一般构造（一）	图号 16

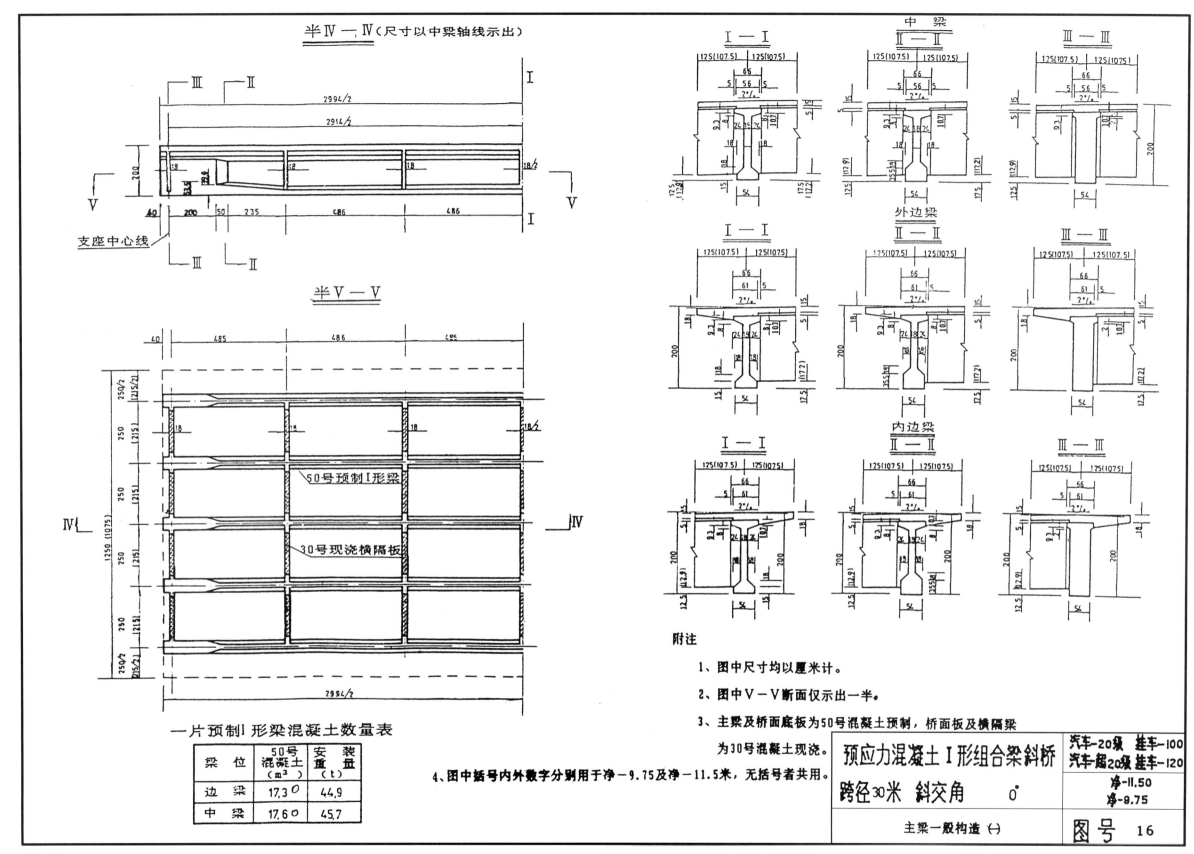

半Ⅳ—Ⅳ（尺寸以中梁轴线示出）

半Ⅴ—Ⅴ

附注

1、图中尺寸均以厘米计。

2、图中Ⅴ－Ⅴ断面仅示出一半，另一半为对角对称图形。

3、主梁及桥面底板为50号混凝土预制，桥面板及横隔梁为30号混凝土现浇。

4、图中括号内外数字分别用于净－9.75及净－11.5米，无括号者共用。

一片预制I形梁混凝土数量表

梁位	50号混凝土（m^3）	安装重量（t）
边梁	17.30	45.1
中梁	17.70	45.9

预应力混凝土I形组合梁斜桥 跨径30米 斜交角 15°	汽车-20级 挂车-100 汽车-超20级 挂车-120 净-11.50 净-9.75
主梁一般构造 (一)	图号 17

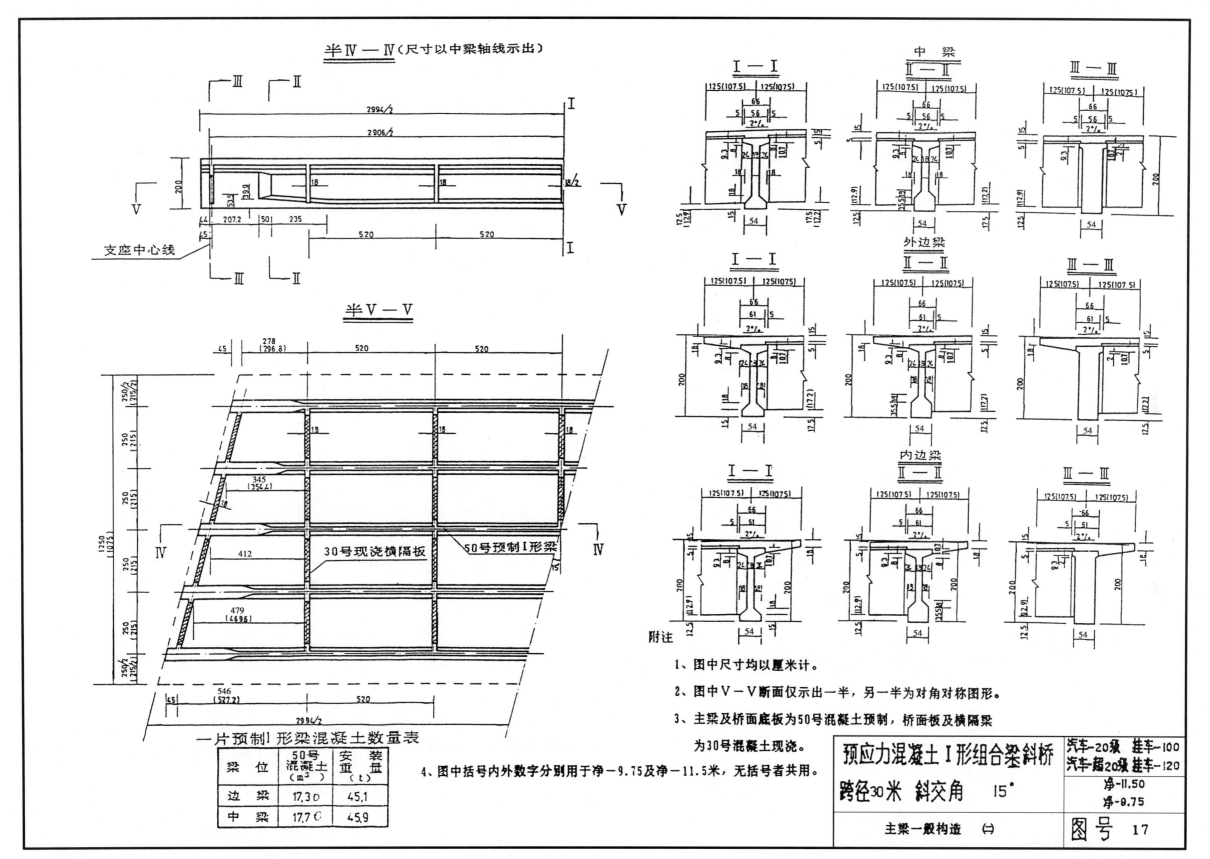

半Ⅳ—Ⅳ（尺寸以中梁轴线示出）

半Ⅴ—Ⅴ

附注

1、图中尺寸均以厘米计。

2、图中Ⅴ—Ⅴ断面仅示出一半，另一半为对角对称图形。

3、主梁及桥面底板为50号混凝土预制，桥面板及横隔梁为30号混凝土现浇。

4、图中括号内外数字分别用于净—9.75及净—11.5米，无括号者共用。

一片预制I形梁混凝土数量表

梁位	50号混凝土（m^3）	安装重量（t）
中梁	17.5	45.4
边梁	17.8	46.3

预应力混凝土I形组合梁斜桥 跨径30米 斜交角 30°	汽车-20级 挂车-100 汽车-超20级 挂车-120 净-11.50 净-9.75
主梁一般构造（三）	图号 18

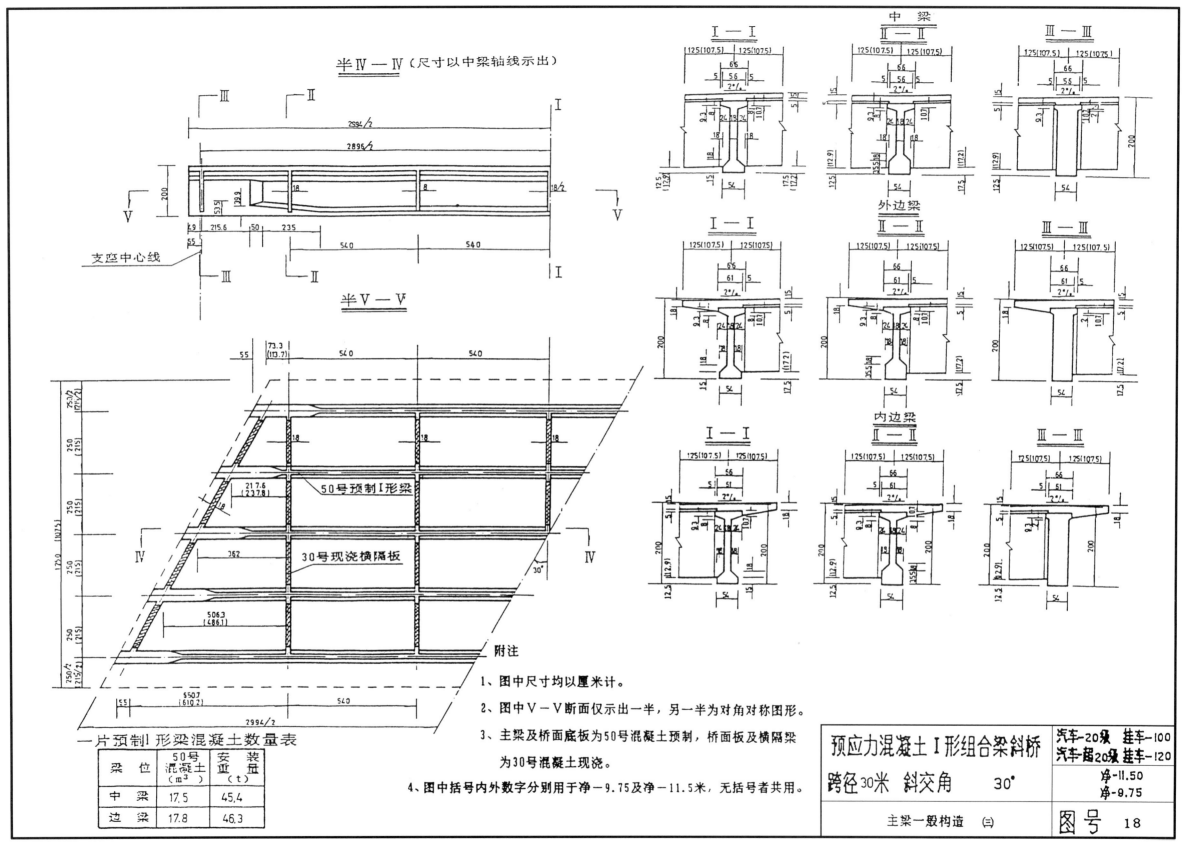

附注

1、图中尺寸均以厘米计。

2、图中Ⅴ—Ⅴ断面仅示出一半，另一半为对角对称图形。

3、主梁及桥面底板为50号混凝土预制，桥面板及横隔梁为30号混凝土现浇。

4、图中括号内外数字分别用于净—9.75及净—11.5米，无括号者共用。

一片预制Ⅰ形梁混凝土数量表

梁位	50号混凝土（m^3）	安装重量（t）
边梁	17.6	45.8
中梁	18.0	46.7

预应力混凝土Ⅰ形组合梁斜桥 跨径30米 斜交角 45°	汽车-20级 挂车-100 汽车-超20级 挂车-120 净-11.50 净-9.75
主梁一般构造 (四)	图号 19

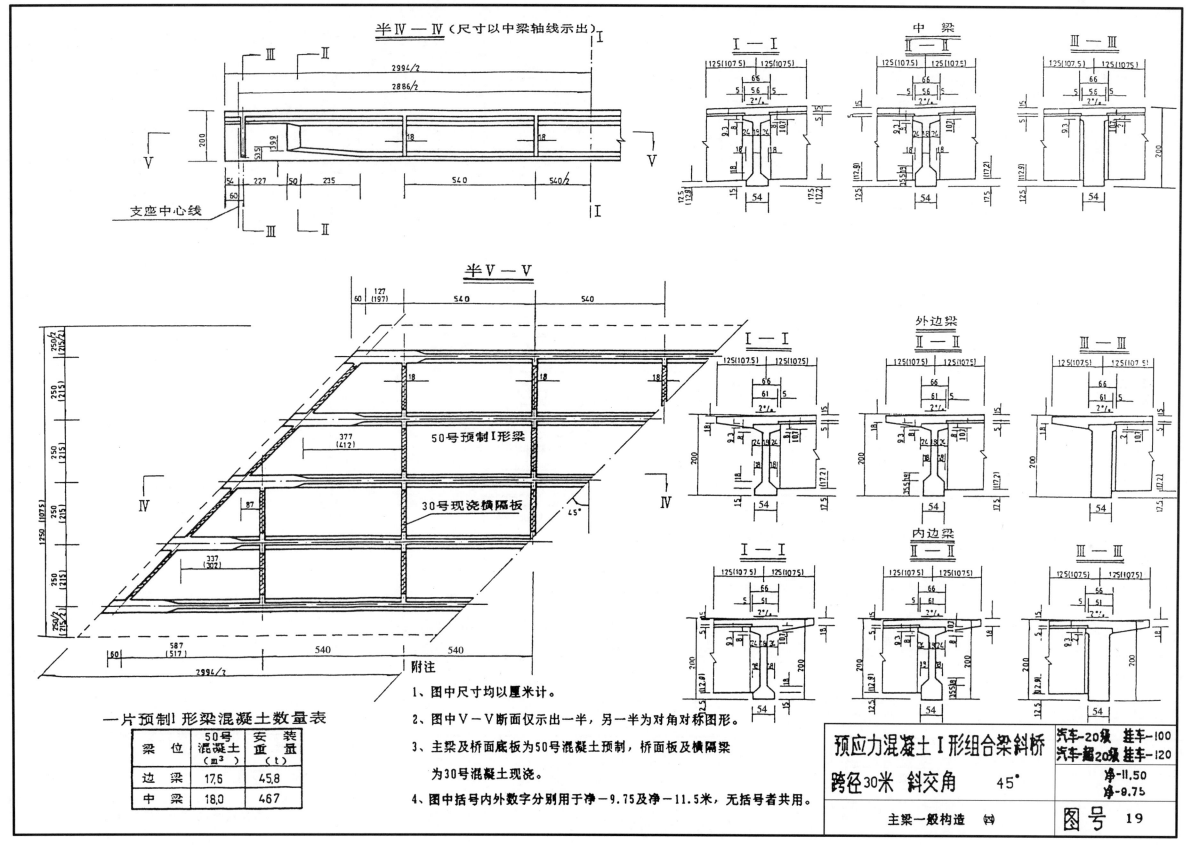

半Ⅳ—Ⅳ（尺寸以中梁轴线示出）

半Ⅴ—Ⅴ

中梁

Ⅰ—Ⅰ　　Ⅱ—Ⅱ　　Ⅲ—Ⅲ

边梁

Ⅰ—Ⅰ　　Ⅱ—Ⅱ　　Ⅲ—Ⅲ

附注

1、图中尺寸均以厘米计。

2、图中Ⅴ—Ⅴ断面仅示出一半。

3、主梁及桥面底板为50号混凝土预制，桥面板及横隔梁为30号混凝土现浇。

一片预制Ⅰ形梁混凝土数量表

梁位	50号混凝土（m³）	安装重量（t）
边梁	17.3	44.9
中梁	17.6	45.7

预应力混凝土Ⅰ形组合梁斜桥	汽车—20级 挂车—100	
跨径30米 斜交角 0°	净—9+2×1.50 净—9+2×1.00	
主梁一般构造 (五)	图号	20

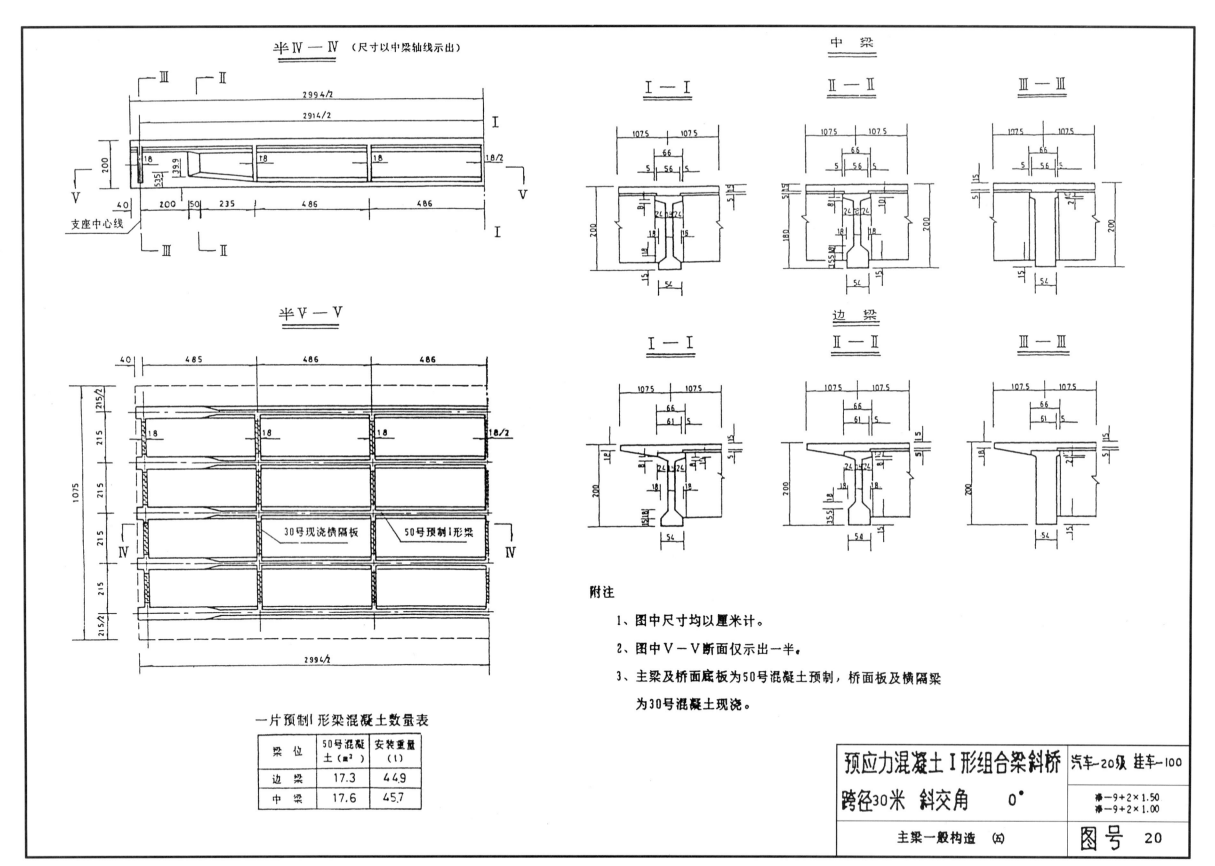

半Ⅳ—Ⅳ （尺寸以中梁轴线示出）

半Ⅴ—Ⅴ

一片预制I形梁混凝土数量表

梁 位	50号混凝土（m³）	安装重量（t）
边 梁	17.3	45.1
中 梁	17.7	45.9

附注

1、图中尺寸均以厘米计。

2、图中Ⅴ－Ⅴ断面仅示出一半，另一半为对角对称图形。

3、主梁及桥面底板为50号混凝土预制，桥面板及横隔梁为30号混凝土现浇。

预应力混凝土I形组合梁斜桥 跨径30米 斜交角 15°	汽车-20级 挂车-100 净-9+2X1.50 净-9+2X1.00
主梁一般构造 (六)	图号 21

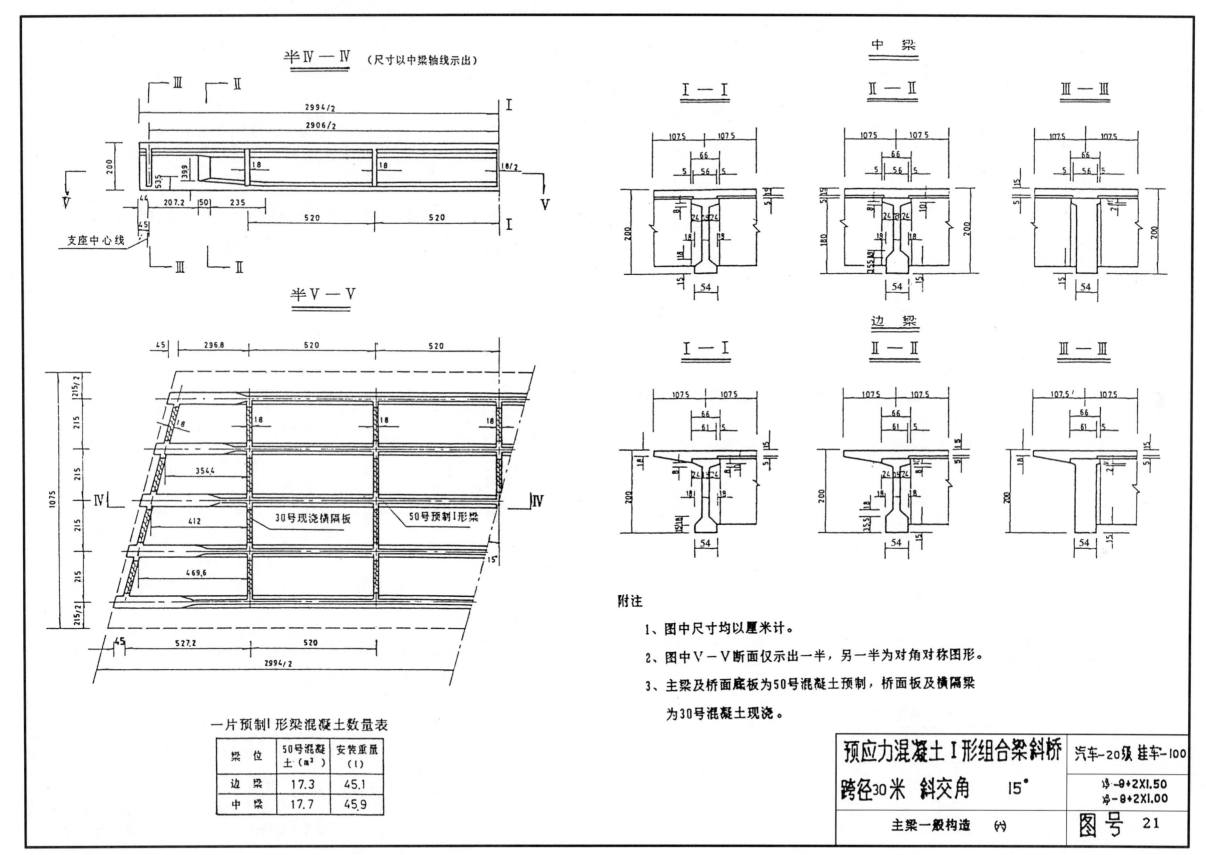

附注

1、图中尺寸均以厘米计。

2、图中Ⅴ－Ⅴ断面仅示出一半，另一半为对角对称图形。

3、主梁及桥面底板为50号混凝土预制，桥面板及横隔梁为30号混凝土现浇。

一片预制Ⅰ形梁混凝土数量表

梁 位	50号混凝土(m^3)	安装重量(t)
边 梁	17.5	45.4
中 梁	17.8	46.3

预应力混凝土Ⅰ形组合梁斜桥 跨径30米 斜交角 30°	汽车—20级 挂车—100
	净—9+2×1.50 净—8+2×1.00
主梁一般构造 (七)	图号 22

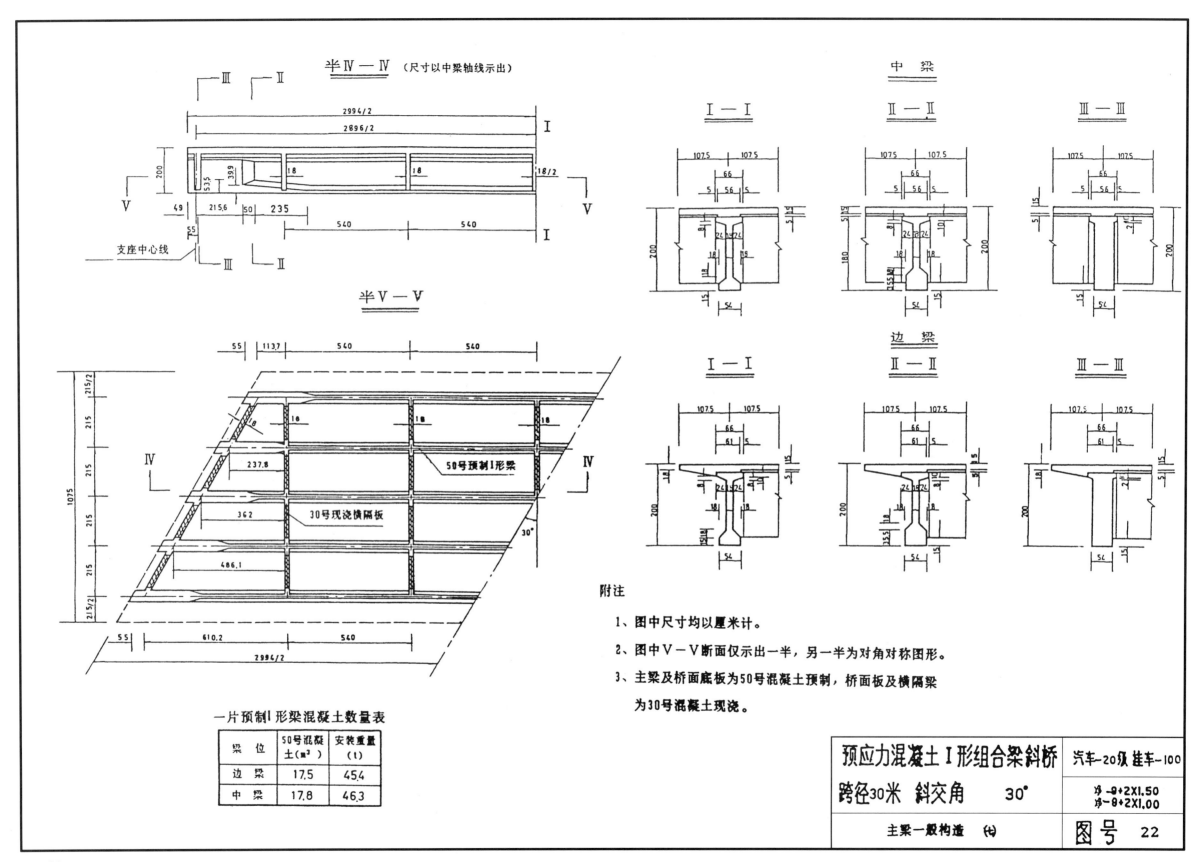

一片预制I形梁混凝土数量表

梁 位	50号混凝土（m³）	安装重量（t）
边 梁	17.6	45.8
中 梁	18.0	46.7

附注

1、图中尺寸均以厘米计。

2、图中Ⅴ－Ⅴ断面仅示出一半，另一半为对角对称图形。

3、主梁及桥面底板为50号混凝土预制，桥面板及横隔梁为30号混凝土现浇。

预应力混凝土I形组合梁斜桥 跨径30米 斜交角 45°	汽车－20级 挂车－100	净－9+2×1.50 净－9+2×1.00
主梁一般构造 (六)	图号	23

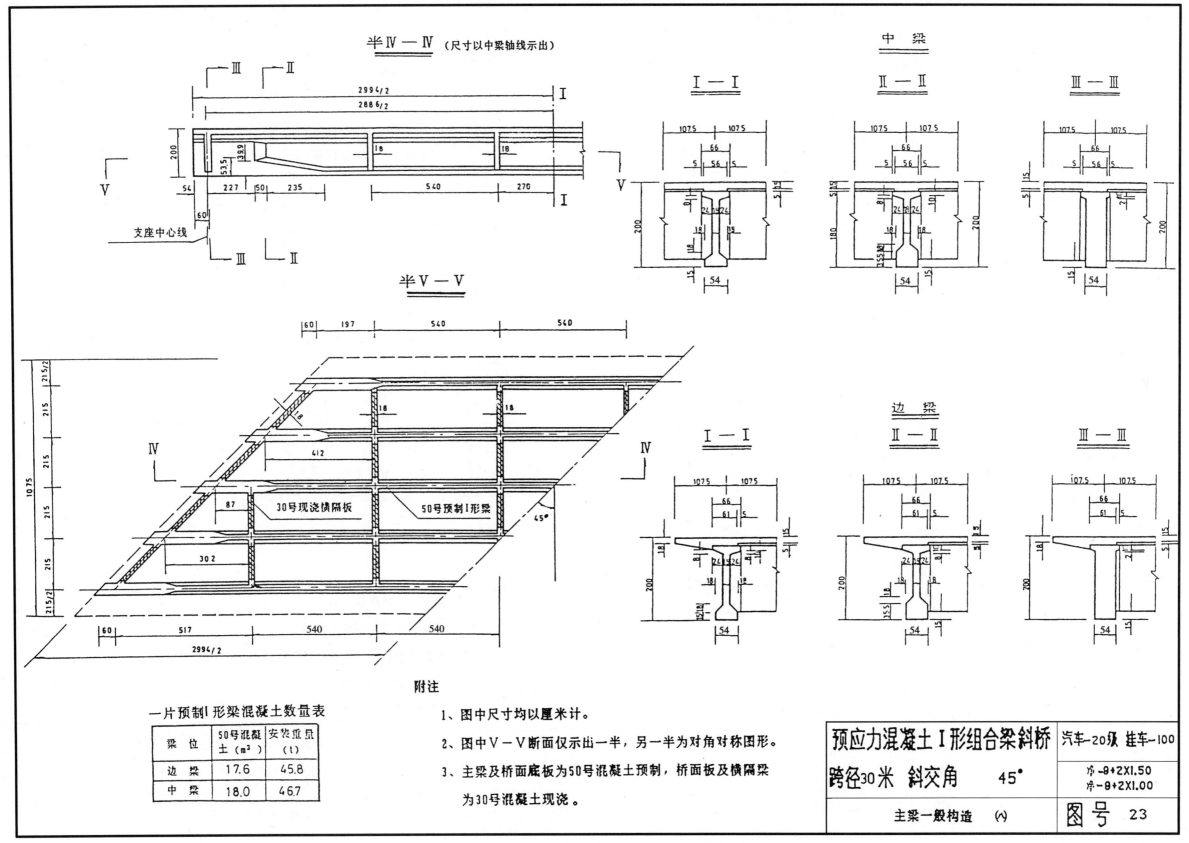

半Ⅳ—Ⅳ（尺寸以中梁轴线示出）

中 梁

Ⅰ—Ⅰ　Ⅱ—Ⅱ　Ⅲ—Ⅲ

半Ⅴ—Ⅴ

边 梁

Ⅰ—Ⅰ　Ⅱ—Ⅱ　Ⅲ—Ⅲ

附注

1、图中尺寸均以厘米计。

2、图中Ⅴ—Ⅴ断面仅示出一半。

3、主梁及桥面底板为50号混凝土预制，桥面板及横隔梁为30号混凝土现浇。

一片预制Ⅰ形梁混凝土数量表

梁　位	50号混凝土（m^3）	安装重量（t）
边　梁	17.3	45.1
中　梁	17.6	45.7

预应力混凝土Ⅰ形组合梁斜桥	汽车—20级　挂车—100	
跨径30米　斜交角　0°	净—7+2×1.00	
主梁一般构造　（九）	图号	24

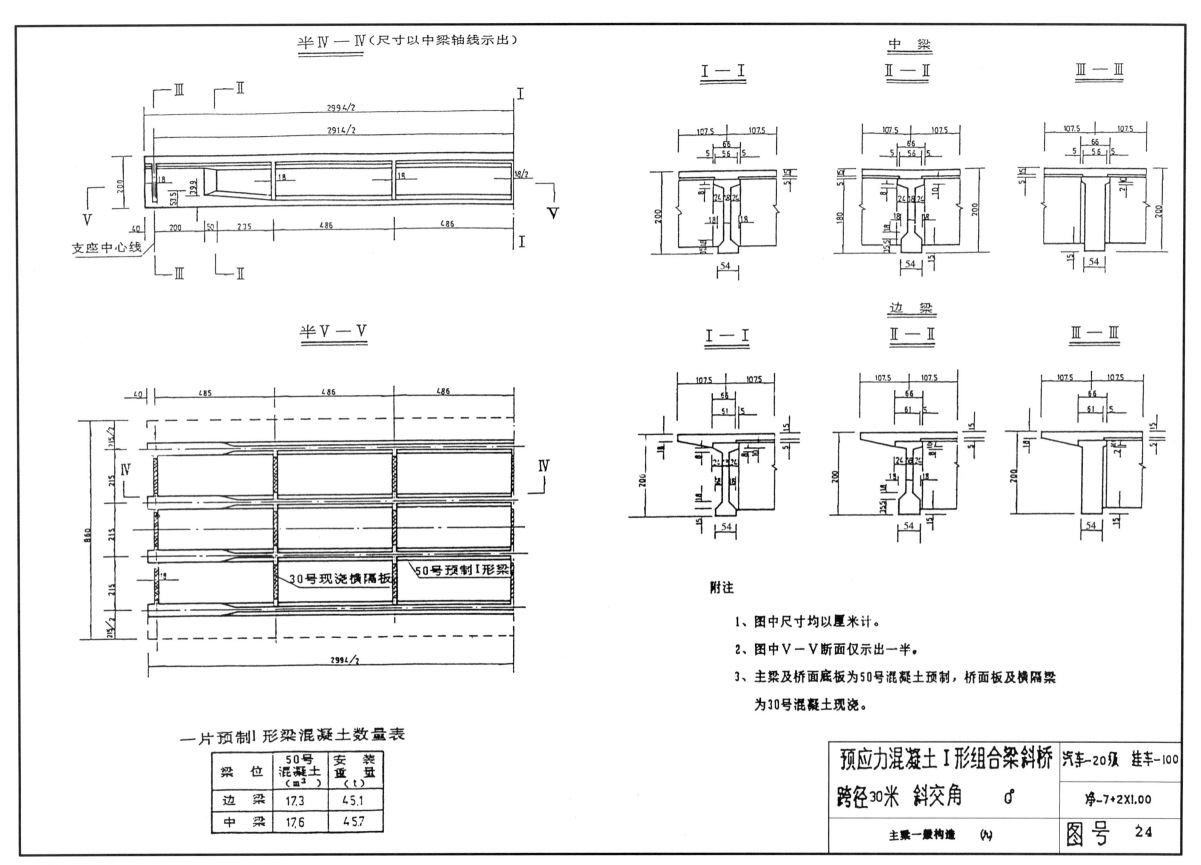

半Ⅳ—Ⅳ（尺寸以中梁轴线示出）

半Ⅴ—Ⅴ

中　梁

边　梁

一片预制I形梁混凝土数量表

梁　位	50号混凝土（m³）	安装重量（t）
边　梁	17.3	45.1
中　梁	17.7	45.9

附注

1、图中尺寸均以厘米计。

2、图中Ⅴ—Ⅴ断面仅示出一半，另一半为对角对称图形。

3、主梁及桥面底板为50号混凝土预制，桥面板及横隔梁为30号混凝土现浇。

预应力混凝土I形组合梁斜桥 跨径30米 斜交角 15°	汽车—20级 挂车—100
	净—7+2×1.00
主梁一般构造（十）	图号 25

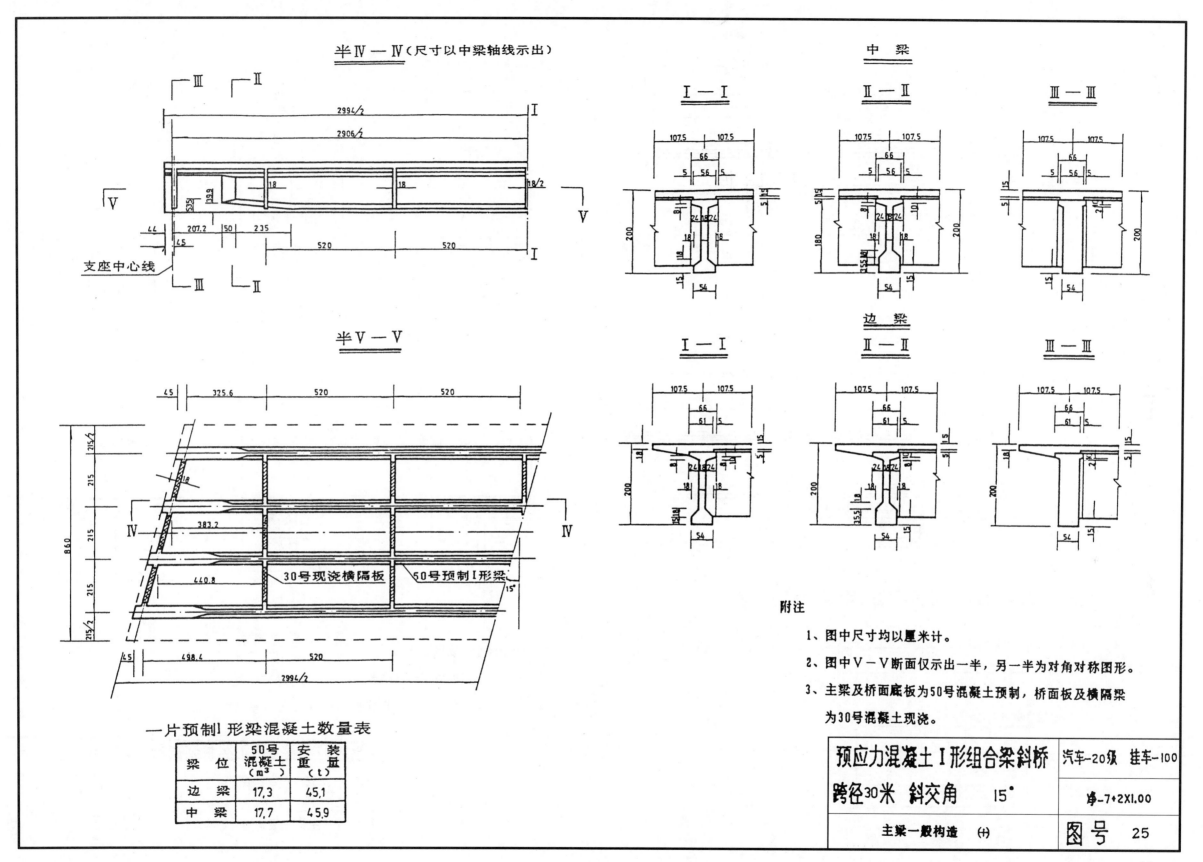

半Ⅳ—Ⅳ（尺寸以中梁轴线示出）

半Ⅴ—Ⅴ

附注

1、图中尺寸均以厘米计。

2、图中Ⅴ－Ⅴ断面仅示出一半，另一半为对角对称图形。

3、主梁及桥面底板为50号混凝土预制，桥面板及横隔梁为30号混凝土现浇。

一片预制I形梁混凝土数量表

梁位	50号混凝土（m³）	安装重量（t）
边梁	17.5	45.4
中梁	17.8	46.3

预应力混凝土I形组合梁斜桥 跨径30米 斜交角 30°	汽车-20级 挂车-100
	净-7+2X1.00
主梁一般构造（十一）	图号 26

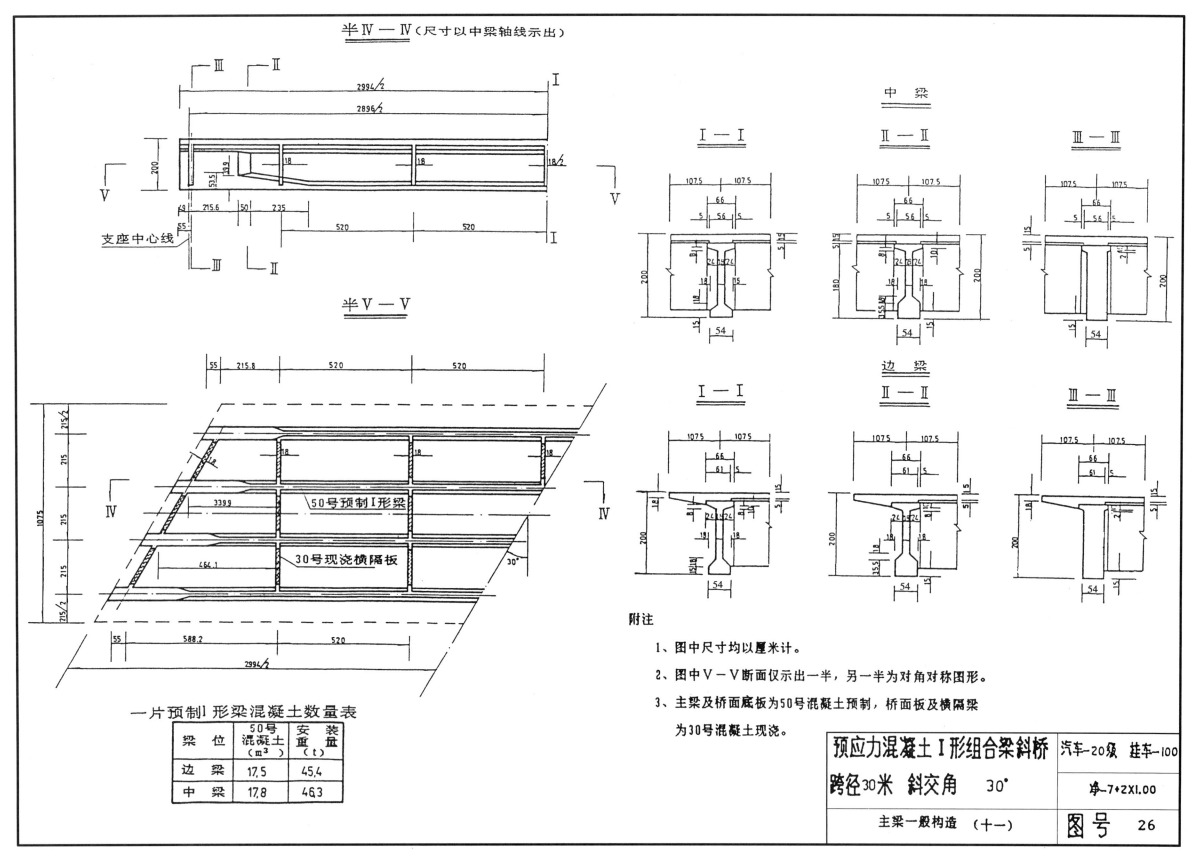

附注

1、图中尺寸均以厘米计。

2、图中Ⅴ－Ⅴ断面仅示出一半，另一半为对角对称图形。

3、主梁及桥面底板为50号混凝土预制，桥面板及横隔梁为30号混凝土现浇。

一片预制I形梁混凝土数量表

梁 位	50号混凝土（m³）	安装重量（t）
边 梁	17.6	45.8
中 梁	18.0	46.7

预应力混凝土I形组合梁斜桥 跨径30米 斜交角 45°	汽车－20级 挂车－100	净－7＋2×1.00
主梁一般构造 （十二）	图号	27

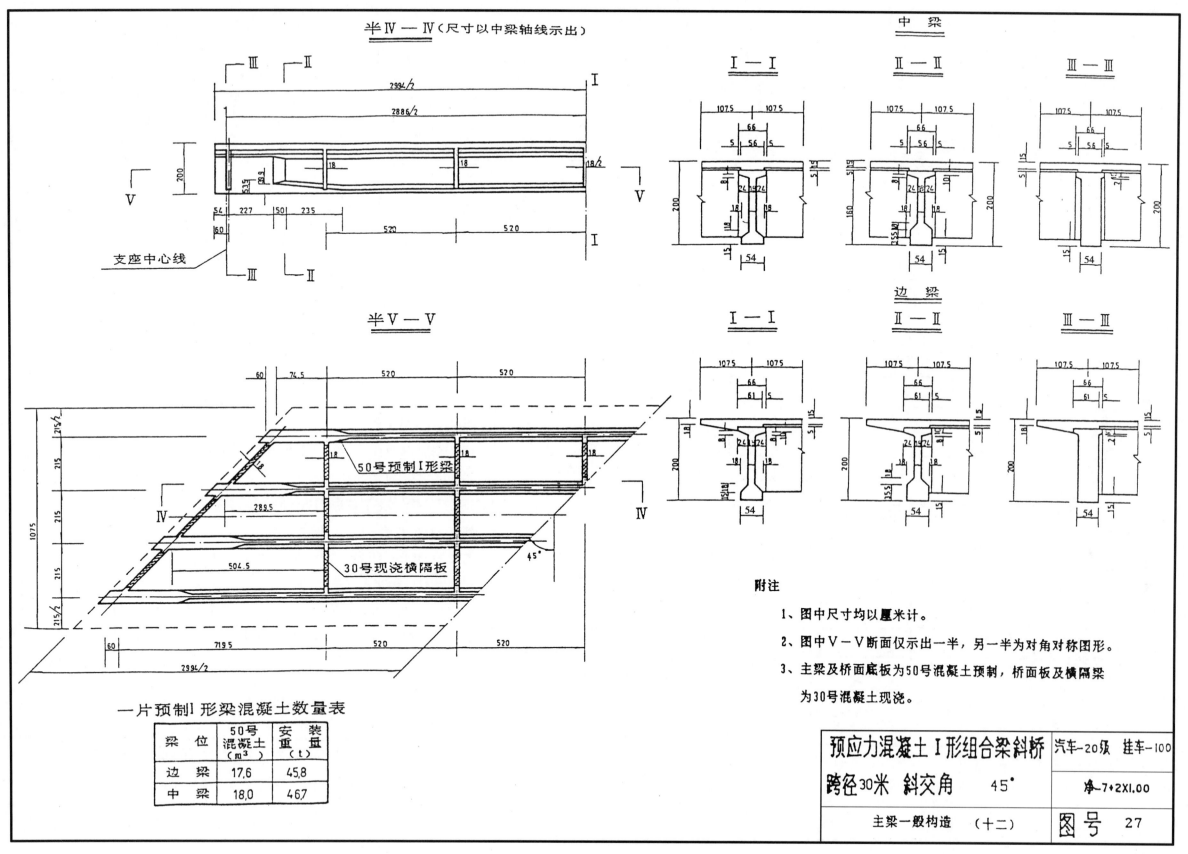

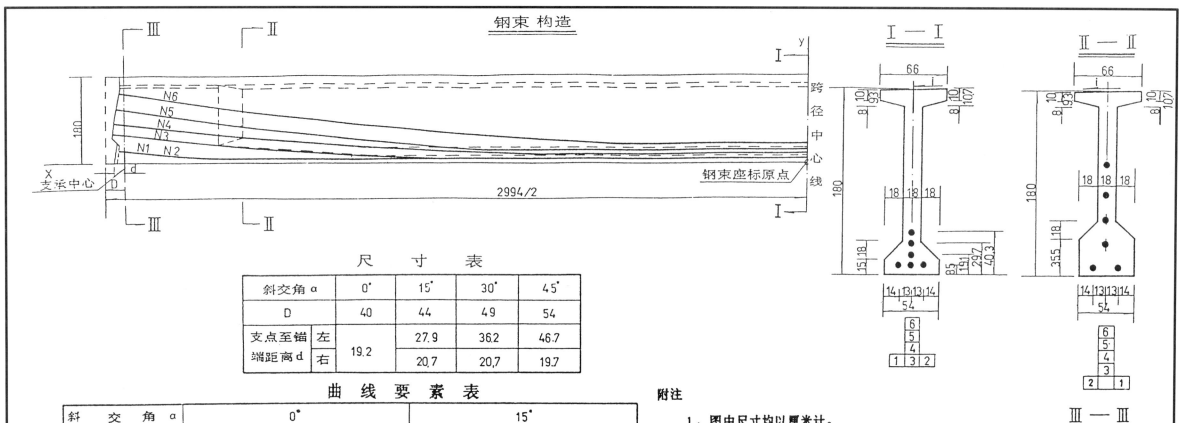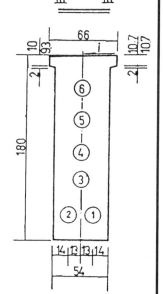

钢束构造

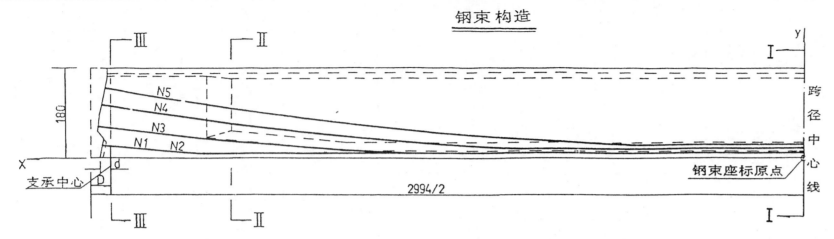

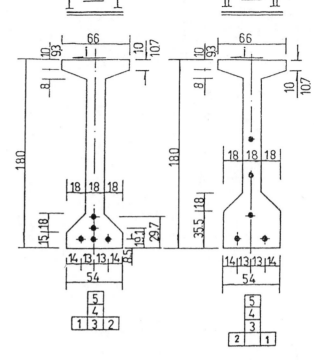

尺 寸 表

斜交角 α	0°	15°	30°	45°
D	40	44	49	54
支点至锚端距离 d 左	20.7	27.9	37.2	46.7
支点至锚端距离 d 右	20.7	20.7	21.7	19.7

曲 线 要 素 表

斜交角 α	0°				15°				附
钢 束 号	1,2	3	4	5	1,2	3	4	5	
起弯半径(cm)	1340.2	3719.0	4159.7	5276.3	1340.2	3719.0	4159.7	5276.3	
起 弯 角	9°	10°	12°	12°	9°	10°	12°	12°	
起弯点至跨中距离(cm)	1264.0	836.5	608.7	369.2	1260.0	835.5	607.7	368.2	
曲线长度(cm) 左/右	210.5	649.1	871.2	1105.1	210.5	649.1	871.2	1105.1	
斜交角 α	30°				45°				
钢 束 号	1,2	3	4	5	1,2	3	4	5	
起弯半径(cm)	1745.3	3347.3	3546.6	4498.6	1746.3	3347.3	3546.6	4498.6	
起 弯 角	9°	11°	13°	13°	9°	11°	13°	13°	
起弯点至跨中距离(cm)	1191.7	842.4	675.0	452.7	1191.7	842.4	675.0	452.7	
曲线长度(cm) 左/右	210.5	642.6	804.7	1020.7	210.5	642.6	804.7	1020.7	

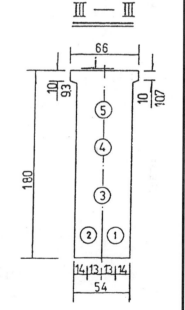

附注

1. 图中尺寸均以厘米计。
2. 钢束座标见图号31，每片主梁钢绞线股数数量表见图号30，钢束数量表见图号33～39。
3. 预制梁混凝土设计强度达到100%时方可张拉钢束。
4. 钢束张拉顺序为1、5；2、4；3。
5. 钢束张拉吨位：当六股一束时为944.92KN，七股一束时为1102.41KN。
6. 左、右指梁的左端、右端。
7. Ⅰ-Ⅲ断面中，同一尺寸线上有两个数字时，尺寸线上的数字用于净-9与净-7，此时i=0，尺寸线下的数字用于净-11.5与净-9.75，此时i=2%。

预应力混凝土Ⅰ形组合梁斜桥 汽车-20级 挂车-100
跨径30米 斜交角0°;15°;30°;45°
净-9.75 净-9+2×1.50 净-9+2×1.00 净-7+2×1.00

预制Ⅰ型梁钢束构造 (一) (5束)   图号 29

一片主梁钢绞线股数数量表

净空	荷载	斜交角	梁位	钢绞线股数 (A×B=C)	各束股数 钢束号	各束股数 股数
净-11.50米	汽车-超20级 挂车-120	0°	边梁	4x7+2x6=40 (6X7=42)	1-4 5,6 (1-6)	7 6 (7)
			中梁	2X7+4X6=38 (3X7+3X6=39)	1-2 3-6 (1,2,3) (4,5,6)	7 6 (7) (6)
		15°	边梁	2X7+4X6=38 (5X7+1X6=41)	1,2 3-6 (1-5) (6)	7 6 (7) (6)
			中梁	1X7+5X6=37 (2X7+4X6=38)	3 1,2,4,5,6 (1,2) (3-6)	7 6 (7) (6)
	汽车-20级 挂车-100	30°	边梁	1X7+5X6=37 (4X7+2X6=40)	3 1,2,4,5,6 (1-4) (5,6)	7 6 (7) (6)
			中梁	6X6=36 (1X7+5X6=37)	1-6 (3) (1,2,4,5,6)	6 (7) (6)
		45°	边梁	1X7+5X6=37 (3X7+3X6=39)	3 1,2,4,5,6 (1-3) (4-6)	7 6 (7) (6)
			中梁	6X6=36 (1X7+5X6=37)	1-6 (3) (1,2,4,5,6)	6 (7) (6)
净-9.75米	汽车-超20级 挂车-120	0°	边梁	1X7+5X6=37 (4X7+2X6=40)	3 1,2,4,5,6 (1-4) (5-6)	7 6 (7) (6)
			中梁	4X7+1X6=34 (1X7+5X6=37)	1-4 5 (3) (1,2,4,5,6)	7 6 (7) (6)
		15°	边梁	6X6=36 (3X7+3X6=39)	1-6 (1-3) (4-6)	6 (7) (6)
			中梁	4X7+1X6=34 (1X7+5X6=37)	1-4 5 (3) (1,2,4,5,6)	7 6 (7) (6)
	汽车-20级 挂车-100	30°	边梁	5X7=35 (2X7+4X6=38)	1-5 (1,2) (3-6)	7 (7) (6)
			中梁	3X7+2X6=33 (6X6=36)	1-3 4,5 (1-6)	7 6 (6)

净空	荷载	斜交角	梁位	钢绞线股数 (A×B=C)	各束股数 钢束号	各束股数 股数
		45°	边梁	4x7+1x6=34 (1X7+5X6=37)	1-4 5 (3) (1,2,4,5,6)	7 6 (7) (6)
			中梁	1X7+4X6=31 (6X6=36)	3 1,2,4,5 (1-6)	7 6 (6)
净-9+2X1.5米人行道	汽车-20级 挂车-100	0°	边梁	3X7+3X6=39	1-3 4-6	7 6
			中梁	1X7+5X6=37	3 1,2,4,5,6	7 6
		15°	边梁	1X7+5X6=37	3 1,2,4,5,6	7 6
			中梁	1X7+5X6=37	3 1,2,4,5,6	7 6
		30°	边梁	6X6=36	1-6	6
			中梁	5X7=35	1-5	7
		45°	边梁	5X7=35	1-5	7
			中梁	4X7+1X6=34	1-4 5	7 6
净-9+2X1.00米人行道	汽车-20级挂车-100	0°	边梁	2X7+4X6=38	1,2 3-6	7 6
			中梁	1X7+5X6=37	3 1,2,4,5,6	7 6
		15°	边梁	6X6=36	1-6	6
			中梁	6X6=36	1-6	6

净空	荷载	斜交角	梁位	钢绞线股数 (A×B=C)	各束股数 钢束号	各束股数 股数
净-9+2X1.00米人行道	汽车-20级 挂车-100	30°	边梁	5X7=35	1-5	7
			中梁	5X7=35	1-5	7
		45°	边梁	4X7+1X6=34	1-4 5	7 6
			中梁	4X7+1X6=34	1-4 5	7 6
净-7+2X1.00米人行道	汽车-20级 挂车-100	0°	边梁	1X7+5X6=37	3 1,2,4,5,6	7 6
			中梁	6X6=36	1-6	6
		15°	边梁	6X6=36	1-6	6
			中梁	6X6=36	1-6	6
		30°	边梁	5X7=35	1-5	7
			中梁	4X7+1X6=34	1-4 5	7 6
		45°	边梁	4X7+1X6=34	1-4 5	7 6
			中梁	3X7+2X6=33	1-3 4,5	7 6

附注 1、表中数字括号并列者，括号内、外分别用于汽车－超２０级，挂车－１２０；汽车－２０级，挂－１００。

2、表中钢绞线股数栏内A×B＝C的含意：A为一片梁的预留孔道数（即束数），B为一个孔道内（一束）的钢绞线股数，C为一片梁钢绞线的总股数。

预应力混凝土I形组合梁斜桥 跨径30米 斜交角0°,15°,30°,45°	汽车-20级 挂车-100 汽车-超20级 挂车-120 净—11.5 净—9+2×1.50 净—9.75 净—9+2×1.00 净—7+2×1.00
钢绞线股数数量表	图号 30

钢束座标表（每片梁 6 束）

斜交角	钢束号	竖直座标 \ 水平座标	0 跨中截面	100	200	300	400	500	600	700	800	900	1000	1100	1200	II-II 变化截面	1300	1400	III-III 支点截面	锚端截面 左	锚端截面 右
0°	1,2	Y	8.5	8.5	8.5	8.5	8.5	8.5	8.5	8.5	8.5	8.5	8.5	8.5	8.5	8.5	9	15.6	22.7	25	
	3		8.5	8.5	8.5	8.5	8.5	8.5	8.5	8.5	8.5	9.6	13	18.6	26.6	31.2	37	49.7	57.9	62	
	4		19.1	19.1	19.1	19.1	19.1	19.1	19.1	19.7	22.2	26.4	32.5	40.3	50.1	55.3	61.6	75	83.5	87	
	5		29.7	29.7	29.7	29.7	29.7	29.7	29.7	30.6	33.9	39.6	47.8	58.4	71.5	78.5	87.1	105.2	116.7	120	
	6		40.3	40.3	40.3	40.3	40.3	40.9	43.4	48	54.5	63	73.6	86.2	100.8	108.4	117.5	136.3	148	150	
15°	1,2	Y	8.5	8.5	8.5	8.5	8.5	8.5	8.5	8.5	8.5	8.5	8.5	8.5	8.5	8.5	9.1	15.8	22.5	26.1	25
	3		8.5	8.5	8.5	8.5	8.5	8.5	8.5	8.5	8.5	8.6	10.9	16	24	27.9	34.8	48.6	57	62	
	4		19.1	19.1	19.1	19.1	19.1	19.1	19.1	19.1	20.2	23.5	29.1	36.9	47	51.6	59.4	74	82.8	87	
	5		29.7	29.7	29.7	29.7	29.7	29.7	29.7	30.6	34	39.8	48	58.6	71.8	77.7	87.4	105.6	116.2	120	
	6		40.3	40.3	40.3	40.3	40.3	40.9	43.5	48.1	54.6	63.2	73.8	86.4	101.1	107.5	117.9	136.7	147.5	150	
30°	1,2	Y	8.5	8.5	8.5	8.5	8.5	8.5	8.5	8.5	8.5	8.5	8.5	8.5	8.5	8.5	9.2	16.1	22.2	27.1	24.7
	3		8.5	8.5	8.5	8.5	8.5	8.5	8.5	8.5	8.5	8.5	10.3	15.3	23.6	26.9	35.2	50.2	58.6	65	
	4		19.1	19.1	19.1	19.1	19.1	19.1	19.1	19.1	19.6	22.4	27.8	35.8	46.5	50.4	59.8	75.8	84.4	90	
	5		29.7	29.7	29.7	29.7	29.7	29.7	29.7	30.6	34	39.7	48	58.6	71.7	76.4	87.4	105.5	115.1	120	
	6		40.3	40.3	40.3	40.3	40.3	40.9	43.5	48.1	54.6	63.2	73.8	86.4	101.1	106.1	117.8	136.7	146.5	150	
45°	1,2	Y	8.5	8.5	8.5	8.5	8.5	8.5	8.5	8.5	8.5	8.5	8.5	8.5	8.5	8.5	9.3	16.4	21.7	28.2	24.1
	3		8.5	8.5	8.5	8.5	8.5	8.5	8.5	8.5	8.5	8.5	10.3	15.4	23.7	25.8	35.4	50.4	57.8	65	
	4		19.1	19.1	19.1	19.1	19.1	19.1	19.1	19.1	19.6	22.4	27.9	35.9	46.6	49.1	60.1	76	83.7	90	
	5		29.7	29.7	29.7	29.7	29.7	29.7	29.7	30.3	33.5	39.4	47.9	59.2	73.3	76.4	90.1	109.8	119.2	125	
	6		40.3	40.3	40.3	40.3	40.3	40.5	42.6	47	53.6	62.5	73.6	87	102.7	106.2	120.8	141.2	150.7	255	

附注

1、本表座标值均以厘米为单位。

2、座标值以跨中为起点只列出跨径之半，另一半与之对称。

3、钢束竖直座标为钢束重心至梁底的距离。

预应力混凝土I形组合梁斜桥 跨径30米 斜交角0°,15°,30°,45°	汽车-20级 挂车-100 汽车-超20级 挂车-120 净-11.50 净-9+2X1.50 净-9+2X1.00 净-9.75 净-7+2X1.00
钢束座标表 (一)	图号 31

钢束座标表（每片梁5束）

斜交角	钢束号	水平座标 / 竖直座标	0 跨中截面	100	200	300	400	500	600	700	800	900	1000	1100	1200	II-II 变化截面	1300	1400	III-III 支点截面	锚端截面 左	锚端截面 右
0°	1,2	Y	8.5	8.5	8.5	8.5	8.5	8.5	8.5	8.5	8.5	8.5	8.5	8.5	8.5	8.5	9.0	15.4	22.5	25	
	3		8.5	8.5	8.5	8.5	8.5	8.5	8.5	8.5	8.5	9.0	12.1	17.8	26.3	31.2	37.5	51.4	60.6	65	
	4		19.1	19.1	19.1	19.1	19.1	19.1	19.1	19.1	23.5	29.3	37.5	48.2	61.3	68.4	76.9	95	106.5	110	
	5		29.7	29.7	29.7	29.7	29.8	31.3	34.8	40.1	47.3	56.5	67.5	80.6	95.5	103.2	112.5	131.4	143.1	145	
15°	1,2	Y	8.5	8.5	8.5	8.5	8.5	8.5	8.5	8.5	8.5	8.5	8.5	8.5	8.5	8.5	9.1	15.8	22.5	26.1	25
	3		8.5	8.5	8.5	8.5	8.5	8.5	8.5	8.5	8.5	9.1	12.1	17.9	26.4	30.5	37.6	51.6	60.1	65	
	4		19.1	19.1	19.1	19.1	19.1	19.1	19.1	20.1	23.5	29.4	37.6	48.3	61.5	67.4	77.1	95.2	105.9	110	
	5		29.7	29.7	29.7	29.7	29.7	31.3	34.8	40.1	47.4	56.6	67.7	80.7	95.7	102.2	112.6	131.6	142.4	145	
30°	1,2	Y	8.5	8.5	8.5	8.5	8.5	8.5	8.5	8.5	8.5	8.5	8.5	8.5	8.5	9.0	11.8	21	27.4	32.4	30
	3		8.5	8.5	8.5	8.5	8.5	8.5	8.5	8.5	8.5	9.0	12.2	18.4	27.7	31.2	39.9	55.3	63.7	70	
	4		19.1	19.1	19.1	19.1	19.1	19.1	19.1	19.2	21.3	26.2	34	44.7	58.2	63	74.6	94	104.4	110	
	5		29.7	29.7	29.7	29.7	29.7	29.8	32.1	36.5	43.1	52	63.1	76.5	92.2	97.6	110.2	130.6	141.2	145	
45°	1,2	Y	8.5	8.5	8.5	8.5	8.5	8.5	8.5	8.5	8.5	8.5	8.5	8.5	8.5	8.7	11.8	21	26.7	33	28.9
	3		8.5	8.5	8.5	8.5	8.5	8.5	8.5	8.5	8.5	9.0	12.2	18.4	27.7	29.9	39.9	55.3	62.8	70	
	4		19.1	19.1	19.1	19.1	19.1	19.1	19.1	19.2	21.3	26.2	34	44.7	58.2	61.2	74.6	94	103.3	110	
	5		29.7	29.7	29.7	29.7	29.7	29.9	32.1	36.5	43.1	52	63.1	76.5	92.2	95.6	110.2	130.6	140	145	

附注

1、本表座标值均以厘米为单位。

2、座标值以跨中为起点只列出跨径之半，另一半与之对称。

3、钢束竖直座标为钢束重心至梁底的距离。

预应力混凝土I形组合梁斜桥 跨径30米 斜交角0°;15°;30°;45°	汽车-20级 挂车-100 净-9.75 净-9+2X1.00 净-9+2X1.50 净-7+2X1.00
钢束座标表 (一)	图号 32

一片主梁预应力钢绞线数量表

梁位	斜交角	钢束号	直径(mm)	钢束长(m)	数量(股)	钢绞线总长(m)	钢束重(kg)	钢束总重(kg)
中梁	0°	1，2	ϕ^{J}_{15}	31.14	14	435.96	475.66	1329.3
		3		31.40	7	219.80	239.97	
		4		31.34	6	188.04	205.16	
		5		31.26	6	187.56	204.64	
		6		31.18	6	186.96	203.99	
	15°	1，2	ϕ^{J}_{15}	31.16	14	436.24	475.97	1294.6
		3		31.38	6	188.28	205.43	
		4		31.31	6	187.86	204.97	
		5		31.23	6	187.38	204.44	
		6		31.13	6	186.78	203.79	
	30°	1，2	ϕ^{J}_{15}	31.15	12	373.80	407.84	1260.8
		3		31.39	7	219.73	239.74	
		4		31.31	6	187.86	204.97	
		5		31.23	6	187.38	204.44	
		6		31.13	6	186.78	203.79	
	45°	1，2	ϕ^{J}_{15}	31.14	12	373.68	407.71	1259.9
		3		31.37	7	219.59	239.59	
		4		31.29	6	187.74	204.84	
		5		31.20	6	187.20	204.25	
		6		31.09	6	186.54	203.53	

梁位	斜交角	钢束号	直径(mm)	钢束长(m)	数量(股)	钢绞线总长(m)	钢束重(kg)	钢束总重(kg)
边梁	0°	1，2	ϕ^{J}_{15}	31.14	14	435.96	475.66	1431.6
		3		31.40	7	219.80	239.82	
		4		31.34	7	219.38	239.36	
		5		31.26	7	218.82	238.75	
		6		31.16	7	218.12	237.98	
	15°	1，2	ϕ^{J}_{15}	31.16	14	436.24	475.97	1397.1
		3		31.38	7	219.66	239.66	
		4		31.31	7	219.17	239.13	
		5		31.23	7	218.61	238.52	
		6		31.13	6	186.78	203.79	
	30°	1，2	ϕ^{J}_{15}	31.15	14	436.10	475.82	1362.9
		3		31.39	7	219.73	239.74	
		4		31.31	7	219.17	239.13	
		5		31.23	6	187.38	204.44	
		6		31.13	6	186.78	203.79	
	45°	1，2	ϕ^{J}_{15}	31.14	14	435.96	475.66	1327.87
		3		31.37	7	219.59	239.59	
		4		31.29	6	187.74	204.84	
		5		31.20	6	187.20	204.25	
		6		31.09	6	186.54	203.53	

附注

1、钢绞线每端预留工作长度84厘米。

2、钢束构造见图号28。

预应力混凝土I形组合梁斜桥	汽车-超20级 挂车-120
跨径30米 斜交角0°,15°,30°,45°	净-11.50
一片主梁钢束数量表 (一)	图号 33

一片主梁预应力钢绞线数量表

梁位	斜交角	钢束号	直径(mm)	钢束长(m)	数量(股)	钢绞线总长(m)	钢束重(kg)	钢束总重(kg)
中梁	0°	1,2	$\phi^j 15$	31.14	14	435.96	475.66	1295.0
		3		31.40	6	188.40	205.56	
		4		31.34	6	188.04	205.16	
		5		31.26	6	187.56	204.64	
		6		31.16	6	186.96	203.99	
	15°	1,2	$\phi^j 15$	31.16	12	373.92	407.97	1260.8
		3		31.38	7	219.66	239.66	
		4		31.31	6	187.86	204.97	
		5		31.23	6	187.38	204.44	
		6		31.13	6	186.78	203.79	
	30°	1,2	$\phi^j 15$	31.15	12	373.80	407.84	1226.5
		3		31.39	6	188.34	205.49	
		4		31.31	6	187.86	204.97	
		5		31.23	6	187.38	204.44	
		6		31.13	6	186.78	203.79	
	45°	1,2	$\phi^j 15$	31.14	12	373.68	407.71	1225.7
		3		31.37	6	188.22	205.36	
		4		31.29	6	187.74	204.84	
		5		31.20	6	187.20	204.25	
		6		31.09	6	186.54	203.53	
边梁	0°	1,2	$\phi^j 15$	31.14	14	435.96	475.66	1363.5
		3		31.40	7	219.80	239.82	
		4		31.34	7	219.38	239.36	
		5		31.26	6	187.56	204.64	
		6		31.16	6	186.96	203.99	
	15°	1,2	$\phi^j 15$	31.16	14	436.24	475.97	1294.6
		3		31.38	6	188.28	205.43	
		4		31.31	6	187.86	204.97	
		5		31.23	6	187.38	204.44	
		6		31.13	6	186.78	203.79	
	30°	1,2	$\phi^j 15$	31.15	12	373.86	407.84	1260.8
		3		31.39	7	219.73	239.74	
		4		31.31	6	187.86	204.97	
		5		31.23	6	187.38	204.44	
		6		31.13	6	186.78	203.79	
	45°	1,2	$\phi^j 15$	31.14	12	373.68	407.71	1259.9
		3		31.37	7	219.59	239.59	
		4		31.29	6	187.74	204.84	
		5		31.20	6	187.20	204.25	
		6		31.09	6	186.54	203.53	

附注
1、钢绞线每端预留工作长度84厘米。
2、钢束构造见图号28。

预应力混凝土I形组合梁斜桥　汽车-20级　挂车-100
跨径30米　斜交角0°；15°；30°；45°
净-11.50

一片主梁钢束数量表（二）　图号 34

一片主梁预应力钢绞线数量表

梁位	斜交角	钢束号	直径(mm)	钢束长(m)	数量(股)	钢绞线总长(m)	钢束重(kg)	钢束总重(kg)
中梁	0°	1，2	ϕ^J15	31.14	12	373.68	407.71	1261.3
		3		31.40	7	219.80	239.82	
		4		31.34	6	188.04	205.16	
		5		31.26	6	187.56	204.64	
		6		31.16	6	186.96	203.99	
	15°	1，2	ϕ^J15	31.16	12	373.92	407.97	1260.8
		3		31.38	7	219.66	239.66	
		4		31.31	6	187.86	204.97	
		5		31.23	6	187.38	204.44	
		6		31.13	6	186.78	203.79	
	30°	1，2	ϕ^J15	31.15	12	373.80	407.84	1226.5
		3		31.39	6	188.34	205.49	
		4		31.31	6	187.86	204.97	
		5		31.23	6	187.38	204.44	
		6		31.13	6	186.78	203.79	
	45°	1，2	ϕ^J15	31.14	12	373.68	407.71	1225.7
		3		31.37	6	188.22	205.36	
		4		31.29	6	187.74	204.84	
		5		31.20	6	187.20	204.25	
		6		31.09	6	186.54	203.53	

梁位	斜交角	钢束号	直径(mm)	钢束长(m)	数量(股)	钢绞线总长(m)	钢束重(kg)	钢束总重(kg)
边梁	0°	1，2	ϕ^J15	31.14	14	435.96	475.66	1363.5
		3		31.40	7	219.80	239.82	
		4		31.34	7	219.38	239.36	
		5		31.26	6	187.56	204.64	
		6		31.16	6	186.96	203.99	
	15°	1，2	ϕ^J15	31.16	14	436.24	475.97	1328.8
		3		31.38	7	219.66	239.66	
		4		31.31	6	187.86	204.97	
		5		31.23	6	187.38	204.44	
		6		31.13	6	186.78	203.79	
	30°	1，2	ϕ^J15	31.15	14	436.10	475.82	1294.5
		3		31.39	6	188.34	205.49	
		4		31.31	6	187.86	204.97	
		5		31.23	6	187.38	204.44	
		6		31.13	6	186.78	203.79	
	45°	1，2	ϕ^J15	31.14	12	373.68	407.71	1259.9
		3		31.37	7	219.59	239.59	
		4		31.29	6	187.74	204.84	
		5		31.20	6	187.20	204.25	
		6		31.09	6	186.54	203.53	

附注

1、钢绞线每端预留工作长度84厘米。

2、钢束构造见图号28。

预应力混凝土I形组合梁斜桥 跨径30米 斜交角0°,15°,30°,45°	汽车-超20级 挂车-120 净-9.75
一片主梁钢束数量表(三)	图号 35

一片主梁预应力钢绞线数量表

梁位	斜交角	钢束号	直径(mm)	钢束长(m)	数量(股)	钢绞线总长(m)	钢束重(kg)	钢束总重(kg)
中梁	0°	1，2	ϕ^{j}_{15}	31.17	14	436.38	476.12	1158.8
		3		31.39	7	219.73	239.74	
		4		31.28	7	218.96	238.90	
		5		31.17	6	187.02	204.05	
	15°	1，2	ϕ^{j}_{15}	31.16	14	436.24	475.97	1158.2
		3		31.37	7	219.59	239.59	
		4		31.26	7	218.82	238.75	
		5		31.15	6	186.90	203.92	
	30°	1，2	ϕ^{j}_{15}	31.16	14	436.24	475.97	1124.3
		3		31.38	7	219.66	239.66	
		4		31.27	6	187.62	204.71	
		5		31.15	6	186.90	203.92	
	45°	1，2	ϕ^{j}_{15}	31.15	12	373.80	407.84	1056.1
		3		31.38	7	219.66	239.66	
		4		31.27	6	187.62	204.71	
		5		31.15	6	186.90	203.92	

梁位	斜交角	钢束号	直径(mm)	钢束长(m)	数量(股)	钢绞线总长(m)	钢束重(kg)	钢束总重(kg)
边梁	0°	1，2	ϕ^{j}_{15}	31.14	12	373.68	407.71	1261.3
		3		31.40	7	219.80	239.82	
		4		31.34	6	188.04	205.16	
		5		31.26	6	187.56	204.64	
		6		31.16	6	186.96	203.99	
	15°	1，2	ϕ^{j}_{15}	31.16	12	373.92	407.97	1226.6
		3		31.38	6	188.28	205.43	
		4		31.31	6	187.86	204.97	
		5		31.23	6	187.38	204.44	
		6		31.13	6	186.78	203.79	
	30°	1，2	ϕ^{j}_{15}	31.16	14	436.24	475.97	1192.4
		3		31.38	7	219.66	239.66	
		4		31.27	7	218.89	238.82	
		5		31.15	7	218.05	237.91	
	45°	1，2	ϕ^{j}_{15}	31.15	14	436.10	475.82	1158.2
		3		31.38	7	219.66	239.66	
		4		31.27	7	218.89	238.82	
		5		31.15	6	186.90	203.92	

附注

1、钢绞线每端预留工作长度 8 4 厘米。

2、钢束构造见图号 28～29。

预应力混凝土 I 形组合梁斜桥 跨径30米 斜交角0°;15°;30°;45°	汽车-20级 挂车-100
	净-9.75
一片主梁钢束数量表 (4)	图号 36

一片主梁预应力钢绞线数量表

梁位	斜交角	钢束号	直径(mm)	钢束长(m)	数量(股)	钢绞线总长(m)	钢束重(kg)	钢束总重(kg)
中梁	0°	1,2	ϕ^j15	31.14	12	373.68	407.71	1261.3
		3		31.40	7	219.80	239.82	
		4		31.34	6	188.04	205.16	
		5		31.26	6	187.56	204.64	
		6		31.16	6	186.96	203.99	
	15°	1,2	ϕ^j15	31.16	12	373.92	407.97	1260.8
		3		31.38	7	219.66	239.66	
		4		31.31	6	187.86	204.97	
		5		31.23	6	187.38	204.44	
		6		31.13	6	186.78	203.79	
	30°	1,2	ϕ^j15	31.16	14	436.24	475.97	1192.4
		3		31.38	7	219.66	239.66	
		4		31.27	7	218.89	238.82	
		5		31.15	7	218.05	237.91	
	45°	1,2	ϕ^j15	31.15	14	436.10	475.82	1158.2
		3		31.38	7	219.66	239.66	
		4		31.27	7	218.89	238.82	
		5		31.15	6	186.90	203.92	

梁位	斜交角	钢束号	直径(mm)	钢束长(m)	数量(股)	钢绞线总长(m)	钢束重(kg)	钢束总重(kg)
边梁	0°	1,2	ϕ^j15	31.14	14	435.96	475.66	1329.3
		3		31.40	7	219.80	239.82	
		4		31.34	6	188.04	205.16	
		5		31.26	6	187.56	204.64	
		6		31.16	6	186.96	203.99	
	15°	1,2	ϕ^j15	31.16	12	373.92	407.97	1260.8
		3		31.38	7	219.66	239.66	
		4		31.31	6	187.86	204.97	
		5		31.23	6	187.38	204.44	
		6		31.13	6	186.78	203.79	
	30°	1,2	ϕ^j15	31.15	12	373.80	407.84	1226.5
		3		31.39	6	188.34	205.49	
		4		31.31	6	187.86	204.97	
		5		31.23	6	187.38	204.44	
		6		31.13	6	186.78	203.79	
	45°	1,2	ϕ^j15	31.15	14	436.10	475.82	1192.2
		3		31.38	7	219.66	239.66	
		4		31.27	7	218.89	238.82	
		5		31.15	7	218.05	237.91	

附注

1、钢绞线每端预留工作长度84厘米。

2、钢束构造见图号28～29。

预应力混凝土I形组合梁斜桥	汽车—20级 挂车—100
跨径30米 斜交角0°,15°,30°,45°	净—9+2X1.50
一片主梁钢束数量表（五）	图号 37

一片主梁预应力钢绞线数量表

梁位	斜交角	钢束号	直径(mm)	钢束长(m)	数量(股)	钢绞线总长(m)	钢束重(kg)	钢束总重(kg)
中梁	0°	1，2	ϕ^J15	31.14	12	373.68	407.71	1261.3
		3		31.40	7	219.80	239.82	
		4		31.34	6	188.04	205.16	
		5		31.26	6	187.56	204.64	
		6		31.16	6	186.96	203.99	
	15°	1，2	ϕ^J15	31.16	12	373.92	407.97	1226.6
		3		31.38	6	188.28	205.43	
		4		31.31	6	187.86	204.97	
		5		31.23	6	187.38	204.44	
		6		31.13	6	186.78	203.79	
	30°	1，2	ϕ^J15	31.16	14	436.24	475.97	1192.4
		3		31.38	7	219.66	239.66	
		4		31.27	7	218.89	238.82	
		5		31.15	7	218.05	237.91	
	45°	1，2	ϕ^J15	31.15	14	436.10	475.82	1158.2
		3		31.38	7	219.66	239.66	
		4		31.27	7	218.89	238.82	
		5		31.15	6	186.90	203.92	

梁位	斜交角	钢束号	直径(mm)	钢束长(m)	数量(股)	钢绞线总长(m)	钢束重(kg)	钢束总重(kg)
边梁	0°	1，2	ϕ^J15	31.14	14	435.96	475.66	1295.0
		3		31.40	6	188.40	205.56	
		4		31.34	6	188.04	205.16	
		5		31.26	6	187.56	204.64	
		6		31.16	6	186.96	203.99	
	15°	1，2	ϕ^J15	31.16	12	373.92	407.97	1226.6
		3		31.38	6	188.28	205.43	
		4		31.31	6	187.86	204.97	
		5		31.23	6	187.38	204.44	
		6		31.13	6	186.78	203.79	
	30°	1，2	ϕ^J15	31.16	14	436.24	475.97	1192.4
		3		31.38	7	219.66	239.66	
		4		31.27	7	218.89	238.82	
		5		31.15	7	218.05	237.91	
	45°	1，2	ϕ^J15	31.15	14	436.10	475.82	1158.2
		3		31.38	7	219.66	239.66	
		4		31.27	7	218.89	238.82	
		5		31.15	6	186.90	203.92	

附注

1、钢绞线每端预留工作长度 8 4 厘米。

2、钢束构造见图号28～29。

预应力混凝土I形组合梁斜桥	汽车-20级 挂车-100
跨径30米 斜交角0°;15°;30°;45°	净-9+2×1.00
一片主梁钢束数量表 (六)	图号 38

一片主梁预应力钢绞线数量表

梁位	斜交角	钢束号	直径 (mm)	钢束长 (m)	数量 (股)	钢绞线总长(m)	钢束重 (kg)	钢束总重 (kg)
中梁	0°	1，2	$\phi^J 15$	31.14	12	373.68	407.71	1227.1
		3		31.40	6	188.40	205.56	
		4		31.34	6	188.04	205.16	
		5		31.26	6	187.56	204.64	
		6		31.16	6	186.96	203.99	
	15°	1，2	$\phi^J 15$	31.16	12	373.92	407.97	1226.6
		3		31.38	6	188.28	205.43	
		4		31.31	6	187.86	204.97	
		5		31.23	6	187.38	204.44	
		6		31.13	6	186.78	203.79	
	30°	1，2	$\phi^J 15$	31.16	14	436.24	475.97	1155.4
		3		31.38	7	219.66	239.66	
		4		31.27	7	218.89	238.82	
		5		31.15	6	186.90	203.92	
	45°	1，2	$\phi^J 15$	31.15	14	436.10	475.82	1124.1
		3		31.38	7	219.66	239.66	
		4		31.27	6	187.62	204.71	
		5		31.15	6	186.90	203.92	

梁位	斜交角	钢束号	直径 (mm)	钢束长 (m)	数量 (股)	钢绞线总长(m)	钢束重 (kg)	钢束总重 (kg)
边梁	0°	1，2	$\phi^J 15$	31.14	12	373.68	407.71	1261.3
		3		31.40	7	219.80	239.82	
		4		31.34	6	188.04	205.16	
		5		31.26	6	187.56	204.64	
		6		31.16	6	186.96	203.99	
	15°	1，2	$\phi^J 15$	31.16	12	373.92	407.97	1226.6
		3		31.38	6	188.28	205.43	
		4		31.31	6	187.86	204.97	
		5		31.23	6	187.38	204.44	
		6		31.13	6	186.78	203.79	
	30°	1，2	$\phi^J 15$	31.16	14	436.24	475.97	1192.4
		3		31.38	7	219.66	239.66	
		4		31.27	7	218.89	238.82	
		5		31.15	7	218.05	237.91	
	45°	1，2	$\phi^J 15$	31.15	14	436.10	475.82	1158.2
		3		31.38	7	219.66	239.66	
		4		31.27	7	218.89	238.82	
		5		31.15	6	186.90	203.92	

附注

1、钢绞线每端预留工作长度84厘米。

2、钢束构造见图号28～29。

预应力混凝土I形组合梁斜桥	汽车-20级　挂车-100
跨径30米　斜交角0°,15°,30°,45°	净-7+2×1.00
一片主梁钢束数量表　(七)	图号　39

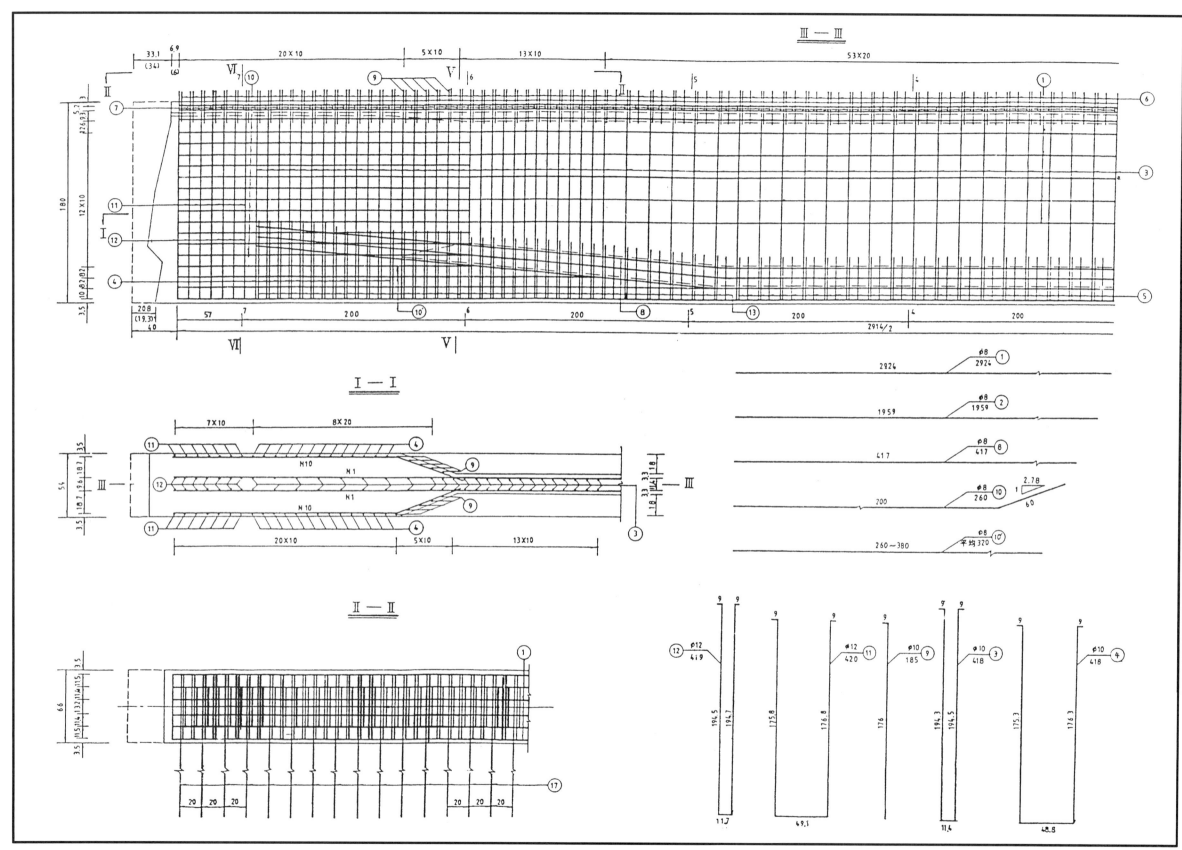

定位钢筋示意

一片梁钢束定位钢筋数量表

束组	1组φ8共重(kg)	组数		共重(kg)	
		五孔	六孔	五孔	六孔
A	0.74	17	17	12.6	12.6
B	0.62	10	10	6.2	6.2
C	0.55	4	4	2.2	2.2
D	0.23	72	103	16.6	23.7
合计				37.6	44.7

一片预制主梁普通钢筋数量表

直径(mm)	中梁		边梁	
	共长(m)	共重(kg)	共长(m)	共重(kg)
φ8	2156.20	851.7	2156.20	851.7
φ10	793.58	489.6	996.52/971.70	614.9/599.5
⌽12	562.69	499.7	562.69	499.7
总重		1841.0		1966.3/1950.9

一片预制主梁普通钢筋明细表

编号	直径(mm)	长度(cm)	根数(根)	共长(m)	编号	直径(mm)	长度(cm)	根数(根)	共长(m)
1	φ8	2924	34	994.16	9	φ10	185	20	37.00
2	φ8	1959	4	78.36	10	φ8	260	52	135.20
3	φ10	418	155	647.90	10′	φ8	平均 320	8	25.60
4	φ10	418	26	108.68	11	⌽12	420	14	58.80
5	φ8	150	191	286.50	12	⌽12	419	14	58.66
6	φ12	153	291	445.23	13	φ8	平均 181	86	155.66
7	φ8	148	291	430.68	17	φ10	139/122	146	202.94/178.12
8	φ8	417	12	50.04					

附注

1、图中尺寸除钢筋直径以毫米计外，余均以厘米计。

2、梁肋及马蹄箍筋如与横隔板钢筋发生干扰，可适当挪动箍筋位置。

3、横隔板预埋钢筋见横隔板构造图。

4、各断面钢绞线定位筋，应按座标表精确放样定位，每组1米。

5、⑰号钢筋用在预制边梁中。

6、梁端数字有括号并列者，括号内外分别用于五孔束六孔束．无括号者共用。

7、表中数字用分数表示者，分子用于梁宽2.5米，分母用于梁宽2.15米。

预应力混凝土I形组合梁斜桥 跨径30米 斜交角 0°	汽车-20级 挂车-100 汽车-超20级 挂车-120 净-11.50 净-9.75
预制I型梁钢筋构造 (一)	图号 40

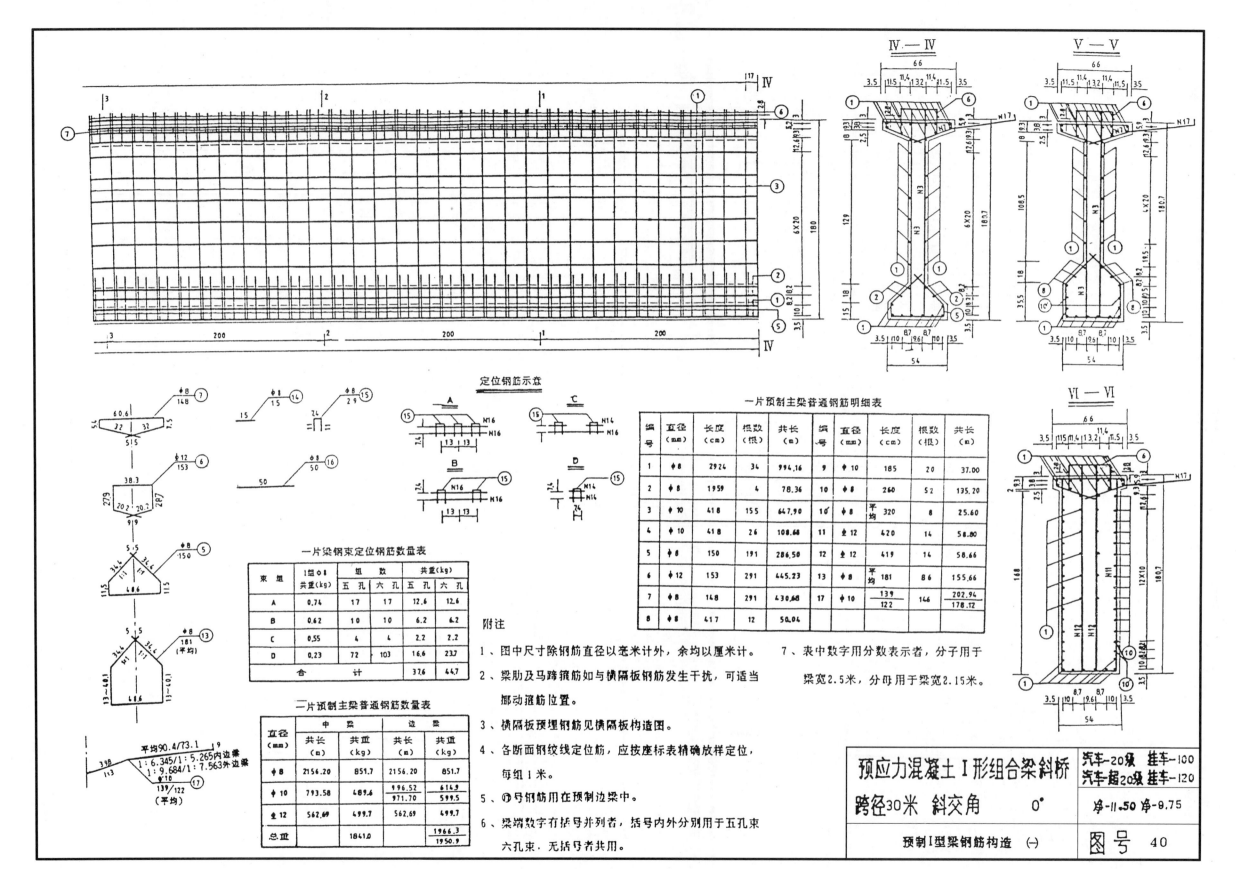

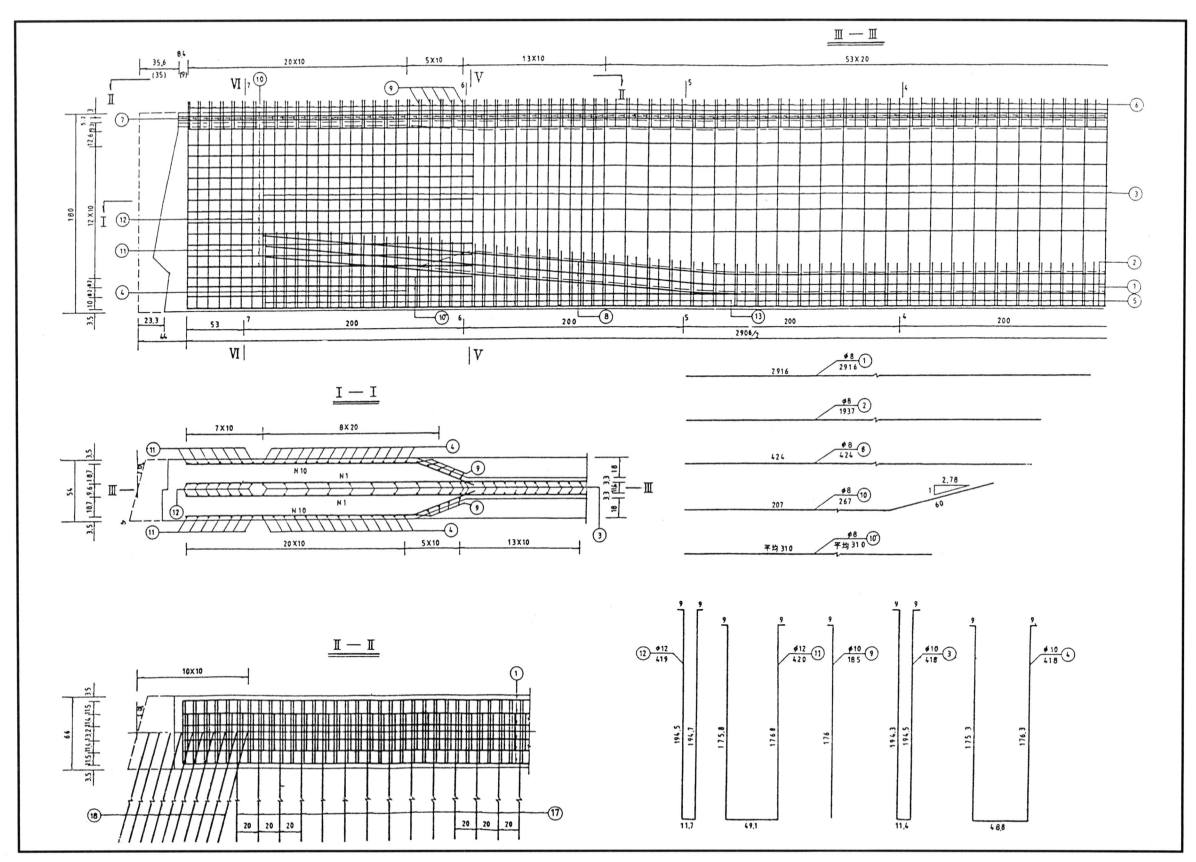

定位钢筋示意

一片预制主梁普通钢筋明细表

编号	直径（mm）	长度（cm）	根数（根）	共长（m）	编号	直径（mm）	长度（cm）	根数（根）	共长（m）
1	φ8	2916	34	991.44	9	φ10	185	20	37.00
2	φ8	1937	4	77.48	10	φ8	267	52	138.84
3	φ10	418	155	647.90	10′	φ8	平均 310	8	24.80
4	φ10	418	28	117.04	11	φ12	417	14	58.38
5	φ8	150	191	286.50	12	φ12	419	14	58.66
6	φ12	153	291	445.23	13	φ8	平均 181	86	155.66
7	φ8	148	291	430.68	17	φ10	139/122	141	195.99/172.02
8	φ8	424	12	50.88	18	φ10	144/126	20	28.80/25.20

一片梁钢束定位钢筋数量表

束组	1组φ8 共重(kg)	组数 五孔	组数 六孔	共重(kg) 五孔	共重(kg) 六孔
A	0.74	17	19	12.6	14.1
B	0.62	10	10	6.2	6.2
C	0.55	4	2	2.2	1.1
D	0.23	72	103	16.6	23.4
合计				37.6	44.8

一片预制主梁普通钢筋数量表

直径（mm）	中梁 共长（m）	中梁 共重（kg）	边梁 共长（m）	边梁 共重（kg）
φ8	2156.3	851.7	2156.3	851.7
φ10	801.94	494.8	1076.73/999.16	633.5/616.5
φ12	562.24	499.3	562.24	499.3
总重		1845.8		1984.5/1967.5

1、图中尺寸除钢筋直径以毫米计外，余均以厘米计。

2、梁肋及马蹄箍筋如与横隔板钢筋发生干扰，可适当挪动箍筋位置。

3、横隔板预埋钢筋见横隔板构造图。

4、各断面钢绞线定位筋，应按座标表精确放样定位，每组1米。

5、⑰、⑱号钢筋用在预制边梁中。

6、梁端数字有括号并列者，括号内外分别用于五孔束、六孔束，无括号者共用。

7、表中数字用分数表示者，分子用于梁宽2.5米，分母用于梁宽2.15米。

预应力混凝土I形组合梁斜桥 跨径30米 斜交角 15°	汽车-20级 挂车-100 汽车-超20级 挂车-120 净-11.50 净-9.75
预制I型梁钢筋构造 (二)	图号 41

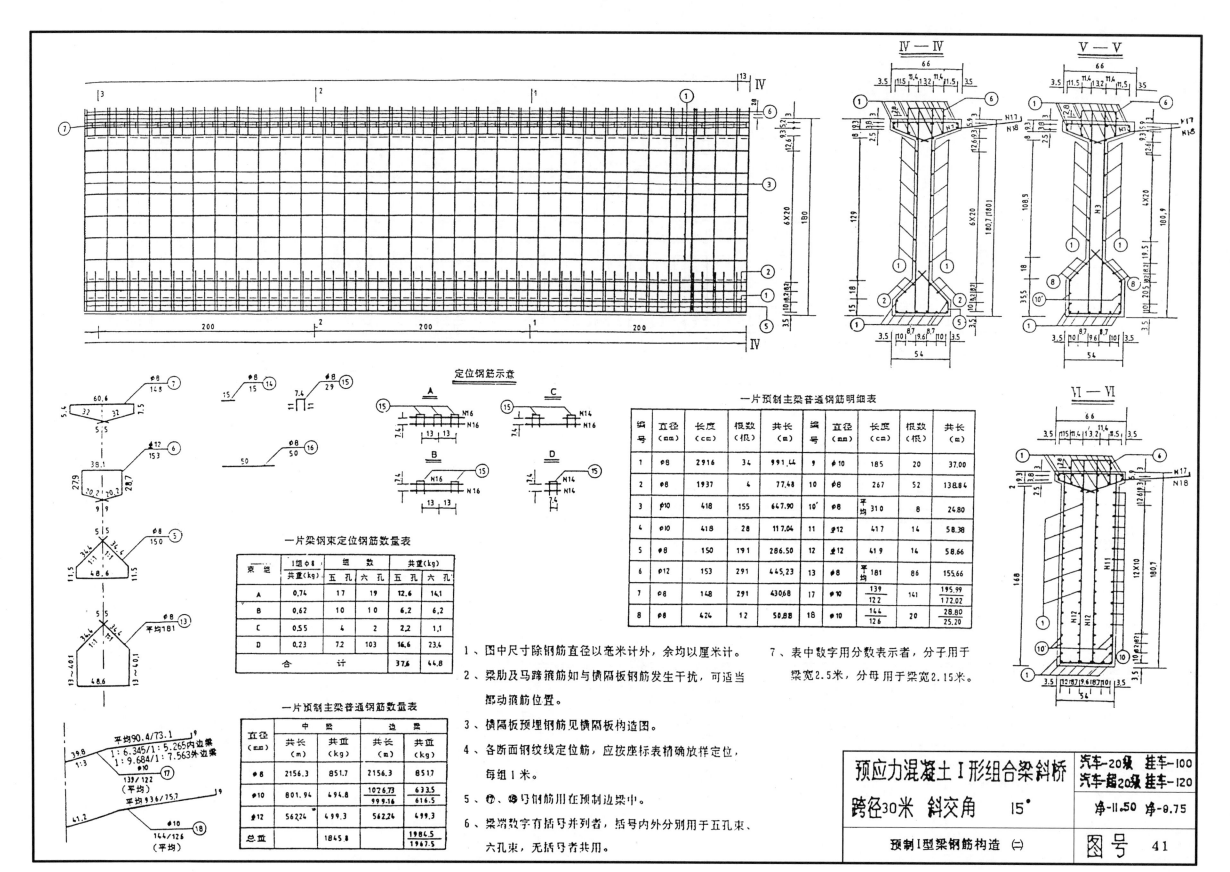

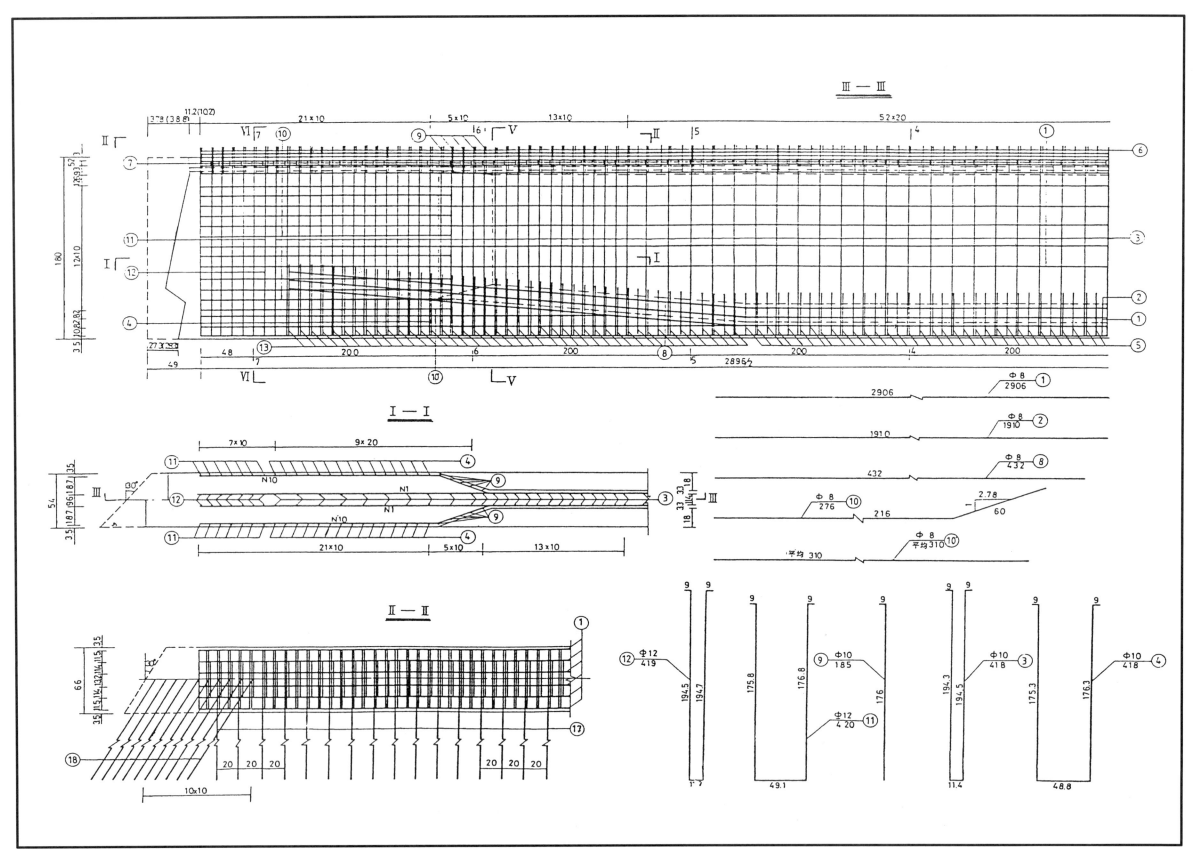

定位钢筋示意

一片梁钢束定位钢筋数量表

束组	一组Φ8 共重(kg)	组数 五孔	组数 六孔	共重(kg) 五孔	共重(kg) 六孔
A	0.74	17	19	12.6	14.1
B	0.62	10	10	6.2	6.2
C	0.55	4	2	2.2	1.1
D	0.23	72	103	16.6	23.7
合计				37.6	45.1

一片预制主梁普通钢筋数量表

直径(mm)	中梁 共长(m)	中梁 共重(kg)	边梁 共长(m)	边梁 共重(kg)
Φ8	2147.9	848.4	2147.9	848.4
Φ10	801.94	494.8	1034.30/1005.82	638.2/620.6
Φ12	559.63	497.0	559.63	497.0
合计		1840.2		1983.6/1966.0

一片预制主梁普通钢筋明细表

编号	直径(mm)	长度(cm)	根数(根)	共长(m)	编号	直径(mm)	长度(cm)	根数(根)	共长(m)
1	Φ8	2906	34	988.04	9	Φ10	185	20	37.00
2	Φ8	1910	4	76.40	10	Φ8	276	52	143.52
3	Φ10	418	153	639.54	10′	Φ8	平均310	8	24.80
4	Φ10	418	30	125.40	11	Φ12	420	14	58.80
5	Φ8	150	189	283.50	12	Φ12	419	14	58.66
6	Φ12	153	289	442.17	13	Φ8	平均151	84	152.04
7	Φ8	148	289	427.72	17	Φ10	139/122	144	200.16/175.68
8	Φ8	432	12	51.84	18	Φ10	161/141	20	32.20/28.20

附注

1、图中尺寸除钢筋直径以毫米计外，余均以厘米计。

2、梁肋及马蹄箍筋如与横隔板钢筋发生干扰，可适当挪动箍筋位置。

3、横隔板预埋钢筋见横隔板构造图。

4、各断面钢绞线定位筋，应按座标表精确放样定位．每组1米。

5、⑰、⑱号钢筋用在预制边梁中。

6、梁端数字有括号并列者，括号内外分别用于五孔束、六孔束，无括号者共用。

7、表中数字用分数表示者，分子用于梁宽2.5米，分母用于梁宽2.15米。

预应力混凝土I形组合梁斜桥 跨径30米 斜交角 30°	汽车-20级 挂车-100 汽车-超20级 挂车-120 净-11.50 净-9.75
预制I型梁钢筋构造 (三)	图号 42

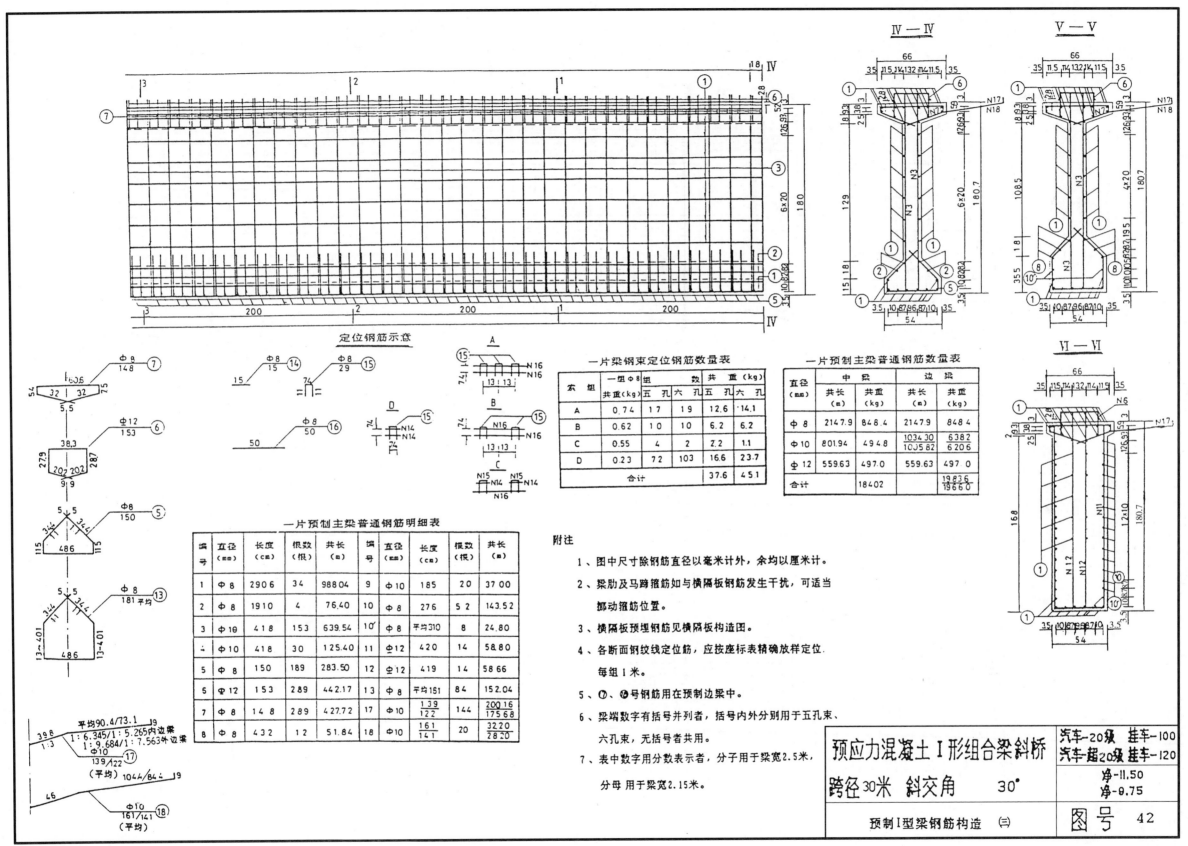

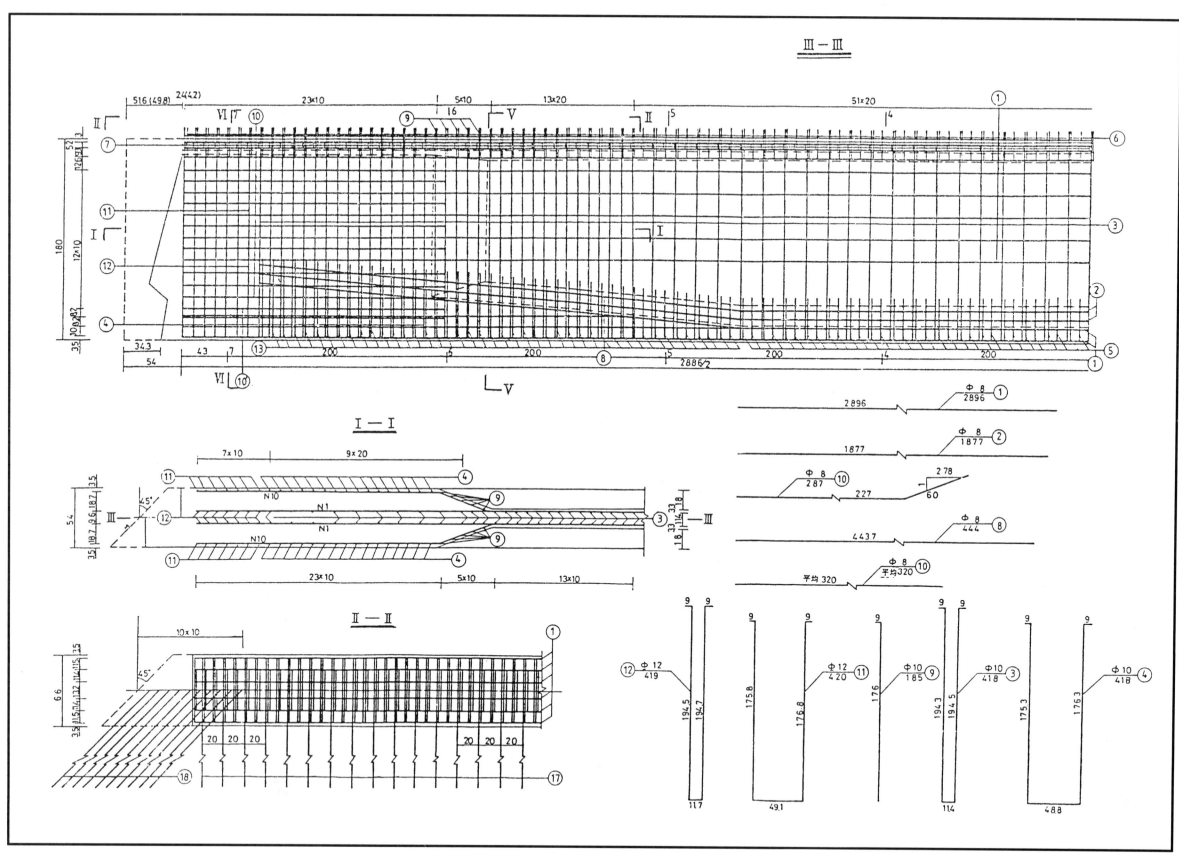

IV — IV'

V — V

VI — VI

定位钢筋示意

一片梁钢束定位钢筋数量表

索 组	一组Φ8	组 数		共 重（kg）	
	共重（kg）	五 孔	六 孔	五 孔	六 孔
A	0.74	17	19	12.6	14.1
B	0.62	10	10	6.2	6.2
C	0.55	4	4	2.2	2.2
D	0.23	72	101	16.6	23.2
合计				37.6	45.7

一片预制主梁普通钢筋明细表

编号	直径（mm）	长度（cm）	根数（根）	共长（m）	编号	直径（mm）	长度（cm）	根数（根）	共长（m）
1	Φ8	2896	34	984.64	9	Φ10	185	20	37.00
2	Φ8	1877	4	75.08	10	Φ8	287	52	149.24
3	Φ10	418	155	647.90	10′	Φ8	平均320	8	25.60
4	Φ10	418	32	133.76	11	Φ12	420	14	58.80
5	Φ8	150	187	280.50	12	Φ12	419	14	58.66
6	Φ12	153	289	442.17	13	Φ8	平均181	88	159.28
7	Φ8	148	289	427.72	17	Φ10	139/122	144	200.16/175.68
8	Φ8	444	12	53.28	18	Φ10	193/169	20	38.60/33.80

一片预制主梁普通钢筋数量表

直径（mm）	中 梁		边 梁	
	共长（m）	共重（kg）	共长（m）	共重（kg）
Φ8	2155.3	851.4	2155.3	851.4
Φ10	818.70	505.1	1057.46/1028.18	652.5/634.4
Φ12	559.63	497.0	559.63	497.0
总重		1853.5		2000.9/1982.8

附注

1、图中尺寸除钢筋直径以毫米计外，余均以厘米计。

2、梁肋及马蹄箍筋如与横隔板钢筋发生干扰，可适当挪动箍筋位置。

3、横隔板预埋钢筋见横隔板构造图。

4、各断面钢绞线定位筋，应按座标表精确放样定位，每组1米。

5、⑰、⑱号钢筋用在预制边梁中。

6、梁端数字有括号并列者，括号内外分别用于五孔束、六孔束，无括号者共用。

7、表中数字用分数表示者，分子用于梁宽2.5米，分母用于梁宽2.15米。

预应力混凝土Ⅰ形组合梁斜桥 跨径30米 斜交角 45°	汽车-20级 挂车-100 汽车-超20级 挂车-120
	净-11.50 净-9.75
预制Ⅰ型梁钢筋构造（四）	图号 43

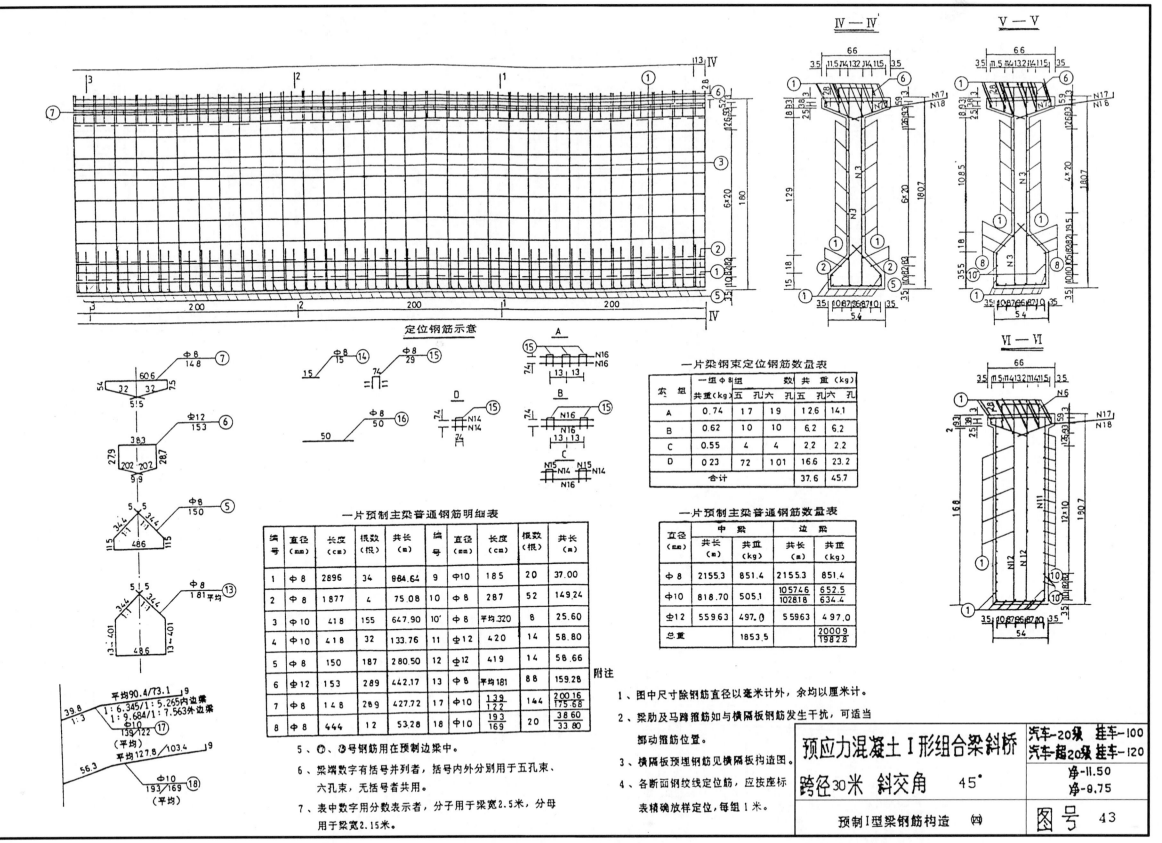

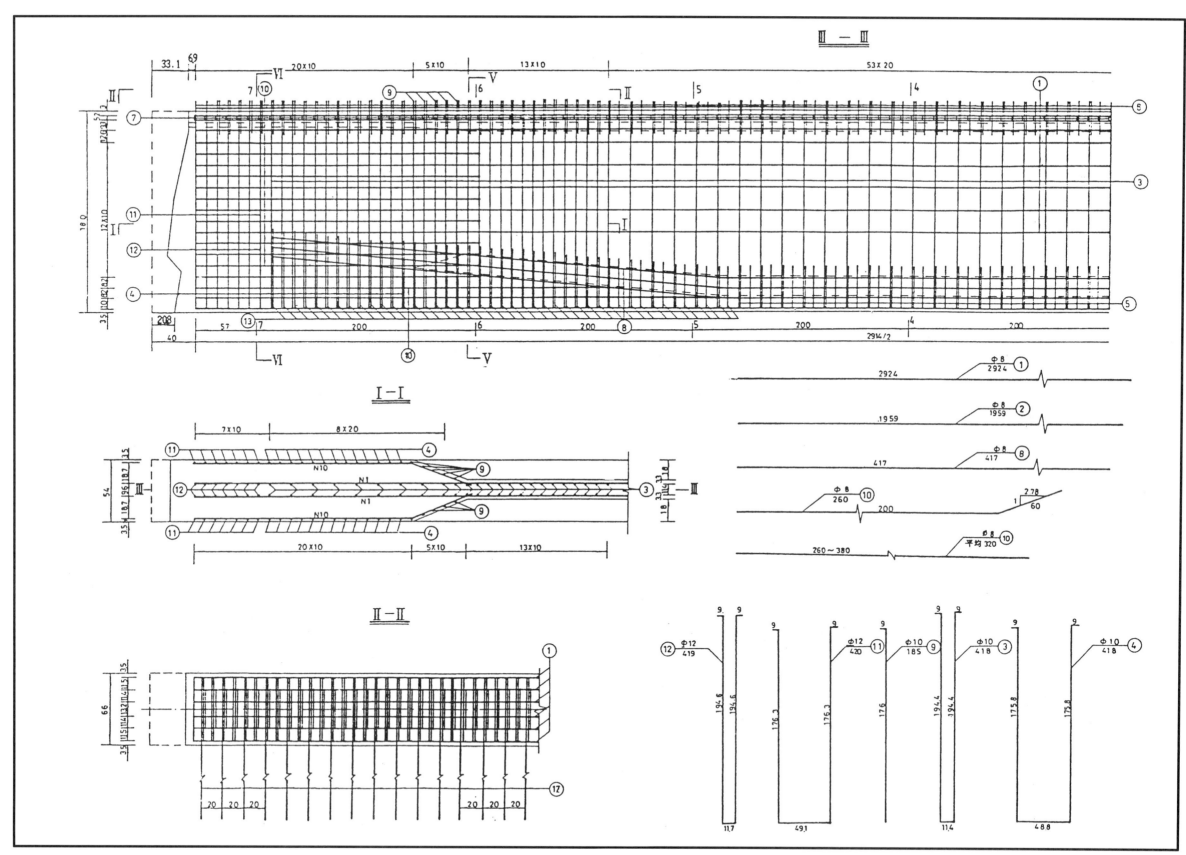

定位钢筋示意

一片梁钢束定位钢筋数量表

束组	一组φ8共重(kg)	组数 五孔	组数 六孔	共重(kg) 五孔	共重(kg) 六孔
A	0.74	17	17	12.6	12.6
B	0.62	10	10	6.2	6.2
C	0.55	4	4	2.2	2.2
D	0.23	72	103	16.6	23.7
合计				37.6	44.7

一片预制主梁普通钢筋数量表

直径(mm)	中梁 共长(m)	中梁 共重(kg)	边梁 共长(m)	边梁 共重(kg)
φ8	2156.2	851.7	2156.2	851.7
φ10	793.6	489.6	971.7	599.5
φ12	562.7	499.7	562.7	499.7
总重		1841.0		1950.9

一片预制主梁普通钢筋明细表

编号	直径(mm)	长度(cm)	根数	共长(m)	编号	直径(mm)	长度(cm)	根数	共长(m)
1	φ8	2924	34	994.16	9	φ10	185	20	37.00
2	φ8	1959	4	78.36	10	φ8	260	52	135.20
3	φ10	418	155	647.90	10	φ8	平均320	8	25.60
4	φ10	418	26	108.68	11	φ12	420	14	58.80
5	φ8	150	191	286.50	12	φ12	419	14	58.66
6	φ12	153	291	445.23	13	φ8	平均181	86	155.66
7	φ8	148	291	430.68	17	φ10	122	146	178.12
8	φ8	417	12	50.04					

附注

1、图中尺寸除钢筋直径以毫米计外，余均以厘米计。

2、梁肋及马蹄箍筋如与横隔板钢筋发生干扰，可适当挪动箍筋位置。

3、横隔板预埋钢筋见横隔板构造图。

4、各断面钢绞线定位筋，应按座标表精确放样定位，每组1米。

5、⑰号钢筋用在预制边梁中。

预应力混凝土I形组合梁斜桥 跨径30米 斜交角 0°	汽车-20级 挂车-100 净-9+2×1.50 净-9+2×1.00 净-7+2×1.00
预制I型梁钢筋构造 (五)	图号 44

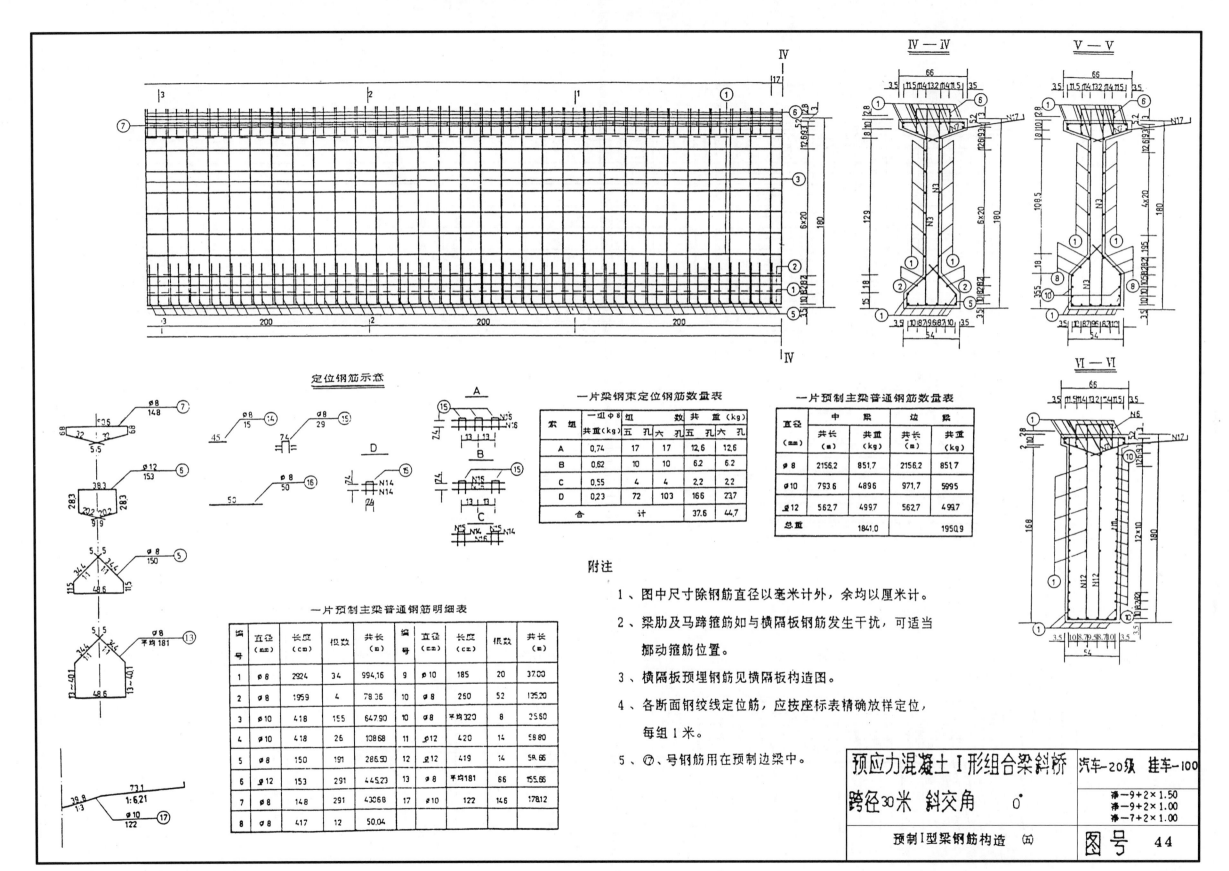

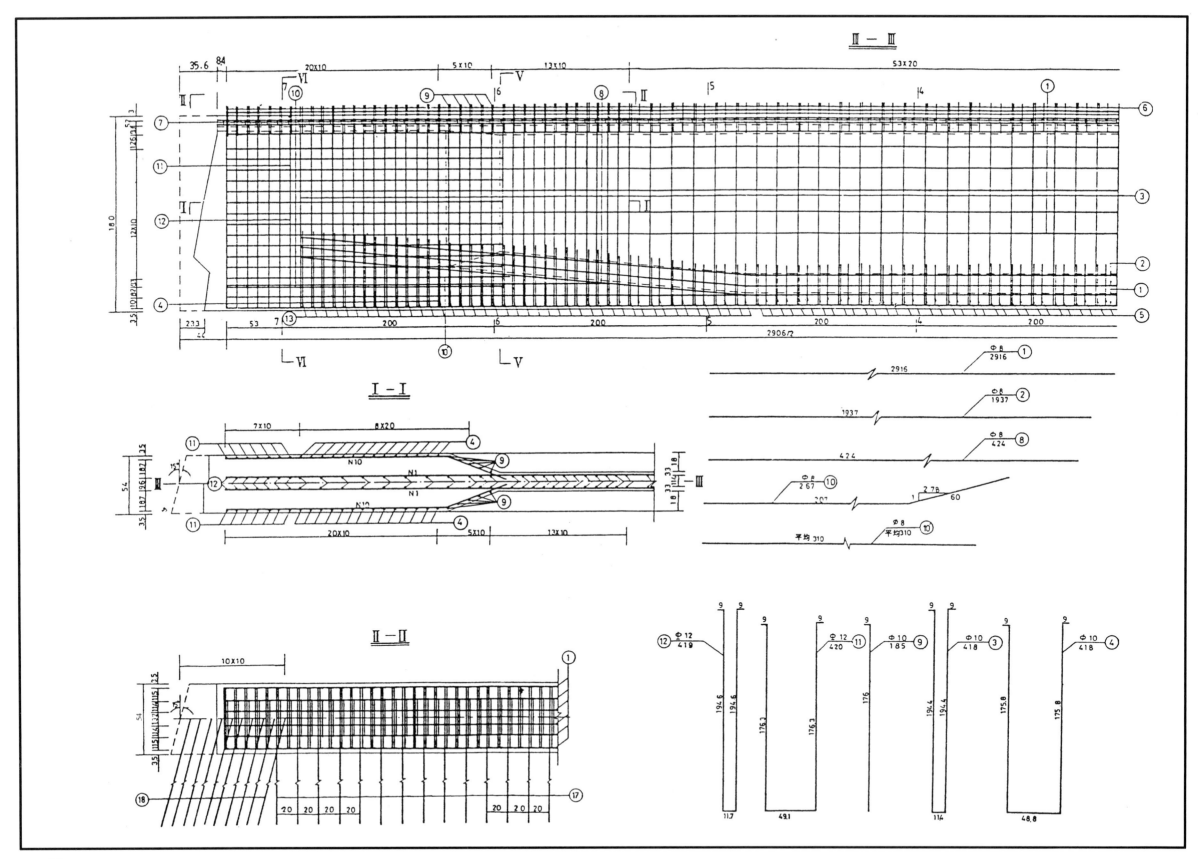

定位钢筋示意

Ⅳ－Ⅳ

Ⅴ－Ⅴ

Ⅵ－Ⅵ

一片梁钢束定位钢筋数量表

农组	一组φ8 共重(kg)	组数 五孔	组数 六孔	共重(kg) 五孔	共重(kg) 六孔
A	0.74	17	19	12.6	14.1
B	0.62	10	10	6.2	6.2
C	0.55	4	2	2.2	1.1
D	0.23	72	103	16.6	22.4
合计				37.6	44.8

一片预制主梁普通钢筋数量表

直径 (mm)	中梁 共长 (m)	中梁 共重 (kg)	边梁 共长 (m)	边梁 共重 (kg)
φ8	2156.3	851.7	2156.3	851.7
φ10	801.94	494.8	999.2	616.5
φ12	562.24	499.3	562.24	499.3
总重		1845.8		1967.5

一片预制主梁普通钢筋明细表

编号	直径 (mm)	长度 (cm)	根数	共长 (m)	编号	直径 (mm)	长度 (cm)	根数	共长 (m)
1	φ8	2916	34	991.44	9	φ10	185	20	37.00
2	φ8	1937	4	77.48	10	φ8	267	52	138.84
3	φ10	418	155	647.90	10	φ8	平均310	8	24.80
4	φ10	418	28	117.04	11	φ12	420	14	58.80
5	φ8	150	191	286.50	12	φ12	419	14	58.66
6	φ12	153	291	445.23	13	φ8	平均181	86	155.66
7	φ8	148	291	430.68	17	φ10	122	141	172.02
8	φ8	424	12	50.88	18	φ10	126	20	25.20

附注

1、图中尺寸除钢筋直径以毫米计外，余均以厘米计。

2、梁肋及马蹄箍筋如与横隔板钢筋发生干扰，可适当挪动箍筋位置。

3、横隔板预埋钢筋见横隔板构造图。

4、各断面钢绞线定位筋，应按座标表精确放样定位，每组1米。

5、⑰、⑱号钢筋用在预制边梁中。

预应力混凝土Ⅰ形组合梁斜桥	汽车—20级 挂车—100	
跨径30米 斜交角 15°	净—9+2×1.50 净—9+2×1.00 净—7+2×1.00	
预制Ⅰ型梁钢筋构造 (六)	图号	45

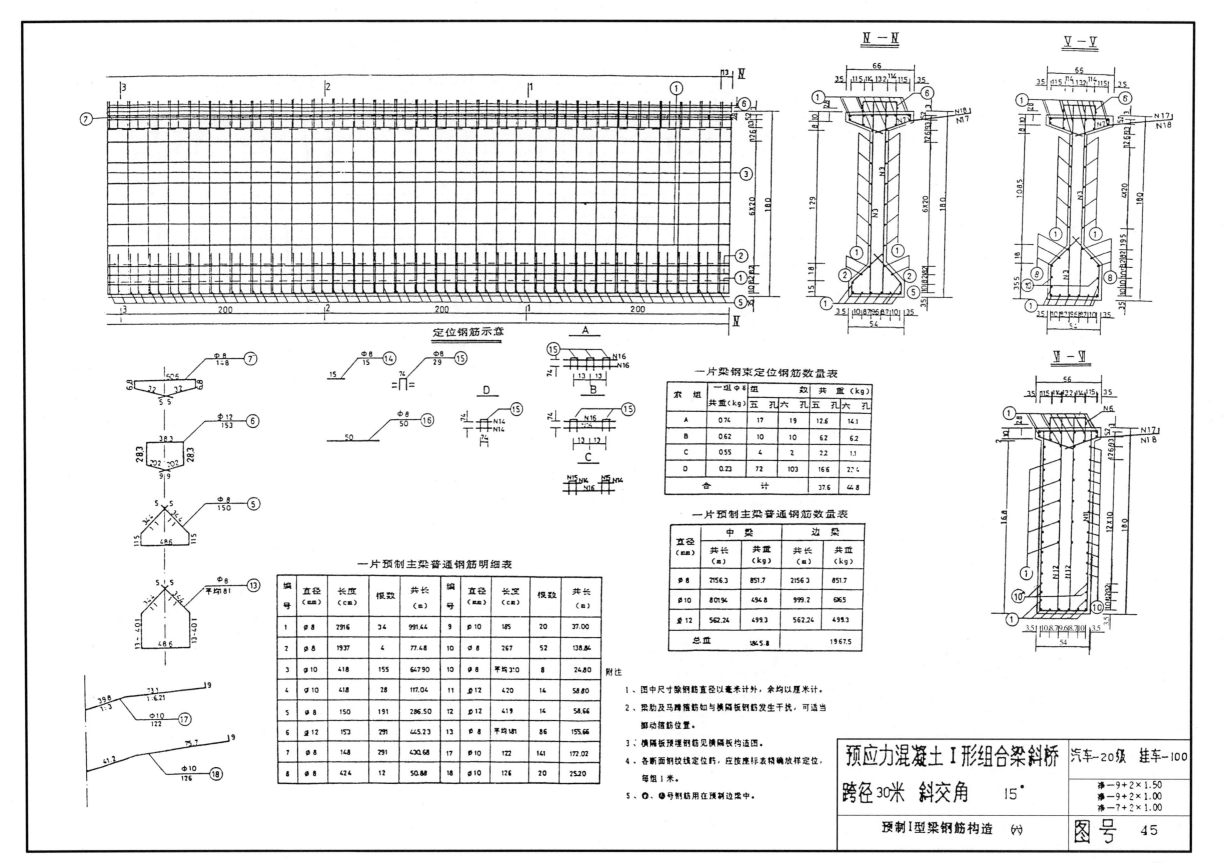

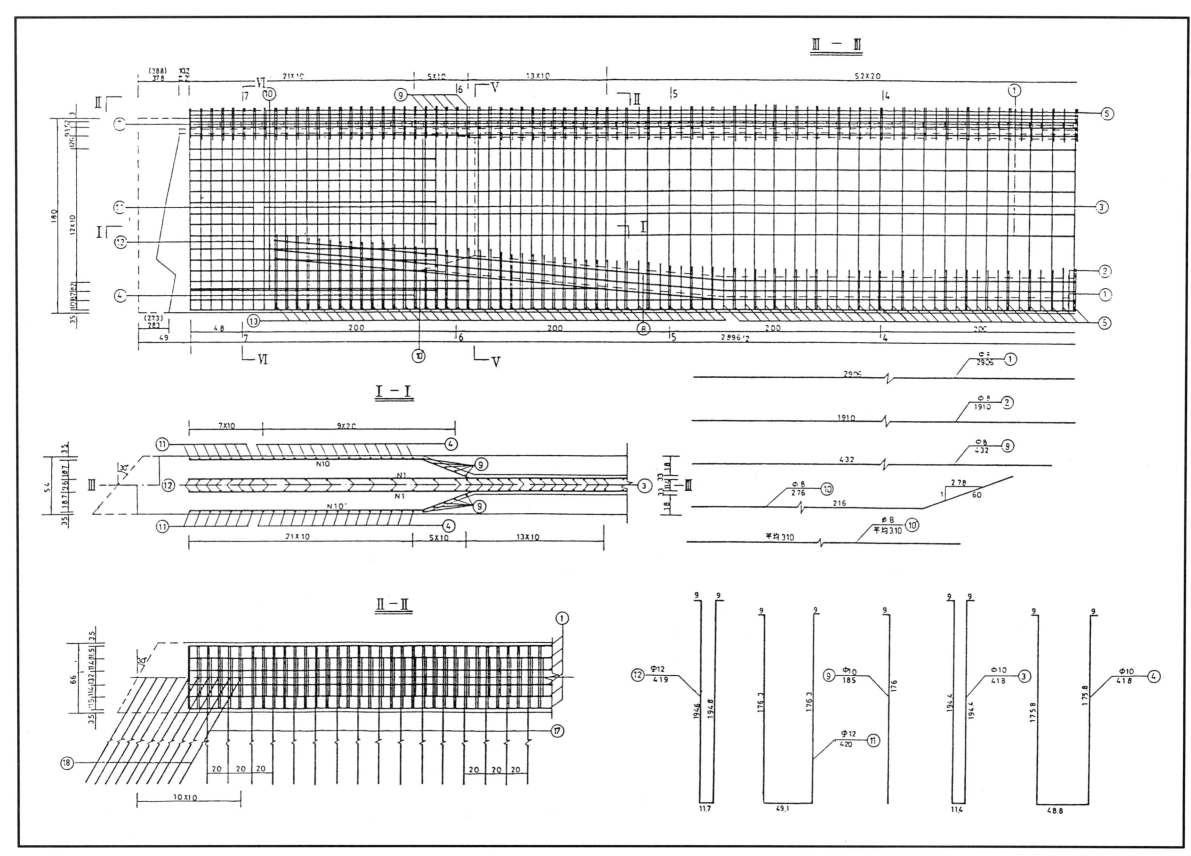

定位钢筋示意

一片梁钢束定位钢筋数量表

索组	一组φ8共重(kg)	组数 五孔	组数 六孔	共重(kg) 五孔	共重(kg) 六孔
A	0.74	17	19	12.6	14.1
B	0.62	10	10	6.2	6.2
C	0.55	4	2	2.2	1.1
D	0.23	72	103	16.6	23.7
合计				37.6	45.1

一片预制主梁普通钢筋数量表

直径(mm)	中梁 共长(m)	中梁 共重(kg)	边梁 共长(m)	边梁 共重(kg)
φ8	2147.9	848.4	2147.9	848.4
φ10	801.9	494.8	1005.8	620.6
φ12	559.6	497.0	559.6	497.0
合计		1840.2		1966.0

一片预制主梁普通钢筋明细表

编号	直径(mm)	长度(cm)	根数	共长(m)	编号	直径(mm)	长度(cm)	根数	共长(m)
1	φ8	2906	34	988.04	9	φ10	185	20	37.00
2	φ8	1910	4	76.40	10	φ8	276	52	143.52
3	φ10	418	153	639.54	10	φ8	平均310	8	24.80
4	φ10	418	30	125.40	11	φ12	420	14	58.80
5	φ8	150	189	283.50	12	φ12	419	14	58.66
6	φ12	153	289	442.17	13	φ8	平均181	84	152.04
7	φ8	148	289	427.72	17	φ10	122	144	175.68
8	φ8	432	12	51.84	18	φ10	141	20	28.20

附注

1、图中尺寸除钢筋直径以毫米计外，余均以厘米计。

2、梁肋及马蹄箍筋如与横隔板钢筋发生干扰，可适当挪动箍筋位置。

3、横隔板预埋钢筋见横隔板构造图。

4、各断面钢绞线定位筋，应按座标表精确放样定位，每组1米。

5、⑰、⑱号钢筋用在预制边梁中。

6、梁端数字有括号并列者，括号内外分别用于五孔束、六孔束，无括号者共用。

预应力混凝土I形组合梁斜桥 跨径30米 斜交角 30°	汽车-20级 挂车-100 净—9+2×1.50 净—9+2×1.00 净—7+2×1.00
预制I型梁钢筋构造 (七)	图号 46

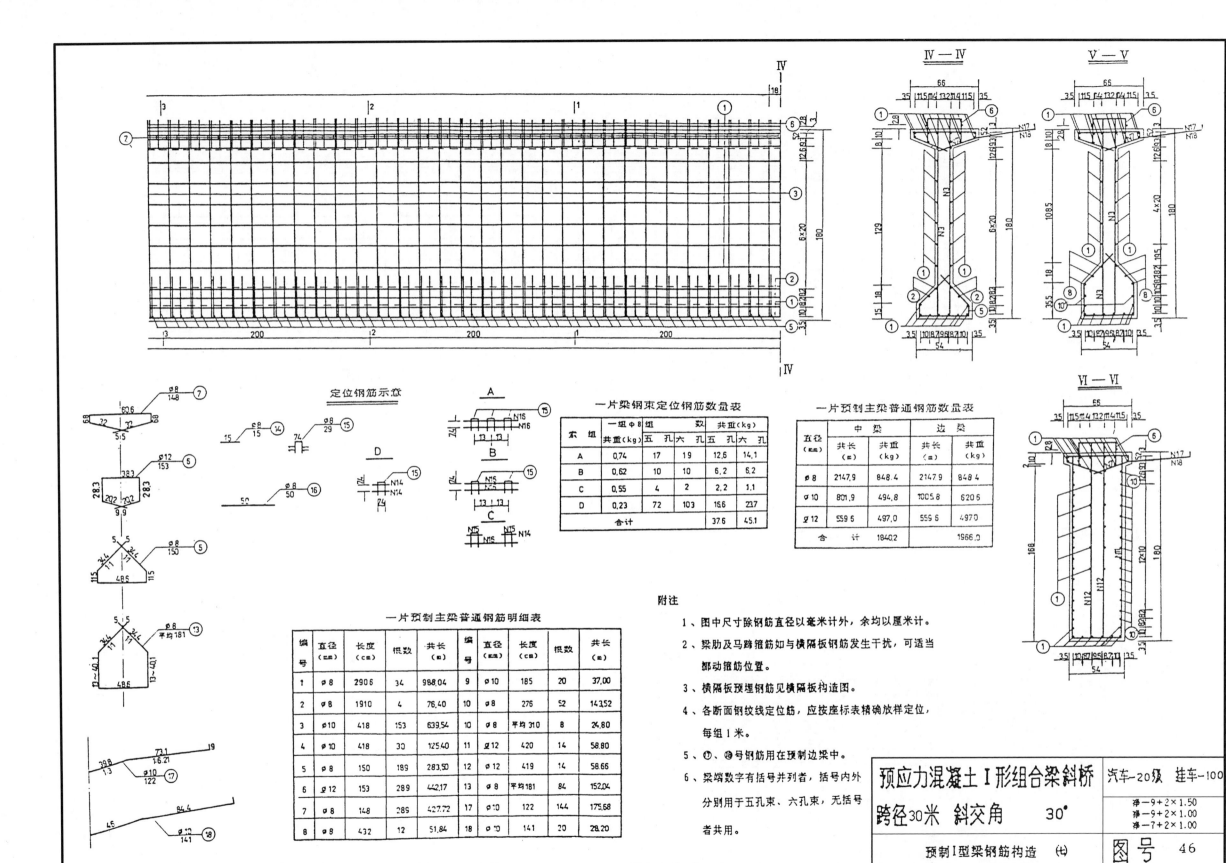

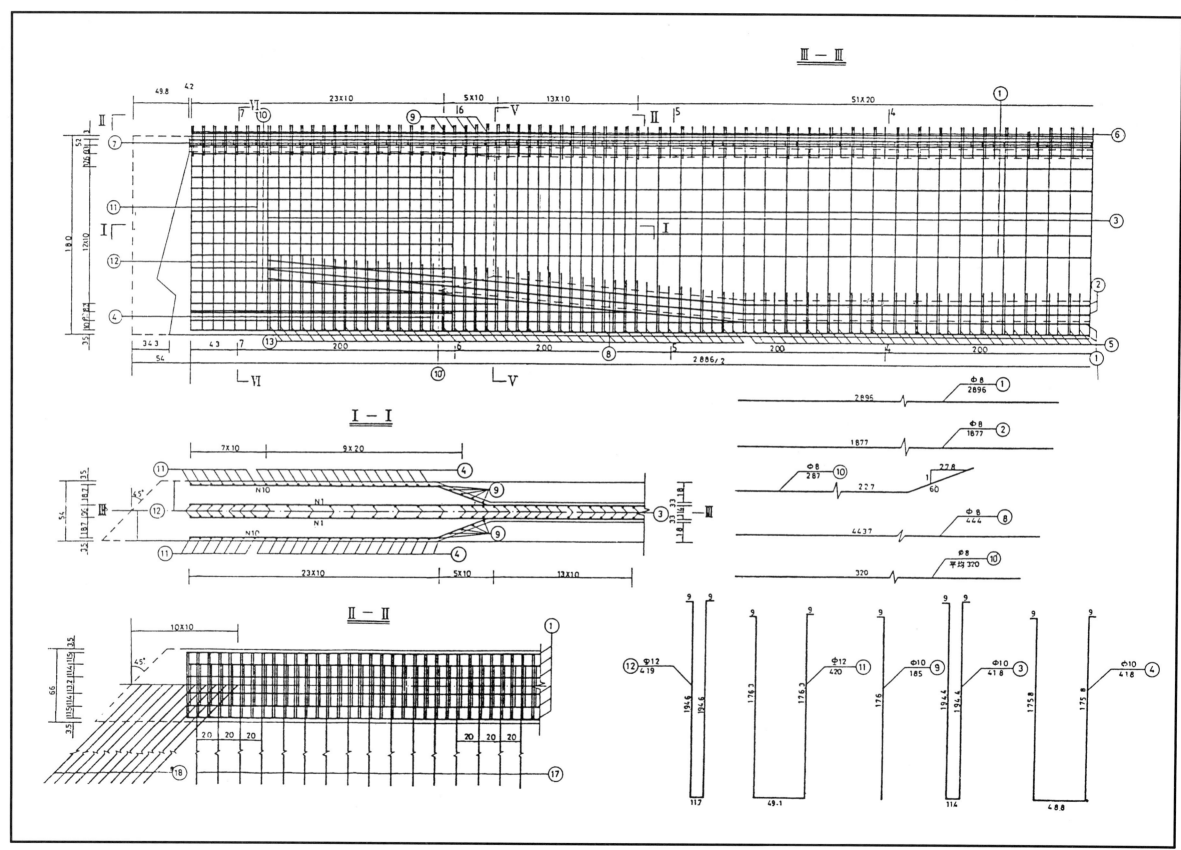

定位钢筋示意

一片梁钢束定位钢筋数量表

索 组	一组 φ8 共重(kg)	组 数	共重(kg)
A	0.74	17	12.6
B	0.62	10	6.2
C	0.55	4	2.2
D	0.23	72	16.6
合 计			37.6

一片预制主梁普通钢筋数量表

直径(mm)	中梁		边梁	
	共长(m)	共重(kg)	共长(m)	共重(kg)
φ8	2155.3	851.4	2155.3	851.4
φ10	818.7	505.1	1028.2	634.4
φ12	559.6	497.0	559.6	497.0
总重		1853.4		1942.8

一片预制主梁普通钢筋明细表

编号	直径(mm)	长度(cm)	根数	共长(m)	编号	直径(mm)	长度(cm)	根数	共长(m)
1	φ8	2896	34	984.64	9	φ10	185	20	37.00
2	φ8	1877	4	75.08	10	φ8	287	52	149.24
3	φ10	418	155	647.90	10	φ8	平均320	8	25.60
4	φ10	418	32	133.76	11	φ12	420	14	58.80
5	φ8	150	187	280.50	12	φ12	419	14	58.66
6	φ12	153	289	442.17	13	φ8	平均181	88	159.28
7	φ8	148	289	427.72	17	φ10	122	144	175.68
8	φ8	444	12	53.28	18	φ10	169	20	33.80

附注

1、图中尺寸除钢筋直径以毫米计外，余均以厘米计。

2、梁肋及马蹄箍筋如与横隔板钢筋发生干扰，可适当挪动箍筋位置。

3、横隔板预埋钢筋见横隔板构造图。

4、各断面钢绞线定位筋，应按座标表精确放样定位，每组1米。

5、⑰、⑱号钢筋用在预制边梁中。

预应力混凝土I形组合梁斜桥 跨径30米 斜交角 45°	汽车—20级 挂车—100
	净—9+2×1.50 净—9+2×1.00 净—7+2×1.00
预制I型梁钢筋构造（八）	图号 47

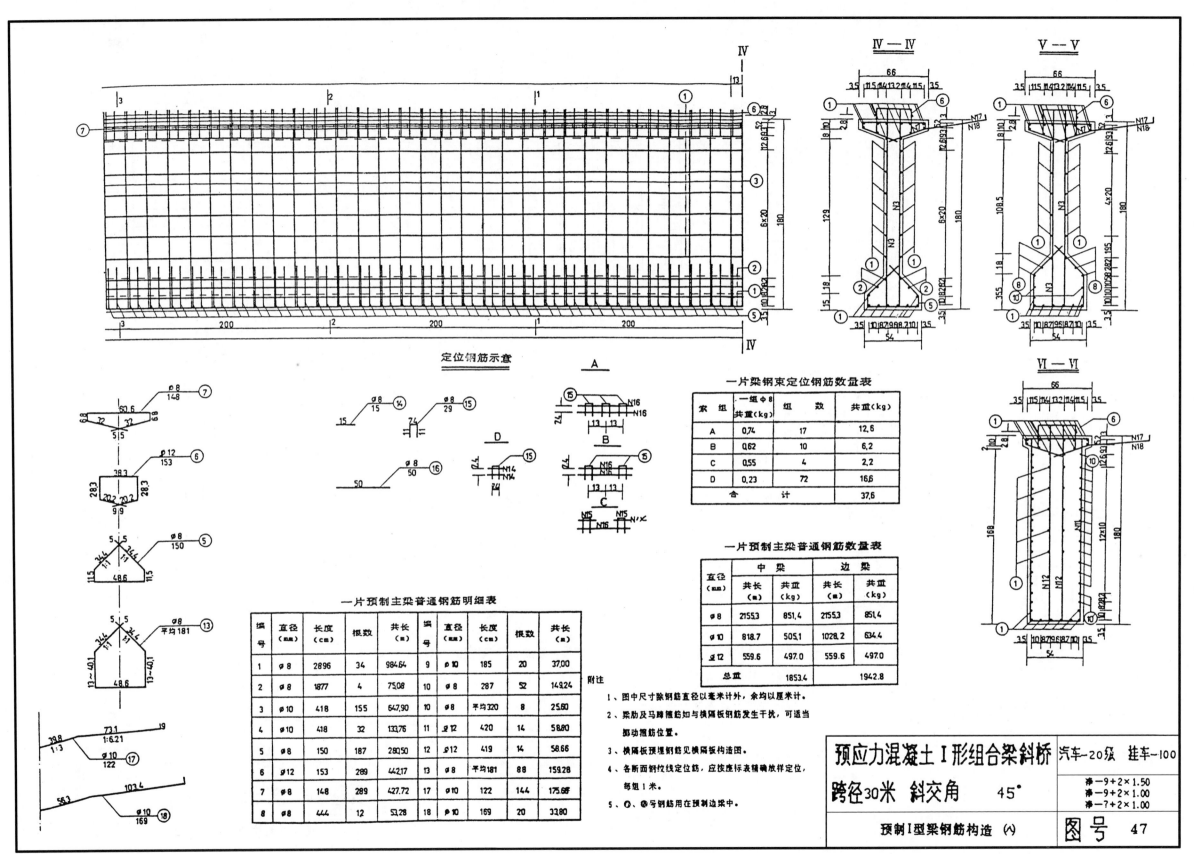

一片主梁两端端部钢材总表

名称	编号	直径 (mm)	长度 (cm)	根数 (根)	共长 (m)	共重 (kg)	总重 (kg)
钢筋	1	Φ12	平均218	12	26.16	23.23	Φ12 39.4
	2	Φ12	183	8	14.64	13.00	
	2′	Φ8	176	28	49.28	19.47	
	3	Φ8	平均117	10	11.70	4.62	Φ8 93.5
	4	Φ8	149	68	101.32	40.02	
	5	Φ8	109	12	13.08	5.17	
	6	Φ8	51	120	61.20	24.17	
	7	Φ12	20	18	3.60	3.20	
	8	Φ12	693	6	41.58	36.92	36.92
钢板	9	□220×30	48	2	0.96	49.74	152.3
	10	□220×30	47	2	0.94	48.70	
	11	□220×30	52	2	1.04	53.88	
螺栓A3		M12×100		18		1.85	2.2
螺帽A3		M12		18		0.30	

附注

1、图中尺寸除钢筋直径、钢板、螺栓、螺母、垫圈、锚下扩孔大样尺寸以毫米计外，余均以厘米计。

2、锚下垫板必须保证与钢束轴线垂直，螺旋筋点焊在垫板上。

3、1号钢筋下端及锚垫板处的3号钢筋焊于锚垫板上。

4、⑤号、⑥号钢筋如与管道发生干扰，可适当挪动其位置。以保证管道位置正确。

预应力混凝土I形组合梁斜桥 跨径30米 斜交角 0°	汽车-20级 挂车-100 汽车-超20级 挂车-120 净—11.5 净—9+2×1.50 净—9.75 净—9+2×1.00 净—7+2×1.00
端部钢筋构造 (一) (6束)	图号 48

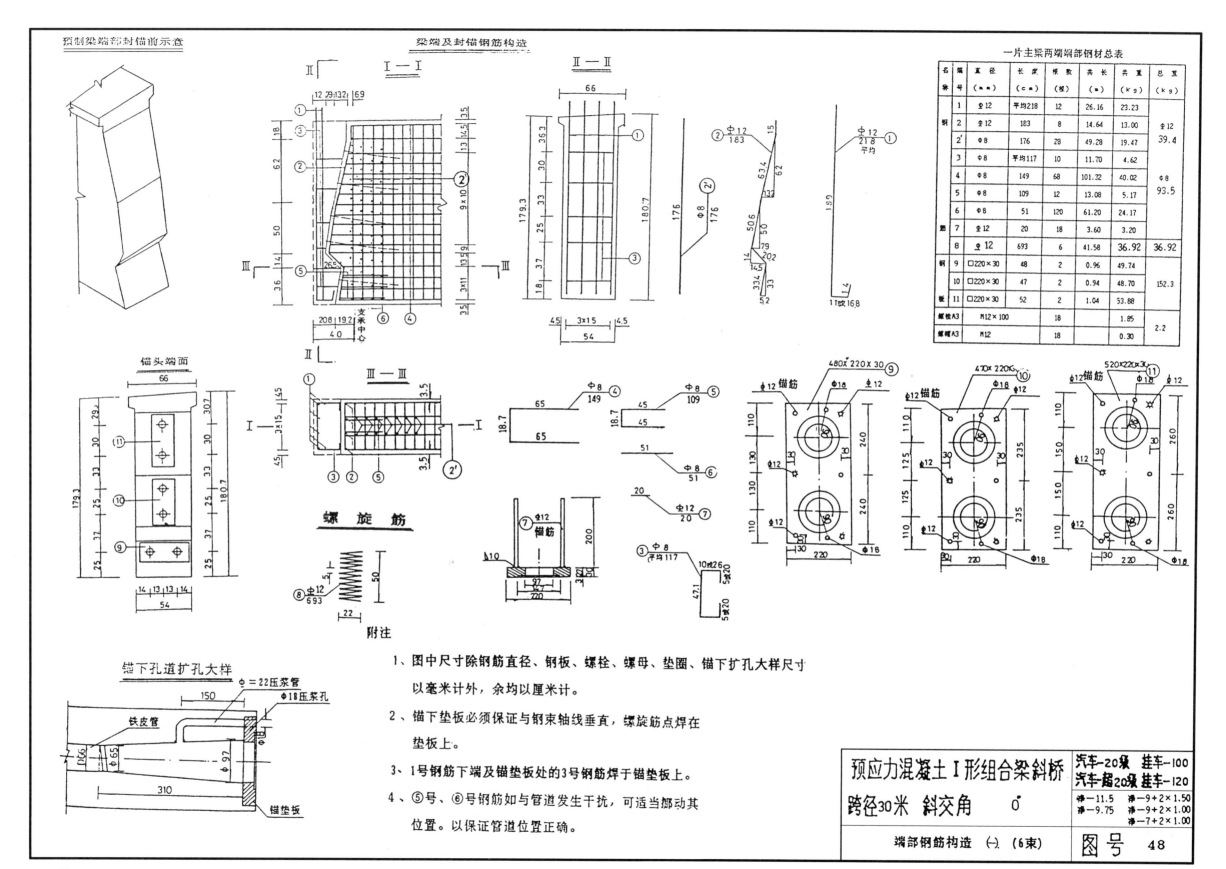

预制梁端部封锚前示意

梁端及封锚钢筋构造

锚头端面

锚下孔道扩孔大样

一片主梁两端端部钢材总表

名称	编号	直径(mm)	长度(cm)	根数(根)	共长(m)	共重(kg)	总重(kg)
钢筋	1	Φ12	平均215	12	25.80	22.91	Φ12 39.4
	2	Φ12	181	4	7.24	6.43	
	3	Φ12	184	4	7.36	6.54	
	2′	Φ8	176	28	49.28	19.47	Φ8 94.8
	4	Φ8	平均125	10	12.50	4.94	
	5	Φ8	149	68	101.32	40.02	
	6	Φ8	124	2	2.48	0.98	
	7	Φ8	109	12	13.08	5.17	
	8	Φ8	51	120	61.20	24.17	
	9	Φ12	20	20	4.00	3.55	
	10	Φ12	693	6	41.58	36.92	36.92
钢板	11	□220×30	22	4	0.88	45.59	148.2
	12	□220×30	47	2	0.94	48.70	
	13	□220×30	52	2	1.04	53.88	
螺栓A3		M12×100		20		2.05	2.4
螺帽A3		M12		20		0.33	

螺旋筋

附注

1、图中尺寸除钢筋直径、钢板、螺栓、螺母、垫圈、锚下扩孔大样尺寸以毫米计外，余均以厘米计。

2、锚下垫板必须保证与钢束轴线垂直，螺旋筋点焊在垫板上。

3、1号钢筋下端及锚垫板处的4号钢筋焊于锚垫板上。

4、⑤号、⑧号钢筋如与管道发生干扰，可适当挪动其位置。以保证管道位置正确。

预应力混凝土I形组合梁斜桥 跨径30米 斜交角 15°	汽车—20级 挂车—100 汽车—超20级 挂车—120 净—11.5 净—9+2×1.50 净—9.75 净—9+2×1.00 净—7+2×1.00
端部钢筋构造 (二) (6束)	图号 49

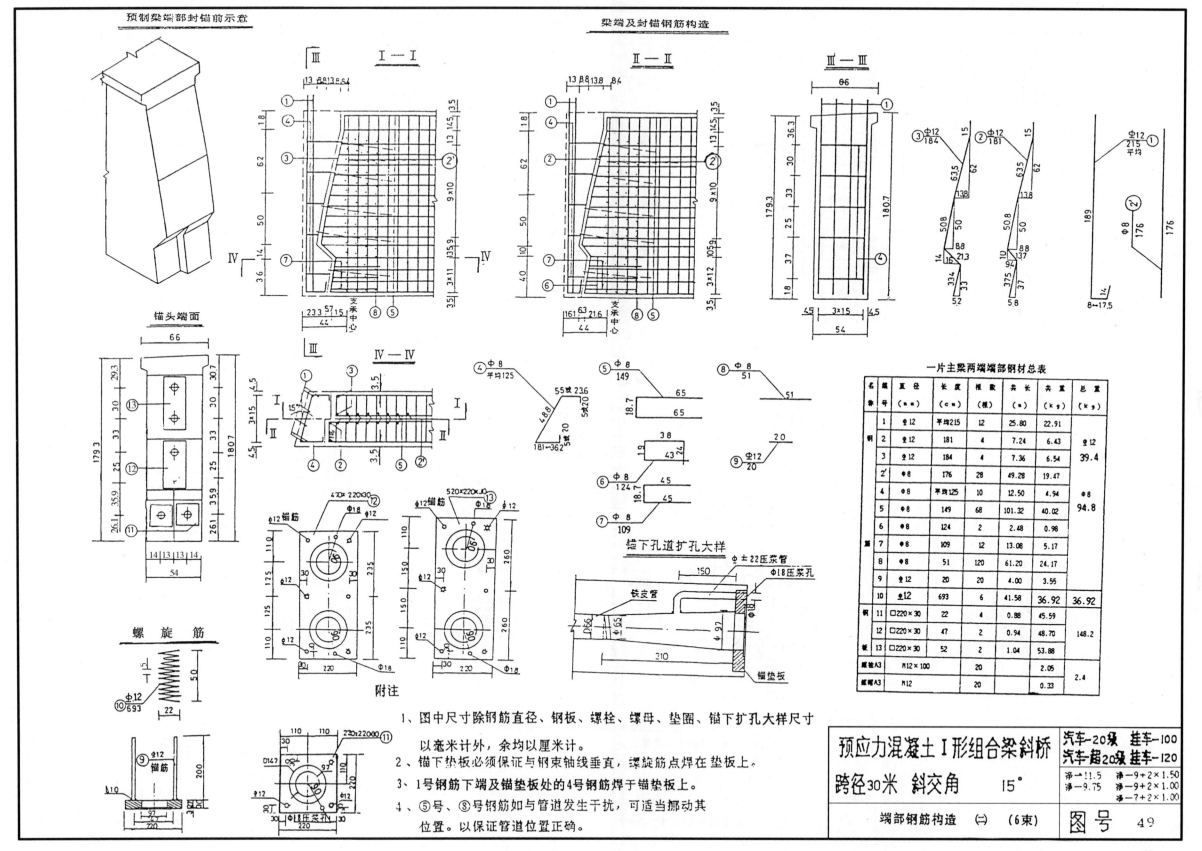

预制梁端部封锚前示意

梁端及封锚钢筋构造

锚头端面

一片主梁两端端部钢材总表

名称	编号	直径 (mm)	长度 (cm)	根数 (根)	共长 (m)	共重 (kg)	总重 (kg)
钢筋	1	⏀12	平均216	12	25.92	23.02	⏀12 39.4
	2	⏀12	177	4	7.08	6.29	
	3	⏀12	185	4	7.40	6.57	
	2′	ϕ8	176	28	49.28	19.47	ϕ8 95.6
	4	ϕ8	平均134	10	13.40	5.29	
	5	ϕ8	149	68	101.32	40.02	
	6	ϕ8	123	2	2.46	0.97	
	7	ϕ8	119	12	14.28	5.64	
	8	ϕ8	51	120	61.20	24.17	
	9	⏀12	20	20	4.00	3.55	
	10	⏀12	693	6	41.58	36.92	36.92
钢板	11	□220×30	22	4	0.88	45.59	148.2
	12	□220×30	47	2	0.94	48.70	
	13	□220×30	52	2	1.04	53.88	
螺栓A3		M12×100		20		2.05	2.4
螺帽A3		M12		20		0.33	

螺旋筋

锚下孔道扩孔大样

附注

1、图中尺寸除钢筋直径、钢板、螺栓、螺母、垫圈、锚下扩孔大样尺寸以毫米计外，余均以厘米计。
2、锚下垫板必须保证与钢束轴线垂直，螺旋筋点焊在垫板上。
3、1号钢筋下端及锚垫板处的4号钢筋焊于锚垫板上。
4、⑤号、⑧号钢筋如与管道发生干扰，可适当挪动其位置。以保证管道位置正确。

预应力混凝土Ⅰ形组合梁斜桥 跨径30米 斜交角 30°	汽车-20级 挂车-100 汽车-超20级 挂车-120	净-11.5 净-9.75 净-9+2×1.50
端部钢筋构造 (三) (6束)	图号	50

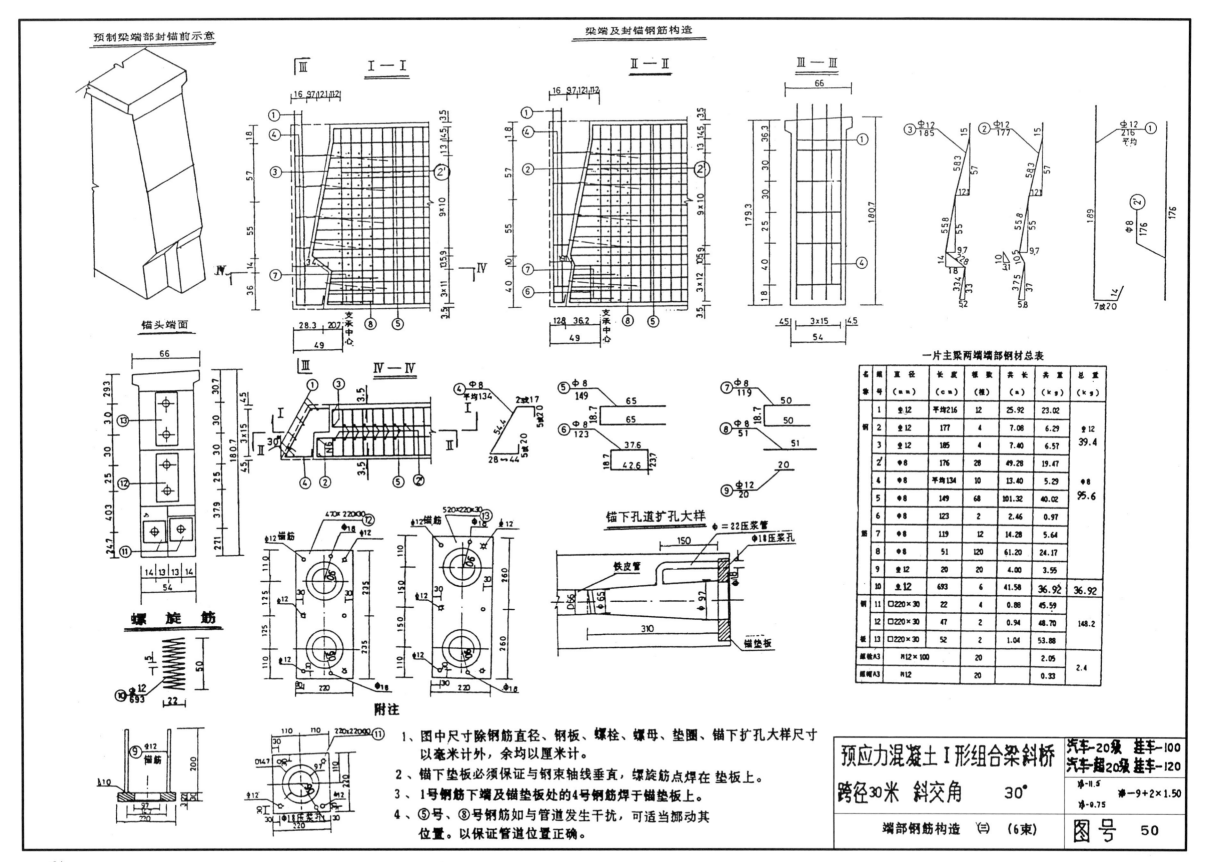

附注

1、图中尺寸除钢筋直径、钢板、螺栓、螺母、垫圈、锚下扩孔大样尺寸以毫米计外，余均以厘米计。

2、锚下垫板必须保证与钢束轴线垂直，螺旋筋点焊在垫板上。

3、1号钢筋下端及锚垫板处的4号钢筋焊于锚垫板上。

4、⑤号、⑧号钢筋如与管道发生干扰，可适当挪动其位置。以保证管道位置正确。

一片主梁两端端部钢材总表

名称	编号	直径 (mm)	长度 (cm)	根数 (根)	共长 (m)	共重 (kg)	总重 (kg)
钢筋	1	⏀12	平均215	12	25.80	22.91	⏀12 39.5
	2	⏀12	184	4	7.36	6.54	
	3	⏀12	182	4	7.28	6.46	
	2'	Φ8	176	28	49.28	19.47	Φ8 97.4
	4	Φ8	平均169	10	16.90	6.68	
	5	Φ8	149	68	101.32	40.02	
	6	Φ8	123	2	2.45	0.97	
	7	Φ8	129	12	15.48	6.11	
	8	Φ8	51	120	61.20	24.17	
	9	⏀12	20	20	4.00	3.55	
	10	⏀12	693	6	41.58	36.92	36.92
钢板	11	□220×30	22	4	0.88	45.59	146.1
	12	□220×30	47	2	0.94	48.70	
	13	□220×30	50	2	1.00	51.81	
螺栓A3		M12×100		18		2.05	2.4
螺帽A3		M12		20		0.33	

预应力混凝土I形组合梁斜桥 跨径30米 斜交角 45°	汽车-20级 挂车-100 汽车-超20级 挂车-120 净-11.5 净-9.75
端部钢筋构造 (四) (6束)	图号 51

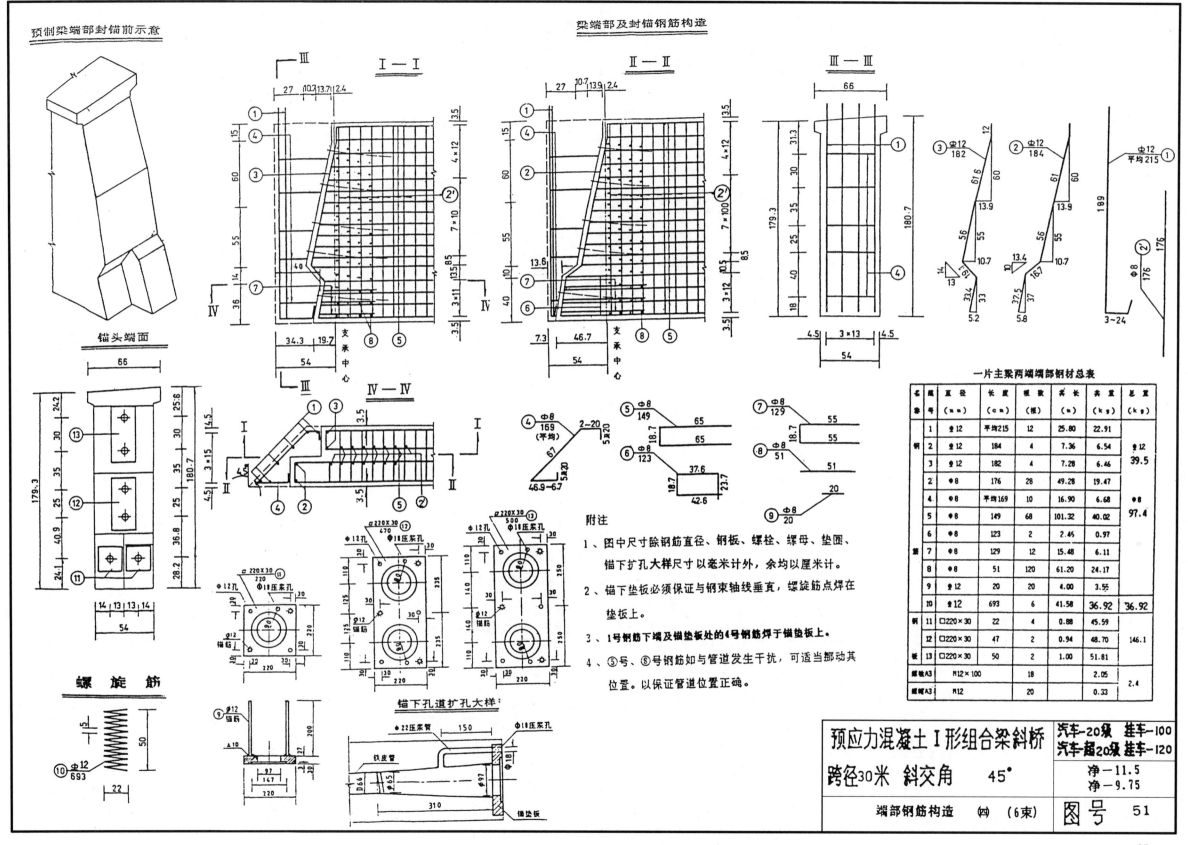

预制梁端部封锚前示意

梁端部及封锚钢筋构造

锚头垫板下螺旋筋

锚下孔道扩孔大样

锚头端面

附注

1、图中尺寸除钢筋直径、钢板、螺栓、螺母、垫圈、锚下扩孔大样尺寸以毫米计外，余均以厘米计。

2、锚下垫板必须保证与钢束轴线垂直，螺旋筋点焊在垫板上。

3、1号钢筋下端及锚垫板处的3号钢筋焊于锚垫板上。

4、①号、⑥号钢筋如与管道发生干扰，可适当挪动其位置。以保证管道位置正确。

一片主梁两端端部钢材总表

名称	编号	直径 (mm)	长度 (cm)	根数 (根)	共长 (m)	共重 (kg)	总重 (kg)
钢筋	1	Φ12	平均216	12	25.92	23.02	Φ12 38.8
	2	Φ12	182	8	14.56	12.93	
	2'	Φ8	176	28	49.28	19.47	
	3	Φ8	平均116	8	9.28	3.67	Φ8 90.9
	4	Φ8	149	68	101.32	40.02	
	5	Φ8	109	12	13.08	5.17	
	6	Φ8	51	112	57.12	22.56	
	7	Φ12	20	16	3.20	2.84	
	8	Φ8	693	5	34.65	30.77	30.77
钢板	9	□220×30	48	2	0.96	49.74	131.6
	10	□220×30	22	2	0.44	22.80	
	11	□220×30	57	2	1.14	59.06	
螺栓A3		M12×100		16		1.64	1.9
螺帽A3		M12		16		0.26	

预应力混凝土I形组合梁斜桥 跨径30米 斜交角 0°	汽车-20级 挂车-100	净-9.75
端部钢筋构造 (五) (5束)	图号	52

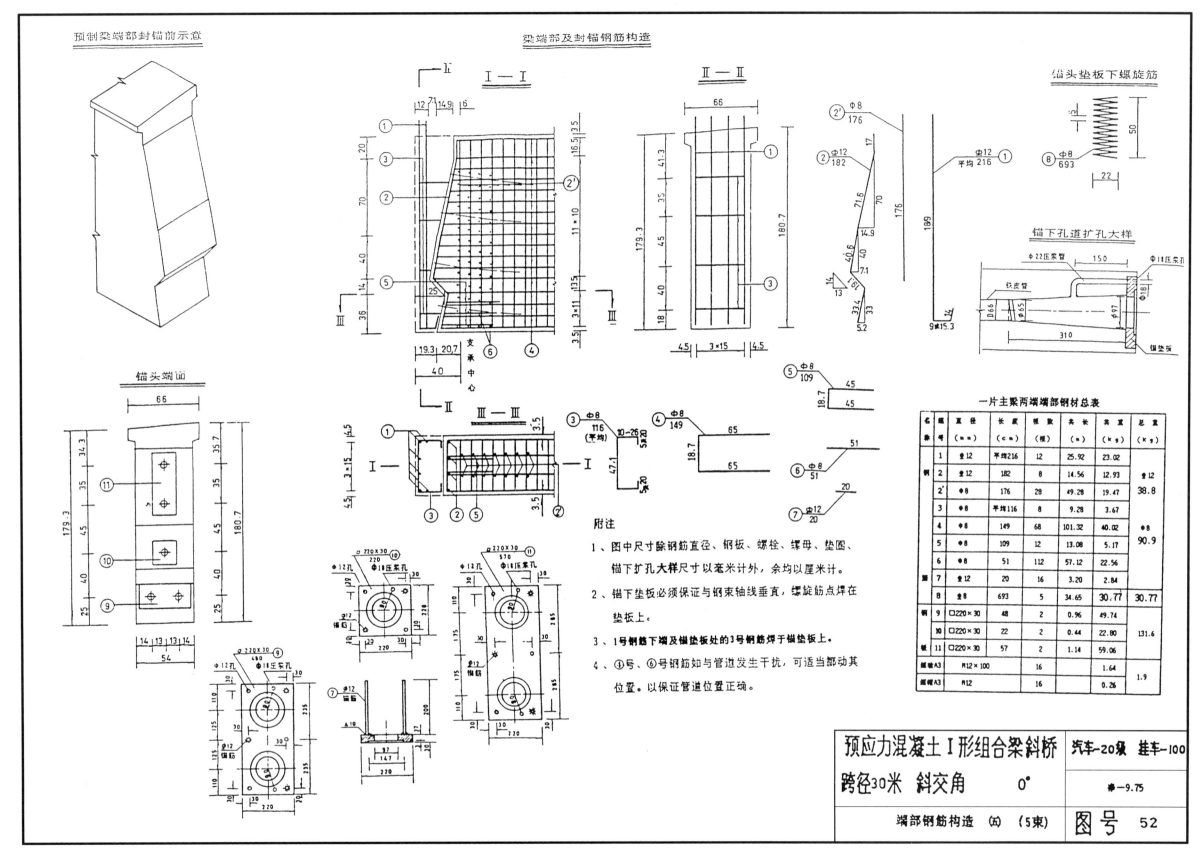

预制梁端部封锚前示意

梁端部及封锚钢筋构造

附注

1、图中尺寸除钢筋直径、钢板、螺栓、螺母、垫圈、锚下扩孔大样尺寸以毫米计外，余均以厘米计。

2、锚下垫板必须保证与钢束轴线垂直，螺旋筋点焊在垫板上。

3、1号钢筋下端及锚垫板处的4号钢筋焊于锚垫板上。

4、⑤号、⑧号钢筋如与管道发生干扰，可适当挪动其位置。以保证管道位置正确。

一片主梁两端端部钢材总表

名称	编号	直径 (mm)	长度 (cm)	根数 (根)	共长 (m)	共重 (kg)	总重 (kg)
钢筋	1	⌀12	平均215	12	25.80	22.91	⌀12 39.0
	2	⌀12	179	4	7.16	6.36	
	3	⌀12	184	4	7.36	6.54	
	2'	ϕ8	176	28	49.28	19.47	ϕ8 91.9
	4	ϕ8	平均120	8	9.60	3.79	
	5	ϕ8	149	68	101.32	40.02	
	6	ϕ8	117	2	2.34	0.92	
	7	ϕ8	109	12	13.08	5.17	
	8	ϕ8	51	112	57.12	22.56	
	9	⌀12	20	18	3.60	3.20	
	10	⌀12	693	5	34.65	30.77	30.77
钢板	11	□220×30	22	6	1.32	68.39	127.5
	12	□220×30	57	2	1.14	59.06	
螺栓A3		M12×100		18		1.85	2.2
螺帽A3		M12		20		0.30	

预应力混凝土I形组合梁斜桥 跨径30米 斜交角 15°	汽车—20级 挂车—100
	净—9.75
端部钢筋构造 (六) (5束)	图号 53

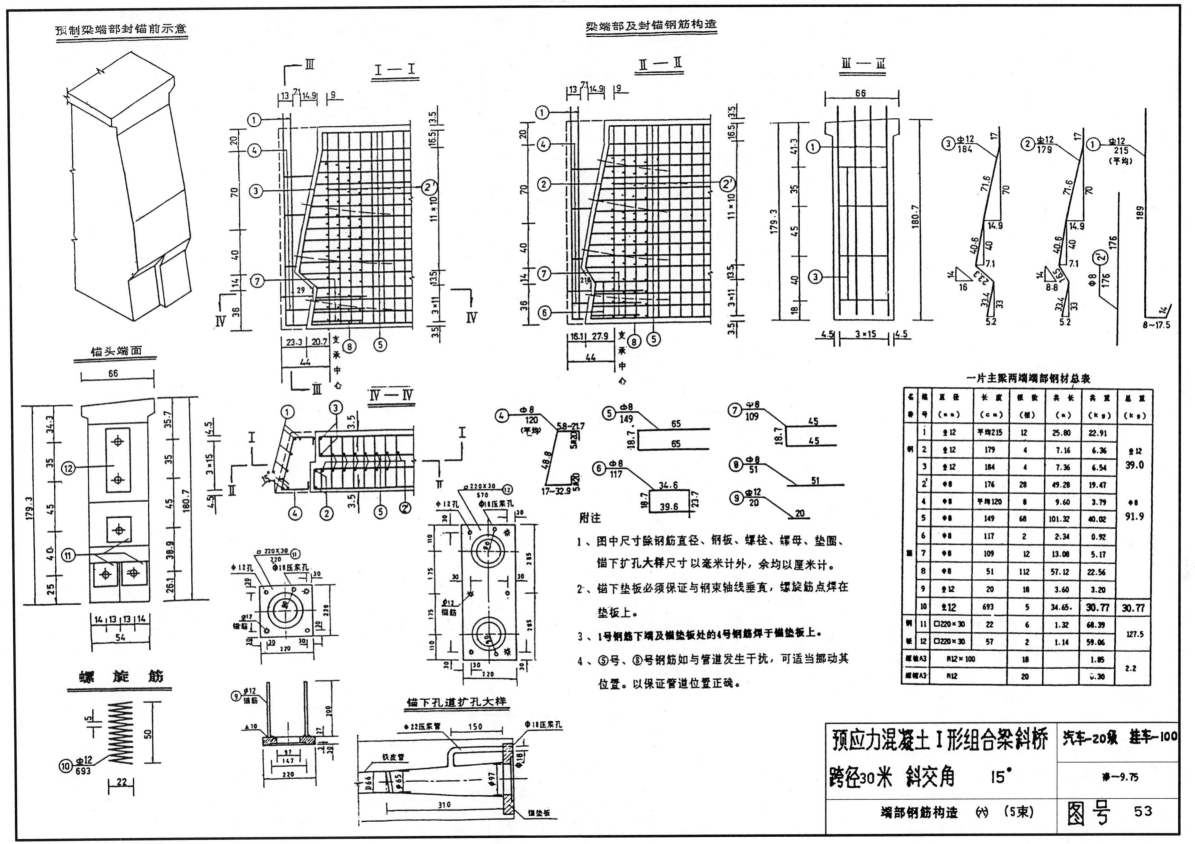

一片主梁两端端部钢材总表

名称	编号	直径 (mm)	长度 (cm)	根数 (根)	共长 (m)	共重 (kg)	总重 (kg)
钢筋	1	Φ12	平均215	12	25.80	22.91	Φ12 39.0
	2	Φ12	177	4	7.08	6.29	
	3	Φ12	186	4	7.44	6.61	
	2′	φ8	176	28	49.28	19.47	φ8 90.71
	4	φ8	平均135	8	10.80	4.27	
	5	φ8	149	64	95.36	37.67	
	6	φ8	129	2	2.58	1.02	
	7	φ8	119	12	14.28	5.64	
	8	φ8	51	112	57.12	22.56	
	9	Φ12	20	18	3.60	3.20	
	10	Φ12	693	5	34.65	30.77	30.77
钢板	11	□220×30	22	6	1.32	68.39	127.5
	12	□220×30	57	2	1.14	59.06	
螺栓A3		M12×100		18		1.85	2.2
螺帽A3		M12		18		0.30	

附注

1、图中尺寸除钢筋直径、钢板、螺栓、螺母、垫圈、锚下扩孔大样尺寸以毫米计外，余均以厘米计。

2、锚下垫板必须保证与钢束轴线垂直，螺旋筋点焊在垫板上。

3、1号钢筋下端及锚垫板处的4号钢筋焊于锚垫板上。

4、⑤号、⑧号钢筋如与管道发生干扰，可适当挪动其位置。以保证管道位置正确。

预应力混凝土I形组合梁斜桥 跨径30米 斜交角 30°	汽车-20级 挂车-100	
	净-9.75	净-9+2×1.50 净-9+2×1.00 净-7+2×1.00
端部钢筋构造 (七) (5束)	图号 54	

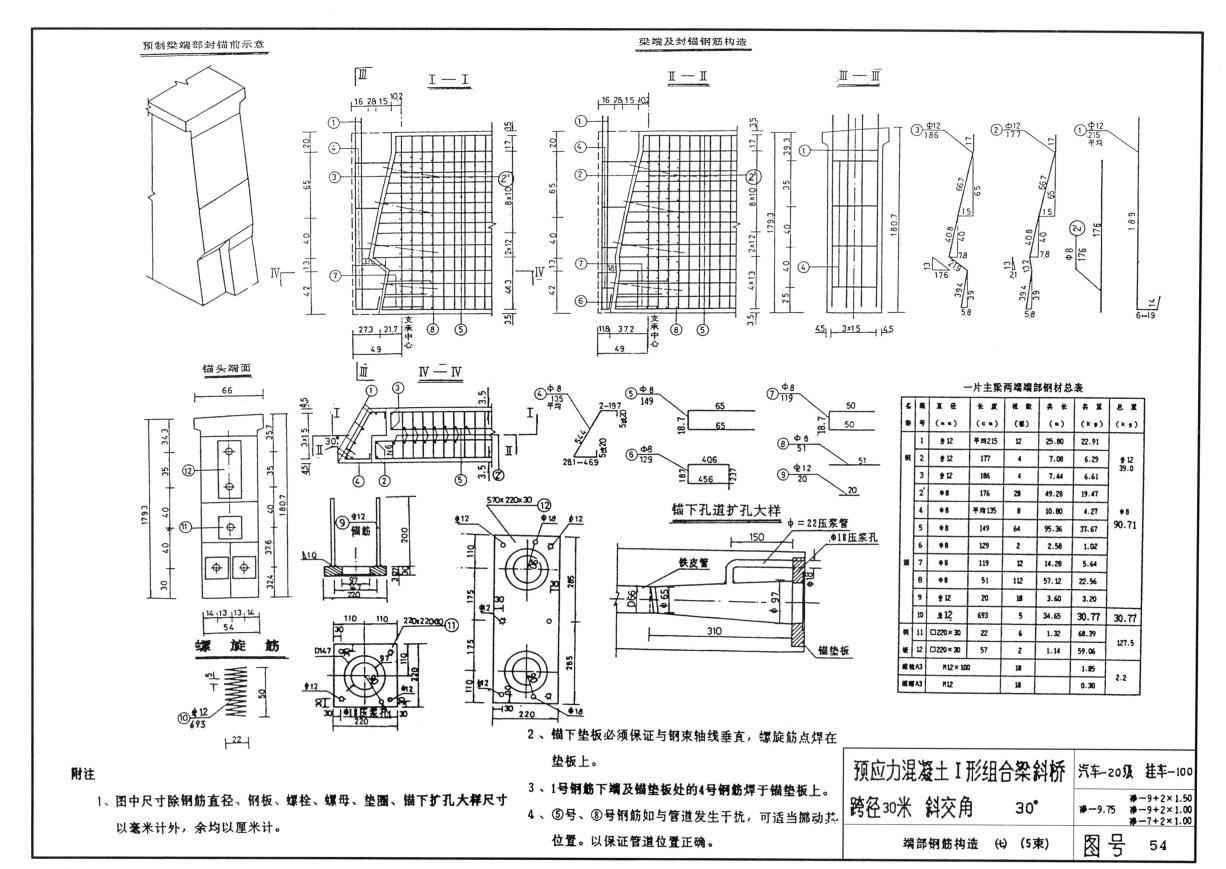

一片主梁两端端部钢材总表

名称	编号	直径 (mm)	长度 (cm)	根数 (根)	共长 (m)	共重 (kg)	总重 (kg)
钢筋	1	Φ12	平均215	12	25.80	22.91	Φ12 39.0
	2	Φ12	182	4	7.28	6.46	
	3	Φ12	182	4	7.28	6.46	
	2′	Φ8	176	28	49.28	19.47	Φ8 92.2
	4	Φ8	平均168	8	13.64	5.31	
	5	Φ8	149	64	95.36	37.67	
	6	Φ8	129	2	2.58	1.02	
	7	Φ8	129	12	15.48	6.11	
	8	Φ8	51	112	57.12	22.56	
	9	Φ12	20	18	3.60	3.20	
	10	Φ12	693	5	34.65	30.77	30.77
钢板	11	□220×30	22	6	1.32	68.39	127.5
	12	□220×30	57	2	1.14	59.06	
螺栓A3		M12×100		18		1.85	2.2
螺帽A3		M12		18		0.30	

附注

1、图中尺寸除钢筋直径、钢板、螺栓、螺母、垫圈、锚下扩孔大样尺寸以毫米计外，余均以厘米计。

2、锚下垫板必须保证与钢束轴线垂直，螺旋筋点焊在垫板上。

3、1号钢筋下端及锚垫板处的4号钢筋焊于锚垫板上。

4、⑤号、⑧号钢筋如与管道发生干扰，可适当挪动其位置。以保证管道位置正确。

预应力混凝土Ⅰ形组合梁斜桥 跨径30米 斜交角 45°	汽车—20级 挂车—100
	净—9.75 净—9+2×1.50 净—9+2×1.00 净—7+2×1.00
端部钢筋构造 (八) (5束)	图号 55

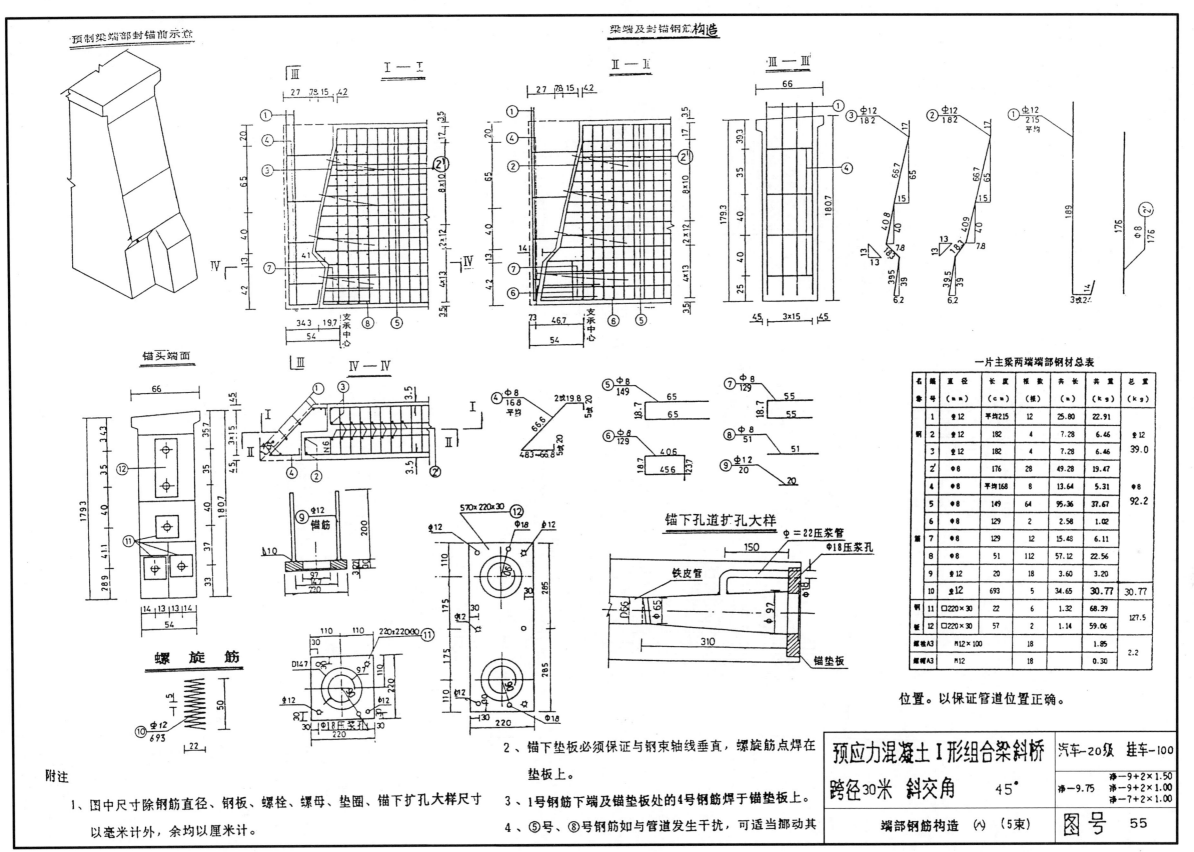

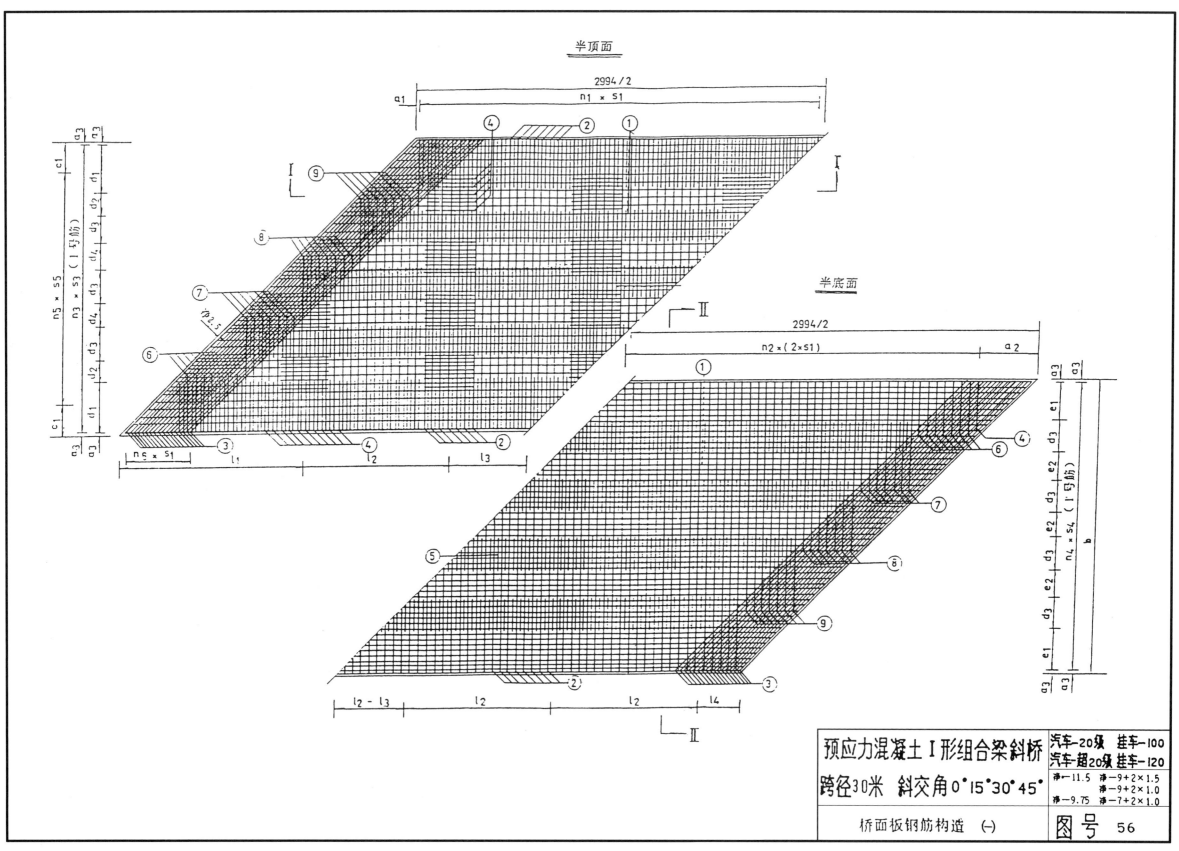

半Ⅱ—Ⅱ

Ⅰ—Ⅰ

附注

1、本图尺寸除钢筋直径以毫米计外，余均以厘米计。

2、图中S1系指2、6、7、8、9号钢筋的间距。

3、桥面钢筋采用现场绑扎，在端头处点焊成形。

4、护轮带、人行道、伸缩缝、桥面连续等埋置钢筋本图未示。

预应力混凝土Ⅰ形组合梁斜桥 跨径30米　斜交角0°15°30°45°	汽车-20级　挂车-100 汽车-超20级　挂车-120 净-11.5　净-9+2×1.5 净-9+2×1.0 净-9.75　净-7+2×1.0
桥面板钢筋构造 (二)	图号　57

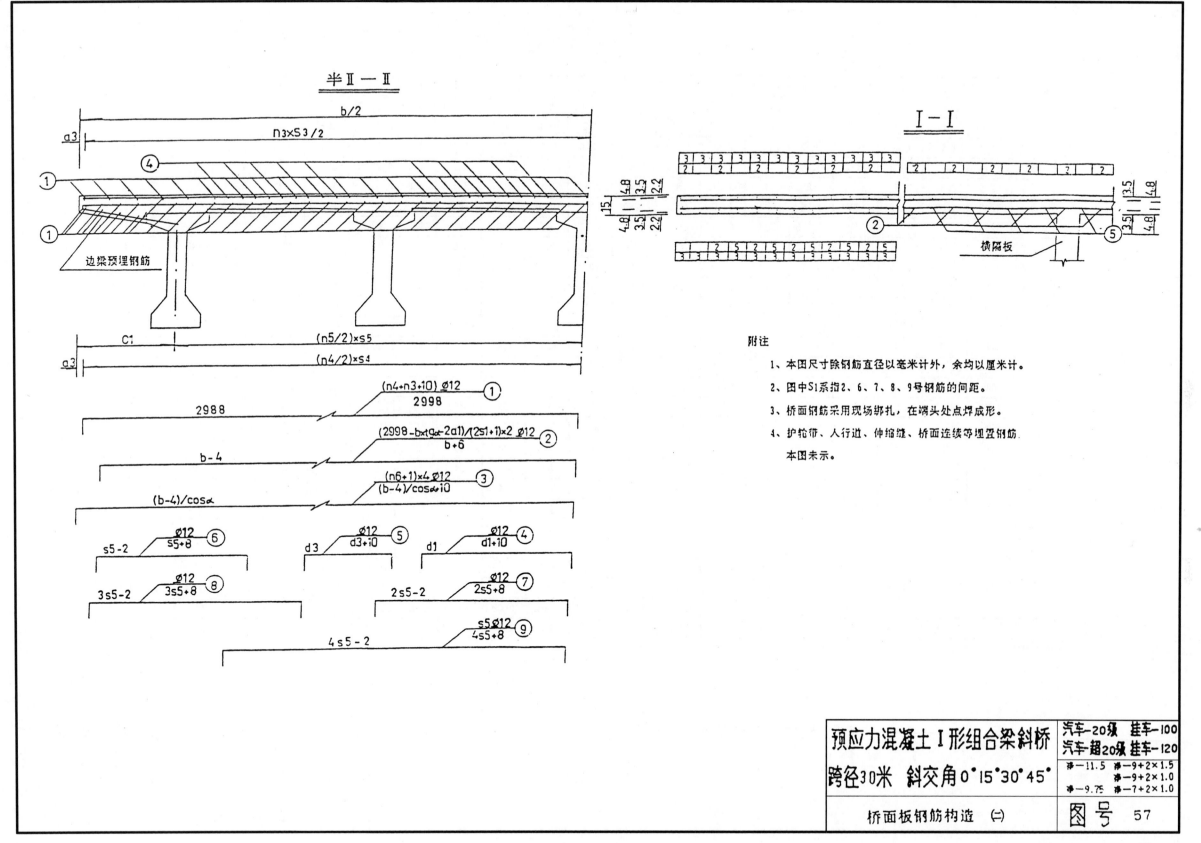

尺 寸 表

荷载	汽车—超20级 挂车—120								汽车—20级 挂车—100											
梁距	2.50m				2.15m				2.50m				2.15m(五梁)				2.15m(四梁)			
斜交角	0°	15°	30°	45°	0°	15°	30°	45°	0°	15°	30°	45°	0°	15°	30°	45°	0°	15°	30°	45°
a1	3.15	9.5	6.2	10.7	3.15	8.4	8.65	9.5	3.15	9.5	8.3	10.9	3.15	9.0	10.65	7.5	3.15	10.0	9.0	9.5
a2	3.15	64.5	127.8	211.3	3.15	72.3	108.55	184.5	3.15	58.5	138.7	214.5	3.15	73	127.33	186.5	3.15	72	115.42	192.7
a3	2.5	2.5	2.5	2.5	3.6	3.6	3.6	3.6	2.4	2.4	2.4	2.4	3.1	3.1	3.1	3.1	3.6	3.6	3.6	3.6
b	1250	1250	1250	1250	1075	1075	1075	1075	1250	1250	1250	1250	1075	1075	1075	1075	860	860	860	860
c1	125	125	125	125	107.5	107.5	107.5	107.5	125	125	125	125	107.5	107.5	107.5	107.5	107.5	107.5	107.5	107.5
d1	200	200	200	200	180	180	180	180	200	200	200	200	180	180	180	180	180	180	180	180
d2	102.5	102.5	102.5	102.5	78.9	78.9	78.9	78.9	102.5	102.5	102.5	102.5	79.4	79.4	79.4	79.4	78.9	78.9	78.9	78.9
d3	140	140	140	140	120	120	120	120	140	140	140	140	120	120	120	120	120	120	120	120
d4	110	110	110	110	95	95	95	95	110	110	110	110	95	95	95	95	95	95	95	95
e1	177.5	177.5	177.5	177.5	151.4	151.4	151.4	151.4	177.5	177.5	177.5	177.5	151.9	151.9	151.9	151.9	151.4	151.4	151.4	151.4
e2	110	110	110	110	95	95	95	95	110	110	110	110	95	95	95	95	95	95	95	95
l1	525	624.5	7779.9	772	525	601	727.4	684.5	525	624.5	777.9	772	525	601	727.4	684.5	525	572.2	705.3	887
l2	486	520	540	540	486	520	540	540	486	520	540	540	486	520	540	540	486	520	520	520
l3	486	352.5	179.1	185	486	376	229.6	272.5	486	352.5	179.1	185	486	376	229.6	272.5	486	404.8	271.7	90
l4	525	289.5	56.1	62	525	313	106.6	149.5	525	289.5	56.1	62	525	313	106.6	149.5	525	341.8	208.7	27
n1	150	148	148	150	118	118	120	118	136	134	134	136	106	106	106	106	106	106	106	104
n2	75	72	69	65	60	58	56	53	68	66	63	59	54	51	49	47	54	51	50	47
n3	50	50	50	50	38	38	38	38	44	44	44	44	32	32	32	32	26	26	26	26
n4	62	62	62	62	54	54	54	54	62	62	62	62	42	42	42	42	34	34	34	34
n5	4	4	4	4	4	4	4	4	4	4	4	4	4	4	4	4	3	3	3	3
n6	0	8	16	26	0	7	14	18	0	8	16	26	0	7	14	16	0	7	14	16
s1	9.96	10.0	10.0	9.9	12.55	12.45	12.4	12.5	10.98	11	10.35	10.9	13.96	14.0	14.0	14.0	13.96	14.0	13.93	14.1
s3	24.9	24.9	24.9	24.9	28.1	28.1	28.1	28.1	28.3	28.3	28.3	28.3	33.4	33.4	33.4	33.4	32.8	32.8	32.8	32.8
s4	20.08	20.08	20.08	20.08	19.77	19.77	19.77	19.77	20.08	20.08	20.08	20.08	25.45	25.45	25.45	25.45	25.1	25.1	25.1	25.1
s5	250	250	250	250	215	215	215	215	250	250	250	250	215	215	215	215	215	215	215	215

附注 表中尺寸除注明者外，余均以厘米计。

预应力混凝土I形组合梁斜桥
跨径30米 斜交角 0°15°30°45°
汽车—20级 挂车—100
汽车—超20级 挂车—120
净—11.5 净—9+2×1.5
净—9+2×1.0
净—9.75 净—7+2×1.0

桥面板钢筋构造 （三） 图号 58

一孔钢筋明细表及材料用量

荷载	梁距 (m)	编号	直径 (mm)	0° 长度 (cm)	0° 根数	0° 共长 (m)	0° 总重 (kg)	0° 30号混凝土 (m^3)	15° 长度 (cm)	15° 根数	15° 共长 (m)	15° 总重 (kg)	15° 30号混凝土 (m^3)	30° 长度 (cm)	30° 根数	30° 共长 (m)	30° 总重 (kg)	30° 30号混凝土 (m^3)	45° 长度 (cm)	45° 根数	45° 共长 (m)	45° 总重 (kg)	45° 30号混凝土 (m^3)
汽车—20级	2.50	1	⌀12	2998	116	3477.7	8206.6	65.4	2998	116	3477.7	8497.8	65.4	2998	116	3477.7	8844.7	65.4	2998	116	3477.7	9520.2	65.4
		2		1256	274	3441.4			1256	242	3039.5			1256	208	2612.5			1256	160	2009.6		
		3							1300	36	468.0			1449	68	985.2			1772	108	1913.9		
		4		210	426	894.6			210	426	894.6			210	420	882.0			210	426	894.6		
		5		150	952	1428.0			150	924	1386.0			150	903	1354.5			150	868	1302.0		
		6							258	12	31.0			258	28	72.2			258	44	113.5		
		7							508	12	61.0			508	24	121.9			508	48	243.8		
		8							758	12	91.0			758	28	212.2			758	44	333.5		
		9							1008	12	121.0			1008	24	241.9			1008	44	443.5		
挂车—100	2.15 (五梁)	1	⌀12	2998	84	2518.3	5724.4	56.6	2998	84	2518.3	5951.7	56.6	2998	84	2518.3	6217.4	56.6	2998	84	2518.3	6401.4	56.6
		2		1081	216	2335.0			1081	194	2097.1			1081	170	1837.7			1081	138	1491.8		
		3							1119	32	358.0			1247	60	748.0			1525	68	1036.7		
		4		190	326	619.4			190	320	608.0			190	322	611.8			190	324	615.6		
		5		130	749	973.7			130	728	946.4			130	707	919.1			130	686	891.8		
		6							223	8	17.8			223	16	35.7			223	28	62.4		
		7							438	8	35.0			438	20	87.6			438	32	140.2		
		8							653	8	52.2			653	16	104.5			653	32	209.0		
		9							868	8	69.4			868	16	138.9			868	28	243.0		
	2.15 (四梁)	1	⌀12	2998	70	2098.6	4668.7	46.1	2998	70	2098.6	4862.3	46.1	2998	70	2098.6	5109.2	46.1	2998	70	2098.6	5237.4	46.1
		2		866	216	1870.6			866	198	1714.7			866	180	1558.8			866	152	1316.3		
		3							896	32	286.8			998	60	599.1			1221	68	829.9		
		4		190	312	592.8			190	306	581.4			190	310	589.0			190	308	585.2		
		5		130	535	695.5			130	530	689.0			130	530	689.0			130	525	682.5		
		6							223	8	17.8			223	20	44.6			223	28	62.4		
		7							438	8	35.0			438	16	70.1			438	32	140.2		
		8							653	8	52.2			653	16	104.5			653	28	182.8		

预应力混凝土 I 形组合梁斜桥	汽车—20级 挂车—100
跨径30米 斜交角0°15°30°45°	净—11.5 净—9+2×1.5 净—9+2×1.0 净—9.75 净—7+2×1.0
桥面板钢筋构造 (四)	图号 59

一孔钢筋明细表及材料用量

荷载	梁距 (m)	编号	直径 (mm)	0°					15°					30°					45°				
				长度 (cm)	根数	共长 (m)	总重 (kg)	30号混凝土 (m³)	长度 (cm)	根数	共长 (m)	总重 (kg)	30号混凝土 (m³)	长度 (cm)	根数	共长 (m)	总重 (kg)	30号混凝土 (m³)	长度 (cm)	根数	共长 (m)	总重 (kg)	30号混凝土 (m³)
汽车—超20级	2.50	1	φ12	2998	122	3657.6	8992.5	65.4	2998	122	3657.6	9243.7	65.4	2998	122	3657.6	9583.4	65.4	2998	122	3657.6	10277	65.4
		2		1256	302	3793.1			1256	266	3341.0			1256	228	2863.7			1256	176	2210.6		
		3							1300	36	468.0			1449	68	985.2			1772	108	1913.9		
		4		210	530	1113.0			210	522	1096.2			210	522	1096.2			210	522	1096.2		
		5		150	1042	1563.0			150	1015	1522.5			150	987	1480.5			150	959	1438.5		
		6							258	12	31.0			258	28	72.2			258	52	134.2		
		7							508	16	81.3			508	28	142.2			508	48	243.8		
		8							758	12	91.0			758	28	212.2			758	52	394.2		
		9							1008	12	121.0			1008	28	282.2			1008	48	483.8		
挂车—120	2.15	1	φ12	2998	102	3058.0	6618.7	56.6	2998	102	3058.0	6865.5	56.6	2998	102	3058.0	7177.4	56.6	2998	102	3058.0	7397.1	56.6
		2		1081	240	2594.4			1081	218	2356.6			1081	192	2075.5			1081	154	1664.7		
		3							1119	32	358.0			1247	60	748.0			1525	76	1158.7		
		4		190	378	718.2			190	374	710.6			190	378	718.2			190	376	714.4		
		5		130	833	1082.9			130	819	1064.7			130	805	1046.5			130	770	1001.0		
		6							223	12	26.8			223	20	44.6			223	36	80.3		
		7							438	8	35.0			438	20	87.6			438	32	140.2		
		8							653	8	52.2			653	20	130.6			653	36	235.1		
		9							868	8	69.4			868	20	173.6			868	32	277.8		

预应力混凝土I形组合梁斜桥	汽车—超20级 挂车—120
跨径30米 斜交角0°15°30°45°	净—11.5 净—9.75
桥面板钢筋构造（五）	图号 60

附注

1、本图尺寸除钢筋直径以毫米计外，余均以厘米计。

2、当斜度为15°、30°、45°时，3号筋的根数分别为3、4、5根。

3、N 4钢筋的平均长度按下式计算：

$$l=0.5\times[202-(5.2-D)/tg\alpha+C/tg\alpha+14]$$

4、N1钢筋按5.2厘米一根的间距排列，当 α =0时，仅有N1和N2钢筋。

5、本图所示为梁距2.50米时的一块桥面板底板边板钢筋构造，其L1、L2尺寸可由施工单位根据实际情况自行确定，但L1不得小于0.5米，中间板块为矩形板，钢筋按本图N1、N2钢筋间距排列，板宽L可由施工单位根据实际情况自行确定，但L不得小于0.5米，且不得大于3.0米。

6、本图未设置吊环，如施工单位需要可自行增加。

预应力混凝土Ⅰ形组合梁斜桥 跨径30米 斜交角0°15°30°45°	汽车-20级 挂车-100 汽车-超20级 挂车-120 净—11.5 净—9+2×1.5 净—9+2×1.0 净—9.75 净—7+2×1.0
预制桥面底板钢筋构造 (一)	图号 61

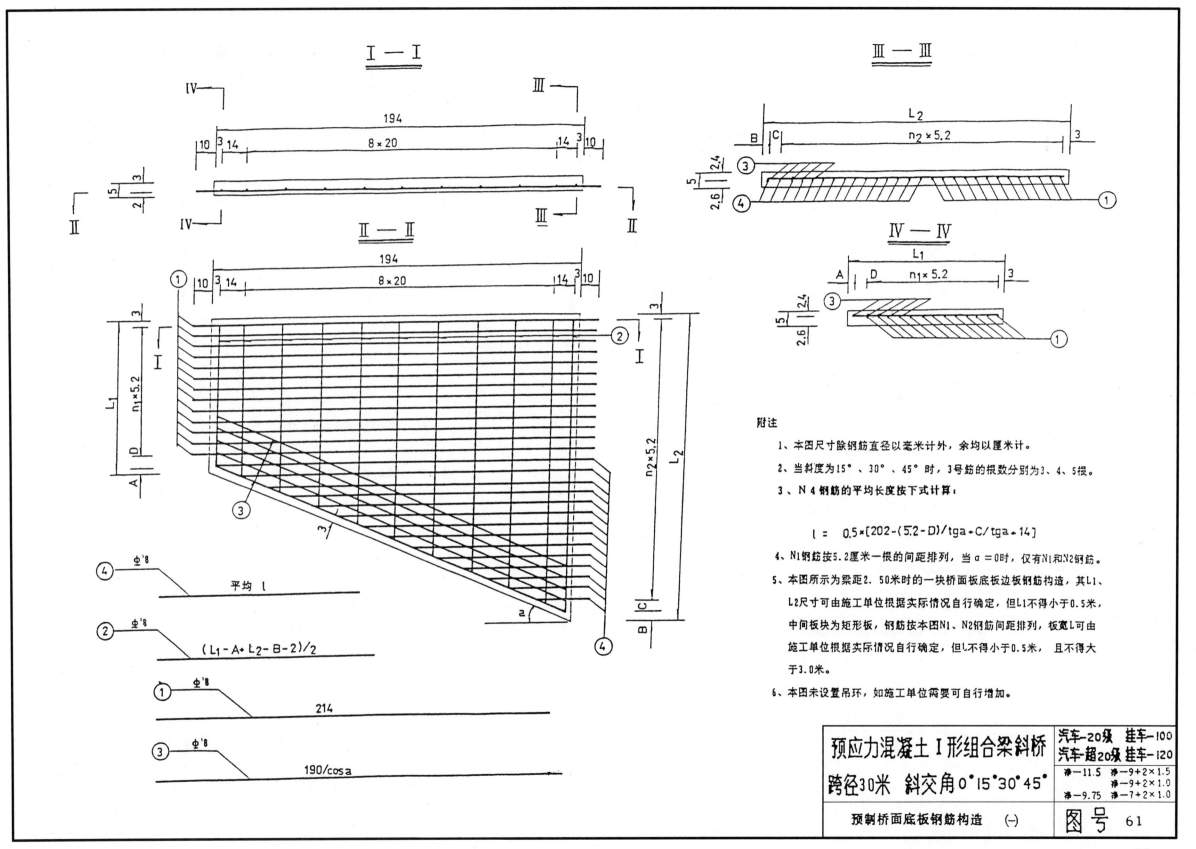

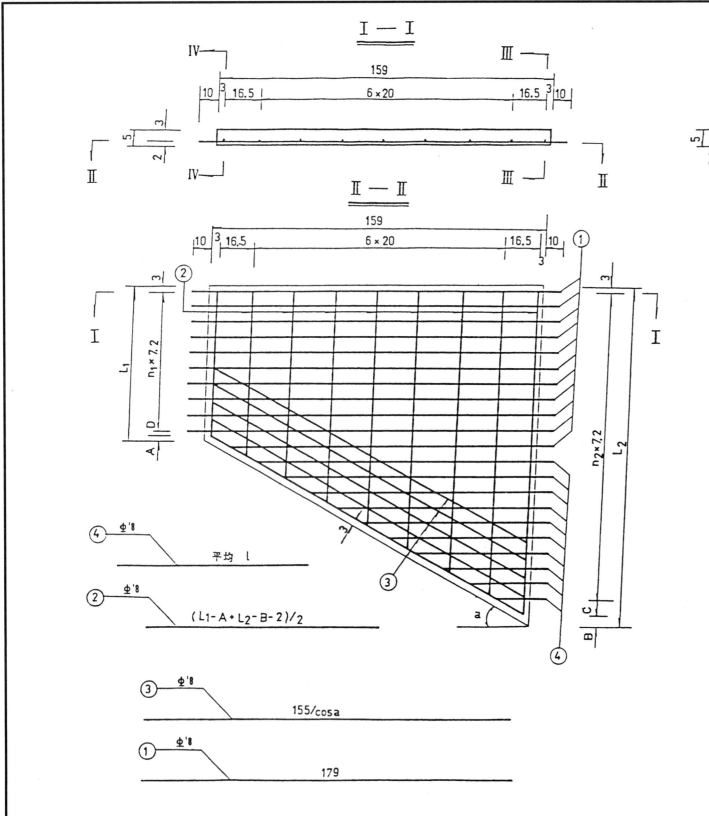

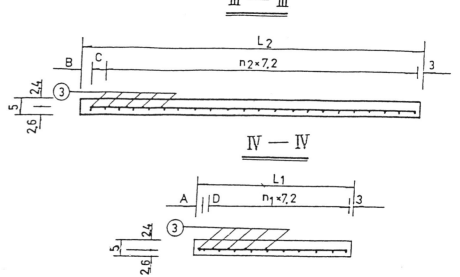

附注

1、本图尺寸除钢筋直径以毫米计外，余均以厘米计。

2、当斜度为15°、30°、45°时，3号筋的根数分别为3、4、5根。

3、N 4 钢筋的平均长度按下式计算：

$$l=0.5\times[167-(7.2-D)/tg\alpha+C/tg\alpha+14]$$

4、N1钢筋按5.2厘米一根的间距排列，当 $\alpha=0$ 时，仅有N1和N2钢筋。

5、本图所示为梁距 2.15米时的一块桥面板底板边板钢筋构造，其L1、L2尺寸可由施工单位根据实际情况自行确定，但L1不得小于0.5米，中间板块为矩形板，钢筋按本图N1、N2钢筋间距排列，板宽L可由施工单位根据实际情况自行确定，但L不得小于0.5米，且不得大于3.0米。

6、本图未设置吊环，如施工单位需要可自行增加。

预应力混凝土Ⅰ形组合梁斜桥 跨径30米 斜交角0°15°30°45°	汽车-20级 挂车-100 汽车-超20级 挂车-120 净—11.5 净—9+2×1.5 净—9+2×1.0 净—9.75 净—7+2×1.0
预制桥面底板钢筋构造 (二)	图号 62

一孔横梁间底板材料数量表

梁距(m)	编号	直径(mm)	0° 长度(cm)	0° 根数(根)	0° 共长(m)	0° 共重(kg)	0° 50号混凝土(m³)	15° 长度(cm)	15° 根数(根)	15° 共长(m)	15° 共重(kg)	15° 50号混凝土(m³)	30° 长度(cm)	30° 根数(根)	30° 共长(m)	30° 共重(kg)	30° 50号混凝土(m³)	45° 长度(cm)	45° 根数(根)	45° 共长(m)	45° 共重(kg)	45° 50号混凝土(m³)
2.50	1	Φ8	214	2160	4622.4	2309.7	10.9	214	2116	4528.2	2320.4	10.9	214	2056	4399.8	2317.5	10.8	214	1984	4245.8	2322.4	10.9
2.50	2		464	264	1225.0			平均462	264	1219.7			平均459	264	1211.8			平均457	264	1206.5		
2.50	3												197	24	47.3			219	32	70.1	269	40	107.6		
2.50	4							平均110	72	79.2			平均113	164	185.3			平均111	288	319.7		
2.15 五梁	1	Φ8	179	1560	2792.4	1498.9	8.9	179	1536	2749.4	1509.2	8.9	179	1498	2681.4	1509.7	8.8	179	1456	2606.2	1512.1	8.9
2.15 五梁	2		464	216	1002.2			平均462	216	997.9			平均459	216	991.4			平均457	216	987.1		
2.15 五梁	3							161	24	38.6			179	32	57.3			219	40	87.6		
2.15 五梁	4							平均87	40	34.8			平均92	100	92.0			平均92	160	147.2		
2.15 四梁	1	Φ8	179	1170	2094.3	1124.2	6.7	179	1152	2062.1	1131.9	6.7	179	1122	2008.4	1129.6	6.6	179	1090	1951.1	1133.8	6.6
2.15 四梁	2		464	162	751.7			平均462	162	748.4			平均459	162	743.6			平均457	162	740.3		
2.15 四梁	3							161	18	29.0			179	24	43.0			219	30	65.7		
2.15 四梁	4							平均87	30	26.1			平均90	72	64.8			平均90	126	113.4		

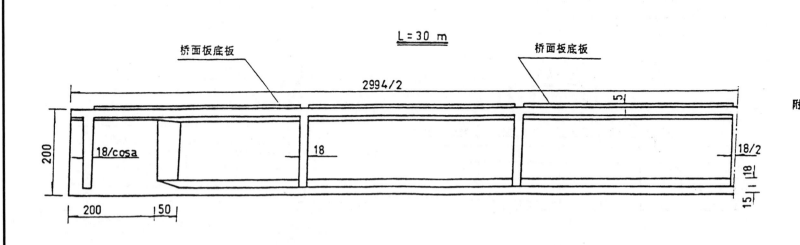

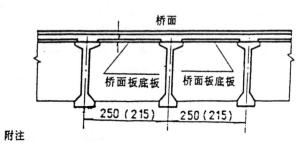

附注:
1、本图尺寸均以厘米计。
2、底板在预制时,可以根据重量、运输条件等情况分块进行。

预应力混凝土I形组合梁斜桥 跨径30米 斜交角0°15°30°45°

汽车-20级 挂车-100
汽车-超20级 挂车-120

净-11.5 净-9+2×1.5
净-9   净-9+2×1.0
净-9.75 净-7+2×1.0

预制桥面底板钢筋构造 (三) 图号 63

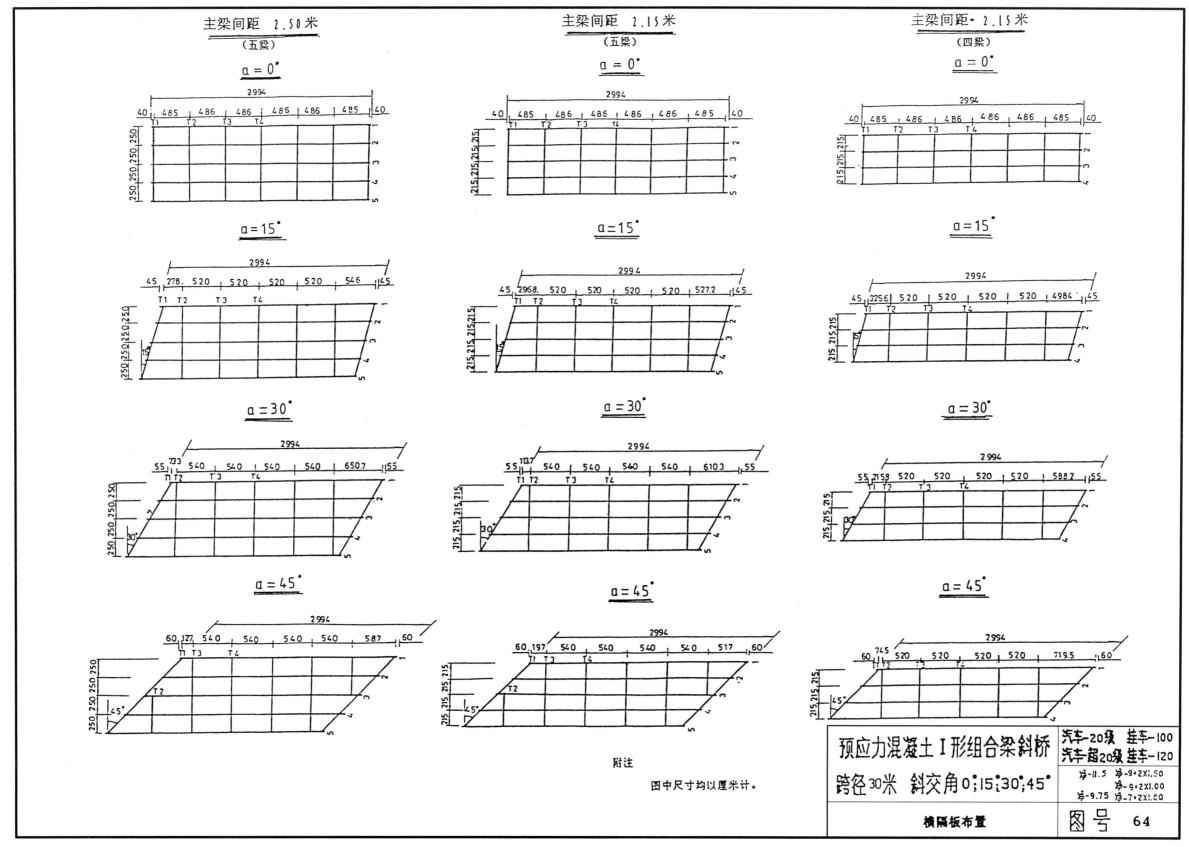

中横隔梁

端横隔梁

I—I

II—II

T1 与边梁的连接

受力钢筋焊接大样

一片中横隔梁钢筋明细表

编号	直径 (mm)	长度 (cm)	根数	共长 (m)
1	ø25	142	8	11.36
2	ø25	250	12	30.00
3	ø25	14	32	4.48
4	ø25	1033	2	20.66
5	ø8	72	28	20.16
6	ø8	194	56	108.64
7	ø8	126	42	52.92
8	ø8	385	92	354.20
9	ø8	15	168	25.20

一片端横隔梁钢筋明细表

编号	直径 (mm)	0°			15°			30°			45°		
		长度 (cm)	根数	共长 (m)	长度 (cm)	根数	共长 (m)	长度 (cm)	根数	共长 (m)	长度 (cm)	根数	共长 (m)
1′	ø25	160	8	12.80	165	8	13.20	183	8	14.64	221	8	17.68
2′	ø25	250	12	30.00	259	12	31.08	289	12	34.68	354	12	42.48
3′	ø25	14	32	4.48	14	32	4.48	14	32	4.48	14	32	4.48
4′	ø25	1069	2	21.38	1106	2	22.12	1231	2	24.62	1503	2	30.06
5′	ø8	90	28	25.20	93	28	26.04	103	28	28.84	124	28	34.72
6′	ø8	194	56	108.64	201	56	112.56	223	56	124.88	270	56	151.20
7′	ø8	126	42	52.92	130	42	53.76	136	42	57.12	153	42	64.26
8	ø8	385	76	292.60	385	76	292.60	385	84	323.40	385	104	400.40
9	ø8	15	168	25.20	15	168	25.20	15	168	25.20	15	216	32.40

一片中横隔梁材料数量表

直径 (mm)	单位重 (kg/m)	共长 (kg)	共重 (kg)
ø25	3.85	66.50	256.0
ø8	0.395	561.12	221.6
合计			477.6
30号混凝土(m³)		2.2	

一片端横隔梁材料数量表

直径 (mm)	单位重 (kg/m)	0°		15°		30°		45°	
		共长 (m)	共重 (kg)	共长 (m)	共重 (kg)	共长 (m)	共重 (kg)	共长 (m)	共重 (kg)
ø25	3.85	68.66	264.34	70.88	272.89	78.42	301.92	94.70	364.60
ø8	0.395	504.56	199.30	510.16	201.51	559.44	220.98	682.98	269.78
合计			463.6		474.4		522.9		634.4
30号混凝土(m³)		2.2		2.3		2.5		3.1	

端横隔梁有关尺寸及长度表

斜交角	m	n	K	L1	L2	L4	L5	L6	L7
0°	250.0	18	35.0	149.0	250.0	1048.0	82.0	184.0	116.0
15°	258.8	18	39.4	154.3	258.8	1085.0	84.9	190.5	118.3
30°	288.7	20	44.4	172.1	288.7	1210.1	94.7	212.5	126.3
45°	353.6	25	51.8	210.7	353.6	1482.1	116.0	260.2	143.3

A1、A2、A3值表

Ai (cm) \ 斜交角 α		0°	15°	30°	45°
T1	A1	3.5	3.5	3.5	3.5
	A2	9.0	9.0	9.0	9.0
	A3	10.0	10.0	10.0	10.0
	A4	22.5	22.5	22.5	22.5
T2	A1	4.4			
	A2	16.1			
	A3	14.5			
	A4	10.0			
T3	A1	3.5			3.5
	A2	6.0			6.0
	A3	11.0			21.8
	A4	24.5			13.7
T4	A1	3.5	3.5	3.5	3.5
	A2	6.0	6.0	6.0	6.0
	A3	11.0	11.0	11.0	21.1
	A4	24.5	24.5	24.5	14.4

附注

1、图中尺寸除钢筋直径以毫米计外，余均以厘米计。

2、N1、N1′、N2、N2′和N5、N5′、N7、N7′等钢筋应预埋在主梁中，当它们与钢绞线发生干扰时，其位置可适当调整。

3、N1、N2、N1′、N2′受力钢筋采用双面焊接，其焊缝长度为13厘米，N5、N6、N7、N5′N6′、N7′分布钢筋采用铁丝绑扎，其绑扎长度为25厘米。

4、T1、T2、T3横隔梁的位置见图号64。

5、I—I、II—II断面中，当A1≠4.4厘米时，最低层为受力钢筋N1、N2。

6、A1、A2、A3值表中，空格所对应的横隔梁为横梁主筋与主梁钢绞线相碰时，主筋无法水平穿过的情况，其钢筋构造见图号68。

7、受力钢筋和分布钢筋放置时，其坡度与桥面横坡一致。

预应力混凝土I形组合梁斜桥 跨径30米 斜交角0°;15°;30°;45°	汽车-20级 挂车-100 汽车-超20级 挂车-120 净-11.50
横隔板钢筋构造 (一)	图号 65

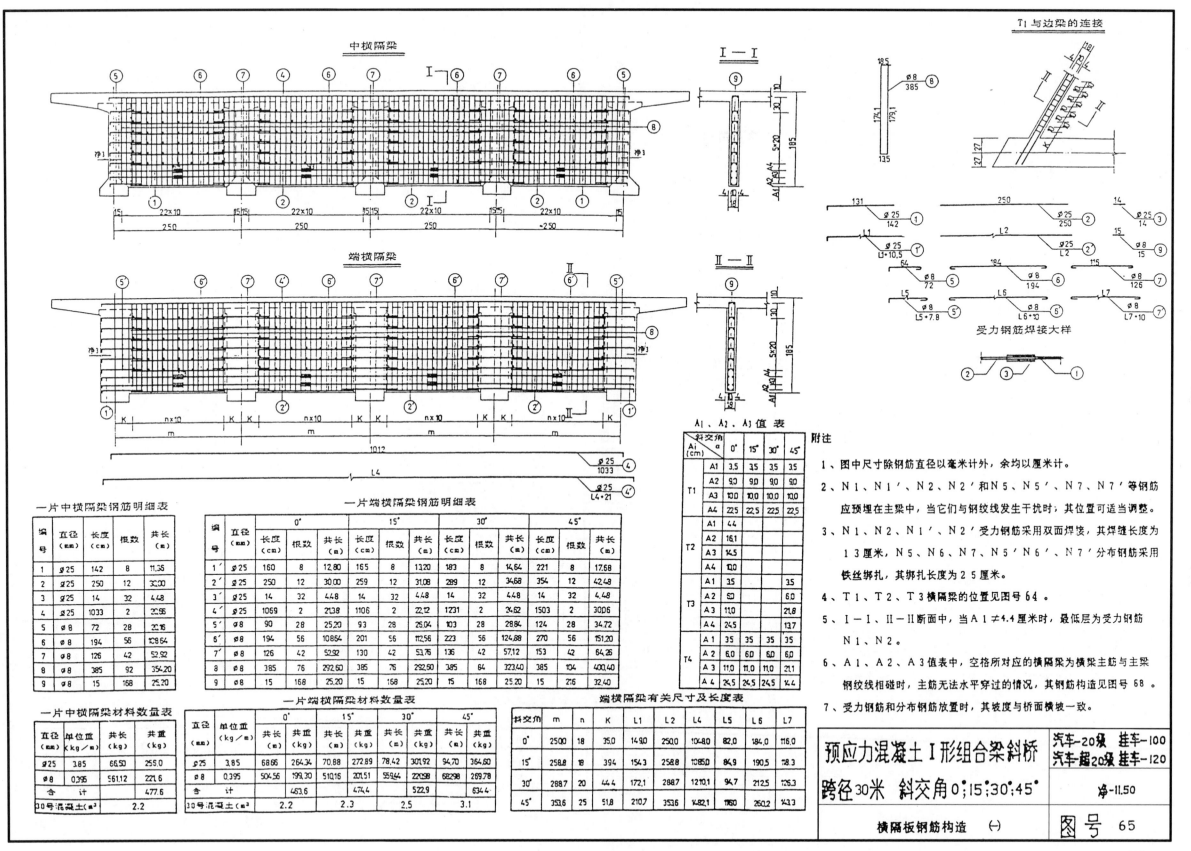

一片中横隔梁钢筋明细表

编号	直径 (mm)	长度 (cm)	根数	共长 (m)
1	ø32	127	4	5.08
2	ø32	215	5	12.90
3	ø32	18	16	2.88
4	ø25	893	2	17.86
5	ø8	72	28	20.16
6	ø8	159	56	89.04
7	ø8	126	42	52.92
8	ø8	385	75	292.60
9	ø8	15	144	21.50

一片端横隔梁钢筋明细表

编号	直径 (mm)	0° 长度 (cm)	0° 根数	0° 共长 (m)	15° 长度 (cm)	15° 根数	15° 共长 (m)	30° 长度 (cm)	30° 根数	30° 共长 (m)	45° 长度 (cm)	45° 根数	45° 共长 (m)
1′	ø32	145	4	5.80	150	4	6.00	165	4	6.60	200	4	8.00
2′	ø32	215	6	12.90	223	6	13.38	248	6	14.88	304	6	18.24
3′	ø32	18	16	2.88	18	16	2.88	18	16	2.88	18	16	2.88
4′	ø25	929	2	18.58	961	2	19.22	1070	2	21.40	1305	2	26.10
5′	ø8	90	28	25.20	93	28	26.04	103	28	28.84	124	28	34.72
6′	ø8	159	56	89.04	164	56	91.84	182	56	101.92	221	56	123.76
7′	ø8	126	42	52.92	128	42	53.76	136	42	57.12	153	42	64.26
8	ø8	385	60	231.00	385	60	231.00	385	68	261.80	385	84	323.40
9	ø8	15	144	21.60	15	144	21.60	15	144	21.60	15	168	25.20

A1、A2、A3值表

Ai (cm) \ 斜交角 α		六束 0°	六束 15°	六束 30°	六束 45°	五束 0°	五束 15°	五束 30°	五束 45°
T1	A1	3.7	3.7	3.7	3.7	3.7	3.7	3.7	3.7
	A2	8.8	8.8	8.8	8.8	8.8	8.8	11.5	11.5
	A3	32.5	32.5	32.5	32.5	32.5	32.5	29.8	29.8
T2	A1	5.0				5.0			
	A2	15.5				10.0			
	A3	24.5				30.0			
T3	A1	3.7	3.7	3.7		3.7	3.7		
	A2	5.8	5.8	6.0		5.8	5.8		
	A3	35.5	35.5	35.3		35.5	35.5		
T4	A1	3.7	3.7	3.7	3.7	3.7	3.7	3.7	3.7
	A2	5.8	5.8	5.8	5.8	5.8	5.8	5.8	5.8
	A3	35.5	35.5	35.5	35.5	35.5	35.5	35.5	35.5

一片中横隔梁材料数量表

直径 (mm)	单位重 (kg/m)	共长 (m)	共重 (kg)
ø32	6.31	20.86	131.63
ø25	3.85	17.86	68.75
ø8	0.395	476.32	168.15
合计			368.5
30号混凝土(m³)			1.6

一片端横隔梁材料数量表

直径 (mm)	单位重 (kg/m)	0° 共长 (m)	0° 共重 (kg)	15° 共长 (m)	15° 共重 (kg)	30° 共长 (m)	30° 共重 (kg)	45° 共长 (m)	45° 共重 (kg)
ø32	6.31	21.58	136.17	22.26	140.46	24.36	153.71	29.12	163.75
ø25	3.85	18.58	71.53	19.22	74.00	21.40	82.39	26.10	100.49
ø8	0.395	419.75	165.80	424.24	167.57	471.28	186.15	571.34	225.58
合计			373.5		382.1		422.3		509.9
30号混凝土(m³)		1.8		1.9		2.1		2.5	

端横隔梁有关尺寸及长度表

斜交角	m	n	K	L1	L2	L4	L5	L6	L7
0°	215.0	14	37.5	131.5	215.0	908.0	82.0	149.0	116.0
15°	222.6	14	41.3	136.1	222.6	940.0	84.9	154.3	118.3
30°	248.3	16	44.2	151.8	248.3	1048.5	94.7	172.1	126.3
45°	304.1	20	52.1	186.0	304.1	1284.1	115.0	210.7	143.3

附注

1、图中尺寸除钢筋直径以毫米计外，余均以厘米计。

2、N1、N1′、N2、N2′和N5、N5′、N7、N7′钢筋应预埋在主梁中，当它们与钢绞线发生干扰时，其位置可适当调整。

3、N1、N2、N1′、N2′受力钢筋采用双面焊接，其焊缝长度为16厘米，N5、N6、N7、N5′N6′、N7′分布钢筋采用铁丝绑扎，其绑扎长度为25厘米。

4、T1、T2、T3横隔梁的位置见图号64。

5、I－I、II－II断面中，当A1≠5厘米时，最低层为受力钢筋N1、N2。

6、A1、A2、A3值表中，空格所对应的横隔梁为横梁主筋与主梁钢绞线相碰时，主筋无法水平穿过的情况，其钢筋构造见图号69。

7、受力钢筋和分布钢筋放置时，其坡度与桥面横坡一致。

预应力混凝土I形组合梁斜桥 跨径30米 斜交角0°;15°;30°;45°	汽车-20级 挂车-100 汽车-超20级 挂车-120 净-9+2×1.50 净-9+2×1.00 净-9.75
横隔板钢筋构造（二）	图号 66

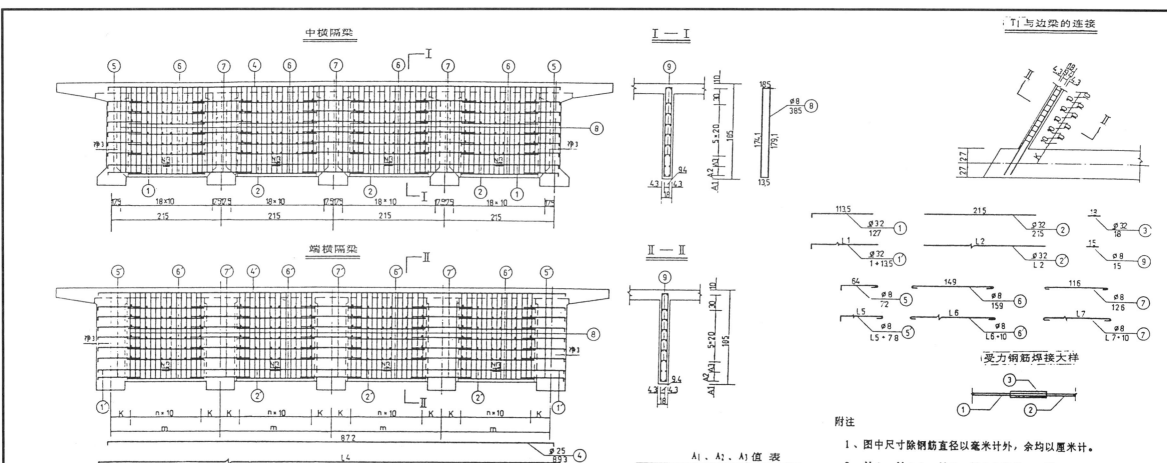

一片中横隔梁钢筋明细表

编号	直径 (mm)	长度 (cm)	根数	共长 (m)
1	ø32	127	4	5.08
2	ø32	215	4	8.60
3	ø32	18	12	2.16
4	ø25	678	2	13.56
5	ø8	72	28	20.16
6	ø8	159	42	56.78
7	ø8	126	28	35.28
8	ø8	385	57	219.45
9	ø8	15	108	16.20

一片端横隔梁钢筋明细表

编号	直径 (mm)	0°			15°			30°			45°		
		长度 (cm)	根数	共长 (m)	长度 (cm)	根数	共长 (m)	长度 (cm)	根数	共长 (m)	长度 (cm)	根数	共长 (m)
1′	ø32	145	4	5.80	150	4	6.00	165	4	6.60	200	4	8.00
2′	ø32	215	4	8.60	223	4	8.92	248	4	9.92	304	4	12.16
3′	ø32	18	12	2.16	18	12	2.16	18	12	2.16	18	12	2.16
4′	ø25	714	2	14.28	738	2	14.76	821	2	16.42	1001	2	20.02
5′	ø8	90	28	25.20	93	28	26.04	103	28	28.84	124	28	34.72
6′	ø8	159	42	66.78	164	42	68.88	182	42	76.44	221	42	92.82
7′	ø8	126	28	35.28	128	28	35.84	136	28	38.08	153	28	42.84
8	ø8	385	45	173.25	385	45	173.25	385	51	196.35	385	63	242.55
9	ø8	15	108	16.20	15	108	16.20	15	108	16.20	15	126	18.90

一片中横隔梁材料数量表

直径 (mm)	单位重 (kg/m)	共长 (m)	共重 (kg)
ø32	6.31	15.84	99.95
ø25	3.85	13.56	52.21
ø8	0.395	357.87	141.36
合计			293.5
30号混凝土(m³)			1.3

一片端横隔梁材料数量表

直径 (mm)	单位重 (kg/m)	0°		15°		30°		45°	
		共长 (m)	共重 (kg)	共长 (m)	共重 (kg)	共长 (m)	共重 (kg)	共长 (m)	共重 (kg)
ø32	6.31	16.56	104.49	17.08	107.77	18.68	117.87	22.32	140.84
ø25	3.85	14.28	54.98	14.76	56.83	16.42	63.22	20.02	77.08
ø8	0.395	316.71	125.10	320.21	126.48	355.91	140.58	413.83	163.46
合计			294.6		291.1		321.7		381.4
30号混凝土(m³)		1.3		1.3		1.5		1.8	

端横隔梁有关尺寸及长度表

斜交角	m	n	K	L1	L2	L4	L5	L6	L7
0°	215.0	14	37.5	131.5	215.0	693.0	82.0	149.0	116.0
15°	222.6	14	41.3	136.1	222.6	717.4	84.9	154.3	118.3
30°	248.3	16	44.2	151.8	248.3	800.2	94.7	172.1	126.3
45°	304.1	20	52.1	186.0	304.1	950.1	116.0	210.7	143.3

A1、A2、A3值表

Ai (cm) \ 斜交角 α		六束 0°	六束 15°	五束 30°	五束 45°
T1	A1	3.7	3.7	3.7	3.7
	A2	8.8	8.8	11.5	11.5
	A3	32.5	32.5	29.8	29.8
T2	A1	5.0			
	A2	15.5			
	A3	24.5			
T3	A1	3.7	3.7	3.7	
	A2	5.8	5.8	5.8	
	A3	35.5	35.5	35.5	
T4	A1	3.7	3.7	3.7	3.7
	A2	5.8	5.8	5.8	5.8
	A3	35.5	35.5	35.5	35.5

附注

1、图中尺寸除钢筋直径以毫米计外，余均以厘米计。

2、N1、N1′、N2、N2′和N5、N5′、N7、N7′等钢筋应预埋在主梁中，当它们与钢绞线发生干扰时，其位置可适当调整。

3、N1、N2、N1′、N2′受力钢筋采用双面焊接，其焊缝长度为16厘米，N5、N6、N7、N5′N6′、N7′分布钢筋采用铁丝绑扎，其绑扎长度为25厘米。

4、T1、T2、T3横隔梁的位置见图号64。

5、I－I、II－II断面中，当A1≠3.7厘米时，最低层为受力钢筋N1、N2。

6、A1、A2、A3值表中，空格所对应的横隔梁为横梁主筋与主梁钢绞线相碰时，主筋无法水平穿过的情况，其钢筋构造见图号70。

预应力混凝土I形组合梁斜桥 跨径30米 斜交角0°;15°;30°;45°	汽车－20级 挂车－100
	净－7+2X1.00
横隔板钢筋构造 (三)	图号 67

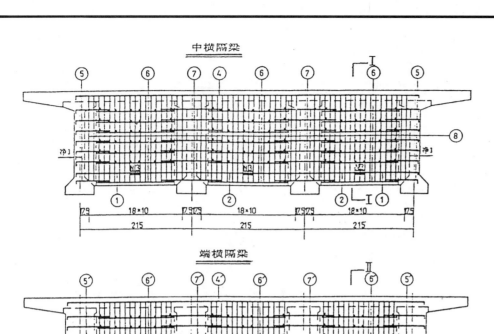

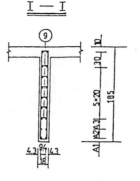

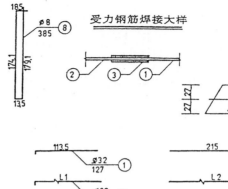

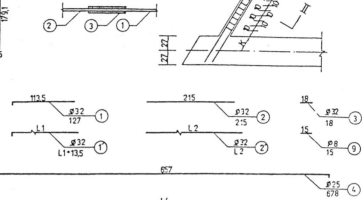

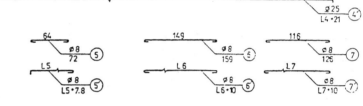

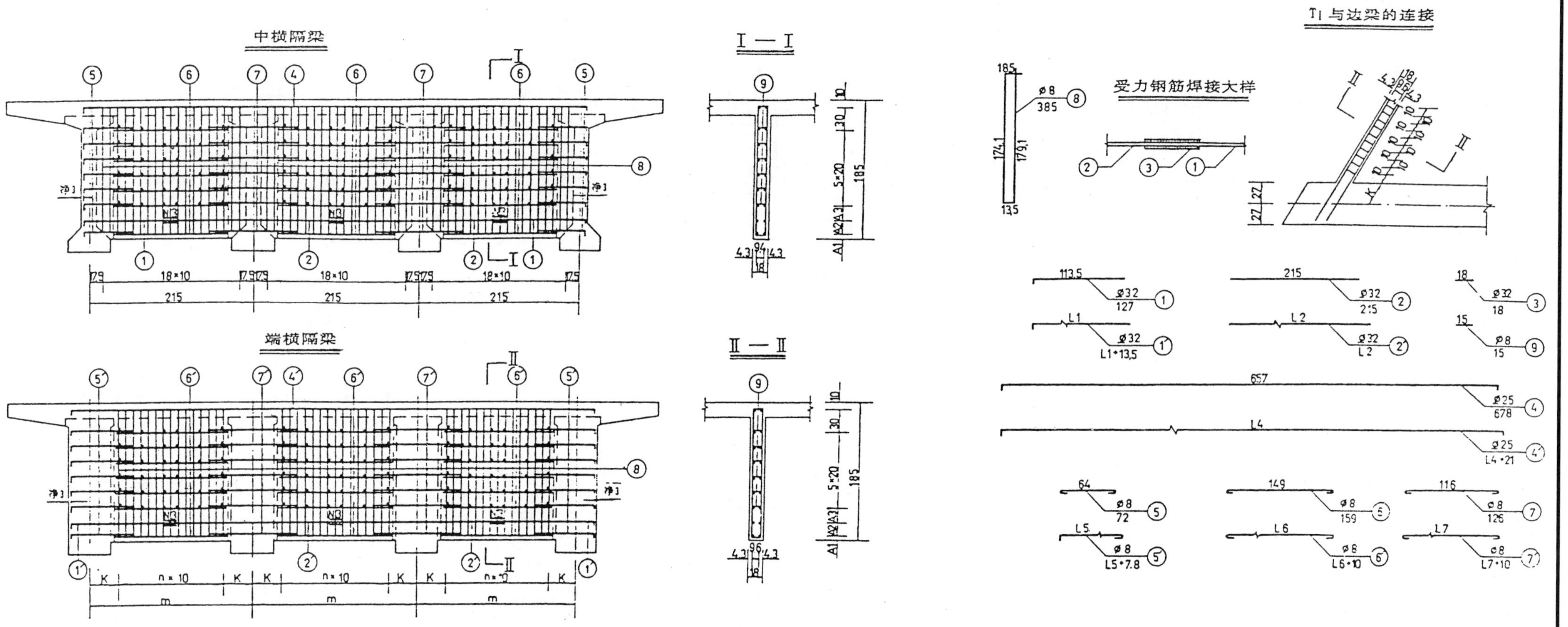

中横隔梁（b＝2.5m，五梁）

受力钢筋焊接大样

一片中横隔梁（T2、T3）钢筋明细表

编号	直径 (mm)	长度 (cm)	根数 (根)	共长 (m)
1	φ25	142	2	2.84
2	φ25	250	2	5.00
3	φ25	250	2	5.00
4	φ25	250	2	5.00
5	φ25	142	2	2.84
6	φ25	142	2	2.84
7	φ25	250	2	5.00
8	φ25	250	2	5.00
9	φ25	250	2	5.00
10	φ25	142	2	2.84
11	φ25	14	32	4.48
12	φ25	1033	2	20.66
13	φ8	72	28	20.16
14	φ8	194	56	108.64
15	φ8	126	42	52.94
16	φ8	385	92	354.20
17	φ8	15	168	25.20

一片中横隔梁（T2、T3）材料数量表

直径 (mm)	单位重 (kg／m)	共长 (m)	共重 (kg)
φ25	3.85	66.50	256.0
φ8	0.395	561.12	221.6
合计			477.6
30号混凝土(m³)			2.2

A1、A2、A3、A4值表

配束	六								束							
横隔梁号	T2；15°				T2；30°				T3；15°				T3；30°			
主梁号 \ Ai	A1	A2	A3	A4	A1	A2	A3	A4	A1	A2	A3	A4	A1	A2	A3	A4
1号	3.5	7.5	13.0	20.6	4.4	19.4	11.2	10	3.5	6.0	11.0	24.5	3.5	6.0	6.1	29.4
2号	3.5	4.5	20.3	16.7	4.4	19.4	11.2	10	3.5	6.0	11.0	24.5	3.5	6.0	10.5	25.0
3号	3.5	4.5	20.3	16.7	4.4	19.4	11.2	10	3.5	6.0	11.0	24.5	3.5	6.0	10.5	25.0
4号	3.5	4.5	20.3	16.7	4.4	18.2	12.4	10	3.5	6.0	11.0	24.5	3.5	6.0	10.5	25.0
5号	3.5	10.1	14.7	16.7	9.2	14.6	11.2	10	3.5	6.0	13.8	21.7	3.5	6.0	10.5	25.0

附注

1、图中尺寸除钢筋直径以毫米计外，余均以厘米计。

2、N1～N10和N13、N15钢筋应预埋在主梁中，当它们与钢绞线发生干扰时，其位置可适当调整。

3、N1～N10受力钢筋采用双面焊接，其焊缝长度为14厘米。N13～N15分布钢筋采用铁丝绑扎，其绑扎长度为25厘米。

4、图中示出A1＝3.5厘米的情况，当A1≠3.5厘米时，最底层为受力钢筋N1～N5。

预应力混凝土I形组合梁斜桥 跨径30米 斜交角 15°30°	汽车-20级 挂车-100 汽车-超20级 挂车-120
	净-11.50
横隔板钢筋构造（四）	图号 68

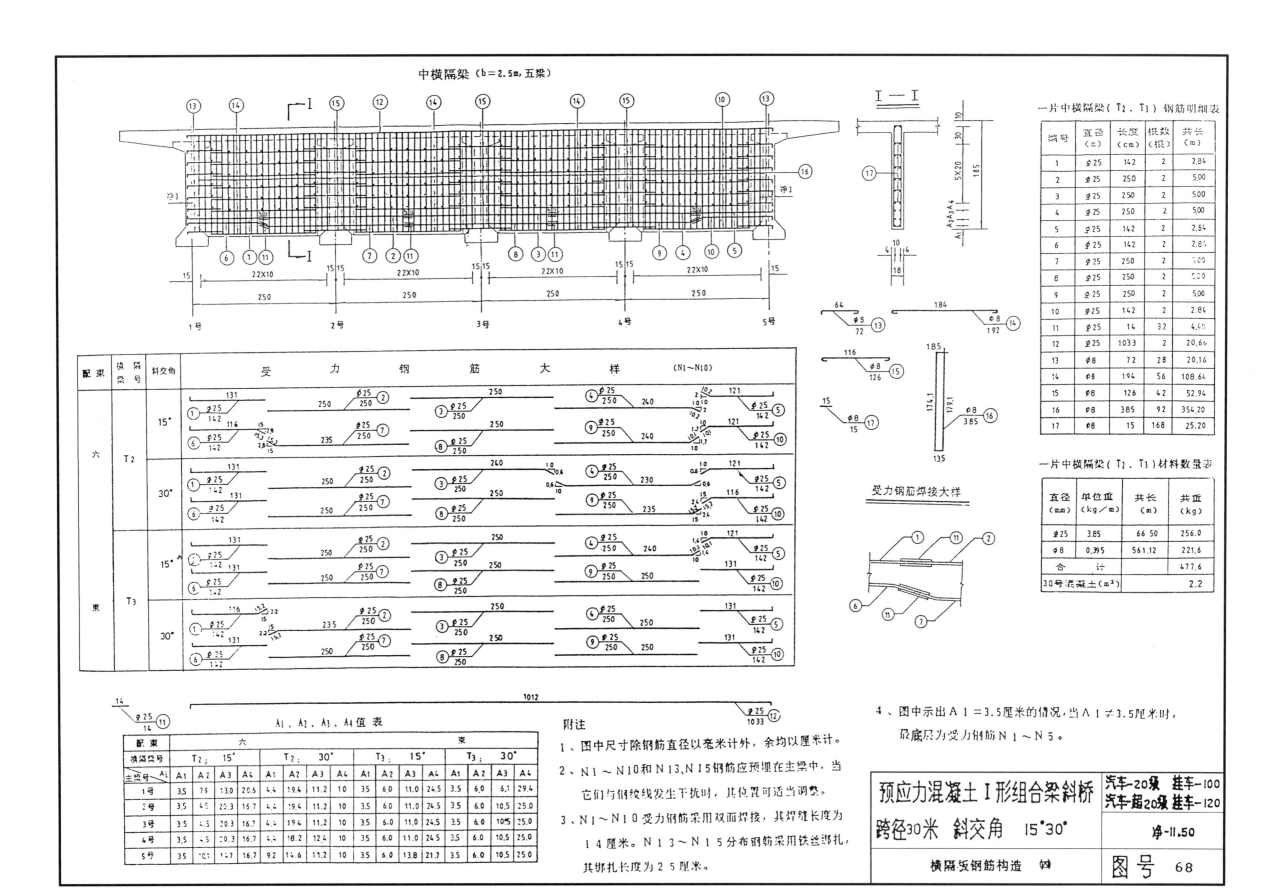

中横隔梁（b＝2.15m，五梁）

受力钢筋焊接大样

一片中横隔梁（T2、T3）钢筋明细表

编号	直径 (mm)	长度 (cm)	根数 (根)	共长 (m)
1	φ32	127	2	2.54
2	φ32	215	2	4.30
3	φ32	215	2	4.30
4	φ32	215	2	4.30
5	φ32	127	2	2.54
6	φ32	18	16	2.88
7	φ25	893	2	17.86
8	φ8	72	28	20.16
9	φ8	15.9	56	89.04
10	φ8	126	42	52.92
11	φ8	385	76	292.60
12	φ8	15	144	21.60

一片中横隔梁（T2、T3）材料数量表

直径 (mm)	单位重 (kg／m)	共长 (m)	共重 (kg)
φ32	6.31	20.86	131.63
φ25	3.85	17.86	68.76
φ8	0.395	476.32	188.15
合计			388.5
30号混凝土(m³)			1.8

附注

1、图中尺寸除钢筋直径以毫米计外，余均以厘米计。

2、N1～N5 和N8、N10钢筋应预埋在主梁中，当它们与钢绞线发生干扰时，其位置可适当调整。

3、N1～N5 受力钢筋采用双面焊接，其焊缝长度为18厘米。N8～N10 分布钢筋采用铁丝绑扎，其绑扎长度为25厘米。

4、桥面为单向横坡时，N1～N5和N7～N10 钢筋都应斜放，其坡度与桥面横坡一致。

A1、A2、A3值表

配束	六								束	五											束
横隔梁号	T2;15°			T2;30°			T3;45°			T2;15°			T2;30°			T3;30°			T3;45°		
主梁号＼Ai	A1	A2	A3	A1	A2	A3	A1	A2	A3	A1	A2	A3	A1	A2	A3	A1	A2	A3	A1	A2	A3
1号	3.7	6.3	35.0	3.7	10.3	31.0	3.7	4.3	37.0	3.7	8.3	33.0	3.7	4.3	37.0	3.7	7.2	34.1	3.7	6.0	33.3
2号	3.7	6.3	35.0	3.7	10.3	31.0	3.7	6.0	35.3	3.7	7.5	33.8	3.7	4.3	37.0	3.7	7.2	34.1	3.7	8.0	33.3
3号	3.7	6.3	35.0	3.7	10.3	31.0	3.7	6.0	35.3	3.7	7.5	33.8	3.7	4.3	37.0	3.7	5.8	35.5	3.7	8.0	33.3
4号	3.7	4.2	37.1	3.7	11.3	30.0	3.7	6.0	35.3	3.7	7.5	33.8	3.7	4.3	37.0	3.7	5.8	35.5	3.7	8.0	33.3
5号	3.7	11.0	30.3	3.7	11.3	30.0	3.7	6.0	35.3	3.7	7.5	33.8	3.7	9.0	32.3	3.7	5.8	35.5	3.7	6.0	35.3

预应力混凝土I形组合梁斜桥 跨径30米 斜交角 15°30°45°	汽车-20级 挂车-100 汽车-超20级 挂车-120	净-9.75 净-9+2X1.50 净-9+2X1.00
横隔板钢筋构造 (五)	图号	69

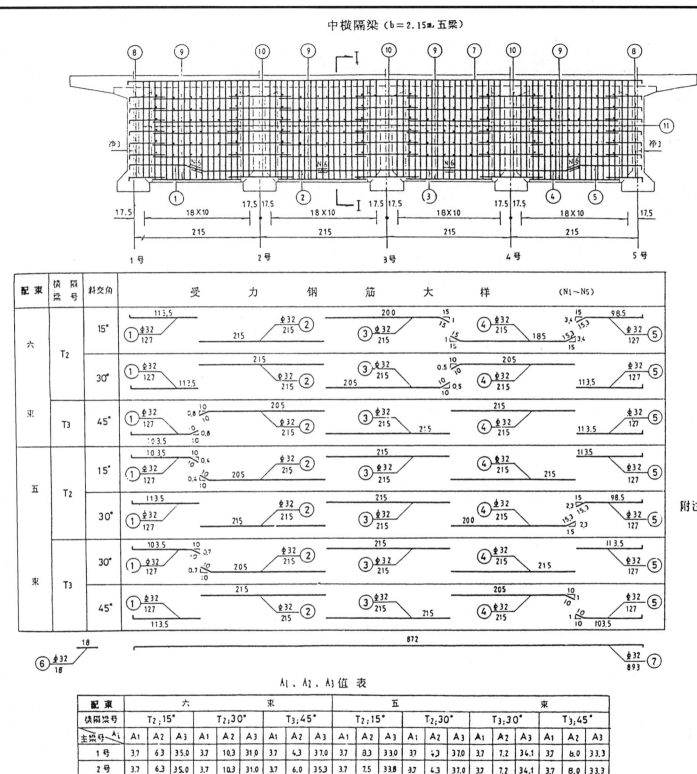

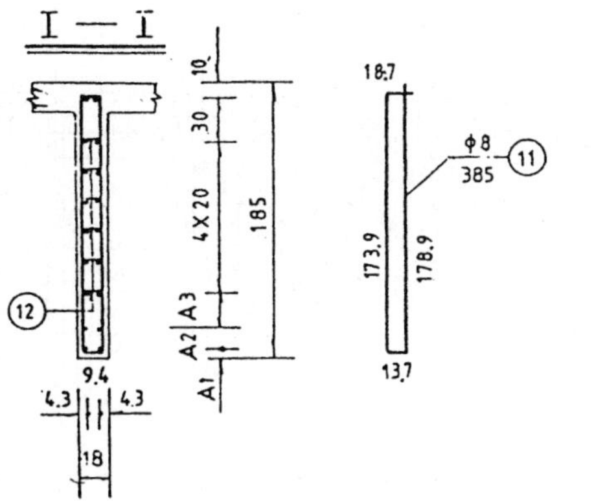

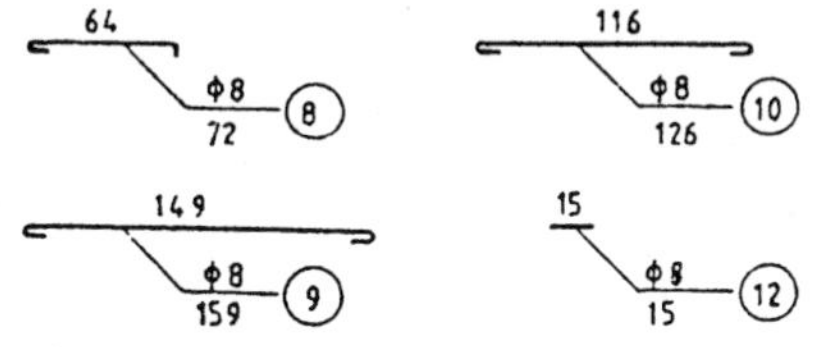

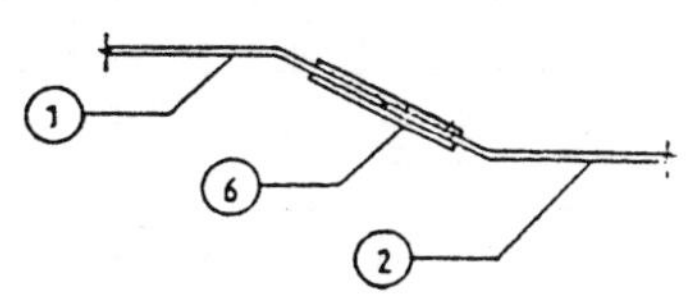

中横隔梁（b＝2.15m，四梁）

受力钢筋焊接大样

配束	横隔梁号	斜交角	受力钢筋大样 (N1~N4)
六束	T2	15°	
	T3	45°	
五束	T2	30°	
	T2	45°	
	T3	45°	

A1、A2、A3值表

配束	六束			五束								
横隔梁号	T2；15			T2；30°			T2；45°			T3 45°		
主梁号＼Ai	A1	A2	A3	A1	A2	A3	A1	A2	A3	A1	A2	A3
1号	8.0	11.0	26.0	3.7	6.9	34.4	3.7	8.7	32.6	3.7	9.4	31.9
2号	5.0	19.0	21.0	3.7	6.9	34.4	3.7	8.7	32.6	3.7	5.8	35.5
3号	5.0	19.0	21.0	3.7	6.9	34.4	3.7	4.8	36.5	3.7	5.8	35.5
4号	5.0	19.0	21.0	3.7	9.9	31.4	3.7	5.7	35.6	3.7	5.8	35.5

一片中横隔梁（T2、T3）钢筋明细表

编号	直径(mm)	长度(cm)	根数(根)	共长(m)
1	φ32	127	2	2.54
2	φ32	215	2	4.30
3	φ32	215	2	4.30
4	φ32	127	2	2.54
5	φ32	18	12	2.16
6	φ25	678	2	13.56
7	φ8	72	28	20.16
8	φ8	159	42	66.78
9	φ8	126	28	35.28
10	φ8	385	57	219.45
11	φ8	15	108	16.20

一片中横隔梁（T2、T3）材料数量表

直径(mm)	单位重(kg/m)	共长(m)	共重(kg)
φ32	6.31	15.84	99.95
φ25	3.85	13.56	52.21
φ8	0.395	357.87	141.36
合计			293.5
30号混凝土(m^3)			1.3

附注

1、图中尺寸除钢筋直径以毫米计外，余均以厘米计。

2、N1～N4和N7、N9钢筋应预埋在主梁中，当它们与钢绞线发生干扰时，其位置可适当调整。

3、N1～N4受力钢筋采用双面焊接，其焊缝长度为16厘米。 N7、N9分布钢筋采用铁丝绑扎，其绑扎长度为25厘米。

4、图中示出A1＝3.7厘米的情况，当A1≠3.7厘米时，最底层为受力钢筋N1～N4。

预应力混凝土I形组合梁斜桥 跨径30米 斜交角15°30°45°	汽车—20级 挂车—100
	净—7+2×1.00
横隔板钢筋构造（六）	图号 70

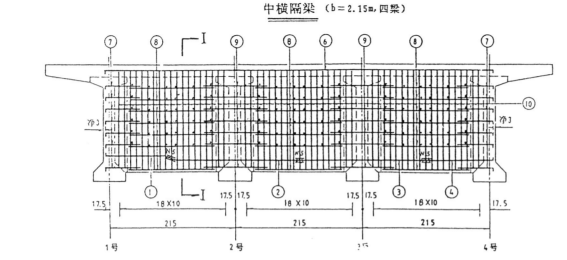

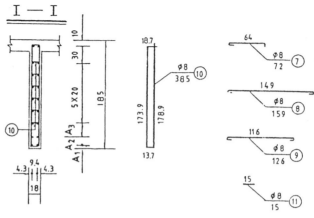

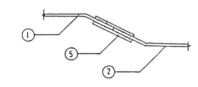

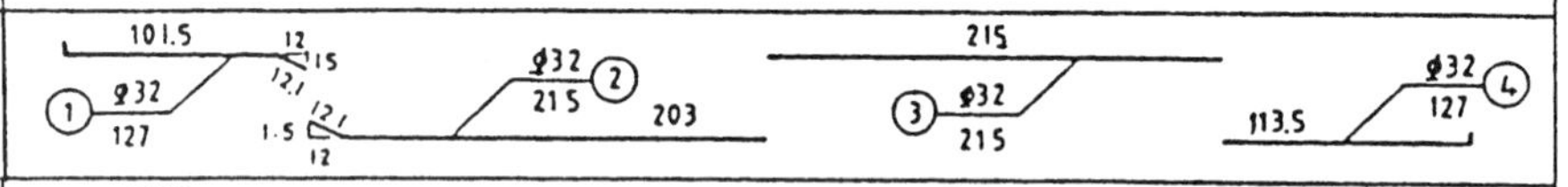

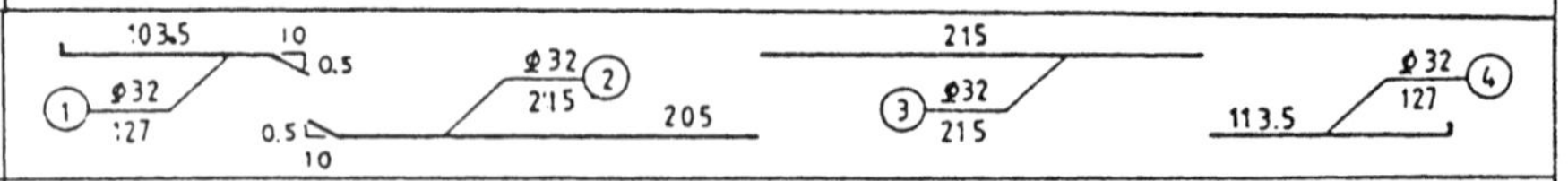

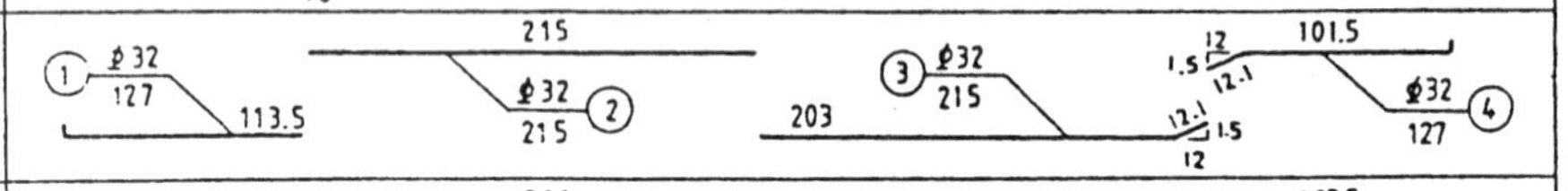

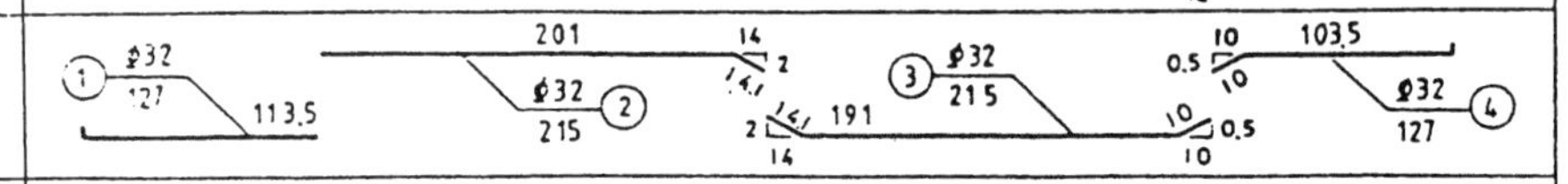

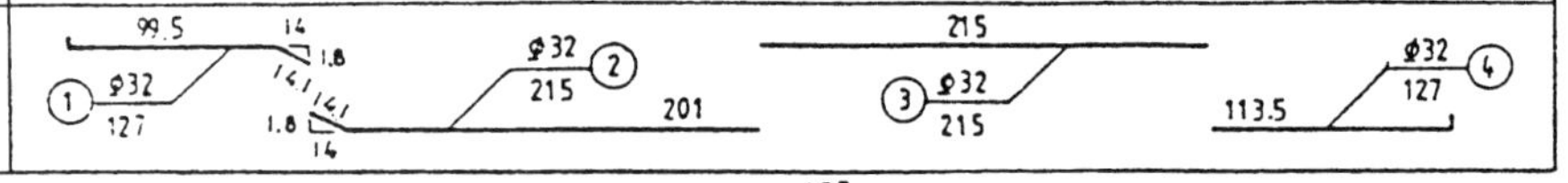

T2横隔梁（b=2.15m, α=45°）

Ⅰ—Ⅰ

一片T2横隔梁钢筋明细表

编号	直径 (mm)	长度 (cm)	根数 (根)	共长 (m)
1	⌀32	127	2	2.54
2	⌀32	215	2	4.30
3	⌀32	127	2	2.54
4	⌀32	18	8	1.44
5	⌀25	453	2	9.06
6	ϕ8	72	28	20.16
7	ϕ8	159	28	44.52
8	ϕ8	126	14	17.64
9	ϕ8	385	38	146.30
10	ϕ8	15	72	10.80

一片T2横隔梁材料数量表

直径 (mm)	单位重 (kg/m)	共长 (m)	共重 (kg)
⌀32	6.31	10.82	68.27
⌀25	3.85	9.06	34.88
ϕ8	0.395	239.42	94.57
合计			197.7
30号混凝土(m^3)			0.9

A_1、A_2、A_3值表

配束	六束			五束		
主梁号 \ A_i	A_1	A_2	A_3	A_1	A_2	A_3
3号	3.7	10.0	31.3	3.7	7.8	33.5
4号	3.7	10.0	31.3	3.7	7.8	33.5
5号	3.7	10.0	31.3	3.7	13.6	27.7

受力钢筋焊接大样

T2横隔梁（b=2.5m, α=45°）

Ⅱ—Ⅱ

A_1、A_2、A_3值表

配束	六束			
主梁号 \ A_i	A_1	A_2	A_3	A_4
3号	3.5	7.0	21.7	12.8
4号	3.5	7.0	21.7	12.8
5号	3.5	7.0	21.7	12.8

一片T2横隔梁钢筋明细表

编号	直径 (mm)	长度 (cm)	根数 (根)	共长 (m)
1	⌀25	142	4	5.68
2	⌀25	250	4	10.00
3	⌀25	142	4	5.68
4	⌀25	14	16	2.24
5	⌀25	533	2	10.66
6	ϕ8	64	28	17.92
7	ϕ8	194	28	54.32
8	ϕ8	126	14	17.64
9	ϕ8	385	46	177.10
10	ϕ8	15	84	12.60

受力钢筋焊接大样

一片T2横隔梁材料数量表

直径 (mm)	单位重 (kg/m)	共长 (m)	共重 (kg)
⌀25	3.85	34.06	131.90
ϕ8	0.395	279.58	110.43
合计			242.3
30号混凝土(m^3)			1.1

附注

1、图中尺寸除钢筋直径以毫米计外，余均以厘米计。

2、N1～N3和 N6、N8 钢筋应预埋在主梁中，当它们与钢绞线发生干扰时，其位置可适当调整。

3、受力钢筋采用双面焊接，其焊缝长度：对于ϕ25为14厘米，对于ϕ32为16厘米。分布钢筋采用铁丝绑扎，其绑扎长度为25厘米。

4、桥面为单向横坡时，N1～N3 和 N6～N8 钢筋都应斜放其坡度与桥面横坡一致。

5、横隔梁T2在桥中位置见图号 64 。

预应力混凝土I形组合梁斜桥 跨径30米 斜交角 45°	汽车-20级 挂车-100 汽车-超20级 挂车-120
	净-11.5 净-9+2X1.50 净-9.75 净-9+2X1.00
横隔板钢筋构造 (七)	图号 71

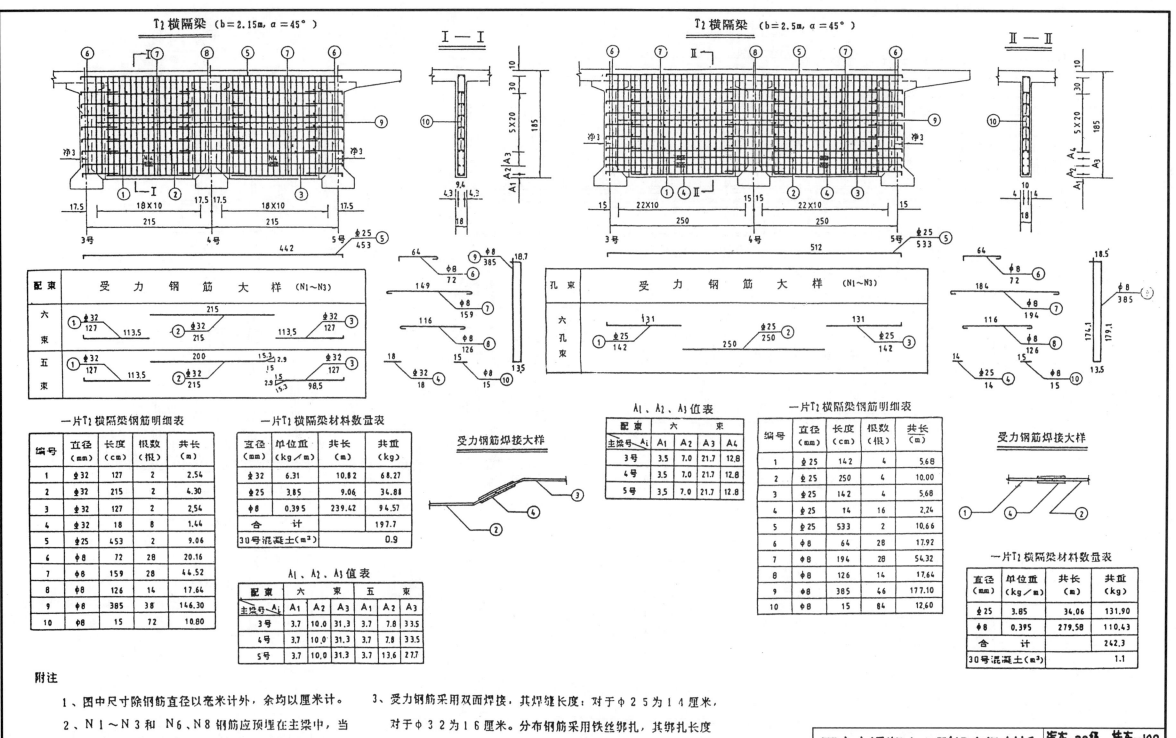

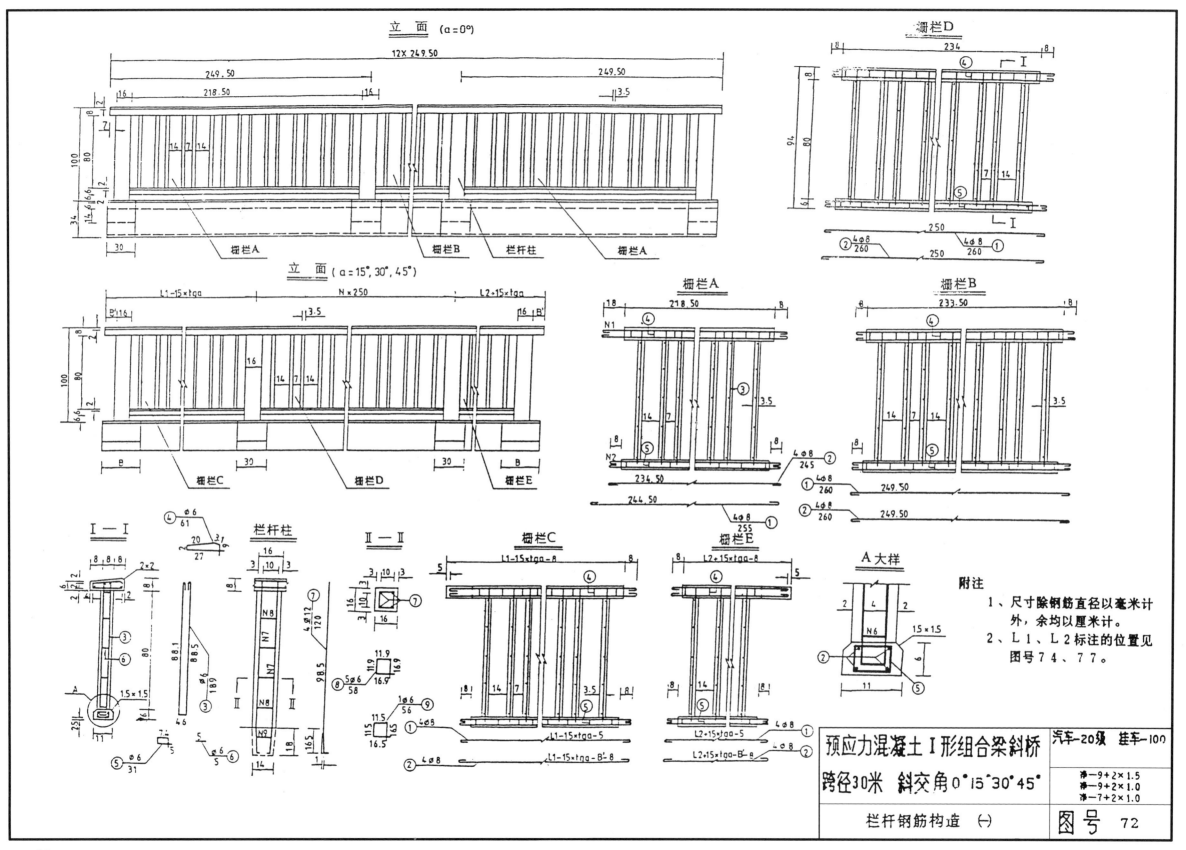

一片栅栏A钢筋明细表

编号	直径 (mm)	长度 (cm)	根数	共长 (m)
1	ø8	255	4	10.20
2	ø8	245	4	9.80
3	ø6	189	15	28.35
4	ø6	61	16	9.76
5	ø6	31	16	4.96
6	ø6	5	75	3.75

一片栅栏B钢筋明细表

编号	直径 (mm)	长度 (cm)	根数	共长 (m)
1	ø8	260	4	10.40
2	ø8	260	4	10.40
3	ø6	189	16	30.24
4	ø6	61	17	10.37
5	ø6	31	17	5.27
6	ø6	5	80	4.00

一片栅栏D钢筋明细表

编号	直径 (mm)	长度 (cm)	根数	共长 (m)
1	ø8	260	4	10.40
2	ø8	260	4	10.40
3	ø6	189	16	30.24
4	ø6	61	17	10.37
5	ø6	31	17	5.27
6	ø6	5	80	4.00

一片栅栏C钢筋明细表

斜交角 (度)	编号	直径 (mm)	1.50米人行道 长度 (cm)	根数	共长 (m)	1.00米人行道 长度 (cm)	根数	共长 (m)
15°	1	ø8	146	4	5.84	139	4	5.56
	2		136	4	5.44	129	4	5.16
	3	ø6	189	8	15.12	189	7	13.23
	4		61	9	5.49	61	8	4.88
	5		31	9	2.79	31	8	2.48
	6		5	40	2.00	5	35	1.75
30°	1	ø8	169	4	6.76	154	4	6.16
	2		154	4	6.16	140	4	5.60
	3	ø6	189	9	17.01	189	8	15.12
	4		61	10	6.10	61	9	5.49
	5		31	10	3.10	31	9	2.79
	6		5	45	2.25	5	40	2.00
45°	1	ø8	325	4	13.00	300	4	12.00
	2		304	4	12.16	279	4	11.16
	3	ø6	189	20	37.80	189	18	34.02
	4		61	21	12.81	61	19	11.59
	5		31	21	6.51	31	19	5.89
	6		5	100	5.00	5	90	4.50

一片栅栏E钢筋明细表

斜交角 (度)	编号	直径 (mm)	1.50米人行道 长度 (cm)	根数	共长 (m)	1.00米人行道 长度 (cm)	根数	共长 (m)
15°	1	ø8	108	4	4.32	115	4	4.60
	2		97	4	3.88	104	4	4.16
	3	ø6	189	5	9.45	189	6	11.34
	4		61	6	3.66	61	7	4.27
	5		31	6	1.86	31	7	2.17
	6		5	25	1.25	5	30	1.50
30°	1	ø8	85	4	3.40	100	4	4.00
	2		71	4	2.84	85	4	3.40
	3	ø6	189	3	5.67	189	4	7.56
	4		61	4	2.44	61	5	3.05
	5		31	4	1.24	31	5	1.55
	6		5	15	0.75	5	20	1.00
45°	1	ø8	180	4	7.20	205	4	8.20
	2		159	4	6.36	184	4	7.36
	3	ø6	189	9	17.01	189	11	20.79
	4		61	10	6.10	61	12	7.32
	5		31	10	3.10	31	12	3.72
	6		5	45	2.25	5	55	2.75

一孔栏杆构件数量表

构件 \ 类型	1.50米人行道 0°	15°	30°	45°	1.00米人行道 0°	15°	30°	45°
栅栏A	4				4			
栅栏B	20				20			
栅栏C		2	2	2		2	2	2
栅栏D		22	22	20		22	22	20
栅栏E		2	2	2		2	2	2
栏杆柱	26	28	28	26	26	28	28	26

尺寸表

cm

斜交角(度) \ 尺寸	B	B′	1.50米人行道 N	L1	L2	1.00米人行道 N	L1	L2
15°	35.7	7.9	11	145.5	98.5	11	138.5	105.5
30°	43.1	11.6	11	172.5	71.5	11	158.0	85.0
45°	54.1	17.1	10	334.5	159.5	10	309.5	184.5

一个栏杆柱钢筋明细表

编号	直径 (mm)	长度 (cm)	根数	共长 (m)
7	ø12	120	4	4.80
8	ø6	58	5	2.90
9	ø6	56	1	0.56

一孔栏杆材料数量表

类型	直径 (mm)	0° 共长 (m)	共重 (kg)	20号混凝土(m³)	15° 共长 (m)	共重 (kg)	20号混凝土(m³)	30° 共长 (m)	共重 (kg)	20号混凝土(m³)	45° 共长 (m)	共重 (kg)	20号混凝土(m³)
1.50米人行道	ø12	124.8	110.8	3.0	134.4	119.3	3.0	134.4	119.3	3.0	124.8	110.8	3.0
	ø8	496.0	195.5		496.6	196.2		495.5	195.9		493.4	194.9	
	ø6	1274.8	283.0		1277.5	283.6		1271.4	282.3		1268.7	281.7	
1.00米人行道	ø12	124.8	110.8	3.0	134.4	119.3	3.0	134.4	119.3	3.0	124.8	110.8	3.0
	ø8	496.0	195.9		496.6	196.2		495.5	195.9		493.4	194.9	
	ø6	1274.8	283.0		1277.5	283.6		1271.4	282.3		1268.7	281.7	

预应力混凝土I形组合梁斜桥 跨径30米 斜交角0°15°30°45°	汽车-20级 挂车-100 净—9+2×1.5 净—9+2×1.0 净—7+2×1.0
栏杆钢筋构造 (二)	图号 73

尺 寸 表

斜交角（度）	15°	30°	45°
B	35.7	43.1	54.1
B′	7.9	11.6	17.1
L_1	145.5	172.5	334.5
L_2	98.5	71.5	159.5
L_3	71.3	63.9	177.9
L_4	68.1	57.0	165.9
L_5	74.5	70.8	189.9
L_6	71.3	63.9	177.9
L_7	94.8	114.4	265.4
L_8	47.8	13.4	90.4

附注

1、本图尺寸除钢筋直径以毫米计外，余均以厘米计。

2、横梁A、横梁B 、锚固筋及斜挑梁钢筋的构造见图号76

3、人行道板钢筋构造见图号75

大挑梁及小挑梁钢筋明细表

名称	编号	直径（mm）	长度（cm）	根数	共长（m）
大挑梁	1	Ø12	171	2	3.42
	2		171	2	3.42
	3	Ø8	101	5	5.05
	4		95	3	2.85
	5		102	1	1.02
	6		27	1	0.27
小挑梁	7	Ø12	156	2	3.12
	8		156	2	3.12
	9	Ø8	70	4	2.80
	10		61	4	2.44

预应力混凝土I形组合梁斜桥 跨径30米 斜交角0°15°30°45°	汽车—20级 挂车—100 净—9+2×1.5
1.5米人行道钢筋构造 (一)	图号 74

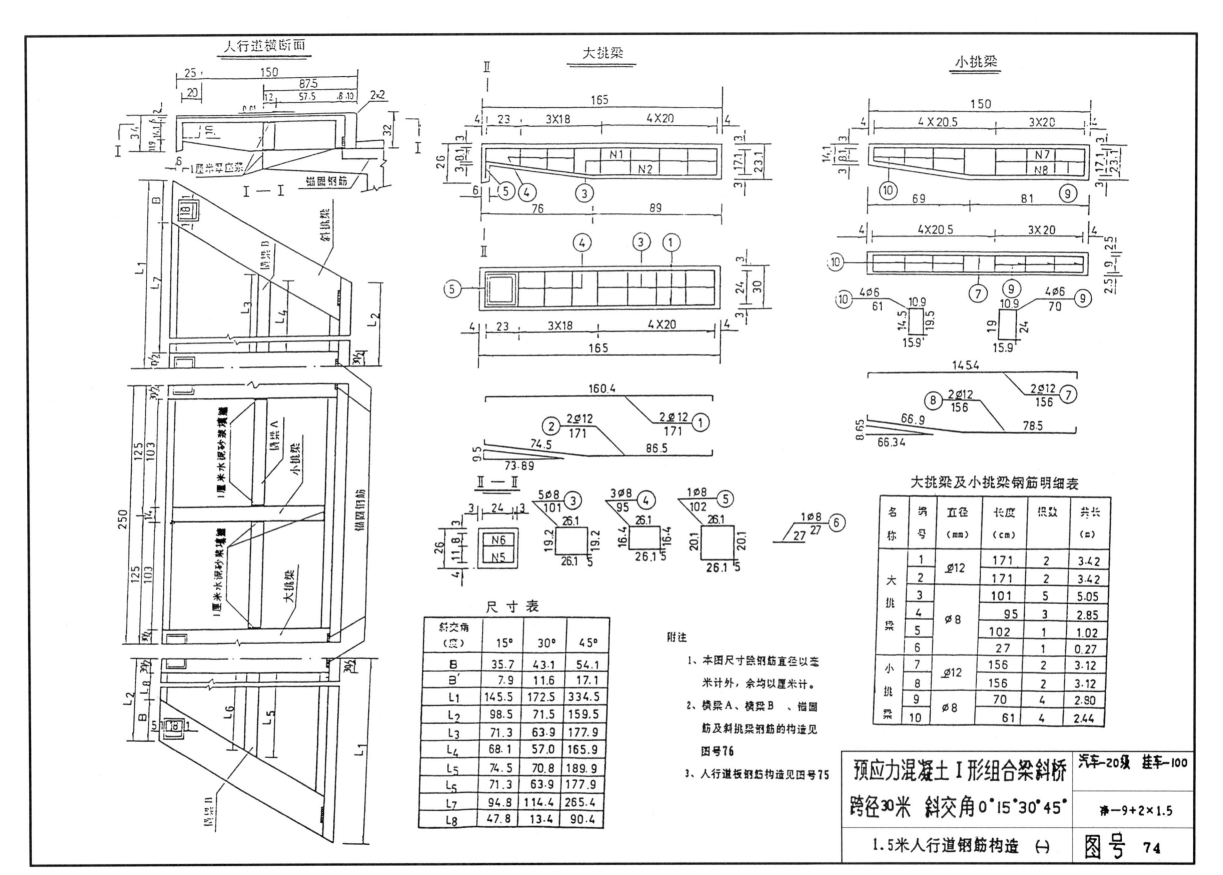

门型人行道板 (α=0°)

门型人行道板 (α=15°, 30°, 45°)

Ⅰ—Ⅰ

Ⅱ—Ⅱ

一块A板及B板钢筋明细表

类别	编号	直径 (mm)	长度 (cm)	根数	共长 (m)
A板	1	ø8	213	7	14.91
	2		130	1	1.30
	3		120	10	12.00
	5		161	1	1.61
	6		94	5	4.70
B板	1	ø8	213	8	17.04
	2		130	1	1.30
	3		120	10	12.00
	4		109	5	5.45

一块D板钢筋明细表

斜交角 (度)	编号	直径 (mm)	长度 (cm)	根数	共长 (m)
15°	1	ø8	213	4	8.52
	2		130	1	1.30
	7		185	2	3.70
	8		167	1	1.62
	9		平均 116	9	10.44
	10		92	1	0.92
	11		139	1	1.39
	12		49	1	0.49
	13			0	
	14		167	1	1.67
	21		90	2	1.80
	22		47	2	0.94
30°	1	ø8	213	2	4.06
	2		130	1	1.30
	7		185	2	3.70
	8		平均 149	4	5.96
	9		平均 112	9	10.08
	10		107	1	1.07
	11		165	1	1.65
	12			0	
	13		8	1	0.08
	14		186	1	1.86
	21		108	2	2.16
	22		17	2	0.34
45°	1	ø8	213	7	14.91
	2		130	1	1.30
	7		185	2	7.40
	8		平均 130	7	9.10
	9		平均 230	9	20.70
	10		257	1	2.57
	11		324	1	3.24
	12		13	1	0.13
	13		29	1	0.29
	14		228	1	2.28
	21		257	2	5.14
	22		99	2	1.98

一块C板钢筋明细表

斜交角 (度)	编号	直径 (mm)	长度 (cm)	根数	共长 (m)
15°	1	ø8	213	4	8.52
	2		130	3	3.90
	14		167	1	1.67
	15			0	
	16		156	1	1.56
	17		平均 44	2	0.88
	18		平均 120	9	10.80
	19		47	1	0.47
	20		94	1	0.94
	23		44	2	0.88
	24		87	2	1.74
30°	1	ø8	213	1	2.13
	2		130	2	2.60
	14		186	1	1.86
	15		188	2	3.76
	16		平均 141	4	5.64
	17		平均 35	2	0.70
	18		平均 122	9	10.98
	19		32	1	0.32
	20		68	1	0.68
	23		11	2	0.22
	24		102	2	204
45°	1	ø8	213	7	14.91
	2		130	2	2.60
	14		228	1	2.28
	15		188	2	3.76
	16		平均 131	8	10.48
	17		平均 26	2	0.52
	18		平均 251	9	22.59
	19		122	1	1.22
	20		155	1	1.55
	23		88	2	1.76
	24		246	2	4.92

预应力混凝土Ⅰ形组合梁斜桥 跨径30米 斜交角0°15°30°45°	汽车—20级 挂车—100
	净—9+2×1.5
1.5米人行道钢筋构造 (二)	图号 75

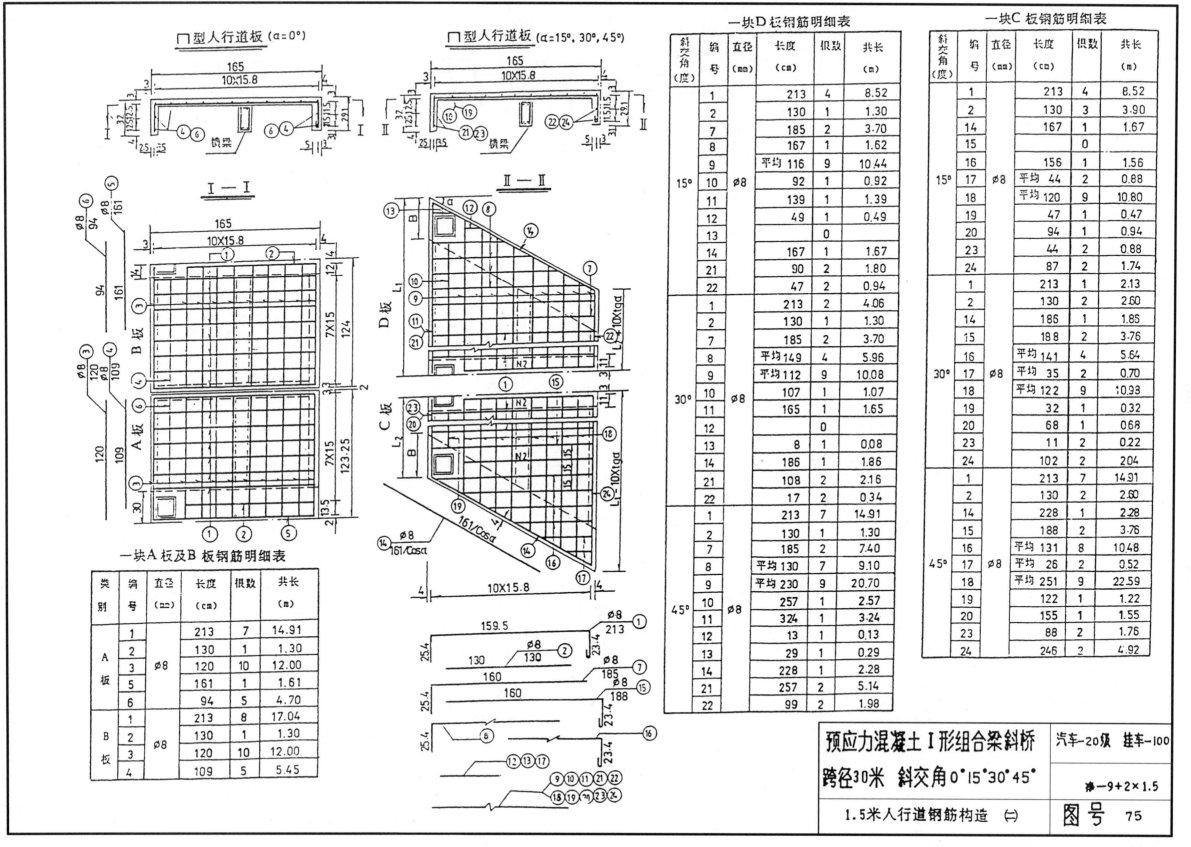

一根斜挑梁钢筋明细表

编号	直径 (mm)	15° 长度 (cm)	15° 根数 (根)	15° 共长 (m)	30° 长度 (cm)	30° 根数 (根)	30° 共长 (m)	45° 长度 (cm)	45° 根数 (根)	45° 共长 (m)
7	Ø12	176	2	3.52	195	2	3.90	237	2	4.74
8		177	2	3.54	196	2	3.92	238	2	4.76
9	Ø8	102	5	5.10	109	5	5.45	122	5	6.10
10		97	3	2.91	103	3	3.09	117	3	3.51
11		104	1	1.04	110	1	1.10	124	1	1.24

一根横梁A 钢筋明细表

类别	编号	直径 (mm)	长度 (cm)	根数	共长 (m)
A板下横梁	1	Ø8	90	4	3.60
	2	Ø6	65	6	3.90
B板下横梁	1	Ø8	105	4	4.20
	2	Ø6	65	6	3.90

一根横梁B 钢筋明细表

类别	编号	直径 (mm)	15° 长度 (cm)	15° 根数 (根)	15° 共长 (m)	30° 长度 (cm)	30° 根数 (根)	30° 共长 (m)	45° 长度 (cm)	45° 根数 (根)	45° 共长 (m)
D板下横梁	3	Ø8	75	2	1.50	67	2	1.34	180	2	3.60
	4		73	2	1.46	63	2	1.26	173	2	3.46
	5	Ø6	65	4	2.60	65	4	2.60	65	4	2.60
	6		65	1	0.65	67	1	0.67	72	1	0.72
C板下横梁	3	Ø8	78	2	1.56	74	2	1.48	192	2	3.84
	4		76	2	1.52	70	2	1.40	185	2	3.70
	4	Ø6	65	4	2.60	65	4	2.60	65	4	2.60
	6		65	1	0.65	67	1	0.67	72	1	0.72

锚固筋大样

附注

1、本图尺寸除钢筋直径以毫米计外，余均以厘米计。

2、横梁A中有括号者，括号内为A板下横梁值，括号外为B板下横梁值，无括号者共用。

3、横梁B中有括号者，括号内为C板下横梁值，括号外为D板下横梁值，无括号者共用。

4、材料数量见图号80

5、锚固钢筋已计入材料数量表内。

预应力混凝土Ⅰ形组合梁斜桥 跨径30米 斜交角0°15°30°45°	汽车-20级 挂车-100 净—9+2×1.5
1.5米人行道钢筋构造 (二)	图号 76

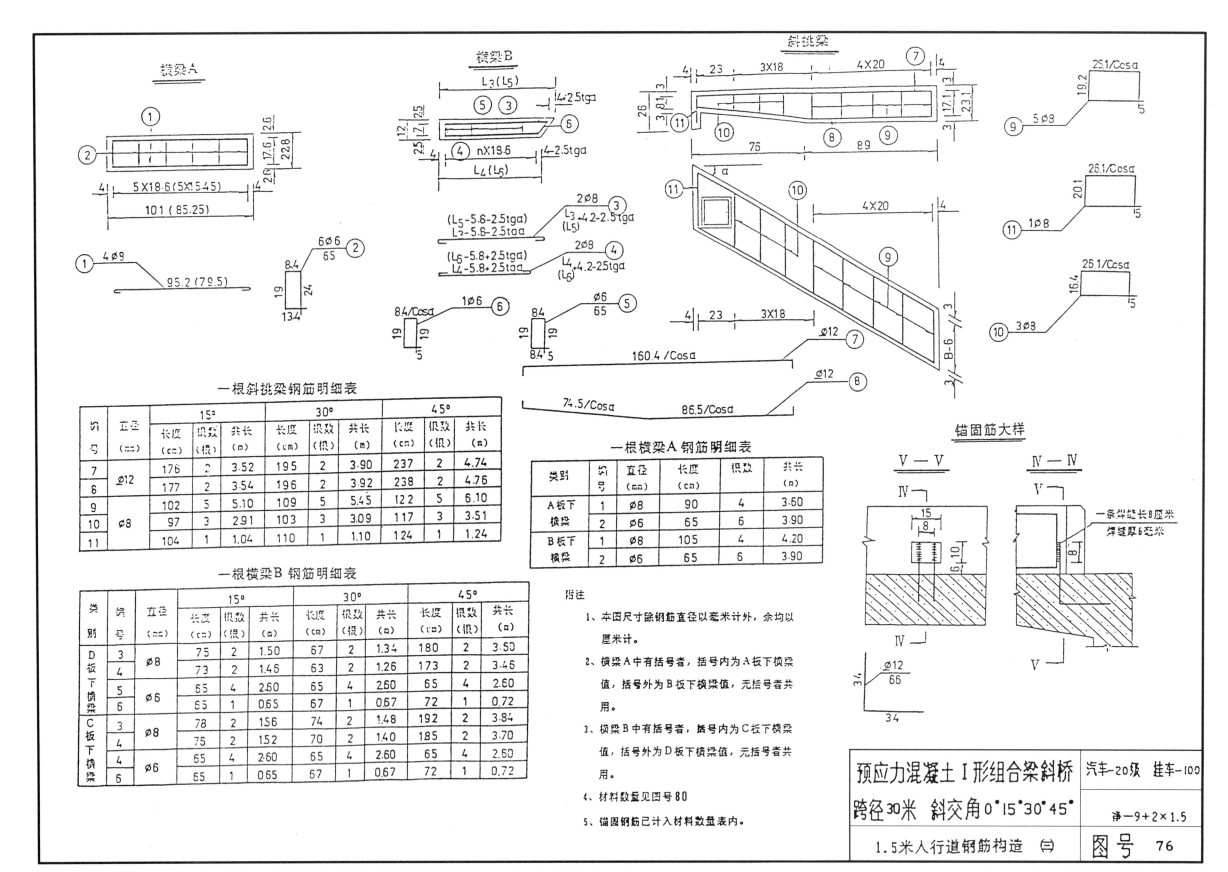

人行道横断面

Ⅰ—Ⅰ

大挑梁

小挑梁

Ⅱ—Ⅱ

大挑梁及小挑梁钢筋明细表

名称	编号	直径 (mm)	长度 (cm)	根数	共长 (m)
大挑梁	1	φ12	121	2	2.42
	2	φ12	122	2	2.44
	3	φ8	101	4	4.04
	4	φ8	93	1	0.93
	5	φ8	102	1	1.02
	6	φ8	27	1	0.27
小挑梁	7	φ12	106	2	2.12
	8	φ12	106	2	2.12
	9	φ8	70	3	2.10
	10	φ8	60	3	1.80

尺寸表

斜交角(度)	15	30	45
B	35.7	43.1	54.1
B′	7.9	11.6	17.1
L1	138.5	158.0	309.5
L2	105.5	86.0	184.5
L3	75.9	74.0	195.4
L4	72.9	67.1	183.4
L5	69.8	60.7	172.4
L6	66.7	53.8	160.4
L7	87.8	99.9	240.4
L8	54.8	27.9	115.4

附注

1、本图尺寸除钢筋直径以毫米计外，余均以厘米计。

2、横梁A、横梁B 、锚固筋及斜挑梁钢筋的构造见图号79

3、人行道板钢筋构造见图号78

预应力混凝土Ⅰ形组合梁斜桥 跨径30米 斜交角0°15°30°45°	汽车—20级 挂车—100
	净—9+2×1.0 净—7+2×1.0
1米人行道钢筋构造 (一)	图号 77

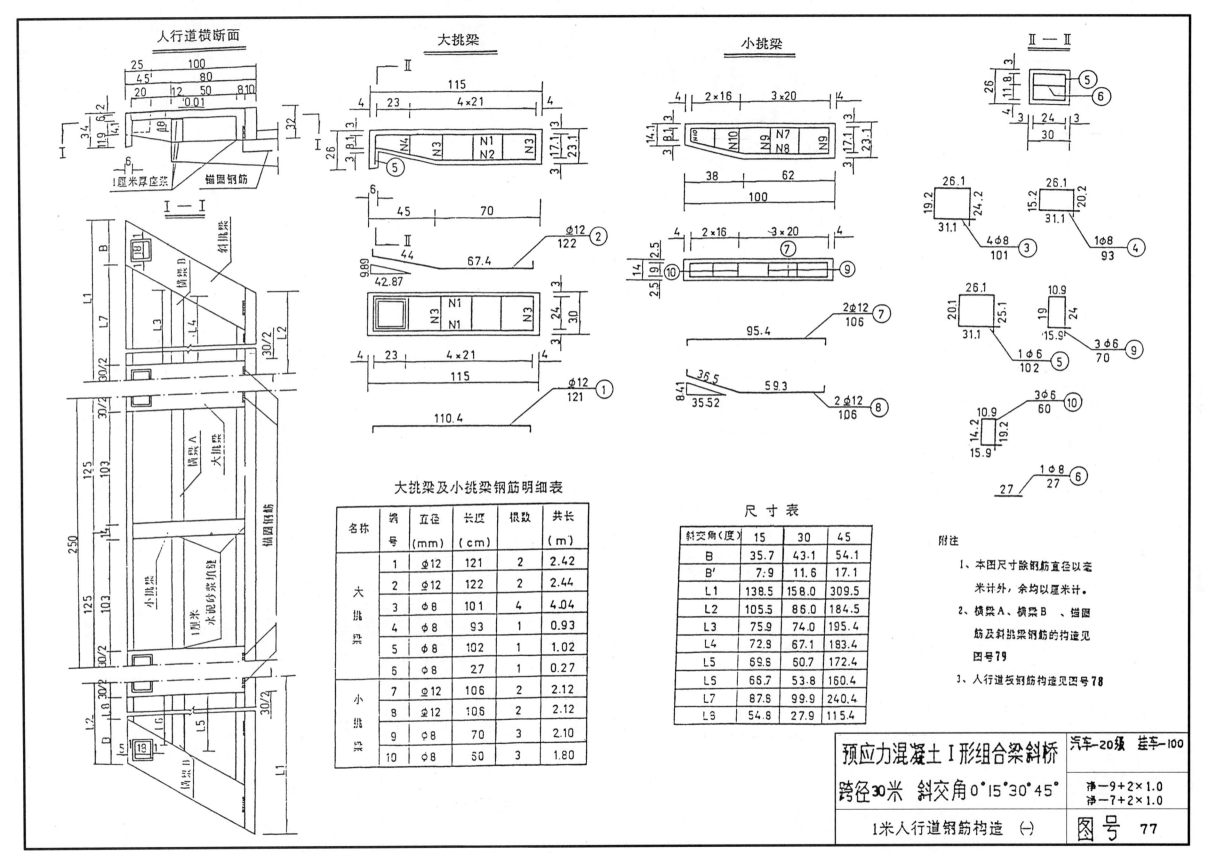

一块A板及B板钢筋明细表

类别	编号	直径 (mm)	长度 (cm)	根数	共长 (m)
A板	1	φ8	163	7	11.41
	2		84	1	0.84
	3		120	7	8.40
	5		111	1	1.11
	6		94	5	4.70
B板	1	φ8	163	8	13.04
	2		84	1	0.84
	3		120	7	8.40
	4		109	5	5.45

一块D板钢筋明细表

斜交角(度)	编号	直径 (mm)	长度 (cm)	根数	共长 (m)
15	1	φ8	163	4	6.52
	2		84	1	0.84
	7		135	3	4.05
	8				
	9		平均 115	6	6.90
	10		92	1	0.92
	11		121	1	1.32
	12		29	1	0.29
	13		21	1	0.21
	14		115	1	1.15
	21		83	2	1.66
	22		54	2	1.08
30	1	φ8	163	3	4.89
	2		84	1	0.84
	7		135	2	2.70
	8		平均 97	2	1.94
	9		平均 112	6	6.72
	10		92	1	0.92
	11		150	1	1.50
	12		5	1	0.05
	13		7	1	0.07
	14		128	1	1.28
	21		94	2	1.88
	22		31	2	0.62
45	1	φ8	163	9	14.67
	2		84	1	0.84
	7		135	3	4.05
	8		平均 104	5	5.20
	9		平均 232	6	13.92
	10		242	1	2.42
	11		299	1	2.99
	12		6	1	0.06
	13		19	1	0.19
	14		157	1	1.57
	21		232	2	4.64
	22		124	2	2.48

一块C板钢筋明细表

斜交角(度)	编号	直径 (mm)	长度 (cm)	根数	共长 (m)
15	1	φ8	163	4	6.52
	2		84	2	1.68
	14		115	1	1.15
	15		138	1	1.38
	16				
	17		平均 68	2	1.36
	18		平均 119	6	7.14
	19		62	1	0.62
	20		103	1	1.03
	23		51	2	1.02
	24		80	2	1.60
30	1	φ8	163	2	3.26
	2		84	2	1.68
	14		128	1	1.28
	15		138	2	2.76
	16		平均 116	2	2.32
	17		平均 36	2	0.72
	18		平均 121	6	7.26
	19		47	1	0.47
	20		69	1	0.83
	23		25	2	0.50
	24		87	2	1.74
45	1	φ8	163	8	13.04
	2		84	2	1.68
	14		157	1	1.57
	15		138	2	2.76
	16		平均 97	5	4.85
	17		平均 16	2	0.32
	18		平均 249	6	14.94
	19		137	1	1.37
	20		180	1	1.80
	23		113	2	2.26
	24		221	2	4.42

预应力混凝土Ⅰ形组合梁斜桥 跨径30米 斜交角0°15°30°45°	汽车—20级 挂车—100 净—9+2×1.0 净—7+2×1.0
1米人行道钢筋构造 (二)	图号 78

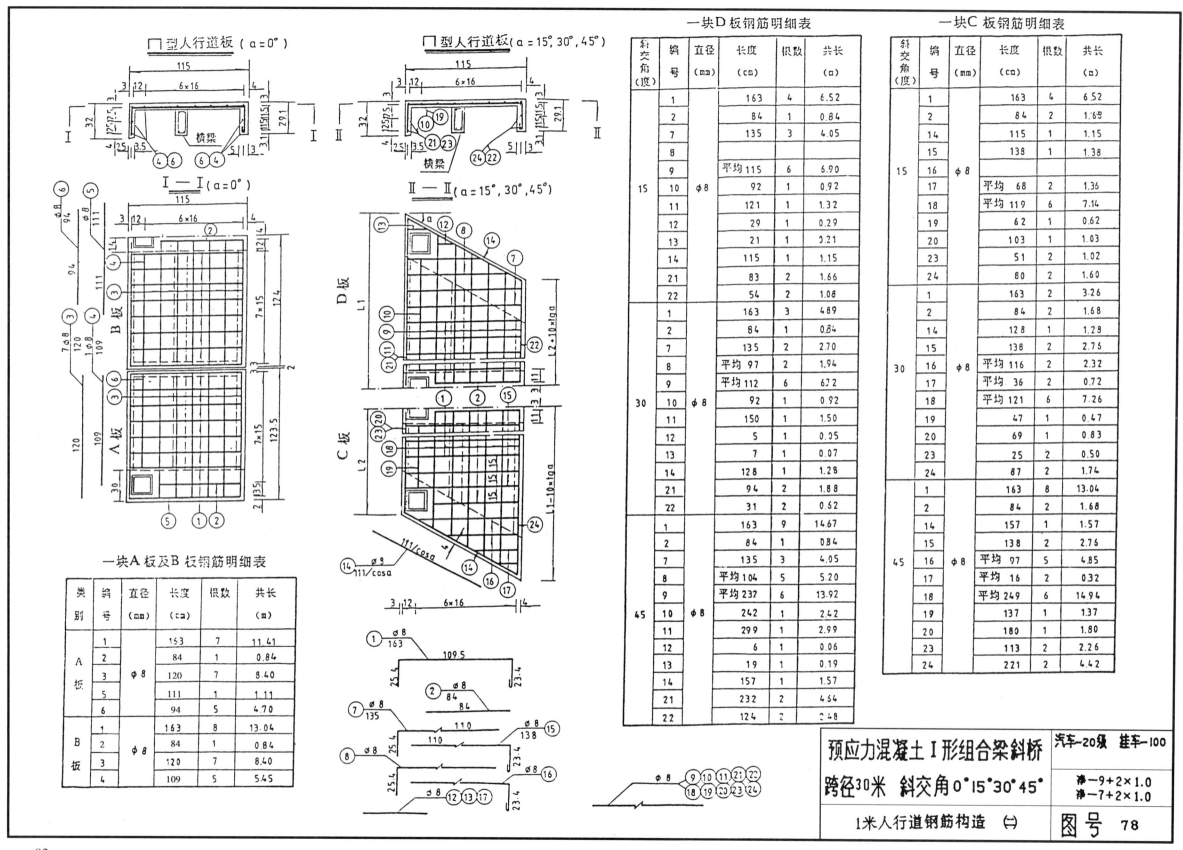

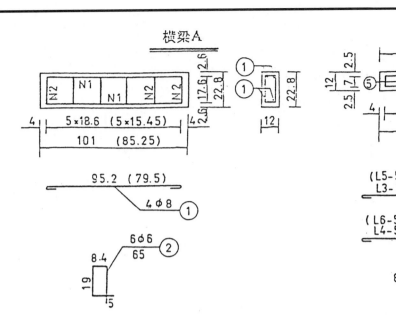
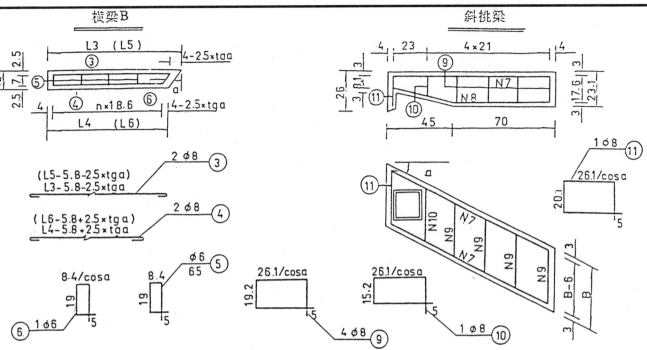
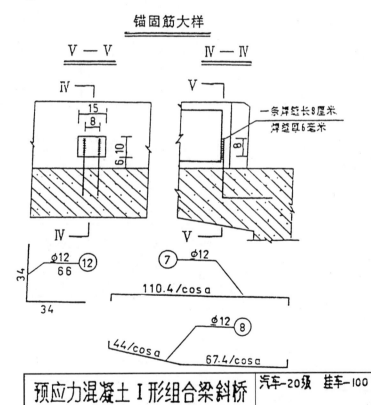

一根斜挑梁钢筋明细表

编号	直径 (mm)	15°			30°			45°		
		长度(cm)	根数	共长(m)	长度(cm)	根数	共长(m)	长度(cm)	根数	共长(m)
7	φ12	124	2	2.48	138	2	2.76	166	2	3.32
8		126	2	2.52	139	2	2.78	168	2	3.36
9	φ8	102	4	4.08	109	4	4.36	122	4	5.76
10		94	1	0.94	101	1	1.01	114	1	1.14
11		104	1	1.04	110	1	1.10	124	1	1.24

一根横梁A钢筋明细表

类别	编号	直径(mm)	长度(cm)	根数	共长(m)
A板下横梁	1	φ8	90	4	3.60
	2	φ6	65	6	3.90
B板下横梁	1	φ8	105	4	4.20
	2	φ6	65	6	3.90

一根横梁B钢筋明细表

类别	编号	直径(mm)	15°			30°			45°		
			长度(cm)	根数	共长(m)	长度(cm)	根数	共长(m)	长度(cm)	根数	共长(m)
C板下横梁	3	φ8	73	2	1.46	63	2	1.26	174	2	3.48
	4	φ8	72	2	1.44	59	2	1.18	167	2	3.34
	5	φ6	65	4	2.60	65	4	2.60	65	4	2.60
	6	φ6	65	1	0.65	67	1	0.67	72	1	0.72
D板下横梁	3	φ8	79	2	1.58	77	2	1.54	197	2	3.94
	4	φ8	78	2	1.56	73	2	1.46	190	2	3.80
	5	φ6	65	4	2.60	65	4	2.60	65	4	2.60
	6	φ6	65	1	0.65	67	1	0.67	72	1	0.72

附注

1. 本图尺寸除钢筋直径以毫米计外，余均以厘米计。
2. 横梁A中有括号者，括号内为A板下横梁值，括号外为B板下横梁值，无括号者共用。
3. 横梁B中有括号者，扩号内为C板下横梁值，括号外为D板下横梁值，无括号者共用。
4. 材料数量见图号80
5. 锚固钢筋已计入材料数量表内。

预应力混凝土I形组合梁斜桥
跨径30米 斜交角0°15°30°45°
汽车—20级 挂车—100
净—9+2×1.0
净—7+2×1.0
1米人行道钢筋构造 (三)
图号 79

一孔人行道构件数量表

类别	斜交角（度）	A板	B板	C板	D板	大挑梁	小挑梁	斜挑梁	横梁A	横梁B	锚固件
1.0米人行道	0°	4	44			26	24		44(4)		26
	15°		44	2	2	24	22	4	44	2(2)	28
	30°		44	2	2	24	22	4	44	2(2)	28
	45°		40	2	2	22	20	4	40	2(2)	26
1.5米人行道	0°		44			26	24		44(4)		26
	15°		44	2	2	24	22	4	44	2(2)	28
	30°		44	2	2	24	22	4	44	2(2)	28
	45°		40	2	2	22	20	4	40	2(2)	26

一孔人行道材料数量表

类别	直径与规格(mm)	0° 共长(m)	0° 共重(kg)	0° 20号混凝土(m³)	15° 共长(m)	15° 共重(kg)	15° 20号混凝土(m³)	30° 共长(m)	30° 共重(kg)	30° 20号混凝土(m³)	45° 共长(m)	45° 共重(kg)	45° 20号混凝土(m³)
1.0米人行道	φ12	262.40	233.0	10.2	266.88	237.0	10.3	269.04	238.9	10.4	249.62	221.7	10.3
	φ8	1781.16	703.6		1774.16	700.8		1770.18	699.2		1758.68	694.7	
	φ6	187.20	41.6		184.60	41.0		184.70	41.0		169.28	37.6	
	∟100×12	3.90	36.7		4.20	39.6		4.20	39.6		3.90	36.7	
1.5米人行道	φ12	361.92	321.3	13.1	366.64	325.6	13.2	369.68	328.3	13.3	344.96	306.4	13.2
	φ8	2276.74	899.3		2271.82	897.4		2271.54	897.3		2251.40	889.3	
	φ6	187.20	41.6		184.60	41.0		184.70	41.0		169.20	37.6	
	∟100×12	3.90	36.7		4.20	39.6		4.20	39.6		3.90	36.7	

附注

一孔人行道构件数量表，横梁A中有括号者，括号内为A板下横梁个数，括号外为B板下横梁个数，横梁B中有括号者，括号内为C板下横梁个数，括号外为D板下横梁个数。

预应力混凝土I形组合梁斜桥 汽车-20级 挂车-100
跨径30米 斜交角0°15°30°45°
净—9+2×1.5
净—9+2×1.0
净—7+2×1.0

人行道材料数量表   图号 80

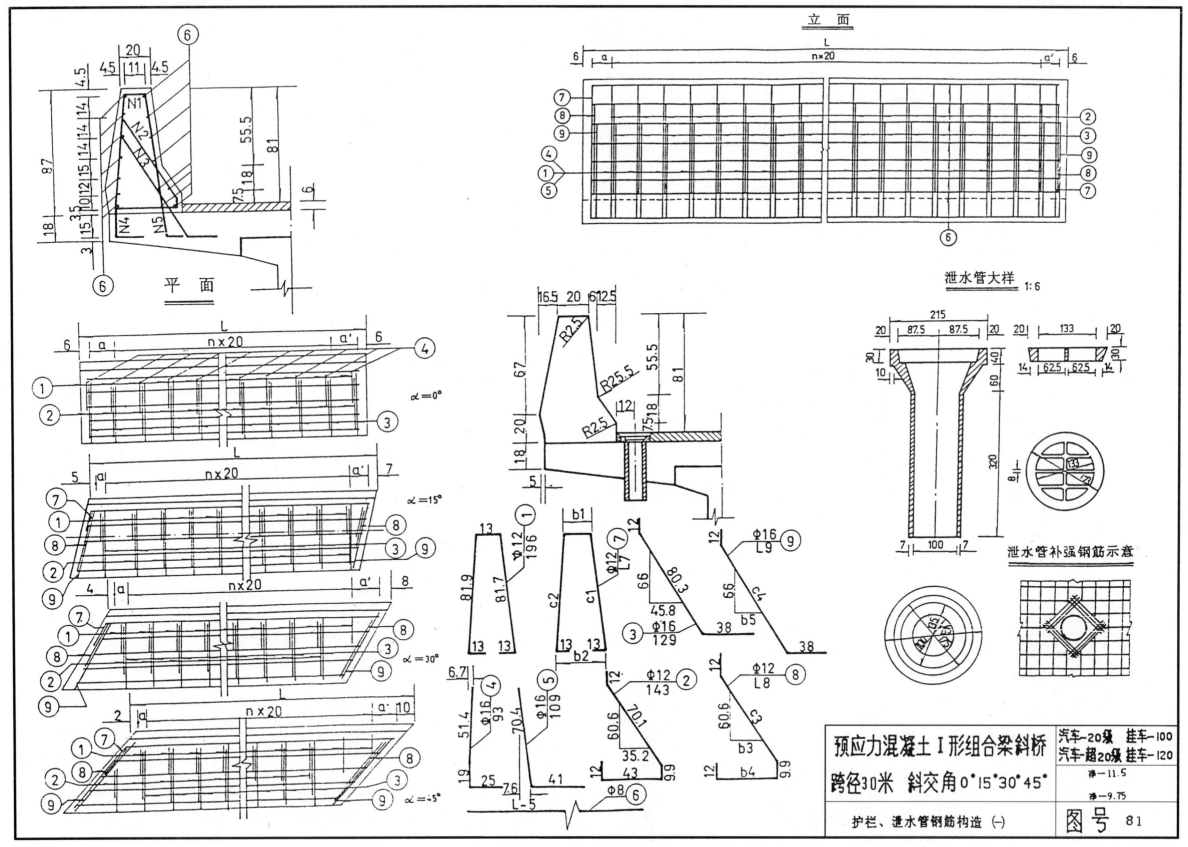

一孔一侧护栏钢筋明细表

跨径(m)	编号	直径(mm)	α=0° 长度(cm)	α=0° 根数	α=0° 共长(m)	α=15° 长度(cm)	α=15° 根数	α=15° 共长(m)	α=30° 长度(cm)	α=30° 根数	α=30° 共长(m)	α=45° 长度(cm)	α=45° 根数	α=45° 共长(m)
30	1	φ12	196	151	295.96	196	149	292.04	196	149	292.04	196	149	292.04
	2	φ12	143	151	215.93	143	149	213.07	143	148	211.64	143	148	211.64
	3	φ16	129	151	194.79	129	149	192.21	129	148	190.92	129	148	190.92
	4	φ16	93	151	140.43	93	151	140.43	93	151	140.43	93	151	140.43
	5	φ16	109	151	164.59	109	151	164.59	109	151	164.59	109	151	164.59
	6	φ8	2993	16	478.88	2993	16	478.88	2993	16	478.88	2993	16	478.88
	7	φ12				197	2	3.94	199	2	3.98	203	2	4.06
	8	φ12				145	2	2.90	153	2	3.06	169	2	3.38
	9	φ16				130	2	2.60	133	2	2.66	141	2	2.82

一孔一侧护栏材料数量表

跨径(m)	直径(mm)	单位重(kg/m)	α=0° 共长(m)	α=0° 共重(kg)	α=15° 共长(m)	α=15° 共重(kg)	α=30° 共长(m)	α=30° 共重(kg)	α=45° 共长(m)	α=45° 共重(kg)	30号混凝土(m³)
30	φ16	1.580	499.8	789.7	499.8	789.7	498.6	787.8	498.8	788.0	9.6
	φ12	0.888	511.9	454.6	512	454.6	510.7	453.5	511.1	453.9	
	φ8	0.395	478.9	189.2	478.9	189.2	478.9	189.2	478.9	189.2	
				1433.5		1433.5		1430.5		1431.1	

一孔铸铁泄水管数量表

跨径(m)	名称	单件重(kg)	一套重(kg)	每孔套数	共重(kg)
30	泄水管	14.53	16.95	6	101.7
	栅盖	2.42			

n、a、a′值

跨径(m)	L(cm)	α=0° n	α=0° a	α=0° a′	α=15° n	α=15° a	α=15° a′	α=30° n	α=30° a	α=30° a′	α=45° n	α=45° a	α=45° a′
30	2998	148	13.0	13.0	148	11.1	14.9	148	8.8	17.2	148	5.8	20.2

尺寸表

斜交角 α	N7 b1	N7 b2	N7 c1	N7 c2	N7 l7	N8 b3	N8 b4	N8 c3	N8 l8	N9 b5	N9 c4	N9 l9
15°	13.5	33.6	81.7	82.0	197	36.4	44.5	70.7	145	47.4	81.3	130
30°	15.0	37.5	81.8	82.1	199	40.6	49.7	72.9	153	52.9	84.6	133
45°	18.4	45.9	82.1	82.6	203	49.8	60.8	78.4	169	64.8	92.5	141

附注

1、本图尺寸除钢筋直径和泄水管尺寸以毫米计外,余均以厘米计。
2、泄水管设于人行道右边缘,顺桥向以5米的间隔排列。
3、泄水管与桥面板的钢筋相碰时,可切断桥面钢筋,在泄水管周围配置φ10补强钢筋上下两层,钢筋用工地短料,表中未计入材料数量。
4、α=45°中的锐角处的N2、N3钢筋可顺护栏端面弯折或截断。
5、N3、N4、N5钢筋预埋在主梁桥面板内,其它钢筋在现浇护栏时架立。
6、护栏长度比主梁长4厘米(两端各2厘米),每孔之间留缝2厘米,或者作成通长时用2×2厘米木头压缝;在一联两端伸缩缝处,作成与主梁等长。

预应力混凝土 I 形组合梁斜桥
跨径30米 斜交角 0°15°30°45°
护栏、泄水管钢筋构造 (二)

汽车—20级 挂车—100
汽车—超20级 挂车—120
净—11.5
净—9.75

图号 82

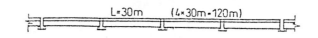

桥面连续示意

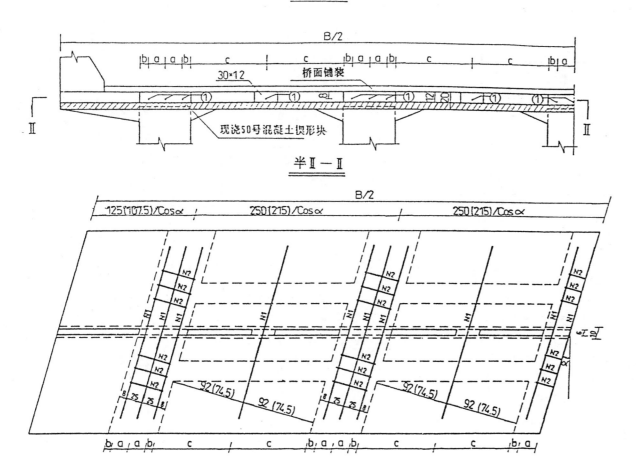

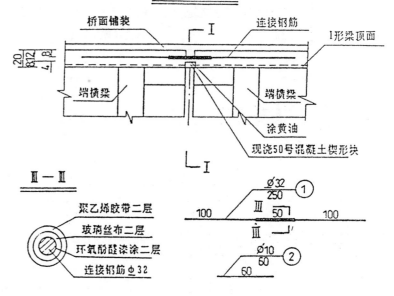

附注

1、图中尺寸除钢筋直径以毫米计、跨径以米计外，余均以厘米计。
2、连接钢筋构造图中，现浇混凝土楔形块的高为8厘米，其中有5厘米在I形梁中，主梁封锚时应预留位置。
3、材料数量中未计聚乙烯胶带，玻璃丝布及酚醛漆的数量。
4、N1周围的2（a+b）×12及30×12部位用50号混凝土现浇。
5、图中数字有括号并列者，括号外数字用于主梁间距为2.50米，括号内数字用于主梁间距为2.15米，无括号者共用。

尺寸表

斜交角 α	a (cm)	b (cm)	C (cm)	B (cm)
0°	25	8	92 (74.5)	1250 (1075)
15°	25.88	8.28	95.25 (77.13)	1294.10 (1112.92)
30°	28.87	9.24	106.23 (86.03)	1443.38 (1241.30)
45°	35.36	11.31	130.11 (105.36)	1767.77 (1520.28)

一道缝钢筋明细表

编号	规格 (mm)	单位长 (cm)	数量	共长 (m)
1	∅32	250	19	47.50
2	∅10	60	30	18.00

一联（单向）材料数量表

名称	编号	规格 (mm)	一道缝共长 (mm)	单位重 (kg/m)	一道缝共重 (kg)	道数	一联总重 (kg)
钢筋	1	∅32	47.50	6.31	299.73	3	899.2
	2	∅10	18.00	0.617	11.11		33.3
合计 (kg)							932.5
50号混凝土 (m³)			一道缝			一联	
			0.15 (0.13)			0.45 (0.39)	

预应力混凝土I形组合梁斜桥
跨径30米 斜交角0°15°30°45°

汽车-20级 挂车-100
汽车-超20级 挂车-120

净-11.5 净-9+2×1.5
净-9+2×1.0
净-9.75

桥面连续构造（一）

图号 83

半Ⅰ—Ⅰ

半Ⅱ—Ⅱ

桥面连续示意

连接钢筋构造

Ⅱ—Ⅱ

附注

1、图中尺寸除钢筋直径以毫米计、跨径以米计外，余均以厘米计。

2、连接钢筋构造图中，现浇混凝土楔形块的高为8厘米，其中有5厘米在Ⅰ形梁中，主梁封端时应预留位置。

3、材料数量中未计聚乙烯胶带，玻璃丝布及酚醛漆的数量。

4、N1周围的2（a+b）×12及30×12部位用50号混凝土现浇。

尺寸表

斜交角 α	a (cm)	b (cm)	C (cm)	B (cm)
0°	25	8	74.5	860
15°	25.88	8.28	77.13	890.34
30°	28.87	9.24	86.03	993.04
45°	35.36	11.31	105.36	1216.22

一道缝钢筋明细表

编号	规格 (mm)	单位长 (cm)	数量	共长 (m)
1	φ32	250	15	37.50
2	φ10	60	24	14.40

一联（单向）材料数量表

名称	编号	规格 (mm)	一道缝共长(m)	单位重 (kg/m)	一道缝共重(kg)	道数	一联总重 (kg)
钢筋	1	φ32	37.50	6.31	236.63	3	709.9
钢筋	2	φ10	14.40	0.617	8.88	3	26.6
合计 (kg)							736.5
50号混凝土 (m³)				一道缝	0.10	一联	0.3

预应力混凝土Ⅰ形组合梁斜桥 跨径30米 斜交角0°15°30°45°	汽车-20级 挂车-100
	净-7+2×1.0
桥面连续构造（二）	图号 84

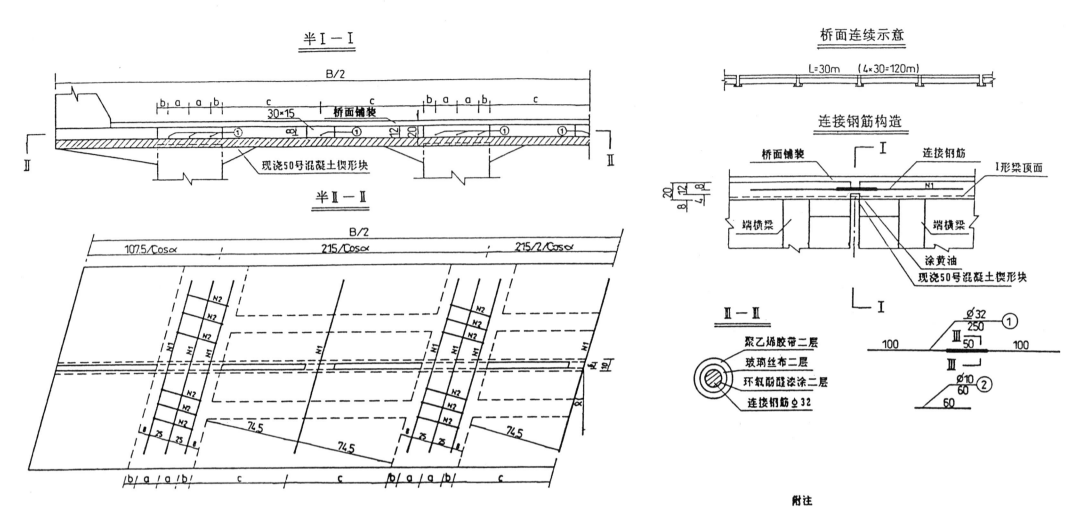

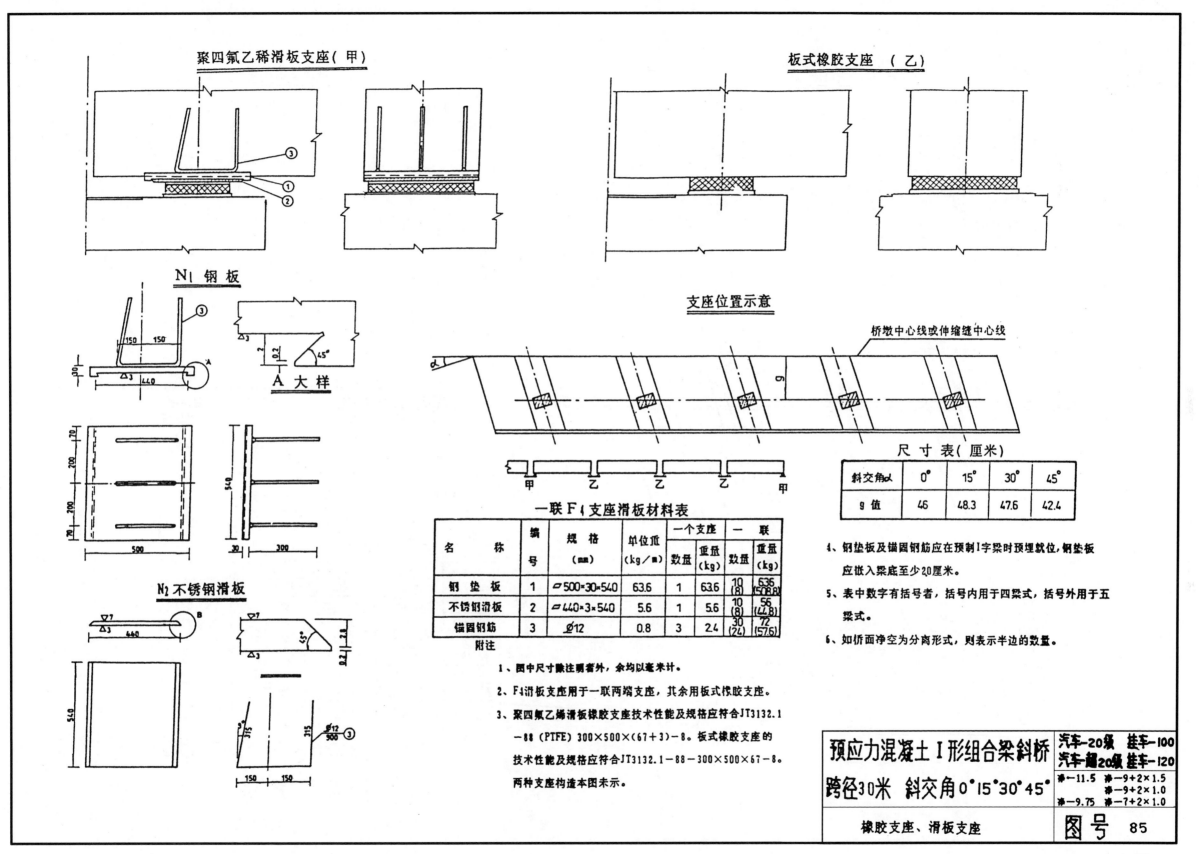

桥墩处行车道伸缩装置 Ⅰ—Ⅰ

桥墩处伸缩缝平面

护栏伸缩装置 Ⅱ—Ⅱ

桥墩处一道（单向）伸缩缝尺寸表

α	α=0°	α=15°	α=30°	α=45°
C (mm)	38	39	44	54
b_1 (mm)	613	635	708	867
b (mm)	689	713	796	974
d (mm)	500	518	577	707
n_1	39 (46)	39 (47)	45 (52)	55 (64)
a_1 (mm)	0	172 (78)	4 (140)	20 (132)
n_2	38 (45)	40 (46)	44 (51)	54 (63)
a_2 (mm)	125	47 (203)	129 (265)	145 (257)
n_3 (块)	8 (11)	9 (10)	10 (12)	12 (15)
a_3 (mm)	875 (250)	547 (953)	629 (640)	895 (632)
B (mm)	9750 (11500)	10094 (11906)	11258 (13279)	13789 (16263)

预应力混凝土Ⅰ形组合梁斜桥 跨径30米 斜交角0°15°30°45°	汽车-20级 挂车-100 汽车-超20级 挂车-120	净—11.5 净—9.75
伸缩缝构造(一)	图号	86

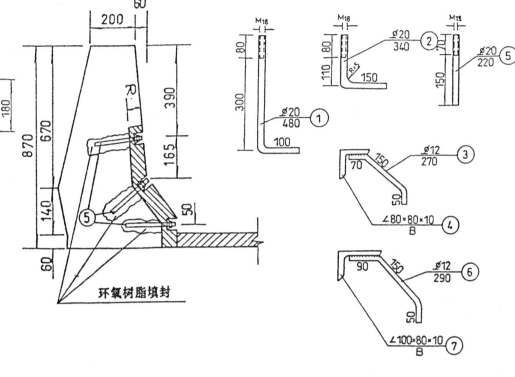

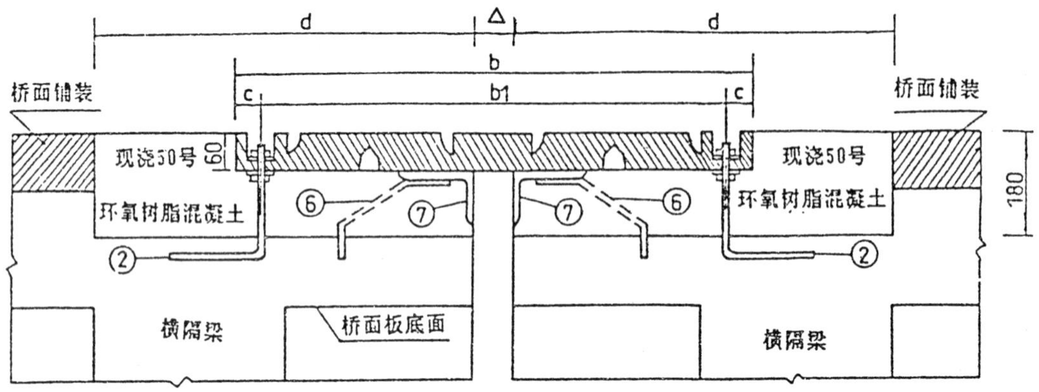

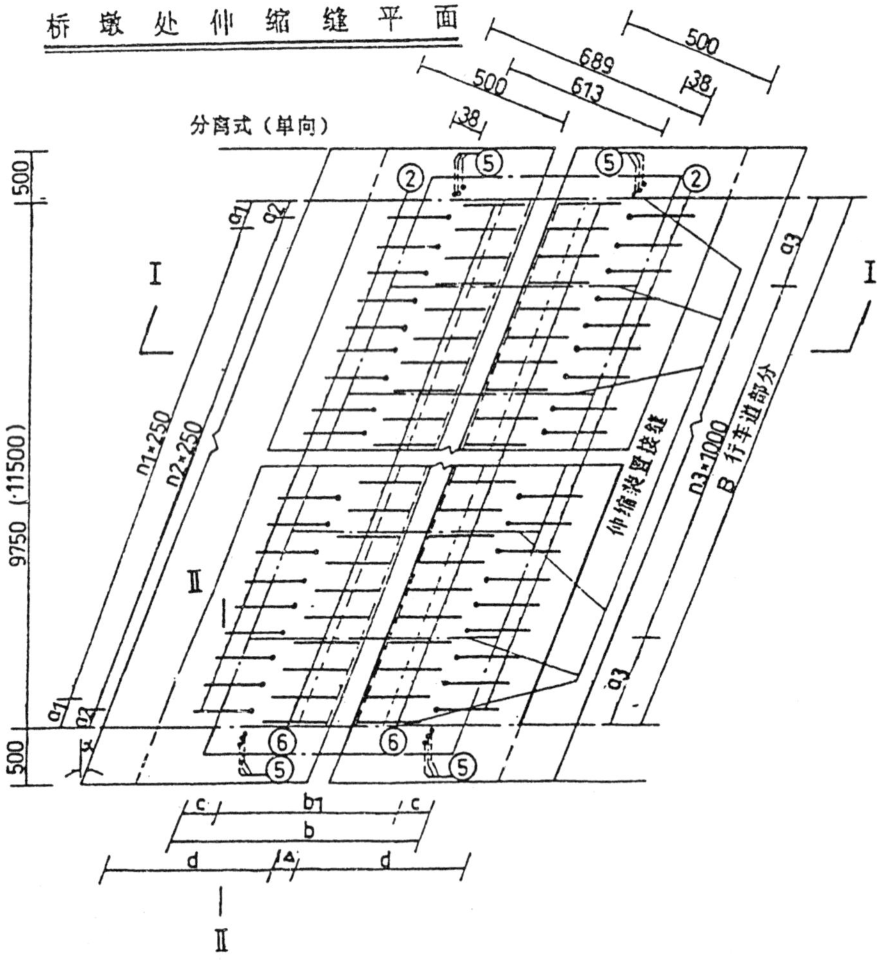

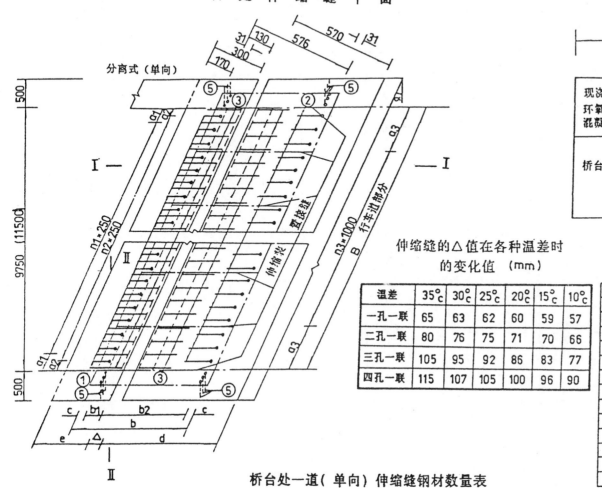

桥台处伸缩缝平面

桥台处行车道伸缩装置 I—I

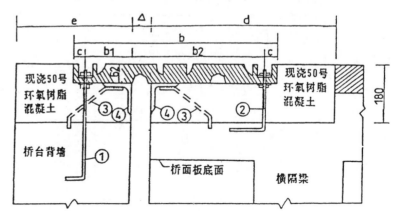

伸缩缝的Δ值在各种温差时的变化值（mm）

温差	35°c	30°c	25°c	20°c	15°c	10°c
一孔一联	65	63	62	60	59	57
二孔一联	80	76	75	71	70	66
三孔一联	105	95	92	86	83	77
四孔一联	115	107	105	100	96	90

桥台处一道（单向）伸缩缝尺寸表

α	α=0°	α=15°	α=30°	α=45°
C（mm）	31	32	36	44
b_1（mm）	99	102	114	140
b_2（mm）	415	430	479	587
b（mm）	576	596	665	815
e（mm）	300	311	346	424
d（mm）	570	590	658	806
n_1	39（46）	39（47）	45（52）	55（64）
a_1（mm）	0	172（78）	4（140）	20（132）
n_2	38（45）	40（46）	44（51）	54（63）
a_2（mm）	125	47（203）	129（265）	145（257）
n_3（块）	8（11）	9（10）	10（12）	12（15）
a_3（mm）	875（250）	547（953）	629（640）	895（632）
B（mm）	9750（11500）	10094（11906）	11258（13279）	13789（16263）

桥台处一道（单向）伸缩缝钢材数量表

编号	名称规格（mm）	α=0°			α=15°			α=30°			α=45°		
		长度（cm）	根数（根）	共长（m）	长度（cm）	根数（根）	共长（m）	长度（cm）	根数（根）	共长（m）	长度（cm）	根数（根）	共长（m）
1	φ20（M18螺杆）	48	39（46）	18.72（22.08）	48	41（47）	19.68（22.56）	48	45（52）	21.60（24.96）	48	55（64）	26.40（30.72）
2	φ20（M18螺杆）	34	39（46）	13.26（15.64）	34	41（46）	13.94（15.98）	34	45（52）	15.30（17.68）	34	55（64）	18.70（21.76）
3	φ12	27	80（94）	21.60（25.38）	27	84（96）	22.68（25.92）	27	92（106）	24.84（28.62）	27	112（130）	30.24（35.10）
4	L80×80×10	975（1150）	2	19.50（23.00）	1009（1191）	2	20.18（23.82）	1126（1328）	2	22.52（26.56）	1379（1626）	2	27.58（32.52）
5	φ20（M18螺杆）	22	12	2.64	22	12	2.64	22	12	2.64	22	12	2.64

预应力混凝土I形组合梁斜桥 跨径30米 斜交角0°15°30°45°	汽车—20级 挂车—100 汽车—超20级 挂车—120 净—11.5 净—9.75
伸缩缝构造(二)	图号 87

桥墩、桥台处一道（单向）伸缩缝材料总表

	名称规格（mm）	单位重（kg／m）	α=0°		α=15°		α=30°		α=45°	
			长度（m）	共重（kg）	长度（m）	共重（kg）	长度（m）	共重（kg）	长度（m）	共重（kg）
桥墩	φ20（M18螺杆）	2.46	29.15 (33.92)	71.73 (83.44)	30.52 (34.60)	75.08 (85.12)	33.24 (38.00)	81.77 (93.48)	40.04 (46.16)	98.50 (113.55)
	φ12	0.888	23.20 (27.26)	20.60 (24.21)	24.36 (27.84)	21.63 (24.72)	26.68 (30.74)	23.69 (27.30)	32.48 (37.70)	28.84 (33.48)
	L100×80×10	13.48	19.50 (23.00)	262.86 (310.04)	20.18 (23.82)	272.03 (321.09)	22.52 (26.56)	303.57 (358.03)	27.58 (32.52)	371.78 (438.37)
	螺母M18	0.04419	168 (196)	7.42 (8.66)	176 (200)	7.78 (8.84)	192 (220)	8.48 (9.72)	232 (268)	10.25 (11.84)
	垫圈18	0.01398	168 (196)	2.35 (2.74)	176 (200)	2.46 (2.80)	192 (220)	2.68 (3.08)	232 (268)	3.24 (3.75)
	合计			364.96 (429.09)		378.98 (442.57)		420.19 (491.61)		512.61 (600.99)
	50号环氧树脂混凝土（m³）		1.5	(1.8)	1.6	(1.8)	1.8	(2.0)	2.0	(2.5)
桥台	φ20（M18螺杆）	2.46	34.62 (40.36)	85.17 (99.29)	36.26 (41.18)	89.20 (101.30)	39.54 (45.28)	97.27 (111.39)	47.74 (55.12)	117.44 (135.60)
	φ12	0.888	21.50 (25.38)	19.18 (22.54)	22.58 (25.92)	20.14 (23.02)	24.84 (28.62)	22.05 (25.41)	30.24 (35.10)	25.85 (31.17)
	L80×80×10	11.87	19.50 (23.00)	231.47 (273.01)	20.18 (23.82)	239.54 (282.74)	22.52 (26.56)	267.31 (315.28)	27.58 (32.52)	327.37 (386.01)
	螺母M18	0.04419	168 (196)	7.42 (8.66)	176 (200)	7.78 (8.84)	192 (220)	8.48 (9.72)	232 (268)	10.25 (11.84)
	垫圈18	0.01398	168 (196)	2.35 (2.74)	176 (200)	2.46 (2.80)	192 (220)	2.63 (3.08)	232 (268)	3.24 (3.75)
	合计			345.59 (406.24)		359.12 (418.70)		397.8 (464.88)		485.15 (568.37)
	50号环氧树脂混凝土（m³）		1.4	(1.6)	1.4	(1.7)	1.6	(1.8)	1.9	(2.2)

桥墩、桥台一道（单向）伸缩装置数量表 单位：块

部位		型号	α=0°	α=15°	α=30°	α=45°
桥墩	行车道	JB－150－90a	10 (13)			
		JB－150－75a		11 (12)		
		JB－150－60a			12 (14)	
		JB－150－45a				14 (17)
	护栏	JB－150－90b	2			
		JB－150－75b		2		
		JB－150－60b			2	
		JB－150－45b				2
桥台	行车道	JB－100－90a	10 (13)			
		JB－100－75a		11 (12)		
		JB－100－60a			12 (14)	
		JB－100－45a				14 (17)
	护栏	JB－100－90b	2			
		JB－100－75b		2		
		JB－100－60b			2	
		JB－100－45b				2

附注

1、本图尺寸，单位除注明者外，余均以毫米计。

2、表中括号外数字用于净－9.75＋2×0.5的桥梁断面，括号内数字用于净－11.5＋2×0.5的桥梁断面，无括号者共用。

3、伸缩缝采用JB型系列产品。

4、图中桥台背墙及桥面板中原配钢筋未示出，施工中原配钢筋不得减少或截断，若与本图有冲突时，可适当移动原配钢筋。

5、行车道伸缩装置标准块斜边长度为1.0米，行车道两边的块件长度按尺寸表中a3截取。

6、施工温度按当地平均年最高气温及最低气温而定。

7、可根据情况选用其它类型的伸缩缝。

桥墩一道（单向）伸缩缝钢材数量表

编号	名称规格（mm）	α=0°			α=15°			α=30°			α=45°		
		长度（cm）	根数（根）	共长（m）	长度（cm）	根数（根）	共长（m）	长度（cm）	根数（根）	共长（m）	长度（cm）	根数（根）	共长（m）
2	φ20（M18螺杆）	34	78 (92)	26.52 (31.28)	34	82 (94)	27.88 (31.96)	34	90 (104)	30.60 (35.36)	34	110 (128)	37.40 (43.52)
6	φ12	29	80 (94)	23.20 (27.26)	29	84 (96)	24.36 (27.84)	29	92 (106)	26.68 (30.74)	29	112 (130)	32.48 (37.70)
7	L100×80×10	975 (1150)	2	19.50 (23.00)	1009 (1191)	2	20.18 (23.82)	1126 (1328)	2	22.52 (26.56)	1379 (1626)	2	27.58 (32.52)
5	φ20（M18螺杆）	22	12	2.64	22	12	2.64	22	12	2.64	22	12	2.64

预应力混凝土Ⅰ形组合梁斜桥 跨径30米 斜交角0°15°30°45°	汽车－20级 挂车－100 汽车－超20级 挂车－120 净－11.5 净－9.75
伸缩缝构造(三)	图号 88

桥墩处一道（双向）行车道伸缩缝钢材数量表

编号	名称规格 (mm)	α=0°			α=15°			α=30°			α=45°		
		长度 (cm)	根数 (根)	共长 (m)	长度 (cm)	根数 (根)	共长 (m)	长度 (cm)	根数 (根)	共长 (m)	长度 (cm)	根数 (根)	共长 (m)
1	Φ20 (M18螺杆)	34	72 (56)	24.48 (19.04)	34	76 58	25.84 (19.72)	34	84 (66)	28.56 (22.44)	34	102 (80)	34.68 (27.20)
2	Φ12	29	74 (58)	21.46 (16.82)	29	78 (60)	22.62 (17.40)	29	86 (68)	24.94 (19.72)	29	104 (82)	30.16 (23.78)
3	L100×80×10	900 (700)	2	18.00 (14.00)	931.7 (724.7)	2	18.63 (14.49)	1039.2 (808.3)	2	20.78 (16.17)	1272.8 (989.9)	2	25.46 (19.80)

桥墩处一道（双向）行车道伸缩缝尺寸表

α	α=0°	α=15°	α=30°	α=45°
C (mm)	38	39	44	54
b_1 (mm)	613	635	708	867
b (mm)	689	713	796	974
d (mm)	500	518	577	707
n_1	36 (28)	36 (29)	40 (31)	49 (38)
a_1 (mm)	0	159 (249)	196 (167)	239 (200)
n_2	35 (27)	37 (28)	41 (32)	50 (39)
a_2 (mm)	125	34 (124)	71 (42)	114 (75)
n_3 (块)	9 (7)	8 (6)	9 (7)	11 (8)
a_3 (mm)	0	659 (624)	696 (542)	864 (950)
B (mm)	9000 (7000)	9317 (7247)	10392 (8083)	12728 (9899)

桥台处一道（双向）行车道伸缩缝钢材数量表

编号	名称规格 (mm)	α=0°			α=15°			α=30°			α=45°		
		长度 (cm)	根数 (根)	共长 (m)	长度 (cm)	根数 (根)	共长 (m)	长度 (cm)	根数 (根)	共长 (m)	长度 (cm)	根数 (根)	共长 (m)
1	Φ20 (M18螺杆)	48	36 (28)	17.28 (13.44)	48	38 (29)	18.24 (13.92)	48	42 (33)	20.16 (15.84)	48	51 (40)	24.48 (19.20)
2	Φ20 (M18螺杆)	34	36 (28)	12.24 (9.52)	34	38 (29)	12.92 (9.86)	34	42 (33)	14.28 (11.22)	34	51 (40)	17.34 (13.60)
3	Φ12	27	74 (58)	19.98 (15.66)	27	78 (60)	21.06 (16.20)	27	86 (68)	23.22 (18.36)	27	104 (82)	28.08 (22.14)
4	L80×80×10	900 (700)	2	18.00 (14.00)	931.7 (724.7)	2	18.63 (14.49)	1039.2 (808.3)	2	20.78 (16.17)	1272.8 (989.9)	2	25.46 (19.80)

桥台处一道（双向）行车道伸缩缝尺寸表

α	α=0°	α=15°	α=30°	α=45°
C (mm)	31	32	35	44
b_1 (mm)	99	102	114	140
b_2 (mm)	415	430	479	587
b (mm)	576	596	665	815
e (mm)	300	311	346	424
d (mm)	570	590	658	806
n_1	36 (28)	36 (27)	40 (31)	49 (38)
a_1 (mm)	0	159 (249)	196 (167)	239 (200)
n_2	35 (27)	37 (28)	41 (32)	50 (39)
a_2 (mm)	125	34 124	71 42	114 75
n_3 (块)	9 (7)	8 (5)	9 (7)	11 (8)
a_3 (mm)	0	659 (624)	696 (542)	864 (950)
B (mm)	9000 (7000)	9317 (7247)	10392 (8083)	12728 (9899)

预应力混凝土I形组合梁斜桥 跨径30米 斜交角0°15°30°45°	汽车-20级 挂车-100
	净-9+2×1.5 净-9+2×1.0 净-7+2×1.0
伸缩缝构造(四)	图号 89

桥墩、桥台处一道（双向）行车道伸缩缝材料总表

位置	名称规格（mm）	单位重（kg／m）	α=0°		α=15°		α=30°		α=45°	
			长度（m）	共重（kg）	长度（m）	共重（kg）	长度（m）	共重（kg）	长度（m）	共重（kg）
桥墩	φ20（M18螺杆）	2.46	24.48 (19.04)	60.22 (46.84)	25.84 (19.72)	63.57 (48.51)	28.56 (22.44)	70.26 (55.20)	34.68 (27.20)	85.31 (66.91)
	φ12	0.888	21.46 (16.82)	19.06 (14.94)	22.62 (17.40)	20.07 (15.45)	24.94 (19.72)	22.15 (17.51)	30.16 (23.78)	26.78 (21.12)
	L100×80×10	13.48	18.00 (14.00)	242.64 (188.72)	18.63 (14.49)	251.13 (195.33)	20.78 (16.17)	280.11 (217.97)	25.46 (19.80)	343.20 (266.90)
	螺母M18	0.04419	144 (112)	6.36 (4.95)	152 (116)	6.72 (5.13)	168 (132)	7.42 (5.83)	204 (160)	9.01 (7.07)
	垫圈18	0.01398	144 (112)	2.01 (1.57)	152 (116)	2.12 (1.62)	168 (132)	2.35 (1.85)	204 (160)	2.85 (2.24)
	合计			330.29 (257.02)		343.61 (266.04)		382.29 (298.36)		467.15 (364.24)
	50号环氧树脂混凝土（m^3）		1.3	(1.0)	1.3	(1.1)	1.5	(1.2)	1.9	(1.5)
桥台	φ20（M18螺杆）	2.46	29.52 (22.96)	72.62 (56.48)	31.18 (23.78)	76.70 (58.50)	34.44 (27.06)	84.72 (66.57)	41.82 (32.80)	102.88 (80.69)
	φ12	0.888	19.98 (15.66)	17.74 (13.91)	21.06 (16.20)	18.70 (14.39)	23.22 (18.36)	20.62 (16.30)	28.08 (22.14)	24.94 (19.66)
	L80×80×10	11.87	18.00 (14.00)	213.66 (166.18)	18.63 (14.49)	221.14 (172.00)	20.78 (16.17)	246.66 (191.94)	25.46 (19.80)	302.21 (235.03)
	螺母M18	0.04419	144 (112)	6.36 (4.95)	152 (116)	6.72 (5.13)	168 (132)	7.42 (5.83)	204 (160)	9.01 (7.07)
	垫圈18	0.01398	144 (112)	2.01 (1.57)	152 (116)	2.12 (1.62)	168 (132)	2.35 (1.85)	204 (160)	2.85 (2.24)
	合计			312.39 243.09		325.38 251.64		361.77 282.49		441.89 344.69
	50号环氧树脂混凝土（m^3）		1.2	(1.0)	1.2	(1.0)	1.3	(1.1)	1.6	(1.3)

桥墩、桥台处一道（双向）行车道伸缩缝装置数量表　单位：块

部位		型号	α=0°	α=15°	α=30°	α=45°
桥墩	行车道	JB－150－90a	9 (7)			
		JB－150－75a		10 (8)		
		JB－150－60a			11 (9)	
		JB－150－45a				13 (10)
桥台	行车道	JB－100－90a	9 (7)			
		JB－100－75a		10 (8)		
		JB－100－60a			11 (9)	
		JB－100－45a				13 (10)

附注

1、本图用于净－9＋2×1.5米人行道，净－9＋2×1.0米人行道，净－7＋2×1.0米人行道宽的桥。

2、人行道部分的伸缩缝的构造示意图见桥宽为净－11.5＋2×0.5米及净－9.75＋2×0.5米的行车道伸缩缝构造示意图。

3、行车道部分的计算表格中，括号外数据用于净－9的行车道，括号内数据用于净－7的行车道，无括号者共用。

4、可根据情况选用其它类型的伸缩缝。

桥墩、桥台处一道（双向）伸缩缝钢材总表　单位：kg

α		α=0°			α=15°			α=30°			α=45°		
桥宽（m）		净－9＋2×1.5	净－9＋2×1.0	净－7＋2×1.0	净－9＋2×1.5	净－9＋2×1.0	净－7＋2×1.0	净－9＋2×1.5	净－9＋2×1.0	净－7＋2×1.0	净－9＋2×1.5	净－9＋2×1.0	净－7＋2×1.0
桥墩	人行道	2×12.68	2×9.74	2×9.74	2×13.31	2×10.07	2×10.07	2×14.80	2×11.17	2×11.17	2×18.01	2×13.57	2×13.57
	行车道	330.29	330.29	257.02	343.61	343.61	266.04	382.29	382.29	298.36	467.15	467.15	364.24
	合计	356.05	349.77	276.50	370.23	363.75	286.18	411.89	404.63	(320.70)	503.17	494.29	391.38
桥台	人行道	2×12.68	2×9.74	2×9.74	2×13.31	2×10.07	2×10.07	2×14.80	2×11.17	2×11.17	2×18.01	2×13.57	2×13.57
	行车道	312.39	312.39	243.09	325.38	325.38	251.64	351.77	361.77	282.49	441.89	441.89	344.69
	合计	338.15	331.87	262.57	352.00	345.52	271.78	391.37	384.11	304.83	477.91	469.03	371.83

预应力混凝土I形组合梁斜桥 跨径30米 斜交角0°15°30°45°	汽车－20级 挂车－100 净－9＋2×1.5 净－9＋2×1.0 净－7＋2×1.0
伸缩缝构造(五)	图号 90

人行道伸缩缝装置横断面

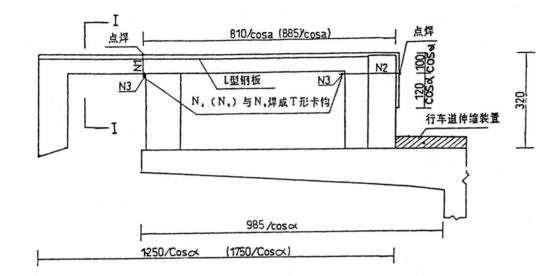

I—I

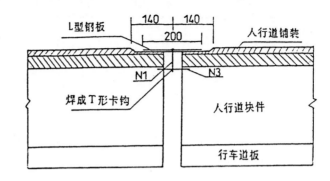

L型钢板平面展开图

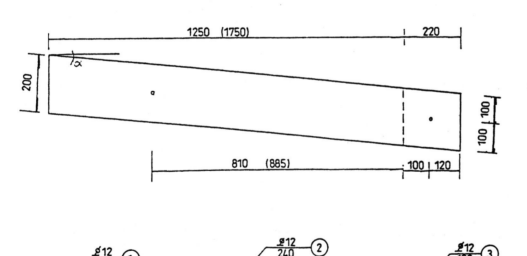

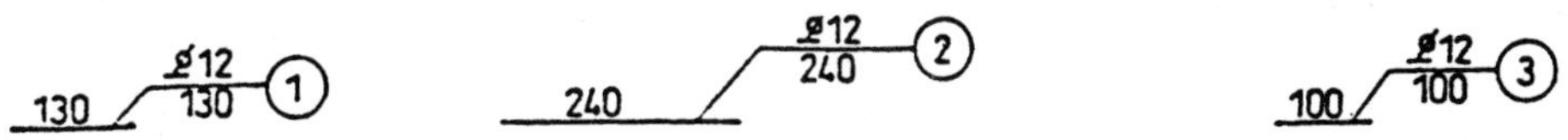

一道一侧人行道伸缩装置材料数量表

	编号	直径 (mm)	长度 (cm)	根数 (根)	共长 (m)	共重 (kg)
钢筋	1	$\phi 12$	13	1	0.13	0.684
	2	$\phi 12$	24	1	0.24	
	3	$\phi 12$	20	2	0.40	
钢板	$\alpha=0°$	1470×200×4 (1970×200×4)				9.23 (12.37)
	$\alpha=15°$	1522×200×4 (2039×200×4)				9.55 (12.80)
	$\alpha=30°$	1697×200×4 (2275×200×4)				10.66 (14.29)
	$\alpha=45°$	2079×200×4 (2786×200×4)				13.05 (17.50)

附注
1、本图尺寸以毫米计。
2、括号外数据用于1.0米宽人行道，括号内数据用于1.5米宽人行道，无括号者共用。
3、可根据情况选用其它类型的伸缩缝。

预应力混凝土I形组合梁斜桥
跨径30米 斜交角 0° 15° 30° 45°
伸缩缝构造(六)

汽车—20级 挂车—100
净—9+2×1.5
净—9+2×1.0
净—7+2×1.0

图号 91

中华人民共和国交通行业标准

公路桥涵标准图

装配式后张法预应力混凝土工形组合梁斜桥

（钢绞线）

编　号：JT/GQB 007-93
跨　径：40 m
斜交角：0°、15°、30°、45°
荷　载：汽车-20级、挂车-100
　　　　汽车-超20级、挂车-120
净　宽：净-11.5+2×0.50 m
　　　　净-9.75+2×0.50 m
　　　　净-9+2×1.50 m
　　　　净-9+2×1.00 m
　　　　净-7+2×1.00 m

人民交通出版社

目 录

名　　　　称	图号
说　　　明	
一孔上部构造工程材料数量指标表	1
一孔上部构造主要工程材料数量表 (一)～(七)	2～8
内力表 (一)～(七)	9～15
桥梁横断面 (一)、(二)	16、17
主梁一般构造 (一)～(十二)	18～29
预制I型梁钢束构造	30
钢束曲线要素表	31
钢束座标表 (一)、(二)	32、33
锚端几何尺寸表	34
一片主梁钢束数量表 (一)～(三)	35～37
预制I型梁钢筋构造 (一)～(八)	38～45
端部钢筋构造 (一)～(十)	46～55
桥面板钢筋构造 (一)～(五)	56～60

名　　　　称	图号
预制桥面底板钢筋构造 (一)～(三)	61～63
横隔板布置	64
端横隔板钢筋构造 (一)～(六)	65～70
横隔板底层受力钢筋距横梁底高度表	71
栏杆钢筋构造 (一)、(二)	72、73
1.5米人行道钢筋构造 (一)～(三)	74～76
1.0米人行道钢筋构造 (一)～(三)	77～79
人行道材料数量表	80
护栏、泄水管钢筋构造 (一)、(二)	81、82
桥面连续构造 (一)、(二)	83、84
橡胶支座、滑板支座	85
伸缩缝构造 (一)～(六)	86～91
锚具大样	92

说 明

一、设计依据

1、交通部公路规划设计院（89）公规标字第066号"关于对《预应力混凝土I形组合梁斜桥》标准图初步设计审核意见的函"。

2、交通部公路规划设计院（89）公规标字第098号"关于对《预应力混凝土I形组合梁斜桥》标准图初步设计审核意见的反馈意见的函"。

二、设计标准与规范

1、中华人民共和国交通部部标准《公路工程技术标准》（JTJ01-88）。

2、中华人民共和国交通部部标准《公路桥涵设计通用规范》（JTJ021-89）。

3、中华人民共和国交通部部标准《公路钢筋混凝土及预应力混凝土桥涵设计规范》（JTJ023-85）。

三、技术指标

技术指标表见表1

四、主要材料

1、混凝土：预制I形梁、预制部分横隔板和预制桥面底板用50号混凝土；现浇桥面板和现浇横隔板用30号混凝土。当采用水泥混凝土桥面铺装时用30号防水混凝土；当采用沥青混凝土面层加水泥混凝土三角垫层时，垫层用25号混凝土；人行道系用25号混凝土。

技术指标表

表1

荷载	净空(m)	跨径(m)	斜交角(度)	计算跨径(m)	主梁间距(m)	梁数(片)	梁全长(m)	梁高(m)	支点距梁端(m)
汽车—超20级 挂车—120	净—11.50+2×0.50	40	0	38.84	2.50	5	39.94	2.5	0.55
			15	38.84					0.55
			30	38.74					0.60
			45	38.64					0.65
汽车—20级	净—9.75+2×0.50	40	0	38.84	2.15	5	39.94	2.5	0.55
			15	38.84					0.55
			30	38.74					0.60
			45	38.64					0.65
	净—9+2×1.50 人行道	40	0	38.84	2.15	5	39.94	2.5	0.55
			15	38.84					0.55
			30	38.74					0.60
			45	38.64					0.65
挂车—100	净—9+2×1.00 人行道	40	0	38.84	2.15	5	39.94	2.5	0.55
			15	38.84					0.55
			30	38.74					0.60
			45	38.64					0.65
	净—7+2×1.00 人行道	40	0	38.84	2.15	4	39.94	2.5	0.55
			15	38.84					0.55
			30	38.74					0.60
			45	38.64					0.65

注：人群荷载均为3.5KN/m^2。

2、预应力钢绞线：应符合GB5224-85的规定，钢绞线直径ϕ^j15（$7\phi5.0$）mm，标准强度R_y^b=1570MPa，弹性模量$E_y=1.9\times10^5$ MPa，II级松弛。

3、钢筋：应符合GB1499-84的规定，直径≥12mm者，采用II级（20MnSi）钢筋；直径<12mm者采用I级钢筋。预制桥面底板钢筋采用直径8mm的冷拉II级钢筋。

4、钢板：应符合GB700-79规定的普通碳素结构钢（A3）。

5、锚具及管道成孔：锚具采用国内生产的XM型锚具或QM型锚具及与其配套的设备。分镍胶抽拔管和波纹铁皮管两种成孔方式。

五、构造及设计要点

1、为了增强桥梁横向整体性，在预制I形梁安装后现浇横隔板及桥面板。

2、为了方便施工，在预制Ⅰ形梁之间，先安装5cm厚的预制桥面底板，作为现浇桥面板的底模。但边梁外侧桥面板仍需在支架上立模一次浇筑。

3、为了简化模板便于施工，预制Ⅰ形梁梁肋宽度一律采用18cm，马蹄宽度一律采用54cm，端部梁肋宽度加宽成与马蹄同宽。斜梁除端横隔板与主梁斜交外，中横隔板均与主梁正交。

4、桥面横坡一律采用2%。用于一级汽车专用公路者为单向横坡，由墩台帽形成，因此，Ⅰ形梁顶面、桥面板顶底面均为2%横坡，但Ⅰ形梁底面仍保持水平。用于二、三级公路者则为双向横坡，桥面横坡由三角垫层形成。

5、桥面铺装，一级汽车专用公路采用6cm等厚沥青混凝土，二级公路采用边缘6cm厚的水泥混凝土或4cm等厚沥青混凝土加水泥混凝土三角垫层组成的两种桥面铺装形式，供选择。

6、锚具在梁端布置力求均匀。封锚厚度一般不少于12cm。为了使锚下垫板不超越支座中心线并减少封锚混凝土数量，将成对弯起钢束的锚固面在平面上做成双台阶状。

7、为了简化施工，钢束在立面上一律以圆弧弯起，在平面上没有弯曲。凡成对的钢束均采用在同一点起弯，起弯角和半径亦相同，但由于预制Ⅰ形梁梁端做成双台阶状锚固面，故在曲线终点外应将该端长束在凸出的台阶范围内沿其切线方向延长至锚固点。

8、斜梁弯矩计算采用刚接板梁法乘以修正系数K。横隔板按刚接板梁法除以修正系数K。桥面板用板的专用程序进行受力分析，并根据主、横梁间距分别按单向板及双向板计算进行校核。

9、Ⅰ形梁在预加力阶段跨中上挠度值及使用阶段下缘正应力分别见表2、表3。

预加力阶段上挠度值及预拱度 (跨中)

表2　　单位：mm

项目			0°		15°		30°		45°	
			预加力挠度	预拱度	预加力挠度	预拱度	预加力挠度	预拱度	预加力挠度	预拱度
B=12.5m	汽车—超20级	边梁	62.5	-3.91	59.6	-2.59	56.36	-1.0	51.34	2.33
b=2.5m	挂车—120	中梁	54.4		52.54	4.66	48.71	6.88	43.94	9.79
B=12.5m	汽车—20级	边梁	52.33	3.12	50.09	4.26	45.43	7.62	39.8	11.95
b=2.5m	挂车—100	中梁	47.18	8.83	44.3	10.83	38.78	15.09	36.8	15.43
B=12.5m	汽车—20级	边梁	53.83	-1.08	50.11	1.57	47.59	2.74	45.14	3.74
b=2.15m	挂车—100	中梁	46.48	6.31	44.32	7.87	38.8	11.99	37.69	11.47
B=11.5m	汽车—20级	边梁	50.16	1.26	47.7	2.72	45.42	3.75	39.79	8.24
b=2.15m	挂车—100	中梁	44.31	7.37	44.32	6.62	38.81	10.96	35.1	13.23
B=10.75m	汽车—超20级	边梁	53.83	-2.07	51.81	-1.36	49.97	-0.97	45.14	2.32
b=2.15m	挂车—120	中梁	48.88	2.5	46.76	3.76	44.22	4.79	37.84	9.77
B=10.75m	汽车—20级	边梁	45.58	3.25	40.11	7.88	40.02	6.64	37.18	9.2
b=2.15m	挂车—100	中梁	38.87	10.42	37.86	10.64	36.16	11.02	31.91	13.88
B=9.50m	汽车—20级	边梁	50.16	1.11	45.51	4.82	45.41	3.61	39.78	7.91
b=2.15m	挂车—100	中梁	44.31	7.55	38.87	12.64	38.75	11.27	35.95	12.33

注：表中B、b分别为桥宽及梁距

使用阶段下缘应力表 (跨中)

表3　　单位：MPa

项目		0°		15°		30°		45°	
		边梁	中梁	边梁	中梁	边梁	中梁	边梁	中梁
B=12.5m	汽车—超20级	1.59	1.476	1.717	1.424	2.043	1.407	1.777	1.349
b=2.5m	挂车—120	-0.084	0.57	0.156	0.55	0.586	0.609	0.467	0.665
B=12.5m	汽车—20级	1.647	1.484	1.74	1.205	1.302	0.265	0.455	0.556
b=2.5m	挂车—100	-0.63	0.065	-0.371	-0.156	-0.672	-0.979	-1.319	-0.506
B=12.5m	汽车—20级	1.847	1.494	1.662	1.183	1.751	0.322	1.926	0.901
b=2.15m	挂车—100	1.432	1.213	1.277	0.945	1.389	0.072	1.599	0.686
B=11.5m	汽车—20级	1.683	1.361	1.787	1.643	1.748	0.695	0.86	0.531
b=2.15m	挂车—100	0.829	0.794	0.999	1.098	1.009	0.195	0.192	0.101
B=10.75m	汽车—超20级	1.449	1.721	1.105	1.882	1.998	1.782	1.801	0.975
b=2.15m	挂车—120	0.217	1.053	-0.038	1.035	0.926	1.189	0.836	0.462
B=10.75m	汽车—20级	1.709	0.785	0.714	0.716	1.225	0.847	1.062	0.828
b=2.15m	挂车—100	-0.157	-0.426	-1.022	-0.447	-0.389	-0.213	0.39	-0.084
B=9.50m	汽车—20级	1.707	1.188	1.227	-0.084	1.779	0.518	0.948	0.545
b=2.15m	挂车—100	0.253	0.754	0.345	-0.508	-0.978	0.134	0.205	0.218

注：其它截面均未出现拉应力

10、预应力钢束的管道摩擦损失分别按橡胶抽拔管及波纹铁皮管成孔考虑。为了方便配束，一孔桥的各梁采用不多于两种束。但预留孔道直径仍用一种（取其大者）。计算时考虑了同一截面内孔道重心与钢束重心不一致的影响。

钢束张拉后应尽快用50号水泥浆压入孔道，以形成整体截面。

表4

锚具型号	孔道直径（mm）	孔道直径取用值（mm）
XM15－8	φ69	φ72
XM15－9	φ72	

11、混凝土收缩和徐变引起的预应力损失采用《公路钢筋混凝土及预应力混凝土桥涵设计规范》附录九的方法计算。计算锚具变形、钢束回缩等引起的预应力损失时，考虑了与张拉钢束时的摩阻力相反的摩阻作用。

12、各梁均须待梁体混凝土强度达到设计强度的100% 时方可张拉钢束。钢束的锚下控制应力σ_k= 1146.10 MPa。各钢束的锚下控制张拉力如下表：

表5

钢绞线股数	钢绞线面积（mm）	控制张拉力（KN）
8	1108.88	1259.90
9	1247.49	1417.39

13、为了减少钢束的松驰损失和克服锚圈口与钢绞线之间的摩擦损失，钢束采用超张拉工艺。钢束张拉程序按《公路桥涵施工技术规范》（JTJ041－89）办理。

14、考虑斜梁桥钝角部分桥面板在支承附近由于扭矩产生的拉应力影响，在板端设置了平行于支承线的φ12的附加钢筋。

15、本图支座采用板式橡胶支座，桥面连续后同一联内中间各支座按照主梁可能的最大伸缩量，采用等高度的橡胶支座。各联两个端支座采用等高度的四氟滑板支座。温度变化范围按±30℃考虑。若一联内各墩刚度差别较大，应根据具体条件另行设计。

16、本设计行车道伸缩缝构造均采用橡胶伸缩缝，亦可根据情况选用其它类型的伸缩缝。

六、施工注意事项

有关桥梁的施工工艺及其质量检查标准，均按《公路桥涵施工技术规范》（JTJ041－89）有关条文办理。并注意：

1、在浇筑桥面混凝土时，应将防撞护栏(或栏杆)、人行道块件锚固钢筋、伸缩缝有关部件、桥面连续钢筋等预先埋入，并预留好泄水管孔洞。

2、为了防止预制梁与现浇桥面混凝土，由于龄期的不同而产生过大的剪力差，两者的龄期不应大于三个月。

3、预制桥面底板安装时应座以7.5号水泥砂浆。由于板支承宽度很小，当预制板就位后，应首先将桥面板钢筋横桥向予以连接，以策安全。预制板设计考虑施工人员和施工料、具行走运输或堆放荷载为2.5MPa

4、预制I形梁安装采用兜底吊，吊点位置距梁端不得大于1.0m，吊装孔设在翼缘板根部，施工时应注意预留孔洞。

5、预制板顶、预制梁顶及横隔板侧面应进行严格拉毛处理，以使新、老混凝土很好结合。梁、板安装完毕并整体化后，在尚未浇筑桥面混凝土或沥青混凝土铺装前，汽车和筑路机械不得通过。

6、本图主持单位:交通部公路规划设计院

编制单位:交通部第一公路勘察设计院。

一孔上部构造工程材料数量指标表

斜交角	桥面净宽(m)	车辆荷载	混凝土(包括砂浆)		ϕ^j15钢绞线		钢筋		其它钢材		建筑面积
			总体积(m^3)	每平方米体积(m^3/m^2)	总重量(kg)	每平方米重量(kg/m^2)	总重量(kg)	每平方米重量(kg/m^2)	总重量(kg)	每平方米重量(kg/m^2)	(m^2)
0°	净-11.50	汽车-超20级 挂车-120	322	.644	12305	24.61	42736	85.47	1354	2.71	500
		汽车-20级 挂车-100	322	.644	11224	22.45	41665	83.33	1354	2.71	500
	净-9.75	汽车-超20级 挂车-120	299	.695	11448	26.62	37677	87.62	1354	3.15	430
		汽车-20级 挂车-100	299	.695	10413	24.22	36359	84.56	1148	2.67	430
	净-9+2×1.50	汽车-20级 挂车-100	312	.624	11313	22.63	35098	70.19	1402	2.8	500
	净-9+2×1.00	汽车-20级 挂车-100	306	.665	10998	23.91	34719	75.48	1402	3.05	460
	净-7+2×1.00	汽车-20级 挂车-100	244	.642	8834	23.25	28230	74.29	1131	2.98	380
15°	净-11.50	汽车-超20级 挂车-120	323	.646	12073	24.15	43243	86.49	1409	2.82	500
		汽车-20级 挂车-100	323	.646	10991	21.98	42222	84.44	1354	2.71	500
	净-9.75	汽车-超20级 挂车-120	300	.698	11216	26.08	38117	88.64	1354	3.15	430
		汽车-20级 挂车-100	300	.698	10005	23.27	36736	85.43	981	2.28	430
	净-9+2×1.50	汽车-20级 挂车-100	312	.624	10991	21.98	35557	71.11	1405	2.81	500
	净-9+2×1.00	汽车-20级 挂车-100	307	.667	10901	23.7	35180	76.48	1405	3.05	460
	净-7+2×1.00	汽车-20级 挂车-100	244	.642	8380	22.05	28463	74.9	985	2.59	380
30°	净-11.50	汽车-超20级 挂车-120	324	.648	11590	23.18	43607	87.21	1354	2.71	500
		汽车-20级 挂车-100	324	.648	10381	20.76	42574	85.15	1130	2.26	500
	净-9.75	汽车-超20级 挂车-120	301	.7	10961	25.49	38484	89.52	1354	3.15	430
		汽车-20级 挂车-100	301	.7	9845	22.9	37091	86.26	981	2.28	430
	净-9+2×1.50	汽车-20级 挂车-100	314	.628	10471	20.94	35794	71.59	1181	2.36	500
	净-9+2×1.00	汽车-20级 挂车-100	308	.67	10381	22.57	35414	76.99	1181	2.57	460
	净-7+2×1.00	汽车-20级 挂车-100	245	.645	8358	21.99	28723	75.59	985	2.59	380
45°	净-11.50	汽车-超20级 挂车-120	327	.654	11026	22.05	44708	89.42	1354	2.71	500
		汽车-20级 挂车-100	327	.654	9962	19.92	43458	86.92	881	1.90	500
	净-9.75	汽车-超20级 挂车-120	303	.705	10226	23.78	38975	90.64	1130	2.63	430
		汽车-20级 挂车-100	303	.705	9379	21.81	37609	87.46	981	2.28	430
	净-9+2×1.50	汽车-20级 挂车-100	316	.632	10226	20.45	36298	72.6	1178	2.36	500
	净-9+2×1.00	汽车-20级 挂车-100	310	.674	9827	21.36	35853	77.94	1029	2.24	460
	净-7+2×1.00	汽车-20级 挂车-100	247	.65	7898	20.78	28996	76.31	833	2.19	380

附注

1、表中未计入支座、伸缩缝及桥面连续的材料数量。

2、表中混凝土体积是按沥青混凝土桥面铺装方案统计的，其中包括水泥混凝土三角垫层，沥青混凝土及沥青砂的体积。

3、$每平方米数量=\dfrac{一孔上部构造工程或材料数量}{建筑面积}$

建筑面积＝跨径×全宽

预应力混凝土Ⅰ形组合梁斜桥 跨径40米 斜交角0°15°30°45°	汽车-20级 挂车-100 汽车-超20级 挂车-120 净-9.75 净-11.50 净-7+2×1.00 净-9+2×1.00 净-9+2×1.50
一孔上部构造工程材料数量指标表	图号 1

一孔上部构造主要工程材料数量表

材料＼项目			单位	预制Ⅰ形梁 0°	预制Ⅰ形梁 15°	预制Ⅰ形梁 30°	预制Ⅰ形梁 45°	现浇横隔板 0°	现浇横隔板 15°	现浇横隔板 30°	现浇横隔板 45°	预制、现浇桥面板 0°	预制、现浇桥面板 15°	预制、现浇桥面板 30°	预制、现浇桥面板 45°	行车道铺装 0°	行车道铺装 15°	行车道铺装 30°	行车道铺装 45°	护栏泄水管 0°	护栏泄水管 15°	护栏泄水管 30°	护栏泄水管 45°	一孔上部构造总计 0°	一孔上部构造总计 15°	一孔上部构造总计 30	一孔上部构造总计 45°
混凝土	25号		m^3																	24.8	24.8	24.8	24.8	24.8	24.8	24.8	24.8
混凝土	30号		m^3					24.8	25.2	25.9	27.3	87.3	87.3	87.3	87.3									112.1	112.5	113.2	114.6
混凝土	50号		m^3	142.8	143.3	144.0	144.9					14.5	14.5	14.4	14.6									157.3	157.9	158.4	159.5
混凝土	小计		m^3	142.8	143.3	144.0	144.9	24.8	25.2	25.9	27.3	101.8	101.8	101.7	101.9					24.8	24.8	24.8	24.8	294.2	295.1	296.4	298.9
沥青混凝土			m^3													27.6	27.6	27.6	27.6					27.6	27.6	27.6	27.6
ϕ^j15钢绞线			kg	12304.8	12072.4	11589.4	11026.3																	12304.8	12072.4	11589.4	11023.3
ϕ^l8冷拉Ⅱ级钢筋			kg									3079.6	3093.4	3096.2	3100.8									3079.6	3093.4	3096.2	3100.8
钢筋	Ⅱ级	Φ28	kg					1306.6	1321.7	1169.8	1478.4													1306.6	1321.7	1169.8	1478.4
钢筋	Ⅱ级	Φ25	kg	1540	1540	1540	1540	1110.3	1110.3	1269.0	1115.0													2650.3	2650.3	2809.0	2655.0
钢筋	Ⅱ级	Φ22	kg																								
钢筋	Ⅱ级	Φ16	kg	4998.6	4973.2	4947.7	4947.7													2096.0	2096.0	2092.0	2092.6	7094.6	7069.2	7039.7	7040.3
钢筋	Ⅱ级	Φ14	kg	548.3	548.3	514.0	514.0																	548.3	548.3	514.0	514.0
钢筋	Ⅱ级	Φ12	kg	3695.2	3708.4	3714.1	3729.4					11927.0	12214.0	12554.0	13197.0					1220.8	1221.0	1218.8	1218.6	16843.0	17143.4	17486.9	18146.0
钢筋	Ⅱ级	小计	kg	10782.1	10769.9	10715.6	10731.1	2416.9	2432.0	2438.8	2593.4	11927.0	12214.0	12554.0	13197.0					3316.8	3317.0	3310.8	3312.2	28442.8	28732.9	29019.4	29833.7
钢筋	Ⅰ级	Φ10	kg					1919.9	1930.0	2010.6	2229.2													1919.9	1930.0	2010.6	2229.2
钢筋	Ⅰ级	Φ8	kg	7478.7	7672.3	7666.3	7724.9	1309.5	1309.5	1309.5	1314.2									504.8	504.8	504.8	504.8	9293.0	9486.6	9480.6	9543.9
钢筋	Ⅰ级	小计	kg	7478.7	7672.3	7666.3	7724.9	3229.4	3239.5	3320.1	3543.4									504.8	504.8	504.8	504.8	11212.9	11416.6	11491.2	11773.1
钢板 δ=35			kg	1339.4	1394.4	1339.4	1339.4																	1339.4	1394.4	1339.4	1339.4
锚具	XM15-8		套	30	40	24	48																	30	40	24	48
锚具	XM15-9		套	34	24	36	12																	34	24	36	12
锚具	小计		套	64	64	60	60																	64	64	60	60
螺栓及螺母			kg	14.3	14.3	14.3	14.3																	14.3	14.3	14.3	14.3
铸铁泄水管			套																	8	8	8	8	8	8	8	8

附注

1.数量表中未计入支座、伸缩缝、桥面连续构造的材料数量。

2.预留孔道压浆用的50号砂浆已计入预制工型梁中，数量表中未列此项。

预应力混凝土Ⅰ形组合梁斜桥	汽车—超20级 挂车—120
跨径40米 斜交角0°15°30°45°	净—11.5
一孔上部构造主要工程材料数量表 (一)	图号 2

一孔上部构造主要工程材料数量表

材料	项目	单位	预制I形梁				现浇横隔板				预制现浇桥面板				行车道铺装				护栏泄水管				一孔上部构造总计			
			0°	15°	30°	45°	0°	15°	30°	45°	0°	15°	30°	45°	0°	15°	30°	45°	0°	15°	30°	45°	0°	15°	30°	45°
混凝土	25号	m³													24.8	24.8	24.8	24.8					24.8	24.8	24.8	24.8
	30号	m³					24.8	25.2	25.9	27.3	87.3	87.3	87.3	87.3									112.1	112.5	113.2	114.6
	50号	m³	142.8	143.3	144.0	144.9					14.5	14.5	14.4	14.6									157.3	157.8	158.4	159.5
	小计	m³	142.8	143.3	144.0	144.9	24.8	25.2	25.9	27.3	101.8	101.8	101.7	101.9					24.8	24.8	24.8	24.8	294.2	295.1	296.4	298.9
沥青混凝土		m³													27.6	27.6	27.6	27.6					27.6	27.6	27.6	27.6
φʲ15钢铰线		kg	11223.5	10990.5	10380.6	9961.5																	11223.5	10990.5	10380.6	9961.5
φʲ8冷拉II级钢筋		kg									3079.8	3093.4	3096.2	3100.8									3079.8	3093.4	3096.2	3100.8
钢筋 II级	Φ28	kg					1308.8	1321.7	1369.8	1478.4													1308.8	1321.7	1369.8	1478.4
	Φ25	kg	1540	1540	1540	1540	1110.3	1110.3	1110.3	1115.0													2650.3	2650.3	2650.3	2655.0
	Φ22	kg																								
	Φ16	kg	4998.8	4973.2	4947.7	4947.7													2096.0	2096.0	2092.0	2092.6	7094.8	7069.2	7039.7	7040.3
	Φ14	kg	514	514.0	482.8	428.4																	514.0	514.0	482.8	428.4
	Φ12	kg	3695.2	3708.4	3720.1	3739.4					10910.0	11237.0	11548.0	12132.0					1220.8	1221.0	1219.8	1219.6	15826.0	16166.4	16488.9	17091.0
	小计	kg	10747.8	10735.6	10670.4	10655.5	2419.1	2432.0	2478.9	2593.4	10910.0	11237.0	11548.0	12132.0					3316.8	3317.0	3310.8	3312.2	27391.5	27721.6	28009.0	28693.1
I级	Φ10	kg					1919.9	1930.0	2010.6	2229.2													1919.9	1930.0	2010.6	2229.2
	Φ8	kg	7459.6	7663.1	7643.7	7616.2	1309.5	1309.5	1309.5	1314.2									504.8	504.8	504.8	504.8	9273.9	9477.4	9458.0	9435.2
	小计	kg	7459.6	7663.1	7643.7	7616.2	3229.4	3239.5	3320.1	3543.4									504.8	504.8	504.8	504.8	11193.8	11407.4	11468.6	11664.4
钢板 δ=8		kg	1339.4	1339.4	1112.7	961.6																	1339.4	1339.4	1112.7	961.6
锚具	XM15-8	套	42	52	24	6																	42	52	24	6
	XM15-9	套	18	8	30	44																	18	8	30	44
	小计	套	60	60	54	50																	60	60	54	50
螺栓及螺母		kg	14.3	14.3	17.1	18.0																	14.3	14.3	17.1	18.0
铸铁泄水管		套																	8	8	8	8	8	8	8	8

附注
1. 数量表中未计入支座、伸缩缝、桥面连续构造的材料数量。
2. 预留孔道压浆用的50号砂浆已计入预制工型梁中，数量表中未列此项。

预应力混凝土I形组合梁斜桥　汽车-20级　挂车-100
跨径40米　斜交角0°15°30°45°　净-11.5

一孔上部构造主要工程材料数量表（一）　图号　3

一孔上部构造主要工程材料数量表

材料	项目	单位	预制 I 形梁				现浇横隔板				预制、现浇桥面板				行车道铺装				护栏泄水管				一孔上部构造总计			
			0°	15°	30°	45°	0°	15°	30°	45°	0°	15°	30°	45°	0°	15°	30°	45°	0°	15°	30°	45°	0°	15°	30°	45°
混凝土	25号	m³													24.8	24.8	24.8	24.8					24.8	24.8	24.8	24.8
	30号	m³					20.3	20.4	21.0	22.1	75.6	75.6	75.6	75.6									95.9	96.0	96.6	97.7
	50号	m³	142.8	143.3	144.0	144.9					11.9	11.9	11.8	12.0									154.7	155.2	155.8	156.9
	小计	m³	142.8	143.3	144.0	144.9	20.3	20.4	21.0	22.1	87.5	87.5	87.4	87.6	24.8	24.8	24.8	24.8					275.4	276.0	277.2	278.4
沥青混凝土		m³													23.4	23.4	23.4	23.4					23.4	23.4	23.4	23.4
$\phi^j 15$钢绞线		kg	11448.0	11218.0	10980.4	10228.1																	11448.0	11218.0	10980.4	10228.1
$\phi^j 8$冷拉II级钢筋		kg									1998.5	2008.9	2013.7	2018.9									1998.5	2008.9	2013.7	2018.9
钢筋 II级	$\Phi 28$	kg					1157.8	1169.9	1038.8	1305.5													1157.8	1169.9	1038.8	1305.5
	$\Phi 25$	kg	1540	1540	1540	1540	960.5	960.5	1097.7	965.3													2500.5	2500.5	2637.7	2505.3
	$\Phi 22$	kg																								
	$\Phi 16$	kg	4998.8	4973.2	4947.7	4947.7													2096.0	2096.0	2092.8	2092.6	7094.8	7069.2	7039.7	7040.3
	$\Phi 14$	kg	514	514	514	462.6																	514.0	514.0	514.0	462.6
	$\Phi 12$	kg	3829.6	3841.3	3845.6	3865.8					8848.7	9084.8	9378.8	9596.5					1220.8	1221.0	1219.1	1219.6	13899.1	13927.1	14243.5	14681.9
	小计	kg	10882.2	10868.5	10847.3	10816.1	2118.1	2130.4	2136.5	2270.8	8848.7	9084.8	9378.8	9596.5					3316.8	3317.0	3311.9	3312.2	24965.8	25180.7	25473.7	25795.6
钢筋 I级	$\phi 10$	kg					1855.5	1863.4	1740.6	1901.3													1855.5	1863.4	1740.6	1901.3
	$\phi 8$	kg	7459.8	7663.1	7666.3	7658.7	1092.8	1095.5	1094.5	1094.5									504.8	504.8	504.8	504.8	9057.0	9263.4	9265.6	9258.0
	小计	kg	7459.8	7663.1	7666.3	7658.7	2748.1	2758.9	2835.1	2995.8									504.8	504.8	504.8	504.8	10712.5	10926.6	11006.2	11160.3
钢板 $\delta=35$		kg	1339.4	1339.4	1339.4	1112.7																	1339.4	1339.4	1339.4	1112.7
锚具	YM15-8	套	32	42	46	30																	32	42	46	30
	YM15-9	套	28	18	8	24																	28	18	8	24
	小计	套	60	60	54	54																	60	60	54	54
螺栓及螺母		kg	14.3	14.3	14.3	17.1																	14.3	14.3	14.3	17.1
铸铁泄水管		套																	8	8	8	8	8	8	8	8

附注

1. 数量表中未计入支座、伸缩缝、桥面连续构造的材料数量。
2. 预留孔道压浆用的50号砂浆已计入预制工型梁中，数量表中未列此项。

预应力混凝土 I 形组合梁斜桥　汽车-超20级 挂车-120
跨径40米　斜交角 0° 15° 30° 45°　净-8.75

一孔上部构造主要工程材料数量表（三）　图号 4

一孔上部构造主要工程材料数量表

材料	项目	单位	预制I形梁 0°	预制I形梁 15°	预制I形梁 30°	预制I形梁 45°	现浇端隔板 0°	现浇端隔板 15°	现浇端隔板 30°	现浇端隔板 45°	预制、现浇桥面板 0°	预制、现浇桥面板 15°	预制、现浇桥面板 30°	预制、现浇桥面板 45°	行车道铺装 0°	行车道铺装 15°	行车道铺装 30°	行车道铺装 45°	护栏泄水管 0°	护栏泄水管 15°	护栏泄水管 30°	护栏泄水管 45°	一孔上部构造总计 0°	一孔上部构造总计 15°	一孔上部构造总计 30°	一孔上部构造总计 45°
混凝土	25号	m³																	24.8	24.8	24.8	24.8	24.8	24.8	24.8	24.8
	30号	m³					20.3	20.4	21.0	22.1	75.6	75.6	75.8	75.6									95.9	96.0	96.8	97.7
	50号	m³	142.8	143.3	144.0	144.8					11.9	11.9	11.8	12.0									154.7	155.2	155.8	156.8
	小计	m³	142.8	143.3	144.0	144.8	20.3	20.4	21.0	22.1	87.5	87.5	87.4	87.6					24.8	24.8	24.8	24.8	275.4	276.0	277.2	279.4
沥青混凝土		m³													23.4	23.4	23.4	23.4					23.4	23.4	23.4	23.4
φ⁵15钢绞线		kg	10412.9	10004.7	9845.0	9378.8																	10412.9	10004.7	9845.0	9378.8
φ8冷拉II级钢筋		kg									1998.5	2008.9	2013.7	2018.9									1998.5	2008.9	2013.7	2018.9
钢筋 II级	⌀28	kg					1157.8	1169.9	1038.8	1305.5													1157.8	1169.9	1038.8	1305.5
	⌀25	kg	1540	1540	1540	1540	960.5	960.5	960.5	965.3													2500.5	2500.5	2500.5	2505.3
	⌀22	kg							106.0																106.0	
	⌀16	kg	4998.8	4973.2	4947.7	4947.7									2096.0	2096.0	2092.6	2092.6					7094.8	7069.2	7039.7	7040.3
	⌀14	kg	482.6	428.4	428.4	428.4																	482.6	428.4	428.4	428.4
	⌀12	kg	3829.6	3852.1	3855.8	3869.8					7627.8	7655.2	8120.8	8304.8	1220.8	1221.0	1218.8	1219.6					12478.2	12727.4	12995.4	13194.2
	小计	kg	10830.8	10582.8	10571.9	10585.9	2118.1	2130.4	2105.3	2270.8	7627.8	7655.2	8120.8	8304.8	3316.8	3317.0	3310.8	3312.2					23893.5	23895.4	24108.8	24473.7
钢筋 I级	φ10	kg					1655.5	1683.4	1740.8	1801.3													1655.5	1683.4	1740.8	1801.3
	φ8	kg	7414.0	7587.2	7828.5	7816.6	1082.6	1095.5	1094.5	1094.5									504.8	504.8	504.8	504.8	9001.4	9187.5	9227.8	9215.4
	小计	kg	7414.0	7587.2	7828.5	7816.6	2748.1	2758.9	2835.1	2895.8									504.8	504.8	504.8	504.8	10666.9	10830.9	10968.4	11116.1
钢板 δ=35		kg	1133.3	961.8	961.8	961.8																	1133.3	961.8	961.8	961.8
锚具	YM15-8	套	24	6	12	32																	24	6	12	32
	YM15-9	套	30	44	38	18																	30	44	38	18
	小计	套	54	50	50	50																	54	50	50	50
螺栓及螺母		kg	14.5	19.0	19.0	19.0																	14.5	19.0	19.0	19.0
铸铁泄水管		套																	8	8	8	8	8	8	8	8

附注
1. 数量表中未计入支座、伸缩缝、桥面连续构造的材料数量。
2. 预留孔道压浆用的50号砂浆已计入预制工型梁中，数量表中未列此项。

预应力混凝土I形组合梁斜桥
汽车—20级 挂车—100
跨径40米 斜交角 0°15°30°45°
净—9.75

一孔上部构造主要工程材料数量表（四） 图号 5

一孔上部构造主要工程材料数量表

材料	项目	单位	预制I形梁 0°	15°	30°	45°	现浇横隔板 0°	15°	30°	45°	预制及现浇桥面板 0°	15°	30°	45°	行车道铺装 0°	15°	30°	45°	人行道及铺装 0°	15°	30°	45°	栏杆、泄水管 0°	15°	30°	45°	一孔上部构造总计 0°	15°	30°	45°
混凝土	20号	m³																	17.4	17.5	17.6	17.5	4	4	4	4	22	22	22	22
	25号	m³																	23.4	23.4	23.4	23.4					23.4	23.4	23.4	23.4
	30号	m³					20.3	20.4	21.0	22.1	75.8	75.8	75.8	75.8													96	96	97	98
	50号	m³	142.9	143.3	144.0	144.9					11.9	11.9	11.8	12.0													155.0	155.0	156.0	157.0
	小计	m³	142.9	143.3	144.0	144.9	20.3	20.4	21.0	22.1	87.5	87.5	87.4	87.8					23.4	23.4	23.4	23.4	17.4	17.5	17.6	17.5	297.0	297.0	299.0	301.0
沥青混凝土		m³													14.4	14.4	14.4	14.4									14.4	14.4	14.4	14.4
φ′1.5钢绞线		kg	11313.1	10890.5	10470.5	10228.1																					11313.1	10890.5	10470.5	10228.1
φ′8冷拉II级钢筋		kg									1998.5	2008.9	2013.7	2018.8													1998.5	2008.9	2013.7	2018.8
钢筋 II级	φ28	kg					1157.8	1169.9	1038.8	1305.5																	1157.8	1169.9	1038.8	1305.5
	φ25	kg	1540.0	1540.0	1540.0	1540.0	960.5	960.5	960.5	965.3																	2500.5	2500.5	2500.5	2505.3
	φ22	kg					108.0																				108.0			
	φ16	kg	4998.6	4973.2	4947.7	4947.7																					4998.6	4973.2	4947.7	4947.7
	φ14	kg	514.0	514.0	462.8	462.8																					514.0	514.0	462.8	462.8
	φ12	kg	3829.6	3841.3	3851.9	3865.6					7627.8	7855.2	8120.8	8304.8					423.7	427.9	430.6	411.0	144.9	153.4	153.4	144.9	11826.0	12077.8	12356.7	12526.5
	小计	kg	10882.2	10868.5	10802.2	10816.1	2118.1	2130.4	2105.3	2270.8	7627.8	7855.2	8120.8	8304.8					423.7	427.9	430.6	411.0	144.9	153.4	153.4	144.9	20996.2	21235.4	21612.3	21747.6
I级	φ10	kg					1855.5	1863.4	1740.6	1901.3																	1855.5	1863.4	1740.6	1901.3
	φ8	kg	7459.6	7663.1	7643.6	7659.7	1092.8	1095.5	1094.5	1094.5									1197.6	1195.7	1195.4	1187.6	261.8	261.9	261.8	260.8	10011.4	10216.2	10195.3	10202.4
	φ6	kg																	55.4	54.8	54.9	51.4	377.8	378.3	377.0	376.4	433.2	433.1	431.9	427.8
	小计	kg	7459.6	7663.1	7643.6	7659.7	2948.1	2958.9	2835.1	2995.8									1253.0	1250.5	1250.5	1239.0	639.4	640.2	638.6	637.1	12100.1	12512.7	12367.8	12531.5
钢板	δ=12	kg																	48.0	50.9	50.9	48.0					48.0	50.9	50.9	48.0
	δ=3.5	kg	1339.4	1339.4	1112.7	1112.7																					1339.4	1339.4	1112.7	1112.7
	小计	kg	1339.4	1339.4	1112.7	1112.7													48.0	50.9	50.9	48.0					1387.4	1390.3	1163.6	1160.7
锚具	YM15-8	套	38	52	20	30																					38	52	20	30
	YM15-9	套	22	8	34	24																					22	8	34	24
	小计	套	60	60	54	54																					60	60	54	54
螺栓及螺母		kg	14.3	14.3	17.1	17.1																					14.3	14.3	17.1	17.1
铸铁泄水管		套																									8	8	8	8

附注：
1. 数量表中未计入支座、伸缩缝、桥面连续构造的材料数量。
2. 预留孔道压浆用的50号砂浆已计入预制工型梁中，数量表中未列此项。
3. 表中行车道铺装只列出沥青混凝土铺装数量。如用30号防水混凝土铺装其一孔数量为37.8立方米。

预应力混凝土I形组合梁斜桥 汽车-20级 挂车-100
跨径40米 斜交角0° 15° 30° 45°   阜-9+2×1.50

一孔上部构造主要工程材料数量表（六） 图号 6

一孔上部构造主要工程材料数量表

材料	项目	单位	预制I形梁 0°	15°	30°	45°	现浇横隔板 0°	15°	30°	45°	预制及现浇桥面板 0°	15°	30°	45°	行车道铺装 0°	15°	30°	45°	人行道及铺装 0°	15°	30°	45°	栏杆、泄水管 0°	15°	30°	45°	一孔上部构造总计 0°	15°	30°	45°
混凝土	20号	m³													13.5	13.6	13.7	13.6	4	4	4	4					17.5	17.6	17.7	17.6
	25号	m³													23.4	23.4	23.4	23.4									23.4	23.4	23.4	23.4
	30号	m³					20.3	20.4	21.0	22.1	75.6	75.6	75.6	75.6													95.9	96.0	96.6	97.7
	40号	m³									11.9	11.9	11.8	12.0													154.7	155.2	155.8	156.9
	50号	m³	142.8	143.3	144.0	144.9																					291.5	292.2	293.5	295.6
	水泥	m³	142.8	143.3	144.0	144.9	20.3	20.4	21.0	22.1	87.5	87.5	87.4	87.6	23.4	23.4	23.4	23.4	13.5	13.6	13.7	13.6	4	4	4	4				
沥青混凝土		m³													14.4	14.4	14.4	14.4									14.4	14.4	14.4	14.4
φ⁵15钢绞线		kg	10997.5	10900.4	10380.6	9827.0																					10997.5	10900.4	10380.6	9827.0
φ⁶8冷拉Ⅱ级钢筋		kg									1998.5	2008.9	2013.7	2018.9													1998.5	2008.9	2013.7	2018.9
钢筋 Ⅱ	Φ28	kg					1157.8	1169.9	1038.8	1305.5																	1157.8	1169.9	1038.8	1305.5
	Φ25	kg	1540.0	1540.0	1540.0	1540.0	960.5	960.5	960.5	965.3																	2500.5	2500.5	2500.5	2505.3
	Φ22	kg							106.0																				106.0	
	Φ16	kg	4998.6	4973.2	4947.7	4947.7																					4998.6	4973.2	4947.7	4947.7
	Φ14	kg	514.0	514.0	462.6	428.4																					514.0	514.0	462.6	428.4
	Φ12	kg	3629.6	3641.3	3651.9	3669.8					7827.8	7855.2	8120.9	8304.8					307.1	311.0	312.9	298.5	144.9	153.4	153.4	144.9	11709.4	11960.9	12239.6	12418.0
	小计	kg	10682.2	10668.5	10602.2	10585.9	2118.1	2130.4	2105.3	2270.8	7827.8	7855.2	8120.9	8304.8					307.1	311.0	312.9	298.5	144.9	153.4	153.4	144.9	20880.1	21118.5	21294.6	21604.9
钢筋 Ⅰ	Φ10	kg					1655.5	1663.4	1740.6	1901.3																	1655.5	1663.4	1740.6	1901.3
	Φ8	kg	7459.6	7683.1	7643.6	7616.1	1092.6	1095.5	1094.5	1094.5					937.5	934.7	933.1	828.6	261.8	261.9	261.6	260.6					9751.5	9955.2	9932.8	9899.8
	Φ6	kg					55.4	54.8	54.9	51.4									377.8	378.3	377.0	376.4					433.2	433.1	431.9	427.8
	小计	kg	7459.6	7683.1	7643.6	7616.1	2749.1	2758.8	2835.1	2995.8					937.5	934.7	933.1	828.6	639.4	640.2	638.6	637.0					11840.0	12051.7	12105.3	12229.9
钢板	δ=12	kg																	48.0	50.9	50.9	48.0					48.0	50.9	50.9	48.0
	δ=3.5	kg	1339.4	1339.4	1112.7	961.6																					1339.4	1339.4	1112.7	961.6
	小计	kg	1339.4	1339.4	1112.7	961.6													48.0	50.9	50.9	48.0					1387.4	1390.3	1163.6	1009.6
锚具	ZM15-8	套	52	56	24	12																					52	56	24	12
	ZM15-9	套	8	4	30	38																					8	4	30	38
	小计	套	60	60	54	50																					60	60	54	50
螺栓及螺母		kg	14.3	14.3	17.1	19.0																					14.3	14.3	17.1	19.0
铸铁泄水管		套																					8	8	8	8	8	8	8	8

附注：
1. 数量表中未计入支座、伸缩缝、桥面连续构造的材料数量。
2. 预留孔道压浆用的50号砂浆已计入预制工型梁中，数量表中未列此项。
3. 表中行车道铺装只列出沥青混凝土铺装数量。如用30号防水混凝土铺装其一孔数量为37.8立方米。

预应力混凝土I形组合梁斜桥　汽车—20级　挂车—100
跨径40米　斜交角0° 15° 30° 45°　跨-8+2X1.00

一孔上部构造主要工程材料数量表（六）　图号 7

一孔上部构造主要工程材料数量表

材料	项目	单位	预制I形梁 0°	15°	30°	45°	现浇横隔板 0°	15°	30°	45°	预制及现浇桥面板 0°	15°	30°	45°	行车道铺装 0°	15°	30°	45°	人行道及铺装 0°	15°	30°	45°	栏杆、泄水管 0°	15°	30°	45°	一孔上部构造总计 0°	15°	30°	45°
混凝土	20号	m³													13.5	13.6	13.7	13.8	4	4	4	4					17.5	17.6	17.7	17.8
	25号	m³																	15.4	15.4	15.4	15.4					15.4	15.4	15.4	15.4
	30号	m³					15.2	15.3	15.7	16.6	61.6	61.6	61.6	61.6													76.8	76.9	77.3	78.2
	50号	m³	114.0	114.4	114.9	115.8					8.9	8.9	8.8	9.0													122.9	123.3	123.7	124.8
	小计	m³	114.0	114.4	114.9	115.8	15.2	15.3	15.7	16.6	70.5	70.5	70.4	70.6	15.4	15.4	15.4	15.4	13.5	13.6	13.7	13.8	4	4	4	4	232.6	233.2	234.1	235.8
沥青混凝土															11.2	11.2	11.2	11.2									11.2	11.2	11.2	11.2
φ⁵ 1.5钢绞线		kg	8833.5	8379.9	8357.8	7897.4																					8833.5	8379.9	8357.8	7897.4
φ¹⁴冷拉II级钢筋		kg									1498.9	1511.8	1513.5	1518.1													1498.9	1511.8	1513.5	1518.1
钢筋 II	Φ28	kg					880.4	889.7	921.4	990.9																	880.4	889.7	921.4	990.9
	Φ25	kg	1232	1232	1232	1232	728.7	728.7	728.7	728.7																	1960.7	1960.7	1960.7	1960.7
	Φ22	kg																												
	Φ16	kg	3998.8	3978.5	3958.2	3958.2																					3998.8	3978.5	3958.2	3958.2
	Φ14	kg	411.2	376.9	376.9	342.7																					411.2	376.9	376.9	342.7
	Φ12	kg	2987.4	3003.1	3007.7	3024.9					6220.4	6475.7	6636.5	6787.0					307.1	311.0	312.9	288.5	144.9	153.4	153.4	144.9	9659.8	9943.2	10110.5	10255.3
	小计	kg	8629.4	8590.5	8574.8	8557.8	1609.1	1618.4	1650.1	1719.6	6220.4	6475.7	6636.5	6787.0					307.1	311.0	312.9	288.5	144.9	153.4	153.4	144.9	16910.9	17149.0	17327.7	17507.8
钢筋 I	Φ10	kg					1251.7	1257.7	1315.9	1435.7																	1251.7	1257.7	1315.9	1435.7
	Φ8	kg	6116.4	6092.2	6118.0	6096.1	819.4	822.3	820.8	820.8					937.5	934.7	933.1	928.6	261.6	261.9	261.6	260.6					8134.9	8111.1	8133.5	8106.1
	Φ6	kg													55.4	54.8	54.9	51.4	377.8	378.3	377.0	376.4					433.2	433.1	431.9	427.8
	小计	kg	6116.4	6092.2	6118.0	6096.1	2071.1	2080.0	2136.7	2256.5					992.9	989.5	988.0	980.0	639.4	640.2	638.6	637.0					9819.8	9801.9	9881.3	9969.6
钢板	δ=12	kg													48.0	50.9	50.9	48.0									48.0	50.9	50.9	48.0
	δ=3.5	kg	1071.5	920.4	920.4	769.3																					1071.5	920.4	920.4	769.3
	小计	kg	1071.5	920.4	920.4	769.3									48.0	50.9	50.9	48.0									1119.5	971.3	971.3	817.3
锚具	YM15-8	套	40	24	24	8																					40	24	24	8
	YM15-9	套	8	20	20	32																					8	20	20	32
	小计	套	48	44	44	40																					48	44	44	40
螺栓及螺母		kg	11.4	13.3	13.3	15.2																					11.4	13.3	13.3	15.2
铸铁泄水管		套																					8	8	8	8	8	8	8	8

附注
1. 数量表中未计入支座、伸缩缝、桥面连续构造的材料数量。
2. 预留孔道压浆用的50号砂浆已计入预制工型梁中，数量表中未列此项。
3. 表中行车道铺装只列出沥青混凝土铺装数量。如用30号防水混凝土铺装其一孔数量为26.6立方米。

预应力混凝土I形组合梁斜桥 汽车-20级 挂车-100
跨径40米 斜交角0°15°30°45° 净-7+2×1.00
一孔上部构造主要工程材料数量表 (七) 图号 8

内力表

斜交角	荷载	边梁 L/2 Mmax (KN-m)	边梁 L/2 Qmax (KN)	边梁 L/4 Mmax (KN-m)	边梁 L/4 Qmax (KN)	边梁 变化 Mmax (KN-m)	边梁 变化 Qmax (KN)	边梁 支点 Mmax (KN-m)	边梁 支点 Qmax (KN)	中梁 L/2 Mmax (KN-m)	中梁 L/2 Qmax (KN)	中梁 L/4 Mmax (KN-m)	中梁 L/4 Qmax (KN)	中梁 变化 Mmax (KN-m)	中梁 变化 Qmax (KN)	中梁 支点 Mmax (KN-m)	中梁 支点 Qmax (KN)
0°	I型截面自重	2997.0	1.2	2259.5	152.2	747.7	265.7	0	364.4	3079.5	2.2	2321.3	156.4	766.0	273.1	0	372.4
	二期恒载	2986.1	4.6	2240.3	153.8	703.5	268.7	0	312.2	3153.3	9.1	2365.7	162.3	737.8	283.8	0	333.9
	三期恒载	1167.8	0	876.1	60.1	277.2	126.1	0	159.6	1161.1	0	871.1	59.8	275.6	59.4	0	74.1
	汽车	3909.4	169.1	2971.5	304.2	1049.5	367.3	0	414.0	2936.2	127.0	2231.8	228.5	788.2	367.7	0	425.1
	挂车	4817.8	238.3	3719.8	380.8	1218.3	363.9	0	450.3	3422.6	169.3	2642.6	270.5	856.5	482.8	0	601.9
	组合 I	14475.8	243.7	10929.6	891.1	3649.7	1345.9	0	1630.5	13632.6	191.4	10283.9	797.3	3400.8	1292.0	0	1577.6
	组合 III	13880.6	269.1	10542.9	875.3	3414.2	1192.8	0	1498.7	12637.5	199.9	9576.5	751.8	3087.3	1270.7	0	1598.6
15°	I型截面自重	2995.0	0.5	2257.2	151.3	767.7	264.1	0	366.1	3072.5	1.4	2316.3	154.2	787.2	272.4	0	374.2
	二期恒载	2965.5	2.3	2221.1	150.2	724.6	264.9	0	314.5	3112.6	6.2	2334.5	153.0	763.4	283.4	0	336.9
	三期恒载	1122.5	0	842.2	65.1	272.6	135.6	0	172.9	1136.1	0	852.4	62.4	275.9	61.7	0	77.4
	汽车	3607.2	183.1	2744.3	329.4	991.5	398.3	0	448.3	2811.2	132.5	2138.7	238.5	772.7	382.2	0	443.7
	挂车	4450.9	258.1	3436.5	412.4	1152.4	391.4	0	487.6	3279.4	176.7	2532.0	282.4	849.1	500.3	0	628.2
	组合 I	13956.2	259.7	10533.3	928.2	3611.1	1392.9	0	1701.4	13357.2	194.7	10077.8	800.7	3437.2	1314.3	0	1614.4
	组合 III	13395.6	287.3	10164.7	911.5	3385.4	1228.1	0	1560.5	12392.8	203.5	9388.9	754.7	3125.7	1291.4	0	1637.2
30°	I型截面自重	2975.3	0.1	2244.5	152.1	772.2	262.4	0	365.0	3056.8	1.6	2304.5	154.6	795.3	269.3	0	374.6
	二期恒载	2935.0	0.2	2204.6	155.1	722.3	260.6	0	317.5	3086.5	7.3	2314.9	155.9	769.9	274.1	0	340.7
	三期恒载	1080.0	0	810.2	69.6	266.0	144.5	0	184.9	1079.2	0	809.5	68.5	265.8	67.4	0	84.9
	汽车	3354.8	196.3	2552.0	352.9	934.9	423.9	0	480.6	2548.0	145.8	1938.3	262.2	710.1	419.4	0	488.0
	挂车	4141.9	276.5	3197.2	442.2	1086.9	417.9	0	522.6	2974.2	194.3	2295.9	310.7	780.6	574.9	0	690.6
	组合 I	13739.3	275.2	10378.1	974.7	3524.2	1436.3	0	1765.1	12845.8	214.8	9689.7	846.5	3350.9	1359.7	0	1692.8
	组合 III	12944.4	304.5	9827.9	957.4	3308.3	1260.6	0	1615.7	11938.5	224.4	9040.1	812.5	3055.8	1362.4	0	1754.3
45°	I型截面自重	2961.5	0.1	2232.9	151.4	788.7	260.3	0	365.0	3041.3	2.1	2292.1	153.6	811.0	268.8	0	373.6
	二期恒载	2920.5	0.6	2193.3	153.4	738.3	258.4	0	318.2	3076.5	8.9	2303.4	153.9	780.6	279.0	0	339.8
	三期恒载	1021.0	0	765.8	77.6	257.9	159.9	0	265.9	1000.2	0	750.2	79.8	252.6	78.1	0	98.9
	汽车	2993.7	219.2	2275.9	393.7	854.9	471.9	0	536.8	2172.5	170.4	1651.5	306.0	620.4	488.1	0	570.4
	挂车	3696.9	308.7	2853.9	493.6	994.7	463.5	0	583.5	2536.1	226.9	1957.8	362.9	682.4	635.7	0	806.8
	组合 I	13098.5	307.8	9887.5	1010.0	3505.6	1519.2	0	1873.1	12162.2	251.7	9163.2	919.9	3235.6	1477.5	0	1826.6
	组合 III	12350.1	340.5	9369.7	1021.8	3236.1	1324.1	0	1708.9	11331.4	262.8	8568.3	881.2	2963.7	1479.4	0	1899.5

预应力混凝土I形组合梁斜桥	汽车-超20级 挂车-120
跨径40米 斜交角0°、15°、30°、45°	净-11.5
内力表 (一)	图号 9

内 力 表

斜交角	荷载	边梁 L/2 M_{max} (kN·m)	边梁 L/2 Q_{max} (kN)	边梁 L/4 M_{max} (kN·m)	边梁 L/4 Q_{max} (kN)	边梁 变化 M_{max} (kN·m)	边梁 变化 Q_{max} (kN)	边梁 支点 M_{max} (kN·m)	边梁 支点 Q_{max} (kN)	中梁 L/2 M_{max} (kN·m)	中梁 L/2 Q_{max} (kN)	中梁 L/4 M_{max} (kN·m)	中梁 L/4 Q_{max} (kN)	中梁 变化 M_{max} (kN·m)	中梁 变化 Q_{max} (kN)	中梁 支点 M_{max} (kN·m)	中梁 支点 Q_{max} (kN)
0°	I型截面自重	2997.0	1.2	2259.5	152.2	747.7	265.7	0	364.4	3079.5	2.2	2321.3	158.4	766.0	273.1	0	372.4
	二期恒载	2986.1	4.6	2240.3	153.9	703.5	288.7	0	312.2	3153.3	9.1	2365.7	162.3	737.8	283.8	0	333.9
	三期恒载	1167.8	0	876.1	60.1	277.2	126.1	0	159.6	1161.1	0	871.9	59.8	275.6	59.4	0	74.1
	汽车	2791.7	113.9	2208.7	207.5	713.8	255.4	0	289.9	2096.8	85.6	1659.6	155.8	536.1	281.2	0	305.7
	挂车	4014.7	198.6	3099.8	317.3	1015.3	303.3	0	375.2	2852.1	141.1	2202.2	225.4	721.3	402.3	0	501.8
	组合 I	13113.9	166.4	10021.9	751.6	3227.0	1207.6	0	1479.7	12398.5	133.4	9442.8	705.9	3030.1	1160.6	0	1432.7
	组合 Ⅲ	12997.3	225.4	9860.9	804.1	3190.9	1126.1	0	1416.1	12009.9	168.8	9092.8	702.2	2928.7	1182.2	0	1488.2
15°	I型截面自重	2995.0	0.5	2257.2	151.3	767.7	264.1	0	366.1	3072.5	1.4	2316.3	154.2	787.2	272.4	0	374.2
	二期恒载	2965.5	2.3	2221.1	150.2	724.6	284.9	0	314.5	3112.6	6.2	2334.5	153.0	763.4	283.4	0	336.8
	三期恒载	1122.5	0	842.2	65.1	272.6	135.6	0	172.9	1136.1	0	852.4	62.4	275.9	61.7	0	77.4
	汽车	2577.9	123.4	2039.9	224.7	674.5	275.5	0	313.9	2009.1	89.3	1589.7	162.6	525.7	271.3	0	319.1
	挂车	3709.1	215.0	2863.8	343.7	960.3	326.2	0	406.3	2732.9	147.2	2110.0	235.4	707.8	416.9	0	523.5
	组合 I	12714.3	176.1	9702.3	777.1	3215.3	1242.4	0	1536.8	12178.1	134.2	9270.8	704.8	3074.9	1176.8	0	1462.5
	组合 Ⅲ	12579.7	239.9	9534.6	834.4	3174.1	1156.4	0	1471.1	11791.6	171.1	8924.7	702.2	2970.4	1199.6	0	1521.9
30°	I型截面自重	2975.3	0.1	2244.5	152.1	772.2	262.4	0	365.0	3056.8	1.6	2304.5	154.6	795.3	289.3	0	374.6
	二期恒载	2935.0	0.2	2204.6	155.1	722.3	280.6	0	317.5	3066.5	7.3	2314.9	155.9	769.9	274.1	0	340.7
	三期恒载	1080.0	0	810.2	69.6	266.0	144.5	0	184.9	1079.2	0	809.5	68.5	265.8	67.4	0	84.9
	汽车	2398.5	132.3	1896.8	240.7	636.0	294.3	0	336.5	1821.7	98.3	1440.7	178.8	483.1	279.6	0	350.9
	挂车	3451.5	230.4	2664.3	368.5	905.8	348.2	0	435.5	2478.5	161.9	1913.2	258.9	650.5	458.8	0	575.5
	组合 I	12333.5	185.6	9414.9	812.9	3153.2	1274.1	0	1587.8	11778.1	148.3	8958.2	740.4	3017.2	1207.1	0	1524.2
	组合 Ⅲ	12184.9	253.8	9241.8	874.7	3109.0	1183.9	0	1519.9	11393.2	188.8	8619.2	739.6	2912.7	1235.3	0	1583.3
45°	I型截面自重	2961.5	0.1	2232.9	151.4	788.7	260.3	0	365.0	3041.3	2.1	2292.1	153.6	811.0	268.8	0	373.6
	二期恒载	2920.5	0.6	2193.3	153.4	738.3	258.4	0	319.2	3076.5	8.9	2303.4	153.9	780.6	279.0	0	339.8
	三期恒载	1021.0	0	765.8	77.6	257.9	159.9	0	205.9	1000.2	0	750.2	79.8	252.8	78.1	0	96.9
	汽车	2140.9	147.9	1692.6	268.7	581.5	327.9	0	375.9	1553.7	114.9	1228.3	208.9	422.0	348.2	0	410.2
	挂车	3080.7	257.1	2378.2	411.3	828.9	388.2	0	486.3	2113.4	189.0	1631.5	302.4	568.7	520.8	0	672.3
	组合 I	11844.9	207.9	9030.0	860.0	3103.8	1336.9	0	1673.0	11252.6	174.1	8540.9	779.8	2944.1	1272.8	0	1585.7
	组合 Ⅲ	11672.4	283.7	8846.5	929.5	3053.7	1239.2	0	1601.9	10866.4	221.1	8209.3	797.4	2838.8	1360.5	0	1748.7

预应力混凝土 I 形组合梁斜桥　　汽车—20级　挂车—100
跨径40米　斜交角 0°、15°、30°、45°　净—11.5
内力表 (一)　　图号 10

内 力 表

斜交角	荷载	边梁 L/2 M_{max} (KN-m)	边梁 L/2 Q_{max} (KN)	边梁 L/4 M_{max} (KN-m)	边梁 L/4 Q_{max} (KN)	边梁 变化 M_{max} (KN-m)	边梁 变化 Q_{max} (KN)	边梁 支点 M_{max} (KN-m)	边梁 支点 Q_{max} (KN)	中梁 L/2 M_{max} (KN-m)	中梁 L/2 Q_{max} (KN)	中梁 L/4 M_{max} (KN-m)	中梁 L/4 Q_{max} (KN)	中梁 变化 M_{max} (KN-m)	中梁 变化 Q_{max} (KN)	中梁 支点 M_{max} (KN-m)	中梁 支点 Q_{max} (KN)
0°	I型截面自重	2997.0	1.16	2259.5	152.2	747.7	265.7	0	364.4	3079.5	2.2	2321.3	156.4	766.0	273.1	0	372.4
	二期恒载	2538.5	3.7	1904.5	130.8	598.2	228.4	0	265.1	2676.8	7.4	2008.2	137.8	626.7	240.9	0	283.1
	三期恒载	1009.5	0	757.4	51.9	237.6	108.9	0	137.9	1004.5	0	753.6	51.7	236.4	52.3	0	65.1
	汽车	3657.4	158.2	2780.0	284.6	981.9	349.8	0	392.6	2816.9	121.8	2141.1	219.2	756.2	340.9	0	389.6
	挂车	4308.1	213.1	3326.3	340.5	1089.4	328.7	0	404.6	3167.3	156.7	2445.4	250.3	800.9	441.9	0	548.7
	组合 I	13363.7	227.3	10091.6	824.3	3373.1	1249.8	0	1514.9	12659.4	182.1	9552.2	743.7	3164.3	1191.6	0	1452.4
	组合 III	12592.9	240.3	9564.6	792.0	3098.6	1085.3	0	1366.1	11596.9	183.9	8789.7	690.5	2835.9	1165.7	0	1468.3
15°	I型截面自重	2994.4	0.8	2257.8	151.2	767.8	264.4	0	366.0	3072.8	1.2	2316.4	154.2	786.9	272.6	0	374.1
	二期恒载	2520.6	3.0	1890.6	127.5	616.3	226.3	0	266.9	2644.7	4.4	1983.5	130.2	647.4	241.3	0	285.1
	三期恒载	971.2	0	728.6	56.3	235.8	118.0	0	149.5	783.7	0	737.9	54.0	238.9	55.0	0	68.0
	汽车	3373.2	171.4	2566.3	308.4	927.2	377.7	0	425.4	2696.4	127.2	2051.4	228.8	741.4	354.5	0	406.7
	挂车	3976.6	230.9	3070.3	369.0	1029.6	353.8	0	438.4	3035.1	183.6	2343.4	261.4	785.8	458.2	0	572.8
	组合 I	12881.1	244.5	9728.5	858.8	3339.1	1296.1	0	1580.6	12407.1	184.8	9363.1	748.3	3198.1	1213.3	0	1485.2
	组合 III	12157.6	258.6	9229.7	824.2	3076.4	1118.8	0	1421.2	11379.9	186.6	8623.1	693.6	2872.2	1185.6	0	1502.7
30°	I型截面自重	2975.3	0.1	2244.0	151.9	772.1	262.2	0	364.8	3054.8	1.7	2303.9	154.1	795.6	269.6	0	374.3
	二期恒载	2497.6	0.4	1875.0	131.0	615.9	221.5	0	268.9	2624.8	6.1	1969.0	131.5	655.9	234.6	0	288.0
	三期恒载	934.9	0	701.0	60.3	230.3	125.2	0	160.0	937.0	0	702.5	59.2	241.3	59.3	0	74.4
	汽车	3132.9	184.0	2383.2	330.8	873.1	404.7	0	456.7	2448.4	139.7	1862.5	251.1	682.3	388.3	0	446.5
	挂车	3696.1	247.7	2853.1	396.2	969.9	378.3	0	470.4	2757.9	179.5	2128.9	286.9	723.8	500.8	0	628.6
	组合 I	12679.2	258.2	9394.7	901.4	3259.1	1336.1	0	1639.8	11935.6	204.9	9006.9	788.2	3135.9	1256.3	0	1554.4
	组合 III	11755.1	273.1	8922.9	864.7	3008.8	1146.8	0	1470.2	10973.2	206.9	8312.3	744.1	2827.5	1251.6	0	1607.1
45°	I型截面自重	2961.9	0.7	2232.4	150.8	788.5	260.2	0	364.7	3036.8	1.5	2291.6	153.9	809.4	269.0	0	372.9
	二期恒载	2488.1	2.6	1865.1	128.6	630.9	220.8	0	269.1	2615.5	3.4	1963.1	132.8	659.9	238.7	0	286.6
	三期恒载	886.4	0	664.7	66.9	223.8	137.9	0	177.6	871.5	0	653.5	68.5	220.0	68.2	0	86.2
	汽车	2807.7	204.6	2014.3	367.5	801.8	448.5	0	507.9	2100.5	162.2	1506.9	291.3	599.8	449.4	0	518.7
	挂车	3312.9	275.4	2557.5	440.3	891.4	417.9	0	523.1	2385.8	208.4	1826.3	333.2	636.5	577.7	0	729.9
	组合 I	12111.4	290.5	8961.4	930.2	3249.1	1411.7	0	1735.4	11307.8	232.9	8399.5	859.2	3010.4	1359.9	0	1669.8
	组合 III	11248.1	306.9	8527.9	918.1	2952.5	1202.3	0	1549.1	10431.0	235.1	7898.8	808.7	2727.5	1353.1	0	1731.9

预应力混凝土 I 形组合梁斜桥	汽车-超20级 挂车-120
跨径40米 斜交角0°,15°,30°,45°	净-9.75
内力表 (三)	图号 11

内　　力　　表

斜交角	荷载	边梁 L/2 Mmax (KN-m)	边梁 L/2 Qmax (KN)	边梁 L/4 Mmax (KN-m)	边梁 L/4 Qmax (KN)	边梁 变化点 Mmax (KN-m)	边梁 变化点 Qmax (KN)	边梁 支点 Mmax (KN-m)	边梁 支点 Qmax (KN)	中梁 L/2 Mmax (KN-m)	中梁 L/2 Qmax (KN)	中梁 L/4 Mmax (KN-m)	中梁 L/4 Qmax (KN)	中梁 变化点 Mmax (KN-m)	中梁 变化点 Qmax (KN)	中梁 支点 Mmax (KN-m)	中梁 支点 Qmax (KN)
0°	I型截面自重	2997.0	1.16	2259.5	152.2	747.7	265.7	0	364.4	3079.5	2.2	2321.3	156.4	766.0	273.1	0	372.4
	二期恒载	2538.5	3.7	1804.5	130.8	598.2	228.4	0	265.1	2676.8	7.4	2008.2	137.8	626.7	240.9	0	283.1
	三期恒载	1009.5	0	757.4	51.9	237.6	108.9	0	137.9	1004.5	0	753.6	51.7	236.4	52.3	0	65.1
	汽车	2611.8	106.6	2067.3	194.1	667.8	242.4	0	273.7	2011.6	82.1	1592.2	149.5	514.3	239.8	0	276.8
	挂车	3590.0	177.6	2771.9	283.8	907.9	273.9	0	337.2	2639.3	130.6	2037.9	208.6	667.4	368.2	0	457.3
	组合 I	12086.0	155.0	9239.8	693.8	2976.9	1116.2	0	1369.4	11475.6	126.5	8745.2	655.7	2808.7	1066.1	0	1314.8
	组合 Ⅲ	11803.0	201.2	8954.8	728.3	2898.9	1025.1	0	1291.9	11016.2	155.2	8341.4	644.6	2689.1	1084.7	0	1367.7
15°	I型截面自重	2994.4	0.8	2257.8	151.2	767.8	264.4	0	366.0	3072.8	1.2	2318.4	154.2	786.9	272.6	0	374.1
	二期恒载	2520.6	3.0	1890.6	127.5	616.3	226.3	0	266.9	2644.7	4.4	1983.5	130.2	647.4	241.3	0	285.1
	三期恒载	971.2	0	728.6	56.3	235.8	118.0	0	149.5	783.7	0	737.9	54.0	238.9	55.0	0	68.0
	汽车	2410.8	115.5	1907.6	210.3	630.8	261.5	0	296.5	1927.1	85.7	1524.8	156.1	504.2	249.2	0	288.9
	挂车	3313.9	192.4	2558.6	307.5	857.9	294.8	0	365.3	2529.3	136.3	1952.9	217.8	654.8	381.8	0	477.4
	组合 I	11716.4	166.3	8949.1	717.4	2968.3	1150.6	0	1421.8	11276.2	126.7	8589.1	655.8	2849.4	1082.1	0	1340.9
	组合 Ⅲ	11428.6	216.2	8666.8	755.2	2887.6	1053.9	0	1340.9	10823.5	159.6	8193.5	645.7	2728.2	1101.6	0	1397.7
30°	I型截面自重	2975.3	0.1	2244.0	151.9	772.1	262.2	0	364.8	3054.8	1.7	2303.9	154.1	795.6	269.6	0	374.3
	二期恒载	2497.6	0.4	1875.0	131.0	615.9	221.5	0	268.9	2624.8	6.1	1969.0	131.5	655.9	234.6	0	288.0
	三期恒载	934.9	0	701.0	60.3	230.3	125.2	0	160.0	937.0	0	702.5	59.2	241.3	59.3	0	74.4
	汽车	2339.8	124.0	1771.3	225.8	593.9	280.3	0	318.3	1750.4	94.1	1384.3	171.2	464.2	272.9	0	317.2
	挂车	3079.9	206.5	2377.8	230.1	808.3	315.3	0	392.0	2298.2	149.6	1774.1	239.2	603.2	417.4	0	523.8
	组合 I	11366.4	174.2	8677.7	749.7	2912.0	1179.2	0	1468.3	10909.6	141.3	8303.9	673.1	2815.3	1111.2	0	1394.6
	组合 Ⅲ	11077.4	227.7	8399.9	790.6	2830.9	1077.5	0	1383.9	10467.6	173.9	7921.9	676.9	2694.9	1135.2	0	1460.3
45°	I型截面自重	2961.9	0.7	2232.4	150.8	788.5	260.2	0	364.7	3036.8	1.5	2291.6	153.9	809.4	269.0	0	372.9
	二期恒载	2488.1	2.6	1865.1	128.6	630.9	220.8	0	269.1	2615.5	3.4	1963.1	132.8	659.9	238.7	0	286.6
	三期恒载	886.4	0	664.7	66.9	223.8	137.9	0	177.6	871.5	0	653.5	68.5	220.0	68.2	0	86.2
	汽车	2007.9	138.0	1587.4	250.8	545.4	310.6	0	354.1	1502.2	109.4	1187.6	198.8	408.0	315.7	0	368.6
	挂车	2760.8	229.4	2131.2	366.9	742.8	348.2	0	435.9	1971.5	173.6	1521.9	277.7	530.5	481.4	0	608.3
	组合 I	10935.8	197.2	8333.9	789.9	2872.3	1212.7	0	1542.9	10428.3	159.0	7930.1	725.7	2728.4	1167.1	0	1453.3
	组合 Ⅲ	10640.8	256.4	8059.1	835.7	2789.1	1725.7	0	1453.2	9997.3	196.8	7563.9	731.7	2610.8	1245.1	0	1584.1

预应力混凝土 I 形组合梁斜桥 跨径40米 斜交角0°、15°、30°、45°	汽车-20级 挂车-100
	净-9.75
内力表（四）	图号 12

内 力 表

斜交角	荷载	边梁 L/2 Mmax (KN-m)	边梁 L/2 Qmax (KN)	边梁 L/4 Mmax (KN-m)	边梁 L/4 Qmax (KN)	边梁 变化点 Mmax (KN-m)	边梁 变化点 Qmax (KN)	边梁 支点 Mmax (KN-m)	边梁 支点 Qmax (KN)	中梁 L/2 Mmax (KN-m)	中梁 L/2 Qmax (KN)	中梁 L/4 Mmax (KN-m)	中梁 L/4 Qmax (KN)	中梁 变化点 Mmax (KN-m)	中梁 变化点 Qmax (KN)	中梁 支点 Mmax (KN-m)	中梁 支点 Qmax (KN)
0°	I型截面自重	2997	1.16	2259.5	152.2	747.7	265.7	0	364.4	3079.5	2.2	2321.3	156.4	766	273.1	0	372.4
	二期恒载	2538.5	3.7	1904.5	130.8	598.2	228.4	0	265.2	2676.8	7.3	2008.2	137.8	626.7	240.9	0	283.!
	三期恒载	1430.9	0	1073.5	73.7	339.7	148.0	0	183.6	1427.1	0	1070.6	73.5	338.8	93.8	0	112.11
	汽车+人	3069.6	99.45	2403.5	213.7	773.3	270.5	0	326.5	2341.6	78.5	1836.2	164.5	591.1	240.6	0	284.1
	挂车	3288.6	162.7	2539.2	259.9	831.6	218.9	0	289.9	2489.1	123.1	1921.8	196.7	629.4	359.7	0	452.2
	组合Ⅰ	13289.9	145.1	10132.5	763.4	3260.6	1206.8	0	1504.6	12493.1	121.5	9503.4	705.1	3050.5	1119.6	0	1384.8
	组合Ⅲ	11977.1	184.8	9078.2	713.9	2937.6	1011.3	0	1294.7	11357.9	146.9	8594.2	657.7	2770.1	1125.1	0	1418.6
15°	I型截面自重	2994.4	.8	2257.8	151.2	767.8	264.4	0	366.1	3072.8	1.2	2316.4	786.9	786.9	272.6	0	374.1
	二期恒载	2520.6	2.9	1890.7	127.5	616.3	226.3	0	266.9	2644.8	4.4	1983.5	647.4	647.4	241.2	0	285.1
	三期恒载	1396.1	0	1047.4	80.9	339	159.4	0	198.9	1427.2	0	1070.7	346.5	346.5	97.5	0	117.1
	汽车+人	2833.4	107.8	2218.0	231.5	730.4	291.4	0	353.8	2260.7	81.9	1771.7	583.6	583.6	249.9	0	269.6
	挂车	3036.0	176.2	2344.1	281.7	786.0	234.9	0	314.0	2384.9	128.5	1841.4	617.5	617.5	372.8	0	472.1
	组合Ⅰ	12873.1	155.5	9807.2	778.5	3244.7	1247.6	0	1568.4	12325.4	121.5	9371.2	707.5	3101.9	1137.7	0	1414.0
	组合Ⅲ	11632.9	198.4	8813.4	741.5	2932.3	1038.6	0	1343.8	11196.9	148.1	8470.1	659.3	2816.3	1143.7	0	1450.8
30°	I型截面自重	2975.3	.1	2244.1	151.9	772.1	282.2	0	364.8	3054.8	1.8	2303.9	154.2	795.6	269.6	0	374.3
	二期恒载	2497.6	.4	1875.2	131.0	615.9	221.5	0	268.9	2624.9	1.1	1969	131.5	655.9	234.8	0	288.1
	三期恒载	1361	0	1020.8	85.6	335.1	170.2	0	213.2	1363.2	0	1022.4	84.1	335.6	106.5	0	128.2
	汽车+人	2631.4	115.8	2058.9	248.4	687.5	311.7	0	379.6	2037.1	90.1	1596.3	188.4	533.3	273.6	0	325.6
	挂车	2821.3	189.1	2177.9	302.4	740.5	250.8	0	336.9	2166.8	141.0	1672.8	225.5	588.7	407.4	0	517.9
	组合Ⅰ	12478.9	162.7	9503.1	813.7	3181.7	1282.2	0	1625.0	11868.5	135.6	9018.6	742.8	3035.8	1171.6	0	1474.7
	组合Ⅲ	11304.2	208.6	8563.7	790.4	2882.1	1060.6	0	1386.9	10834.8	164.6	8194.2	691.7	2770.1	1180.9	0	1518.5
45°	I型截面自重	2961.9	.7	2232.4	150.9	788.5	260.2	0	364.7	3036.9	1.5	2291.7	153.9	809.5	269.1	0	372.9
	二期恒载	2488.1	2.6	1865.1	128.6	630.9	220.8	0	269.1	2615.5	3.4	1963.1	132.8	659.9	238.7	0	286.6
	三期恒载	1314.1	0	985.4	94.9	331.8	187.6	0	236.4	1301.0	0	975.6	97.4	328.4	122.7	0	148.5
	汽车+人	2357.9	128.8	1844.4	275.9	631.2	344.5	0	421.9	1747.6	104.7	1368.9	218.7	468.8	316.3	0	378.7
	挂车	2529.1	210.3	1952.3	336.1	680.5	276.2	0	374.6	1859.0	163.7	1435.1	261.9	500.2	469.7	0	601.5
	组合Ⅰ	11989.1	184.3	9115.8	860.6	3134.4	1348.8	0	1716.7	11330.2	152.4	8602.5	805.4	2954.3	1259.2	0	1574.3
	组合Ⅲ	10899.0	235.2	8247.1	835.4	2850.0	1106.1	0	1456.3	10388.9	185.9	7854.9	748.9	2707.6	1273.1	0	1631.4

预应力混凝土I形组合梁斜桥 跨径40米 斜交角0°,15°,30°,45°	汽车-20级 挂车-100 净-9+2X1.50
内力表 (五)	图号 13

内力表

斜交角	荷载	边梁 L/2 Mmax (KN-m)	边梁 L/2 Qmax (KN)	边梁 L/4 Mmax (KN-m)	边梁 L/4 Qmax (KN)	边梁 变化 Mmax (KN-m)	边梁 变化 Qmax (KN)	边梁 支点 Mmax (KN-m)	边梁 支点 Qmax (KN)	中梁 L/2 Mmax (KN-m)	中梁 L/2 Qmax (KN)	中梁 L/4 Mmax (KN-m)	中梁 L/4 Qmax (KN)	中梁 变化 Mmax (KN-m)	中梁 变化 Qmax (KN)	中梁 支点 Mmax (KN-m)	中梁 支点 Qmax (KN)
0°	I型截面自重	2997	1.16	2259.5	152.2	747.7	265.7	0	364.4	3079.5	2.2	2321.3	156.4	766	273.1	0	372.4
	二期恒载	2538.5	3.7	1904.5	130.8	598.2	228.4	0	265.2	2676.8	7.3	2008.2	137.8	626.7	240.9	0	283.1
	三期恒载	1319.2	0	989.7	67.9	313.2	132.1	0	161.1	1319.5	0	989.9	67.9	313.2	92.4	0	109.4
	汽车＋人	2839.06	99.45	2230.58	201.82	718.54	244.50	0	292.85	2192.84	78.5	1724.6	156.8	555.8	238.6	0	280.3
	挂车	3288.6	162.67	2539.2	259.8	831.6	218.9	0	289.9	2489.1	123.12	1921.8	196.7	629.4	359.7	0	452.2
	组合Ⅰ	12810.3	145.08	9772.7	738.7	3146.7	1148.5	0	1426.9	12138.9	121.5	9237.7	686.9	2966.4	1114.8	0	1375.7
	组合Ⅲ	11843.1	184.8	8977.58	706.9	2905.72	992.3	0	1267.7	11228.9	146.9	8497.4	651.2	2739.5	1123.4	0	1415.3
15°	I型截面自重	2994.4	.8	2257.8	151.2	767.8	264.4	0	366.1	3072.8	1.2	2316.4	786.9	786.9	272.6	0	374.1
	二期恒载	2520.6	2.9	1890.7	127.5	616.3	226.3	0	266.9	2644.8	4.4	1983.5	647.4	647.4	241.2	0	285.1
	三期恒载	1292.9	0	969.9	73.6	313.9	142.4	0	174.6	1315.9	0	987.2	70.9	319.4	96.1	0	114.2
	汽车＋人	2622.0	107.8	2059.5	218.7	678.7	263.4	0	317.4	2100.6	81.9	1651.6	163.7	544.8	247.9	0	292.6
	挂车	3036.03	176.2	2344.1	281.7	786.1	234.9	0	314.0	2384.9	128.5	1841.4	205.4	617.5	372.8	0	472.1
	组合Ⅰ	12432.2	155.5	9476.53	750.9	3137.1	1184.98	0	1484.2	11949.8	121.5	9089.5	688.4	3010.7	1132.8	0	1404.5
	组合Ⅲ	11509.1	198.4	8720.5	732.7	2902.2	1018.2	0	1314.6	11063.3	148.1	8369.9	652.4	2783.9	1141.9	0	1447.4
30°	I型截面自重	2975.3	.1	2244.1	151.9	772.1	262.2	0	384.8	3054.8	1.8	2303.9	154.2	795.6	269.6	0	374.3
	二期恒载	2497.6	.4	1875.2	131.0	615.9	221.5	0	268.9	2624.9	1.1	1969	131.5	655.9	234.6	0	288.1
	三期恒载	1265.3	0	948.9	78.9	311.5	419.9	0	187.0	1269.8	0	952.4	77.8	312.6	104.9	0	125.1
	汽车＋人	2434.0	115.75	1910.9	234.6	638.9	281.8	0	340.7	1907.9	90.1	1499.4	179.6	501.5	271.3	0	321.2
	挂车	2821.3	189.1	2177.9	302.4	740.5	250.8	0	337.3	2166.8	141.1	1672.6	225.5	568.7	407.4	0	517.9
	组合Ⅰ	12068.1	162.6	9195.0	785.5	3080.5	1215.4	0	1534.9	11560.9	135.6	8787.9	721.9	2960.1	1166.3	0	1464.3
	组合Ⅲ	11189.3	208.6	8477.6	782.2	2853.9	1038.8	0	1355.9	10722.8	164.6	8110.2	684.2	2742.5	1178.9	0	1514.7
45°	I型截面自重	2961.9	7	2232.4	150.9	788.5	260.2	0	364.7	3036.9	1.5	2291.7	153.9	809.5	269.1	0	372.9
	二期恒载	2488.1	2.6	1865.1	128.6	630.9	220.8	0	269.1	2615.5	3.4	1863.1	132.8	659.9	238.7	0	286.6
	三期恒载	1228.6	0	921.3	87.4	310.2	167.6	0	207.5	1221.2	0	915.7	90.0	308.3	120.9	0	144.9
	汽车＋人	2181.4	128.8	1712.0	260.7	586.4	311.6	0	378.8	1636.9	104.7	1285.9	208.5	440.8	313.7	0	373.2
	挂车	2529.1	210.1	1952.3	336.1	680.5	276.2	0	374.6	1859.0	163.7	1435.1	261.9	500.2	469.7	0	601.5
	组合Ⅰ	11621.7	184.4	8840.3	829.5	3041.8	1275.4	0	1616.8	11066.8	152.4	8405.0	781.2	2887.8	1253.2	0	1562.2
	组合Ⅲ	10796.3	235.2	8170.1	826.3	2824.2	1082.2	0	1421.6	10293.1	185.9	7783.0	740.1	2683.4	1270.9	0	1627.0

预应力混凝土Ⅰ形组合梁斜桥	汽车-20级 挂车-100	
跨径40米 斜交角0°,15°,30°,45°	净-9+2X1.00	
内力表 (六)	图号	14

内力表

斜交角	荷载	边梁 L/2 Mmax (kN-m)	边梁 L/2 Qmax (kN)	边梁 L/4 Mmax (kN-m)	边梁 L/4 Qmax (kN)	边梁 变化点 Mmax (kN-m)	边梁 变化点 Qmax (kN)	边梁 支点 Mmax (kN-m)	边梁 支点 Qmax (kN)	中梁 L/2 Mmax (kN-m)	中梁 L/2 Qmax (kN)	中梁 L/4 Mmax (kN-m)	中梁 L/4 Qmax (kN)	中梁 变化点 Mmax (kN-m)	中梁 变化点 Qmax (kN)	中梁 支点 Mmax (kN-m)	中梁 支点 Qmax (kN)
0°	I型截面自重	2997.0	1.2	2259.5	152.2	747.7	265.7	0	364.4	3079.5	2.2	2321.3	156.4	766.0	273.1	0	372.4
	二期恒载	2538.5	3.7	1904.5	130.8	598.2	228.4	0	265.2	2676.8	7.4	2006.8	137.8	626.7	240.9	0	283.1
	三期恒载	1294.8	0	971.4	66.7	307.4	129.5	0	157.7	1298.2	0	973.9	66.9	308.2	83.7	0	100.3
	汽车+人	2838.1	96.7	2227.1	200.2	717.1	253.8	0	299.1	2291.5	80.1	1800.2	162.8	579.9	241.6	0	283.3
	挂车	3340.1	165.2	2578.9	284.0	844.7	229.5	0	298.7	2517.7	124.5	1944.0	199.0	636.7	361.4	0	453.2
	组合Ⅰ	12778.1	141.2	9744.4	734.8	3137.3	1158.8	0	1431.8	12257.2	123.7	9327.0	694.3	2995.5	1108.3	0	1368.9
	组合Ⅲ	11870.4	187.6	8999.3	709.9	2913.1	1000.8	0	1273.3	11234.9	148.5	8500.9	652.2	2741.4	1114.8	0	1405.5
15°	I型截面自重	2996.0	0.8	2259.0	151.1	767.6	265.1	0	365.9	3075.7	1.9	2318.8	154.6	786.5	273.1	0	373.8
	二期恒载	2525.9	2.8	1895.0	127.2	615.9	228.6	0	266.6	2654.9	6.6	1991.6	131.6	645.7	242.9	0	284.4
	三期恒载	1260.3	0	945.5	72.6	306.0	140.2	0	171.7	1283.9	0	963.2	69.2	311.7	86.2	0	103.8
	汽车+人	2609.2	105.2	2046.9	217.8	674.6	274.6	0	325.4	2215.0	82.9	1739.7	168.5	573.6	248.7	0	293.1
	挂车	3071.5	179.7	2371.5	287.3	795.2	247.5	0	324.9	2434.7	128.8	1879.8	205.9	630.4	371.2	0	468.8
	组合Ⅰ	12381.1	151.6	9434.4	747.8	3120.6	1202.4	0	1491.6	12094.4	126.4	9201.9	695.5	3040.5	1124.5	0	1391.1
	组合Ⅲ	11517.3	201.9	8728.1	751.8	2902.3	1032.9	0	1322.4	11095.6	151.9	8396.0	653.0	2786.1	1131.0	0	1430.2
30°	I型截面自重	2976.8	0.6	2244.3	151.4	772.1	262.3	0	364.6	3058.6	1.4	2306.9	153.9	795.1	271.6	0	373.9
	二期恒载	2506.2	2.3	1880.6	129.0	621.2	223.5	0	268.1	2637.9	4.6	1979.6	130.3	654.1	241.5	0	286.4
	三期恒载	1226.9	0	920.2	77.8	302.1	149.9	0	184.1	1238.1	0	928.6	76.4	304.9	94.9	0	114.5
	汽车+人	2419.6	113.2	1897.3	234.0	634.0	294.4	0	349.8	1997.0	91.7	1567.7	186.1	524.2	274.3	0	324.1
	挂车	2849.9	193.2	2200.0	308.9	747.9	264.7	0	349.2	2196.2	142.4	1695.4	227.7	576.4	408.6	0	518.2
	组合Ⅰ	12011.4	161.8	9145.9	780.3	3068.2	1233.6	0	1543.4	11673.2	135.6	8875.6	727.9	2980.7	1169.1	0	1452.7
	组合Ⅲ	11186.9	215.9	8474.2	785.1	2857.2	1053.9	0	1364.3	10737.4	163.8	8123.1	683.2	2739.0	1178.9	0	1499.7
45°	I型截面自重	2962.5	0.5	2234.4	151.7	789.2	260.6	0	365.3	3043.5	1.7	2295.0	153.4	813.0	268.8	0	374.4
	二期恒载	2486.4	1.6	1866.8	131.7	627.1	220.7	0	271.1	2620.6	5.9	1965.9	130.2	669.8	236.8	0	290.7
	三期恒载	1183.6	0	887.6	86.2	298.9	165.1	0	204.0	1174.9	0	881.0	89.6	296.7	110.6	0	134.4
	汽车+人	2170.1	125.8	1701.0	259.8	582.6	325.4	0	388.5	1691.9	107.9	1327.7	218.8	454.9	321.1	0	381.3
	挂车	2556.8	214.5	1973.7	343.0	687.9	291.5	0	387.8	1860.7	167.4	1436.4	267.7	500.7	476.9	0	609.3
	组合Ⅰ	11547.0	178.7	8786.4	831.6	3017.6	1292.8	0	1630.1	11104.1	160.3	8430.5	776.8	2910.9	1224.6	0	1567.8
	组合Ⅲ	10771.5	238.4	8157.6	837.4	2814.9	1096.4	0	1435.1	10253.5	193.3	7750.3	742.4	2686.2	1264.2	0	1629.6

预应力混凝土I形组合梁斜桥		汽车-20级 挂车-100
跨径40米 斜交角0°,15°,30°,45°		净-7+2X1.00
内力表 (七)		图号 15

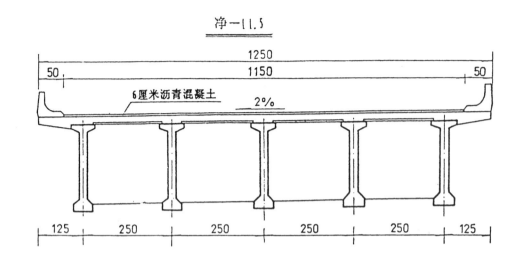

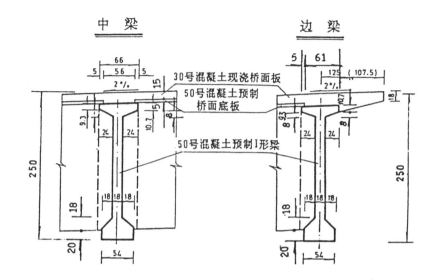

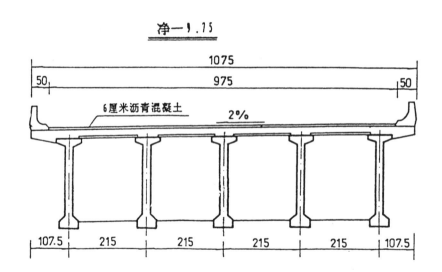

净一11.5

中 梁　　边 梁

净一9.75

一孔 行车道铺装材料数量表

桥面净宽 (m)	平面面积 (m^2)	沥青混凝土 (m^3)
净一11.5	460	27.6
净一9.75	390	23.4

附注

1、图中尺寸均以厘米计。

2、图中数字有括号并列者，括号内数字用于主梁间距为2.15米者，括号外数字用于主梁间距为2.50米者。无括号者共用。

预应力混凝土I形组合梁斜桥 跨径40米 斜交角0°.15°.30°.45°	汽车-20级 挂车-100 汽车-超20级 挂车-120
	净-11.5 净-9.75
桥梁横断面(一)	图号 16

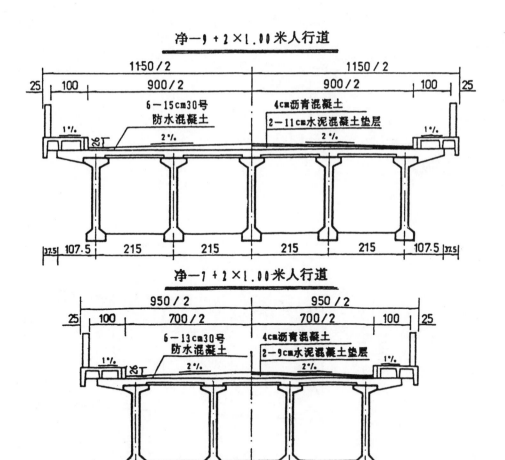

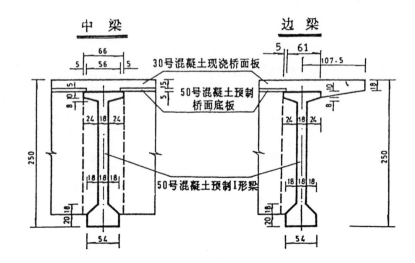

净—9+2×1.50米人行道

净—9+2×1.00米人行道

净—7+2×1.00米人行道

一孔行车道桥面铺装材料数量表　单位：(m^3)

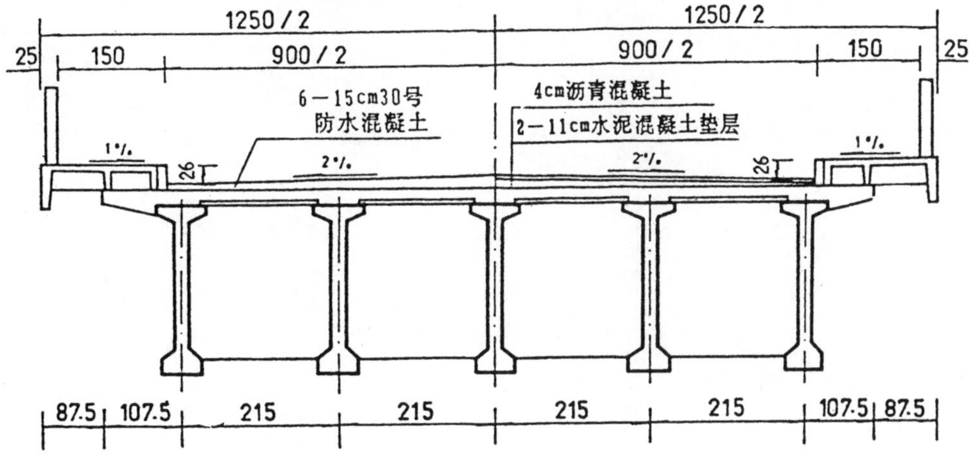

桥面净宽 (m)	桥面铺装类型		
	水泥混凝土	沥青混凝土	
	30号防水混凝土	25号混凝土三角垫层	沥青混凝土面层
净—9	37.8	23.4	14.4
净—7	26.6	15.4	11.2

一孔桥人行道铺装材料数量表　单位：(m^3)

人行道宽度 (m)	人行道铺装方案	
	20号水泥砂浆	沥　青　砂
2×1.00	2.0	2.0
2×1.50	2.8	2.8

附注

图中尺寸均以厘米计。

预应力混凝土I形组合梁斜桥 跨径40米 斜交角0°、15°、30°、45°	汽车—20级　挂车—100	净—9+2×1.50 净—9+2×1.00 净—7+2×1.00
桥梁横断面（二）	图号	17

半Ⅳ—Ⅳ（尺寸以中梁轴线示出）

半Ⅴ—Ⅴ

附注

一片预制I形梁混凝土数量表

梁位	50号混凝土 (m³)	安装重量 (t)
中 梁	28.79	74.9
边 梁	28.19	73.3

1、图中尺寸均以厘米计。

2、图中Ⅴ－Ⅴ断面仅示出一半。

3、主梁及桥面底板为50号混凝土预制，桥面板及横隔板为30号混凝土现浇。

4、图中括号内外数字分别用于净－9.75及净－11.5米，无括号者共用。

预应力混凝土I形组合梁斜桥 跨径40米 斜交角 0°	汽车-20级 挂车-100 汽车-超20级 挂车-120 净-11.5 净-9.75
主梁一般构造(一)	图号 18

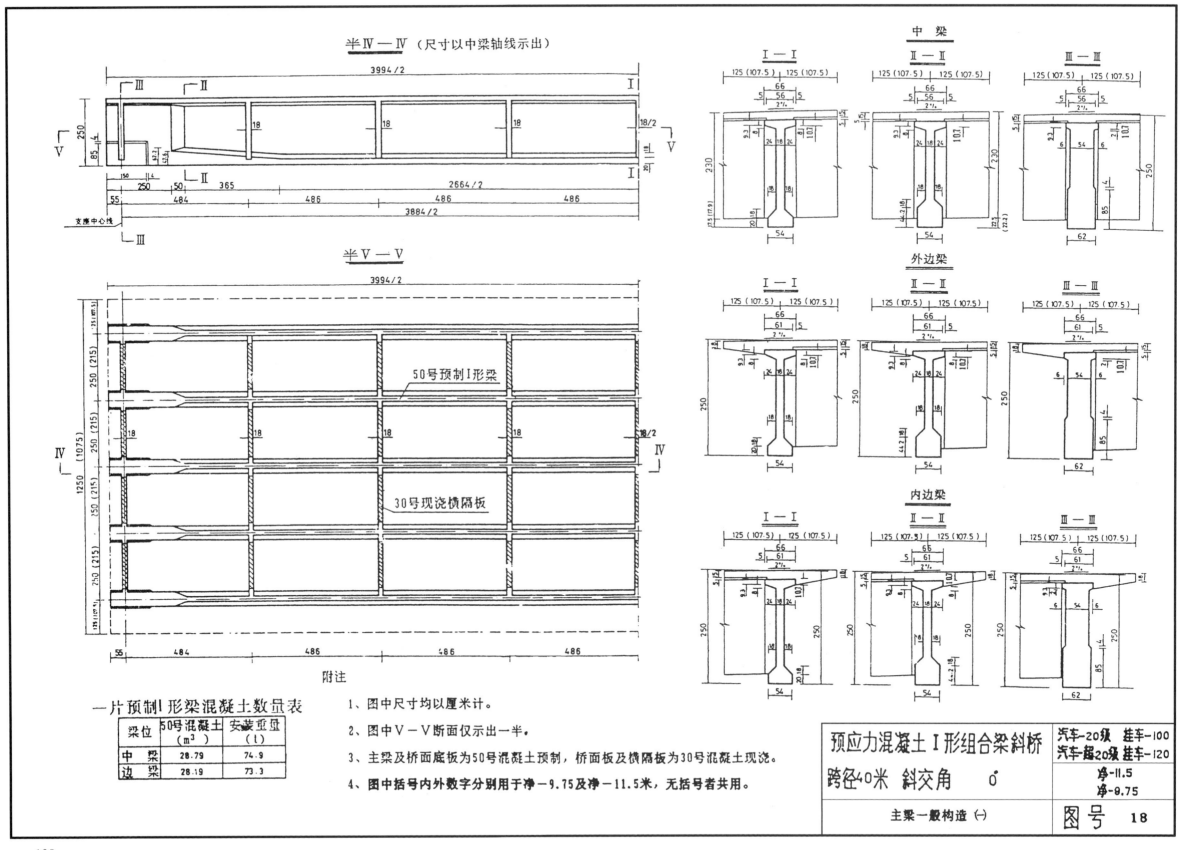

半Ⅳ—Ⅳ（尺寸以中梁轴线示出）

半Ⅴ—Ⅴ

附注

一片预制I形梁混凝土数量表

梁位	50号混凝土（m³）	安装重量（t）
中梁	28.89	75.1
边梁	28.39	73.6

1、图中尺寸均以厘米计。

2、图中Ⅴ－Ⅴ断面仅示出一半，另一半为对角对称图形。

3、主梁及桥面底板为50号混凝土预制，桥面板及横隔板为30号混凝土现浇。

4、图中括号内外数字分别用于净－9.75及净－11.5米，无括号者共用。

预应力混凝土I形组合梁斜桥 跨径40米 斜交角 15°	汽车-20级 挂车-100 汽车-超20级 挂车-120 净-11.5 净-9.75
主梁一般构造（二）	图号 19

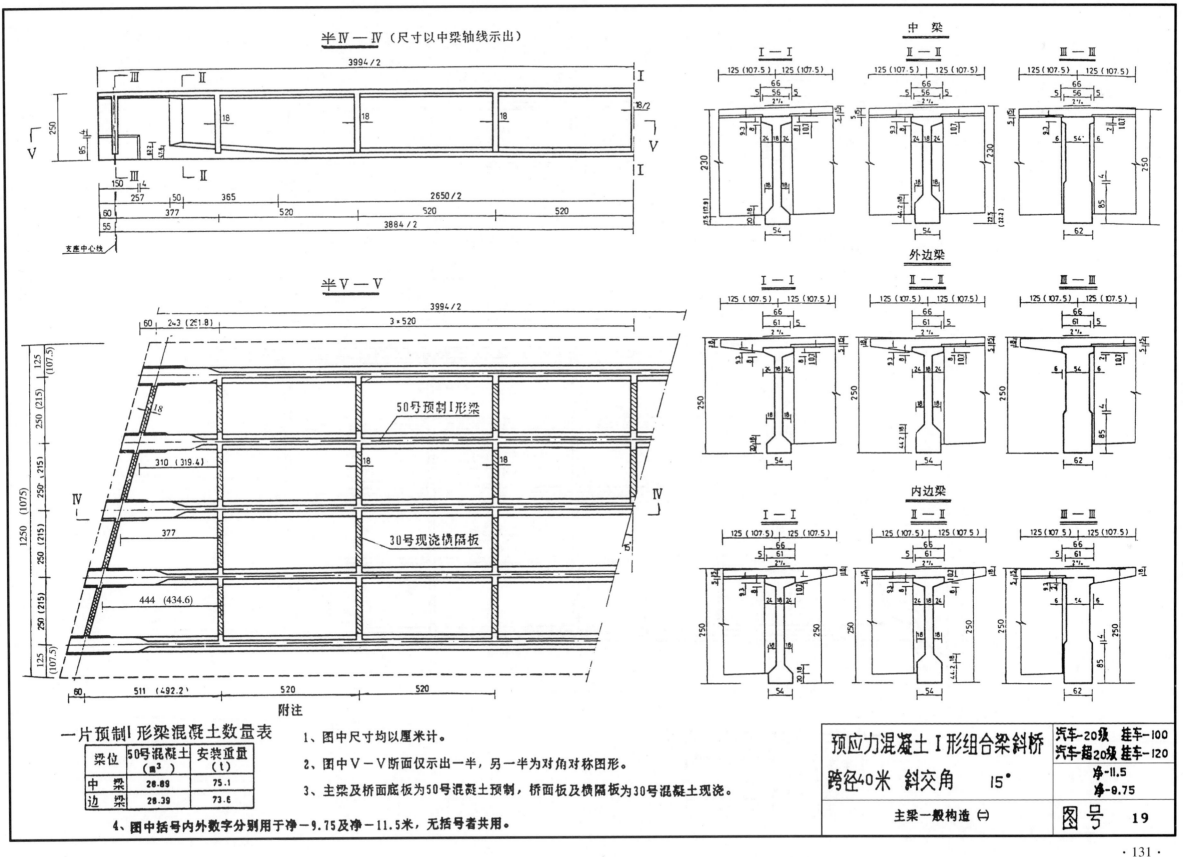

一片预制I形梁混凝土数量表

梁位	50号混凝土 (m^3)	安装重量 (t)
中梁	29.04	75.5
边梁	28.43	73.9

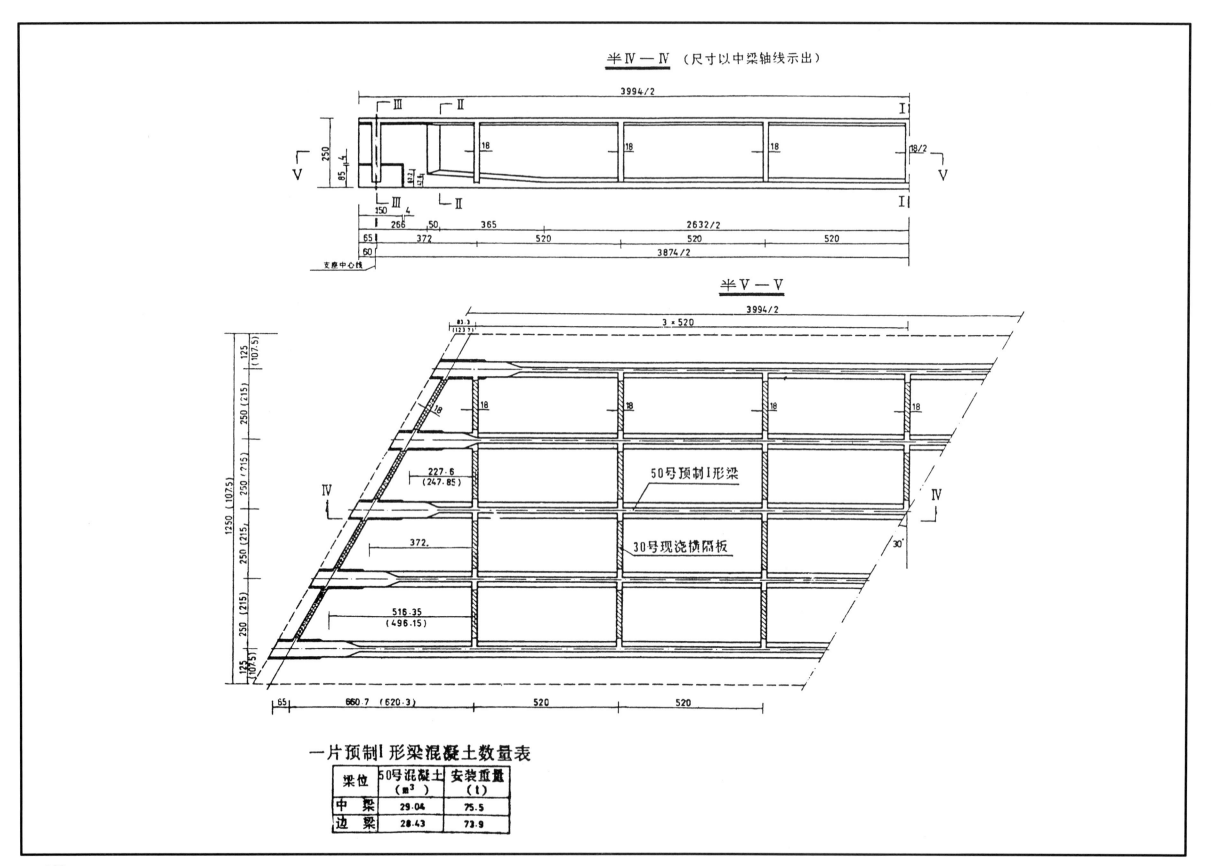

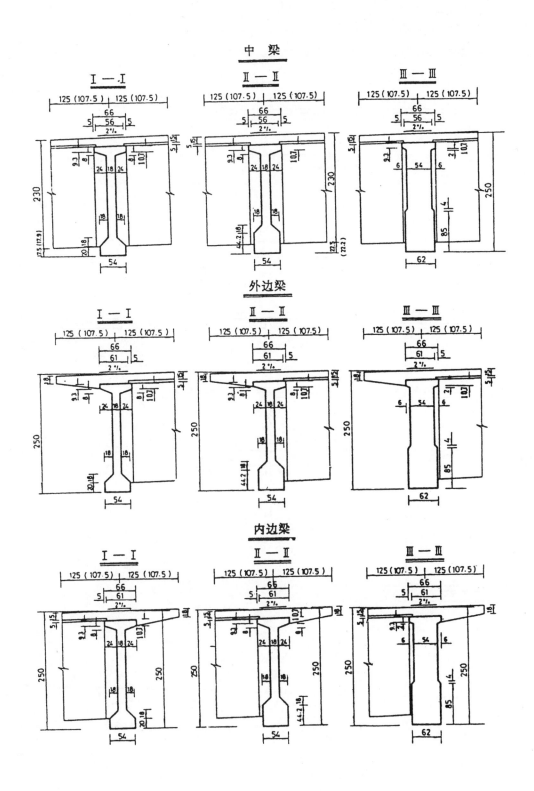

附注

1、图中尺寸均以厘米计。

2、图中Ⅴ-Ⅴ断面仅示出一半，另一半为对角对称图形。

3、主梁及桥面底板为50号混凝土预制，桥面板及横隔板为30号混凝土现浇。

4、图中括号内外数字分别用于净-9.75及净-11.5米，无括号者共用。

预应力混凝土Ⅰ形组合梁斜桥	汽车-20级 挂车-100 汽车超20级 挂车-120	
跨径40米 斜交角 30°	净-11.5 净-8.75	
主梁一般构造（三）	图号	20

一片预制I形梁混凝土数量表

梁位	50号混凝土 (m^3)	安装重量 (t)
中梁	29.22	76.0
边梁	28.60	74.4

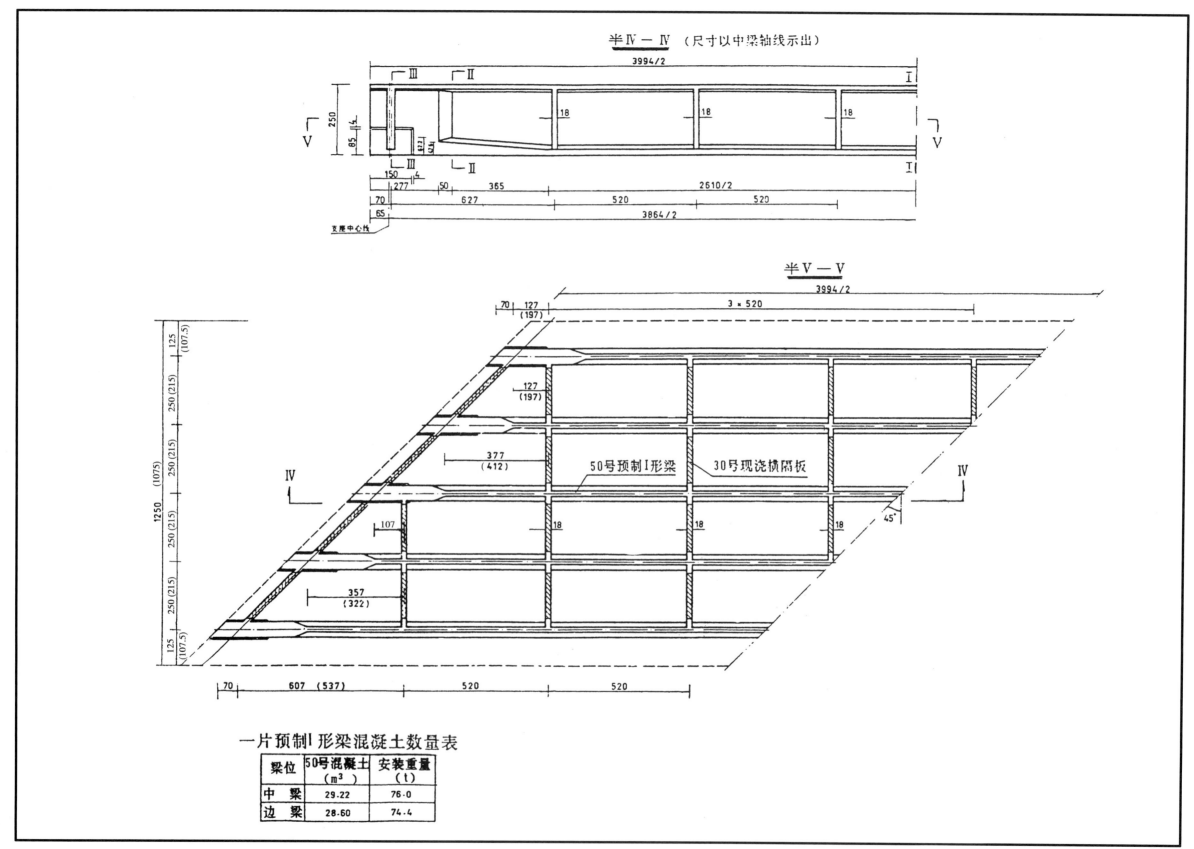

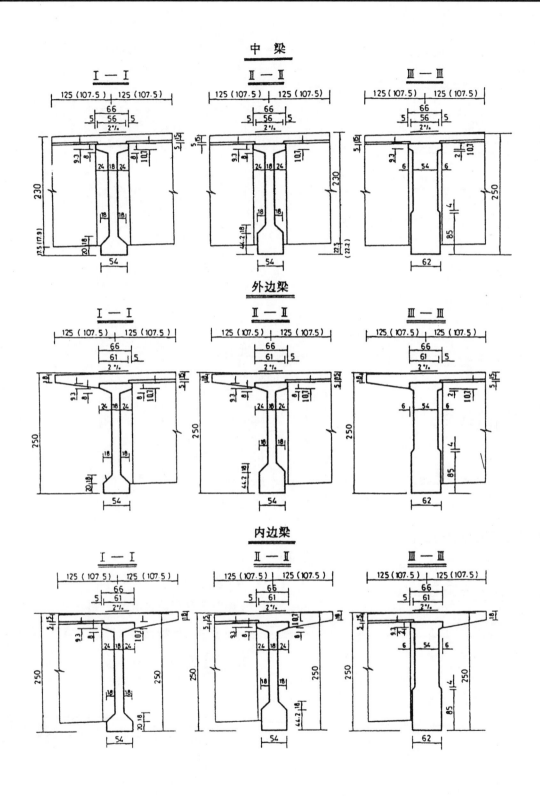

附注

1、图中尺寸均以厘米计。

2、图中V－V断面仅示出一半，另一半为对角对称图形。

3、主梁及桥面底板为50号混凝土预制，桥面板及横隔板为30号混凝土现浇。

4、图中括号内外数字分别用于净－9.75及净－11.5米无括号者共用。

预应力混凝土I形组合梁斜桥	汽车-20级 挂车-100
	汽车-超20级 挂车-120
跨径40米 斜交角 45°	净-11.5
	净-8.75
主梁一般构造(四)	图号 21

半Ⅳ—Ⅳ（尺寸以中梁轴线示出）

半Ⅴ—Ⅴ

中 梁

边 梁

附注

1、图中尺寸均以厘米计。

2、图中Ⅴ－Ⅴ断面仅示出一半。

3、主梁及桥面底板为50号混凝土预制，桥面板及横隔板为30号混凝土现浇。

一片预制I形梁混凝土数量表

梁位	50号混凝土（m^3）	安装重量（t）
中 梁	28.79	74.9
边 梁	28.19	73.3

预应力混凝土Ⅰ形组合梁斜桥		汽车-20级 挂车-100
跨径40米 斜交角 0°		净-9+2×1.50 净-9+2×1.00
主梁一般构造（五）		图号 22

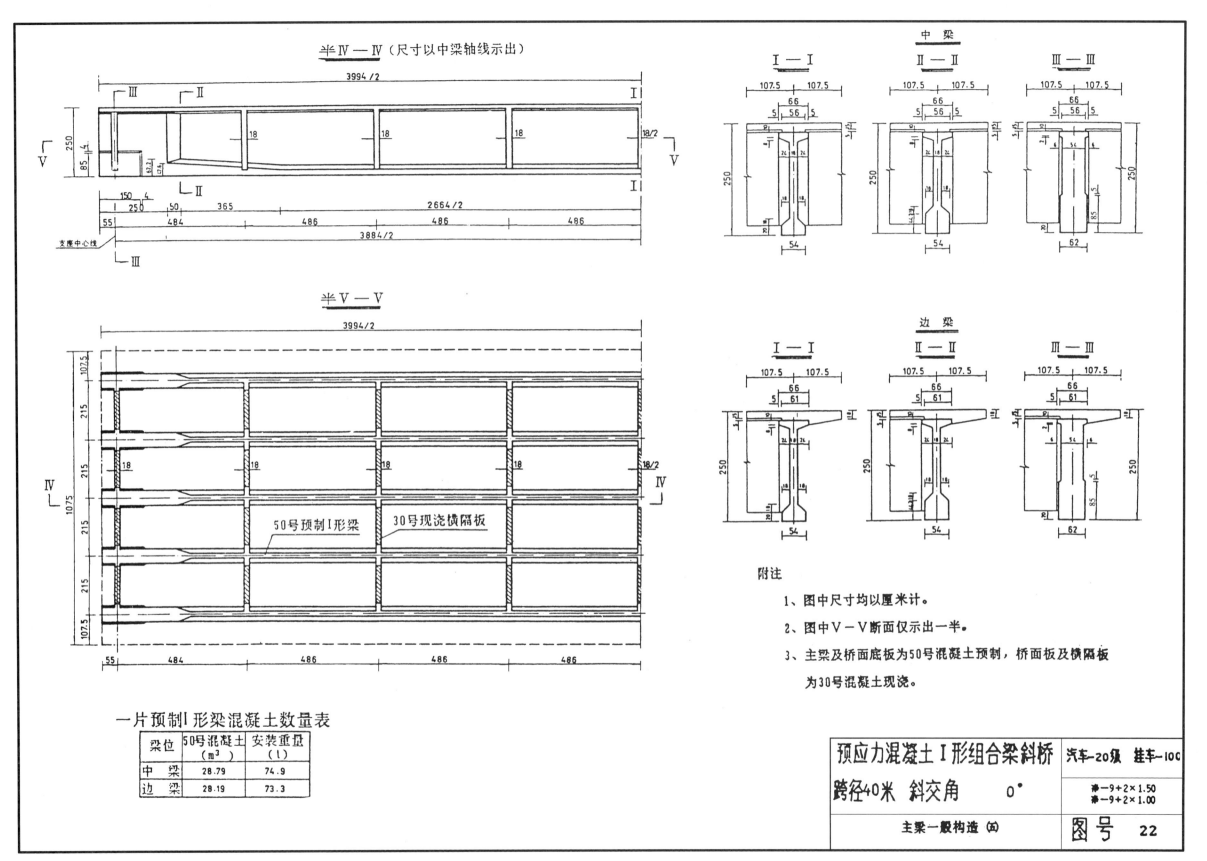

半Ⅳ—Ⅳ（尺寸以中梁轴线示出）

半Ⅴ—Ⅴ

中梁

边梁

附注

1、图中尺寸均以厘米计。

2、图中Ⅴ—Ⅴ断面仅示出一半，另一半为对角对称图形。

3、主梁及桥面底板为50号混凝土预制，桥面板及横隔板为30号混凝土现浇。

一片预制I形梁混凝土数量表

梁位	50号混凝土（m^3）	安装重量（t）
中 梁	28.89	75.6
边 梁	28.29	73.6

预应力混凝土I形组合梁斜桥 跨径40米 斜交角 15°	汽车—20级 挂车—100
	净—9+2×1.50 净—9+2×1.00
主梁一般构造（六）	图号 23

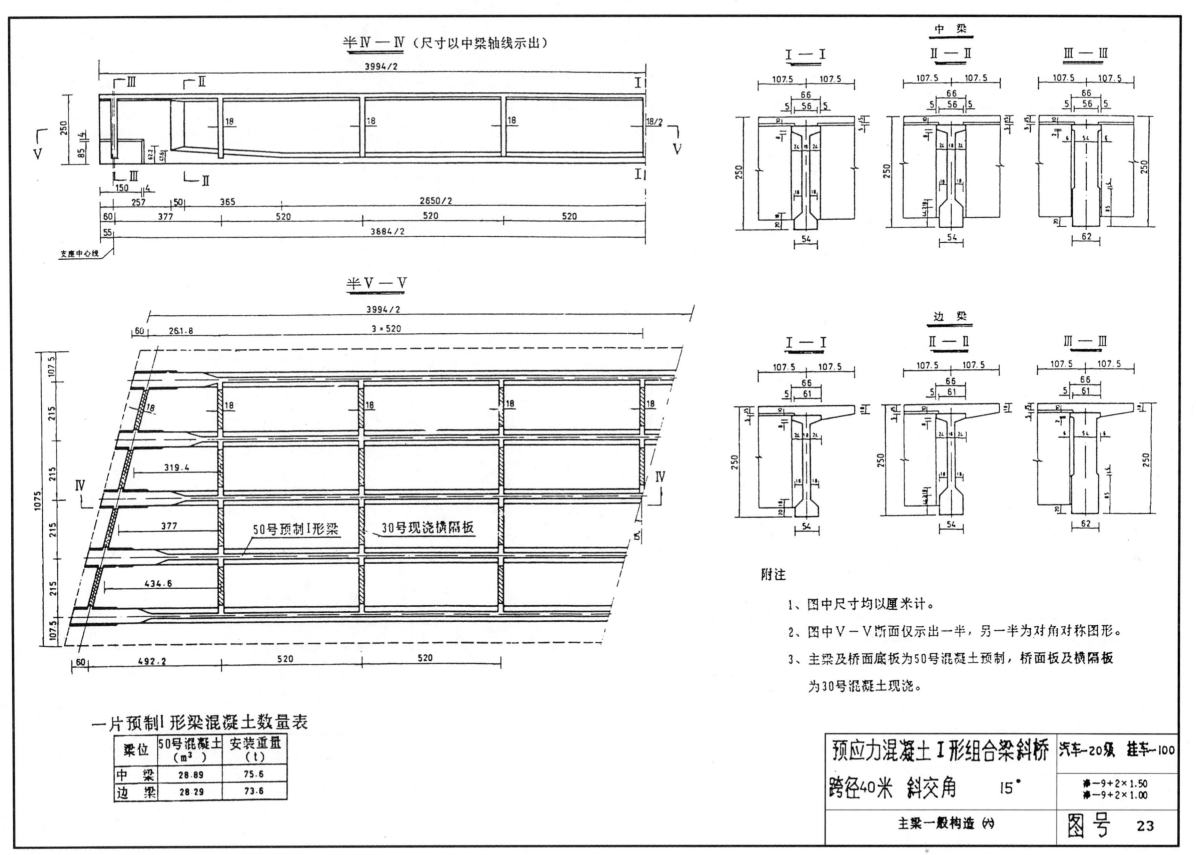

半Ⅳ—Ⅳ（尺寸以中梁轴线示出）

中 梁

半Ⅴ—Ⅴ

边 梁

附注

1、图中尺寸均以厘米计。

2、图中Ⅴ－Ⅴ断面仅示出一半，另一半为对角对称图形。

3、主梁及桥面底板为50号混凝土预制，桥面板及横隔板为30号混凝土现浇。

一片预制I形梁混凝土数量表

梁位	50号混凝土（m³）	安装重量（t）
中 梁	29.04	75.5
边 梁	28.43	73.9

预应力混凝土I形组合梁斜桥 跨径40米 斜交角 30°	汽车-20级 挂车-100 净-9+2×1.50 净-9+2×1.00
主梁一般构造（七）	图号 24

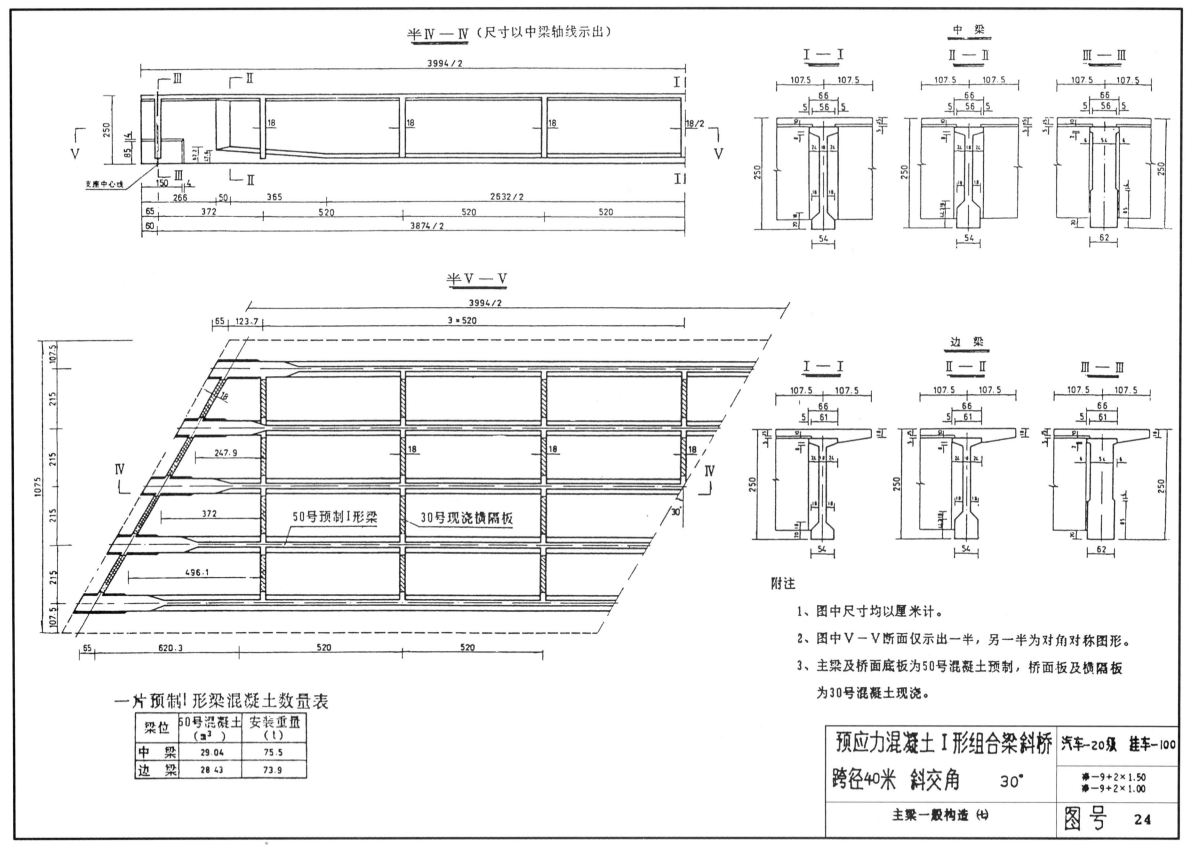

附注

一片预制I形梁混凝土数量表

梁位	50号混凝土（m³）	安装重量（t）
中 梁	25.22	76.0
边 梁	28.60	74.4

1、图中尺寸均以厘米计。

2、图中Ⅴ－Ⅴ断面仅示出一半，另一半为对角对称图形。

3、主梁及桥面底板为50号混凝土预制，桥面板及横隔板为30号混凝土现浇。

预应力混凝土I形组合梁斜桥 跨径40米 斜交角 45°	汽车-20级 挂车-100
	净-9+2×1.50 净-9+2×1.00
主梁一般构造（八）	图号 25

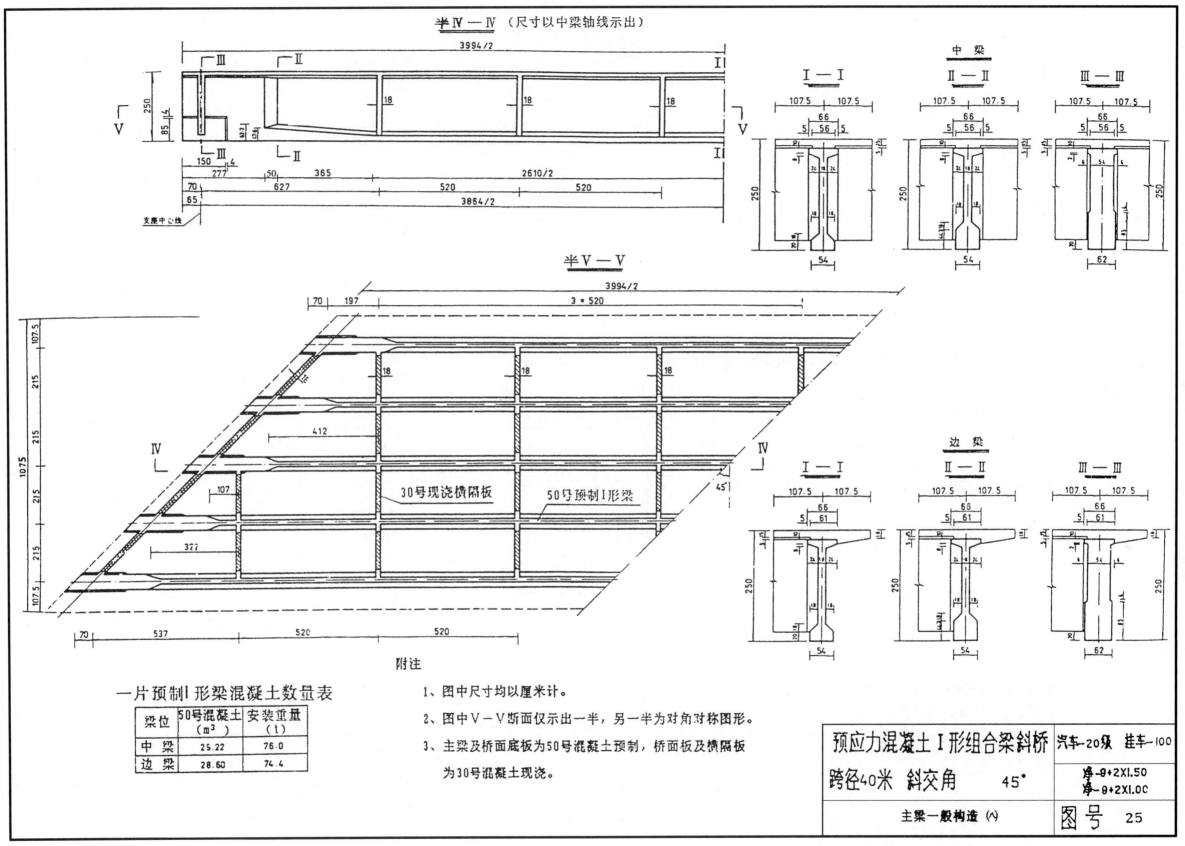

一片预制I形梁混凝土数量表

梁位	50号混凝土 (m^3)	安装重量 (t)
中 梁	28.79	74.9
边 梁	28.19	73.3

附注

1、图中尺寸均以厘米计。

2、图中Ⅴ－Ⅴ断面仅示出一半。

3、主梁及桥面底板为50号混凝土预制，桥面板及横隔板为30号混凝土现浇。

预应力混凝土I形组合梁斜桥 跨径40米 斜交角 0°		汽车-20级 挂车-100
		净-7+2X1.00
主梁一般构造(九)		图号 26

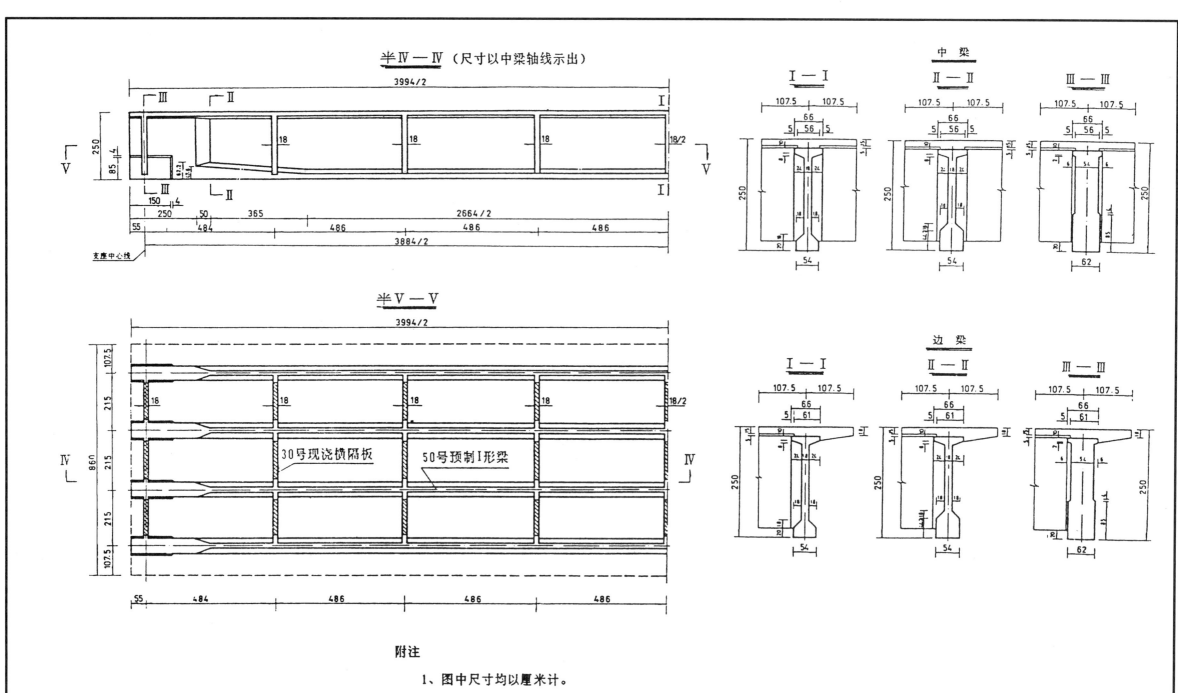

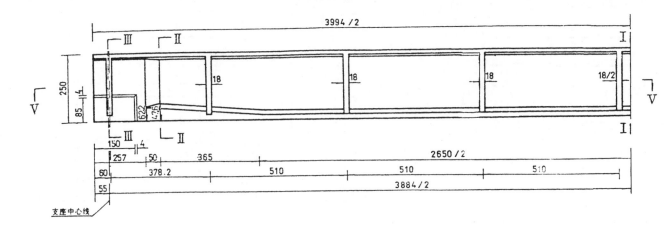

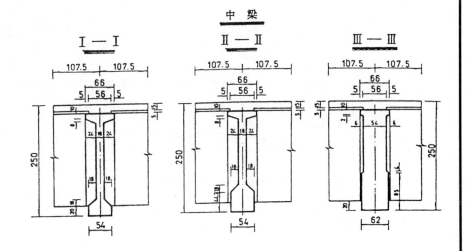

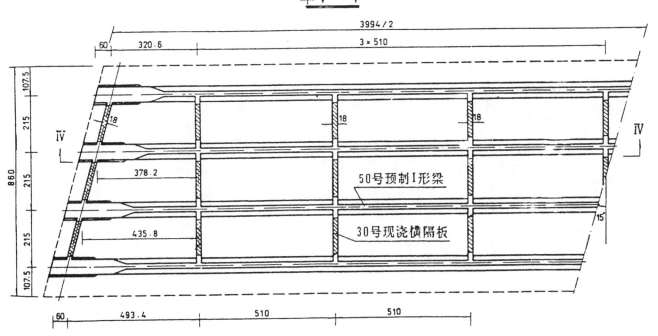

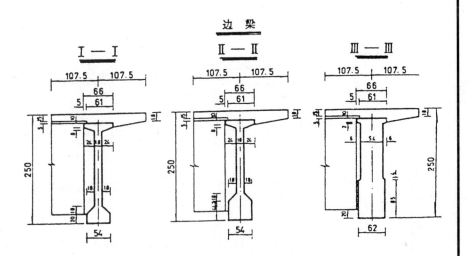

半Ⅳ—Ⅳ（尺寸以中梁轴线示出）

半Ⅴ—Ⅴ

一片预制I形梁混凝土数量表

梁位	50号混凝土（m³）	安装重量（t）
中梁	28.89	75.1
边梁	28.29	73.6

附注

1、图中尺寸均以厘米计。

2、图中Ⅴ－Ⅴ断面仅示出一半，另一半为对角对称图形。

3、主梁及桥面底板为50号混凝土预制，桥面板及横隔板为30号混凝土现浇。

预应力混凝土I形组合梁斜桥 跨径40米 斜交角 15°	汽车—20级 挂车—100
	净—7+2×1.00
主梁一般构造（十）	图号 27

半Ⅳ—Ⅳ（尺寸以中梁轴线示出）

半Ⅴ—Ⅴ

中梁

边梁

附注

1、图中尺寸均以厘米计。

2、图中Ⅴ－Ⅴ断面仅示出一半，另一半为对角对称图形。

3、主梁及桥面底板为50号混凝土预制，桥面板及横隔板为30号混凝土现浇。

一片预制I形梁混凝土数量表

梁位	50号混凝土（m³）	安装重量（t）
中　梁	29.04	75.5
边　梁	28.43	73.9

预应力混凝土I形组合梁斜桥 跨径40米　斜交角　30°	汽车—20级　挂车—100 净—7+2×1.00
主梁一般构造（十一）	图号　28

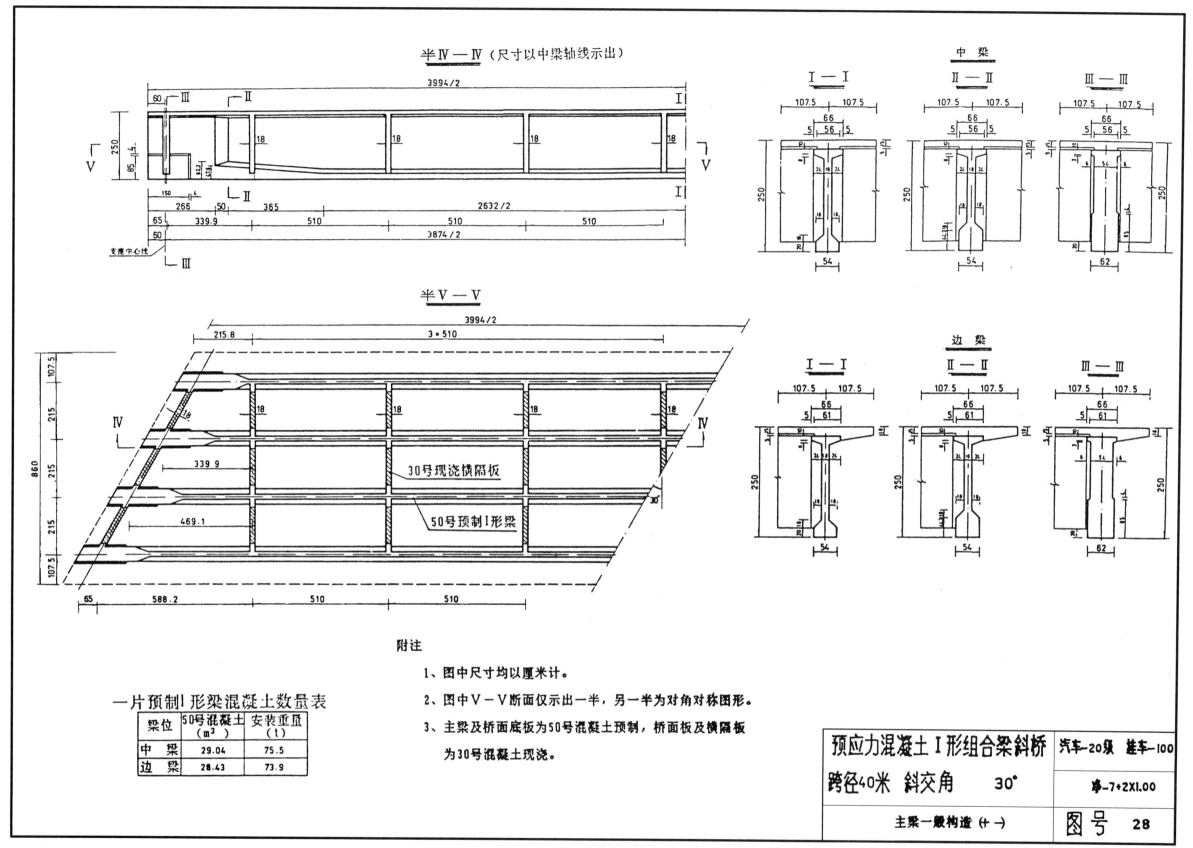

半Ⅳ—Ⅳ （尺寸以中梁轴线示出）

半Ⅴ—Ⅴ

中梁

边梁

一片预制I形梁混凝土数量表

梁位	50号混凝土（m^3）	安装重量（t）
中 梁	29.22	76.0
边 梁	28.60	74.4

附注

1、图中尺寸均以厘米计。

2、图中Ⅴ—Ⅴ断面仅示出一半，另一半为对角对称图形。

3、主梁及桥面底板为50号混凝土预制，桥面板及横隔板为30号混凝土现浇。

预应力混凝土I形组合梁斜桥 跨径40米 斜交角 45°	汽车—20级 挂车—100
	净—7+2×1.00
主梁一般构造（十二）	图号 29

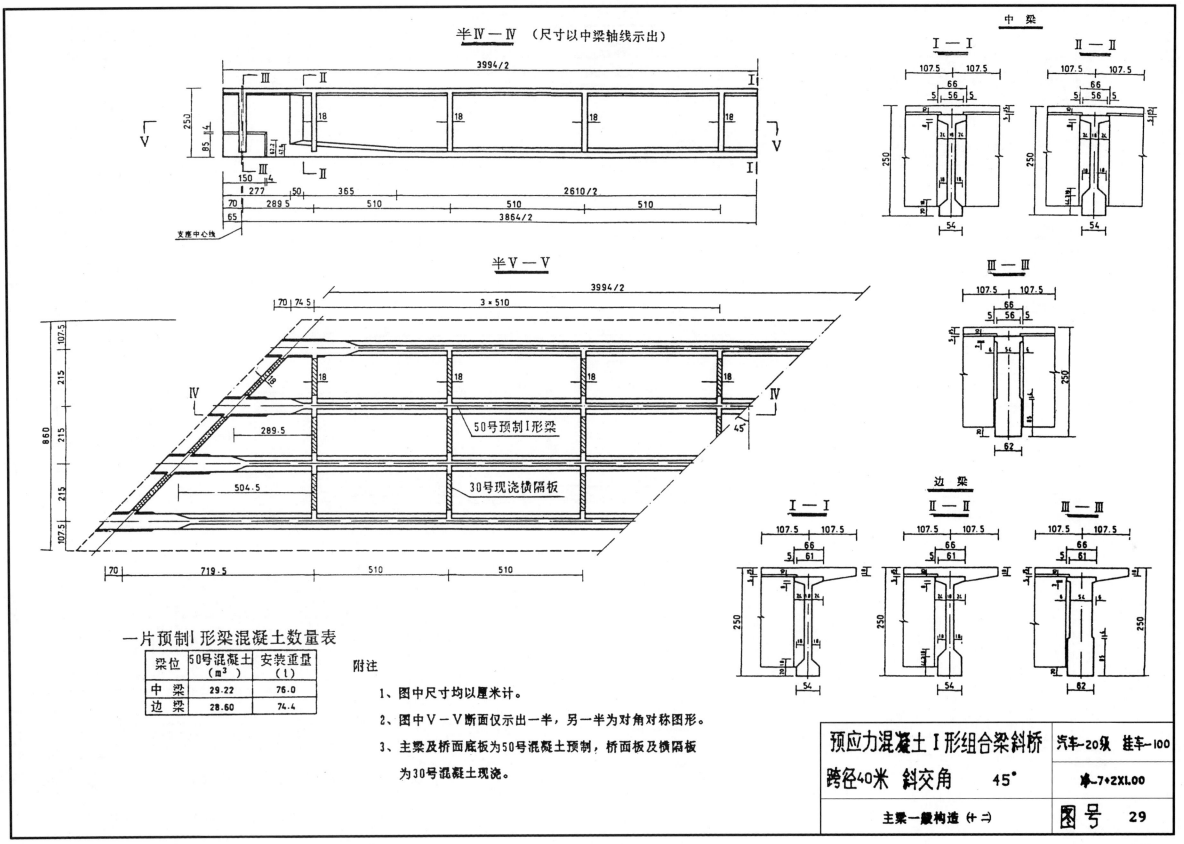

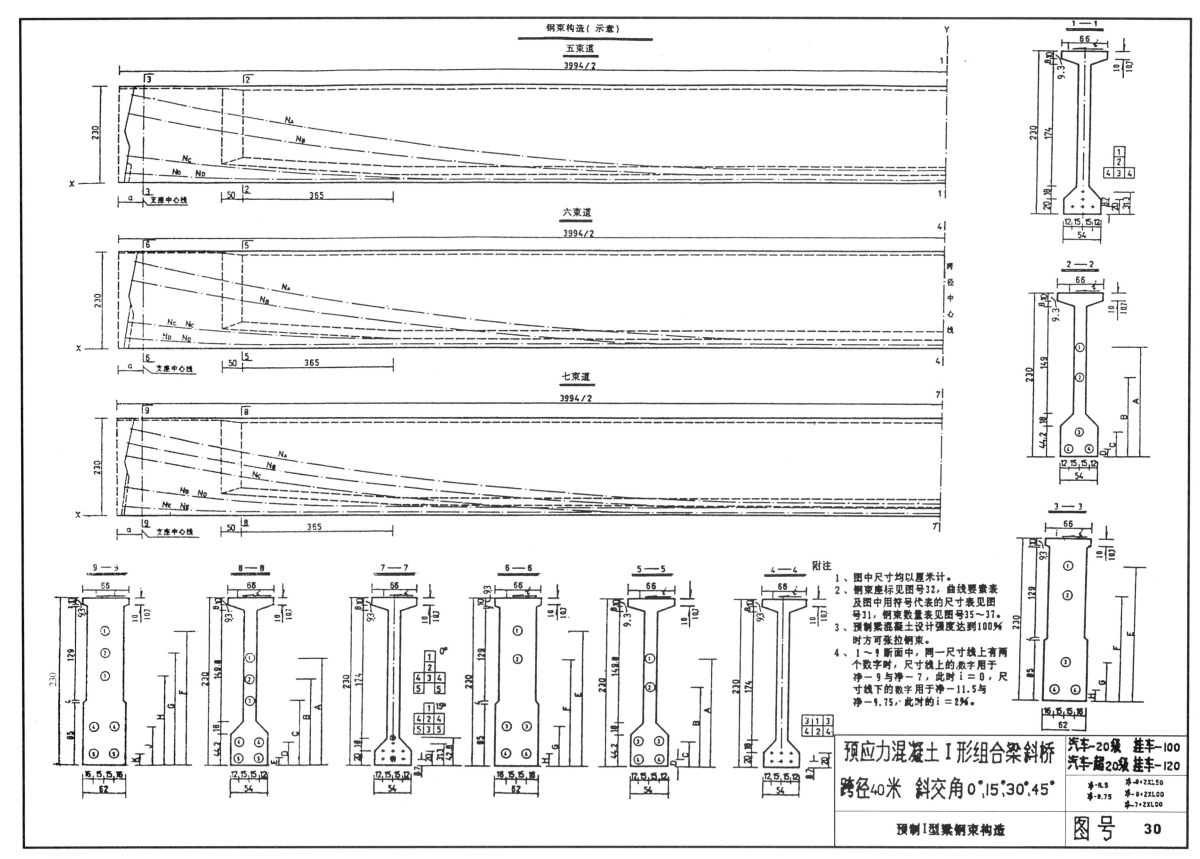

尺寸表

五束

截面号	座标 \ 斜交角	0°	15°	30°	45°
	a	55	55	60	65
2—2	A	152.300	151.771	151.595	151.595
	B	111.828	111.323	111.156	111.156
	C	32.686	32.412	32.322	32.322
	D	8.700	8.700	8.700	8.700
3—3	E	199.521	200.358	200.987	202.250
	F	157.764	158.592	159.217	160.468
	G	60.342	60.882	61.288	62.106
	H	19.928	20.399	20.758	21.493

六束

截面号	座标 \ 斜交角	0°	15°	30°	45°
	a	55	55	60	65
5—5	A	152.002	151.467	151.288	151.288
	B	111.380	110.866	110.696	110.696
	C	34.402	34.166	34.087	34.087
	D	8.700	8.700	8.700	8.700
6—6	E	199.517	200.356	200.986	202.249
	F	157.757	158.588	159.213	160.465
	G	60.368	60.901	61.304	62.116
	H	19.928	20.399	20.758	21.492

七束

截面号	座标 \ 斜交角	0°	15°
	a	55	55
8—8	A	168.45	157.66
	B	138.05	127.26
	C	107.82	97.05
	D	34.402	34.166
9—9	E	8.700	8.700
	F	210.15	200.54
	G	179.14	169.53
	H	148.15	138.53
	J	60.368	60.921
	K	19.928	20.399

钢束张拉顺序表

束数	张拉顺序	钢束编号
五束	1	4
	2	1，2
	3	3
六束	1	4
	2	1，2
	3	3
七束	1	5
	2	1，2
	3	4
	4	3

钢束曲线要素表

五束

斜交角(度)	0°				15°				30°				45°			
束号	1	2	3	4,4	1	2	3	4,4	1	2	3	4,4	1	2	3	4,4
弯起角(度)	12	12	8	8	12	12	8	8	12	12	8	8	12	12	8	8
弯起半径(cm)	7948.837	6635.471	5785.070	1674.896	7948.837	6635.471	5785.070	1674.896	7948.837	6635.471	5785.070	1674.896	7948.837	6635.471	5785.070	1674.896
起弯点至跨中距离(cm)	315.340	596.907	1170.74	1748.386	311.340	592.907	1166.740	1744.386	303.340	584.907	1158.740	1736.386	292.340	573.907	1147.740	1725.386
曲线长度(cm)	1664.801	1389.730	807.748	233.860	1664.801	1389.730	807.748	233.860	1664.801	1389.730	807.748	233.860	1664.801	1389.730	807.748	233.860

六束

斜交角(度)	0°				15°				30°				45°			
束号	1	2	3	4,4	1	2	3	4,4	1	2	3	4,4	1	2	3	4,4
弯起角(度)	12	12	8	8	12	12	8	8	12	12	8	8	12	12	8	8
弯起半径(cm)	8465.946	7152.580	4623.946	1674.896	8465.946	7152.580	4623.946	1674.896	8465.946	7152.580	4623.946	1674.896	8465.946	7152.580	4623.946	1674.896
起弯点至跨中距离(cm)	207.827	489.394	1332.337	1748.386	203.827	485.394	1328.337	1744.386	195.827	477.394	1320.337	1736.386	184.827	466.394	1309.337	1725.386
曲线长度(cm)	1773.104	1498.033	645.625	233.860	1773.104	1498.033	645.625	233.860	1773.104	1498.033	645.625	233.860	1773.104	1498.033	645.625	233.860

七束

斜交角(度)	0°					15°				
束号	1	2	3	4, 4	5, 5	1	2	3	4, 4	5, 5
弯起角(度)	10.5	10.5	10.5	8	8	10.5	10.5	10.5	8	8
弯起半径(cm)	10295.55	9178.80	8062.06	4623.946	1674.896	10373.18	9256.44	8139.69	4623.946	1674.846
起弯点至跨中距离(cm)	92.10	301.17	510.24	1332.337	1748.386	75.80	284.88	493.95	1328.337	1741.336
曲线长度(cm)	1886.76	1682.10	1477.45	645.625	233.860	1900.90	1696.00	1491.68	645.625	233.860

附注

1、钢束构造、钢束及断面编号见图号 30 。

2、钢束曲线终点至锚点间沿切线方向用直线连接。

3、钢束座标见图号32、33，锚点座标见图号34。

4、钢束张拉吨位：八股一束为1259.90KN，九股一束为1417.39 KN。

预应力混凝土 I 形组合梁斜桥 跨径40米 斜交角0°,15°,30°,45°	汽车-20级 挂车-100 汽车-超20级 挂车-120 净-11.5 净-9+2X1.50 净-9.75 净-9+2X1.00 净-7+2X1.00
钢束曲线要素表	图号 31

钢 束 座 标 表

钢束数	斜交角	束号	水平座标 X / 竖直座标 Y	0 (跨中截面)	100	200	300	400	500	600	700	800	900	1000	1100	1200	1300	1400	1500	1600	1700	1800	1900
5束	0°	1	Y	31.3	31.3	31.3	31.3	31.8	33.4	36.4	40.6	46.1	52.8	60.8	70.1	80.7	92.5	105.7	120.1	135.8	152.8	171.2	190.9
		2	Y	20	20	20	20	20	20	20	20.8	23.1	26.9	32.3	39.1	47.5	57.4	68.8	81.7	96.3	112.3	130.0	149.2
		3	Y	8.7	8.7	8.7	8.7	8.7	8.7	8.7	8.7	8.7	8.7	8.7	8.7	8.8	10.1	13.2	18.1	24.6	33.0	43.0	54.8
		4,4	Y	8.7	8.7	8.7	8.7	8.7	8.7	8.7	8.7	8.7	8.7	8.7	8.7	8.7	8.7	8.7	8.7	8.7	8.7	9.5	15.6
	15°	1	Y	31.3	31.3	31.3	31.3	31.8	33.5	36.5	40.8	46.3	53.1	61.2	70.5	81.1	93.0	[illegible]	120.7	136.5	153.5	171.9	191.7
		2	Y	20	20	20	20	20	20	20	20.9	23.2	27.1	32.5	39.4	47.8	57.8	69.3	82.3	96.9	113.0	130.7	150.0
		3	Y	8.7	8.7	8.7	8.7	8.7	8.7	8.7	8.7	8.7	8.7	8.7	8.7	8.8	10.2	13.4	18.3	24.9	33.3	43.5	55.4
		4,4	Y	8.7	8.7	8.7	8.7	8.7	8.7	8.7	8.7	8.7	8.7	8.7	8.7	8.7	8.7	8.7	8.7	8.7	8.7	9.6	15.9
	30°	1	Y	31.3	31.3	31.3	31.3	31.9	33.7	36.8	41.2	46.8	53.7	61.9	71.3	82.0	94.0	107.3	121.9	137.8	155.0	173.5	193.3
		2	Y	20	20	20	20	20	20	20	21.0	23.5	27.5	33.0	40.0	48.6	58.6	70.3	83.4	98.1	114.4	132.2	151.6
		3	Y	8.7	8.7	8.7	8.7	8.7	8.7	8.7	8.7	8.7	8.7	8.7	8.7	8.8	10.4	13.7	18.8	25.6	34.1	44.4	56.4
		4,4	Y	8.7	8.7	8.7	8.7	8.7	8.7	8.7	8.7	8.7	8.7	8.7	8.7	8.7	8.7	8.7	8.7	8.7	8.7	9.9	16.7
	45°	1	Y	31.3	31.3	31.3	31.3	32.0	34.0	37.3	41.8	47.5	54.6	62.9	72.4	83.3	95.4	108.9	123.6	139.6	156.9	175.6	195.6
		2	Y	20	20	20	20	20	20	20.1	21.2	23.9	28.0	33.7	40.9	49.6	59.8	71.6	84.9	99.8	116.3	134.3	153.9
		3	Y	8.7	8.7	8.7	8.7	8.7	8.7	8.7	8.7	8.7	8.7	8.7	8.7	8.9	10.7	14.2	19.4	26.4	35.1	45.6	57.8
		4,4	Y	8.7	8.7	8.7	8.7	8.7	8.7	8.7	8.7	8.7	8.7	8.7	8.7	8.7	8.7	8.7	8.7	8.7	8.7	10.4	17.8
6束	0°	1	Y	20	20	20	20.5	22.2	25.0	29.1	34.3	40.7	48.3	57.1	67.1	78.3	90.7	104.4	119.2	135.3	152.5	171.1	190.8
		2	Y	8.7	8.7	8.7	8.7	8.7	8.7	9.6	11.8	15.4	20.5	26.9	34.8	44.1	54.8	66.9	80.5	95.5	111.9	129.8	149.2
		3,3	Y	20	20	20	20	20	20	20	20	20	20	20	20	20	20	20.5	23.0	27.8	34.6	43.7	55.0
		4,4	Y	8.7	8.7	8.7	8.7	8.7	8.7	8.7	8.7	8.7	8.7	8.7	8.7	8.7	8.7	8.7	8.7	8.7	8.7	9.5	15.6
	15°	1	Y	20	20	20	20.5	22.3	25.2	29.3	34.6	41.0	48.7	57.5	67.6	78.8	91.3	104.9	119.8	135.9	153.3	171.8	191.7
		2	Y	8.7	8.7	8.7	8.7	8.7	8.7	9.6	11.9	15.6	20.7	27.2	35.2	44.5	55.2	67.4	81.0	96.1	112.6	130.5	150.0
		3,3	Y	20	20	20	20	20	20	20	[illegible]	20	20	20	20	20	20	20.6	23.2	28	35.0	44.1	55.5
		4,4	Y	8.7	8.7	8.7	8.7	8.7	8.7	8.7	8.7	8.7	8.7	8.7	8.7	8.7	8.7	8.7	8.7	8.7	8.7	9.6	15.9
	30°	1	Y	20	20	20	20.6	22.5	25.5	29.7	35.0	41.6	49.3	58.3	68.4	79.8	92.3	106.1	121.1	137.3	154.7	173.4	193.3
		2	Y	8.7	8.7	8.7	8.7	8.7	8.7	9.8	12.2	16.0	21.2	27.8	35.8	45.3	56.2	68.5	82.2	97.3	114.0	132.0	151.6
		3,3	Y	20	20	20	20	20	20	20	20	20	20	20	20	20	20	20.7	23.5	28.5	35.6	44.9	56.5
		4,4	Y	8.7	8.7	8.7	8.7	8.7	8.7	8.7	8.7	8.7	8.7	8.7	8.7	8.7	8.7	8.7	8.7	8.7	8.7	9.9	16.7
	45°	1	Y	20	20	20	20.8	22.7	25.9	30.2	35.7	42.4	50.3	59.3	69.6	81.1	93.8	107.7	122.8	139.1	156.7	175.5	195.6
		2	Y	8.7	8.7	8.7	8.7	8.7	8.8	9.9	12.5	16.5	21.9	28.6	36.8	46.4	57.4	69.9	83.8	99.1	115.9	134.1	153.8
		3,3	Y	20	20	20	20	20	20	20	20	20	20	20	20	20	20	20.9	23.9	29.1	36.5	46.1	57.9
		4,4	Y	8.7	8.7	8.7	8.7	8.7	8.7	8.7	8.7	8.7	8.7	8.7	8.7	8.7	8.7	8.7	8.7	8.7	8.7	10.4	17.8

附注

1、本表座标值均以厘米为单位。

2、座标值以跨中为起点只列出跨径之半，另一半与之对称。

3、锚固点座标值见图号 34 。

4、钢束竖直座标为钢束重心至梁底的距离。

预应力混凝土 I 形组合梁斜桥 跨径40米 斜交角0°、15°、30°、45°	汽车-20级 挂车-100 汽车-超20级 挂车-120
	净-11.5 净-9+2×1.50 净-9.75 净-9+2×1.00 净-7+2×1.00
钢束座标表 (一)	图号 32

钢　　束　　座　　标　　表

钢束数	斜交角	束号	水平座标 X / Y 竖直座标	0 (跨中截面)	100	200	300	400	500	600	700	800	900	1000	1100	1200	1300	1400	1500	1600	1700	1800	1900
7束	0°	1	Y	42.6	42.6	43.2	44.7	47.2	50.7	55.1	60.6	67.0	74.3	82.7	92.1	102.4	113.7	126.0	139.3	153.6	168.9	185.2	202.6
		2	Y	31.3	31.3	31.3	31.3	31.8	33.5	36.2	40.0	44.9	50.9	57.9	66.1	75.4	85.8	97.3	109.9	123.7	138.5	154.5	171.6
		3	Y	20	20	20	20	20	20	20.5	22.2	25.2	29.4	34.9	41.6	49.6	58.8	69.2	81.0	94.0	108.3	123.8	140.7
		4, 4	Y	20	20	20	20	20	20	20	20	20	20	20	20	20	20	20.5	23.0	27.8	34.6	43.7	55.0
		5, 5	Y	8.7	8.7	8.7	8.7	8.7	8.7	8.7	8.7	6.7	8.7	8.7	8.7	8.7	8.7	8.7	8.7	8.7	8.7	9.5	15.6
	15°	1	Y	31.3	31.3	32.0	33.7	36.4	40.0	44.6	50.1	56.6	64.1	72.6	82.0	90.4	103.8	116.2	129.5	143.9	159.2	175.6	193.0
		2	Y	20	20	20	20	20	22.5	25.4	29.3	34.3	40.5	47.7	56.0	65.3	75.8	87.4	100.1	113.9	128.8	144.8	162.0
		3	Y	8.7	8.7	8.7	8.7	8.7	8.7	9.4	11.3	14.5	18.8	24.4	31.3	39.4	48.7	59.3	71.1	84.2	98.5	114.2	131.1
		4, 4	Y	20	20	20	20	20	20	20	20	20	20	20	20	20	20	20.6	23.2	28.0	35.0	44.1	55.5
		5, 5	Y	8.7	8.7	8.7	8.7	8.7	8.7	8.7	8.7	8.7	8.7	8.7	8.7	8.7	8.7	8.7	8.7	8.7	8.7	9.6	15.9

附注

1、本表座标值均以厘米为单位。

2、座标值以跨中为起点只列出跨径之半，另一半与之对称。

3、锚固点座标值见图号 34 。

4、钢束竖直座标为钢束重心至梁底的距离。

预应力混凝土I形组合梁斜桥 跨径40米　斜交角0°、15°、30°、45°	汽车-20级　挂车-100 汽车-超20级　挂车-120 净-11.5　净-9+2×1.50 净-9.75　净-9+2×1.00 净-7+2×1.00
钢束座标表 (二)	图号　33

锚端几何尺寸表

斜交角	钢束数	坐标	1#束	2#束	3#束		4#束		5#束
0°	5束 x1=12 x2=12	x	25.995	34.498		33.865		39.486	
		y	205.00	165.00		65.00		25.00	
	6束 x1=12 x2=12	x	25.995	34.498		33.865		39.486	
		y	205.00	165.00		65.00		25.00	
	7 束 x1=12 x2=12	x	26.319	31.880		37.440		33.865	39.498
		y	215.00	185.00		155.00		65.00	25.00
15°	5 束 x1=16 x2=8	x	21.995	30.498		37.865	左	35.486	
							右	43.332	
		y	205.00	165.00		66.103	左	25.00	
							右	26.103	
	6 束 x1=16 x2=8	x	21.995	30.498	左	29.865	左	35.486	
					右	37.710	右	43.332	
		y	205.00	165.00	左	65.00	左	25.00	
					右	66.103	右	26.103	
	7束 x1=16 x2=8	x	24.173	29.733		35.486	左	29.865	35.486
							右	37.710	43.332
		y	205.00	175.00		145.00	左	65.00	25.00
							右	66.103	26.103

锚端几何尺寸表

斜交角	钢束数	坐标	1#束	2#束	3#束		4#束	
30°	5 束 x1=24 x2=9	x	18.995	27.498		41.574	左	32.486
							右	47.196
		y	205.00	165.00		67.067	左	25.00
							右	27.067
	6 束 x1=24 x2=9	x	18.995	27.498	左	26.865	左	32.486
					右	41.574	右	47.196
		y	205.00	165.00	左	65.00	左	25.00
					右	67.067	右	27.067
45°	5束 x1=32 x3=28 x2=10.4	x	19.693	28.195		44.988	左	29.428
							右	50.610
		y	206.424	166.424		68.390	左	25.413
							右	28.390
	6 束 x1=32 x3=28 x2=10.4	x	19.693	28.195	左	23.807	左	29.428
					右	44.988	右	50.610
		y	206.424	166.424	左	65.413	左	25.413
					右	68.390	右	28.390

5束

6束

7束

附 注

1. 表中尺寸单位均以厘米计。
2. 锚端图仅为示意。
3. 斜交角45° 时x1为x3。
4. 表中所示左右系指梁的左端和右端。

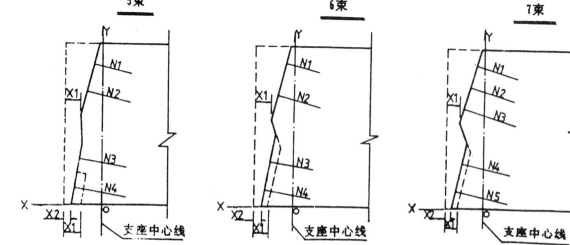

预应力混凝土I形组合梁斜桥 跨径40米 斜交角0°,15°,30°,45°	汽车-20级 挂车-100 汽车-超20级 挂车-120 净-11.5 净-9+2×1.50 净-9.75 净-9+2×1.00 净-7+2×1.00
锚端几何尺寸表	图号 34

一片主梁钢束数量表（一）

桥面净宽		净--11.5		a=2.5米		
荷载		汽车--超20级		挂车--120		
梁位	斜交角	束号	股数	每股钢绞线长度(cm)	共长(m)	共重(kg)	合计(kg)
边梁	0°	1	8	4125.7	330.06	360.11	2569.19
		2	8	4134.5	330.76	360.88	
		3	9	4143.4	373.91	406.87	
		4,4	8,8	4123.9	659.82	719.91	
		5,5	8,8	4132.5	661.20	721.42	
	15°	1	8	4121.6	329.73	359.76	2522.91
		2	8	4130.4	330.43	360.52	
		3	8	4139.3	331.14	361.30	
		4,4	8,8	4123.9	659.82	719.91	
		5,5	8,8	4132.5	661.20	721.42	
	30°	1	9	4105.9	369.53	403.18	2425.60
		2	9	4118.9	370.70	404.46	
		3,3	9,9	4114.9	740.68	808.14	
		4,4	9,9	4123.5	742.23	809.82	
	45°	1	8	4097.9	327.83	357.69	2286.04
		2	9	4110.9	369.98	403.67	
		3,3	8,8	4105.5	656.88	716.70	
		4,4	9,9	4114.1	740.54	807.98	
中梁	0°	1	8	4129.9	330.39	360.48	2388.79
		2	9	4142.9	372.86	406.82	
		3,3	9,9	4123.9	742.30	809.90	
		4,4	9,9	4132.5	743.85	811.59	
	15°	1	8	4121.9	329.75	359.78	2342.19
		2	8	4134.9	330.79	360.92	
		3,3	9,9	4123.9	742.30	809.90	
		4,4	9,9	4132.5	743.85	811.59	
	30°	1	8	4105.9	328.47	358.39	2246.08
		2	8	4118.9	329.51	359.52	
		3,3	8,8	4114.9	658.39	718.34	
		4,4	9,9	4123.5	742.23	809.83	
	45°	1	8	4097.9	327.83	357.69	2151.41
		2	8	4110.9	328.87	358.82	
		3,3	8,8	4105.5	656.88	716.70	
		4,4	8,8	4114.1	658.26	718.20	

桥面净宽		净--11.5		a=2.5米		
荷载		汽车--20级		挂车--100		
梁位	斜交角	束号	股数	每股钢绞线长度(cm)	共长(m)	共重(kg)	合计(kg)
边梁	0°	1	8	4129.9	330.39	360.48	2298.81
		2	9	4142.9	372.86	406.82	
		3,3	8,8	4123.9	659.83	719.92	
		4,4	9,9	4132.5	743.85	811.59	
	15°	1	8	4121.9	329.75	359.78	2252.20
		2	8	4134.9	330.79	360.92	
		3,3	8,8	4123.9	659.83	719.91	
		4,4	9,9	4132.5	743.85	811.59	
	30°	1	8	4105.9	328.47	358.39	2156.10
		2	8	4118.9	329.51	359.52	
		3,3	8,8	4114.9	658.39	718.34	
		4,4	8,8	4123.5	659.76	719.85	
	45°	1	9	4096.3	368.67	402.24	2019.11
		2	9	4109.3	369.84	403.52	
		3	9	4128.2	371.54	405.37	
		4,4	9,9	4114.1	740.54	807.98	
中梁	0°	1	8	4129.9	330.39	360.48	2208.64
		2	9	4142.9	372.86	406.82	
		3,3	8,8	4123.9	659.83	719.92	
		4,4	8,8	4132.5	661.20	721.42	
	15°	1	8	4121.9	329.75	359.78	2162.04
		2	8	4134.9	330.79	360.92	
		3,3	8,8	4123.9	659.83	719.92	
		4,4	8,8	4132.5	661.20	721.42	
	30°	1	9	4104.3	369.39	403.03	2022.81
		2	9	4117.3	370.56	404.30	
		3	9	4131.0	371.79	405.65	
		4,4	9,9	4123.5	742.23	809.83	
	45°	1	8	4096.3	327.71	357.55	1974.42
		2	9	4109.3	369.84	403.52	
		3	9	4128.2	371.54	405.37	
		4,4	9,9	4114.1	740.54	807.98	

预应力混凝土 I 形组合梁斜桥 跨径40米 斜交角 0°、15°、30°、45°

汽车-20级 挂车-100
汽车-超20级 挂车-120

净-11.5

一片主梁钢束数量表（一）

图号 35

一片主梁钢束数量表(二)

桥面净宽		净--9.75		a=2.15米			
荷载		汽车--超20级		挂车--120			
梁位	斜交角	束号	股数	每股钢绞线长度(cm)	共长(m)	共重(kg)	合计(kg)
边梁	0°	1	8	4129.9	330.39	360.48	2343.59
		2	8	4142.9	331.43	361.62	
		3,3	9,9	4123.9	742.30	809.90	
		4,4	9,9	4132.5	743.85	811.59	
	15°	1	8	4121.9	329.75	359.78	2297.31
		2	9	4134.9	372.14	406.03	
		3,3	8,8	4123.9	659.83	719.91	
		4,4	9,9	4132.5	743.85	811.59	
	30°	1	8	4105.9	328.47	358.39	2246.06
		2	8	4118.9	329.51	359.52	
		3,3	8,8	4114.9	658.39	718.34	
		4,4	9,9	4123.5	742.23	809.82	
	45°	1	8	4097.9	327.83	357.69	2151.41
		2	8	4110.9	328.87	358.82	
		3,3	8,8	4105.5	656.88	716.70	
		4,4	8,8	4114.1	658.26	718.20	
中梁	0°	1	8	4129.9	330.39	360.48	2253.61
		2	8	4142.9	331.43	361.62	
		3,3	8,8	4123.9	659.83	719.92	
		4,4	9,9	4132.5	743.85	811.59	
	15°	1	8	4121.9	329.75	359.78	2207.14
		2	9	4134.9	372.14	406.03	
		3,3	8,8	4123.9	659.82	719.91	
		4,4	8,8	4132.5	661.20	721.42	
	30°	1	8	4105.9	328.47	358.39	2156.10
		2	8	4118.9	329.51	359.52	
		3,3	8,8	4114.9	658.38	718.34	
		4,4	8,8	4123.5	659.76	719.85	
	45°	1	8	4096.3	327.71	357.55	1974.42
		2	9	4109.3	369.84	403.52	
		3	9	4128.2	371.54	405.37	
		4,4	9,9	4114.1	740.54	807.98	

桥面净宽		净--9.75		a=2.15米			
荷载		汽车--20级		挂车--100			
梁位	斜交角	束号	股数	每股钢绞线长度(cm)	共长(m)	共重(kg)	合计(kg)
边梁	0°	1	8	4129.9	330.39	360.48	2163.44
		2	8	4142.9	331.43	361.62	
		3,3	8,8	4123.9	659.83	719.92	
		4,4	8,8	4132.5	661.20	721.42	
	15°	1	9	4120.3	370.83	404.60	2027.91
		2	9	4133.3	372.00	405.87	
		3	9	4133.0	371.97	405.87	
		4,4	9,9	4132.5	743.85	811.59	
	30°	1	9	4104.3	369.39	403.03	2022.80
		2	9	4117.3	370.56	404.30	
		3	9	4131.0	371.79	405.65	
		4,4	9,9	4123.5	742.23	809.82	
	45°	1	8	4096.3	327.71	357.55	1929.59
		2	8	4109.3	328.75	358.69	
		3	9	4128.2	371.54	405.37	
		4,4	9,9	4114.1	740.54	807.98	
中梁	0°	1	9	4128.3	371.55	405.38	2028.69
		2	9	4141.3	372.72	406.66	
		3	9	4125.0	371.25	405.06	
		4,4	9,9	4132.5	743.85	811.59	
	15°	1	8	4120.3	329.62	359.64	1982.95
		2	9	4133.3	372.00	405.87	
		3	9	4133.0	371.97	405.85	
		4,4	9,9	4132.5	743.85	811.59	
	30°	1	8	4104.3	328.35	358.25	1933.12
		2	8	4117.3	329.39	359.39	
		3	9	4131.0	371.79	405.65	
		4,4	9,9	4123.5	742.23	809.83	
	45°	1	8	4096.3	327.71	357.55	1839.82
		2	8	4109.3	328.75	358.69	
		3	9	4128.2	371.54	405.38	
		4,4	8,8	4114.1	658.26	718.20	

预应力混凝土I形组合梁斜桥 跨径40米 斜交角0°、15°、30°、45°	汽车-20级 挂车-100 汽车-超20级 挂车-120
	净-9.75
一片主梁钢束数量表(二)	图号 36

一片主梁钢束数量表(三)

桥面净宽		净--9+2x1.5　　a=2.15米					
荷载		汽车--20级　　挂车--100					
梁位	斜交角	束号	股数	每股钢绞线长度(cm)	共长(m)	共重(kg)	合计(kg)
边梁	0°	1	8	4129.9	330.39	360.48	2343.59
		2	8	4142.9	331.43	361.62	
		3,3	9,9	4123.9	742.30	809.90	
		4,4	9,9	4132.5	743.85	811.59	
	15°	1	8	4121.9	329.75	359.78	2252.21
		2	8	4134.9	330.79	360.92	
		3,3	8,8	4123.9	659.83	719.92	
		4,4	9,9	4132.5	743.85	811.59	
	30°	1	8	4105.9	328.47	358.39	2201.04
		2	9	4118.9	370.70	404.46	
		3,3	8,8	4114.9	658.39	718.34	
		4,4	8,8	4123.5	659.76	719.85	
	45°	1	8	4097.9	327.83	357.69	2151.41
		2	8	4110.9	328.87	358.82	
		3,3	8,8	4105.5	656.88	716.70	
		4,4	8,8	4114.1	658.26	718.20	
中梁	0°	1	8	4129.9	330.39	360.48	2208.63
		2	9	4142.9	372.86	406.82	
		3,3	8,8	4123.9	659.82	719.91	
		4,4	8,8	4132.5	661.20	721.42	
	15°	1	8	4121.9	329.75	359.78	2162.04
		2	8	4134.9	330.79	360.92	
		3,3	8,8	4123.9	659.83	719.92	
		4,4	8,8	4132.5	661.20	721.42	
	30°	1	9	4104.3	369.39	403.03	2022.81
		2	9	4117.3	370.56	404.30	
		3	9	4131.0	371.79	405.65	
		4,4	9,9	4123.5	742.23	809.83	
	45°	1	8	4096.3	327.71	357.55	1974.42
		2	9	4109.3	369.84	403.52	
		3	9	4128.2	371.54	405.37	
		4,4	9,9	4114.1	740.54	807.98	

桥面净宽		净--9+2x1.0　　a=2.15米					
荷载		汽车--20级　　挂车--100					
梁位	斜交角	束号	股数	每股钢绞线长度(cm)	共长(m)	共重(kg)	合计(kg)
边梁	0°	1	8	4129.9	330.39	360.48	2253.60
		2	8	4142.9	331.43	361.62	
		3,3	8,8	4123.9	659.82	719.91	
		4,4	9,9	4132.5	743.85	811.59	
	15°	1	8	4121.9	329.75	359.78	2207.15
		2	9	4134.9	372.14	406.03	
		3,3	8,8	4123.9	659.83	719.92	
		4,4	8,8	4132.5	661.20	721.42	
	30°	1	8	4105.9	328.47	358.39	2156.10
		2	8	4118.9	329.51	359.52	
		3,3	8,8	4114.9	658.39	718.34	
		4,4	8,8	4123.5	659.76	719.85	
	45°	1	9	4096.3	368.67	402.24	2019.11
		2	9	4109.3	369.84	403.52	
		3	9	4128.2	371.54	405.37	
		4,4	9,9	4114.1	740.54	807.98	
中梁	0°	1	8	4129.9	330.39	360.48	2163.43
		2	8	4142.9	331.43	361.62	
		3,3	8,8	4123.9	659.82	719.91	
		4,4	8,8	4132.5	661.20	721.42	
	15°	1	8	4121.9	329.75	359.78	2162.04
		2	8	4134.9	330.79	360.92	
		3,3	8,8	4123.9	659.83	719.92	
		4,4	8,8	4132.5	661.20	721.42	
	30°	1	9	4104.3	369.39	403.03	2022.81
		2	9	4117.3	370.56	404.30	
		3	9	4131.0	371.79	405.65	
		4,4	9,9	4123.5	742.23	809.83	
	45°	1	8	4096.3	327.71	357.55	1929.59
		2	8	4109.3	328.75	358.69	
		3	9	4128.2	371.54	405.37	
		4,4	9,9	4114.1	740.54	807.98	

桥面净宽		净--7+2x1.0　　a=2.15米					
荷载		汽车--20级　　挂车--100					
梁位	斜交角	束号	股数	每股钢绞线长度(cm)	共长(m)	共重(kg)	合计(kg)
边梁	0°	1	8	4129.9	330.39	360.48	2253.30
		2	8	4142.9	331.43	361.62	
		3,3	8,8	4123.9	659.82	719.91	
		4,4	9,9	4132.5	743.85	811.59	
	15°	1	8	4121.9	329.75	359.78	2162.04
		2	8	4134.9	330.79	360.92	
		3,3	8,8	4123.9	659.83	719.92	
		4,4	8,8	4132.5	661.20	721.42	
	30°	1	8	4105.9	328.47	358.39	2156.10
		2	8	4118.9	329.51	359.52	
		3,3	8,8	4114.9	658.39	718.34	
		4,4	8,8	4123.5	659.76	719.85	
	45°	1	9	4096.3	368.67	402.24	2019.11
		2	9	4109.3	369.84	403.52	
		3	9	4128.2	371.54	405.37	
		4,4	9,9	4114.1	740.54	807.98	
中梁	0°	1	8	4129.9	330.39	360.48	2163.43
		2	8	4142.9	331.43	361.62	
		3,3	8,8	4123.9	659.82	719.91	
		4,4	8,8	4132.5	661.20	721.42	
	15°	1	9	4120.3	370.83	404.60	2027.91
		2	9	4133.3	372.00	405.87	
		3	9	4133.0	371.97	405.85	
		4,4	9,9	4132.5	743.85	811.59	
	30°	1	9	4104.3	369.39	403.03	2022.81
		2	9	4117.3	370.56	404.30	
		3	9	4131.0	371.79	405.65	
		4,4	9,9	4123.5	742.23	809.83	
	45°	1	8	4096.3	327.71	357.55	1929.59
		2	8	4109.3	328.75	358.69	
		3	9	4128.2	371.54	405.37	
		4,4	9,9	4114.1	740.54	807.98	

附注

1、钢绞线每端预留工作长度84厘米。

2、钢束构造见图号 30 。

预应力混凝土I形组合梁斜桥 跨径40米 斜交角0°,15°,30°,45°	汽车-20级 挂车-100 净-9+2×1.50 净-9+2×1.00 净-7+2×1.50
一片主梁钢束数量表 (三)	图号 37

半Ⅲ—Ⅲ

Ⅰ—Ⅰ

Ⅱ—Ⅱ

一片预制主梁钢筋明细表

编号	直径(mm)	长　度(cm)	根数	共　长(m)	编号	直径(mm)	长　度(cm)	根数	共　长(m)
1	Φ8	3918	34	1332.12	11	Φ12	567	24	136.08
2	Φ8	2699	10	269.90	12	Φ8	272	48	130.56
3	Φ8	510	121	617.10	13	Φ8	274	16	43.84
3A	Φ12	519	78	404.82	14	Φ8	263	4	10.76
4	Φ12	555	20	111.00	15	Φ8	450	4	18.00
5	Φ8	160	267	427.20	16	Φ8	641	12	76.92
6	Φ16	161	393	632.73	17	Φ8	15	258	38.70
7	Φ8	平均 190	86	163.4	17A	Φ8	51	42	21.42
8	Φ8	150	197	295.50	18	Φ12	133(115)	205	272.65(235.75)
9	Φ8	460	12	55.20	23	Φ25	2000	4	80.00
10	Φ12	平均 538	12	64.50					

一片预制梁钢筋数量表

梁号	直径(mm)	总　长(m)	总　重(kg)
中梁	Φ25	80.00	308.00
	Φ16	632.73	999.71
	Φ12	716.46	636.22
	Φ8	3500.62	1382.74
	小计	Ⅰ级	1382.74
		Ⅱ级	1943.93
边梁	Φ25	80.00	308.00
	Φ16	632.73	999.71
	Φ12	989.11 (952.21)	878.33 (845.56)
	Φ8	3500.62	1382.74
	小计	Ⅰ级	1382.74
		Ⅱ级	2186.04(2153.27)

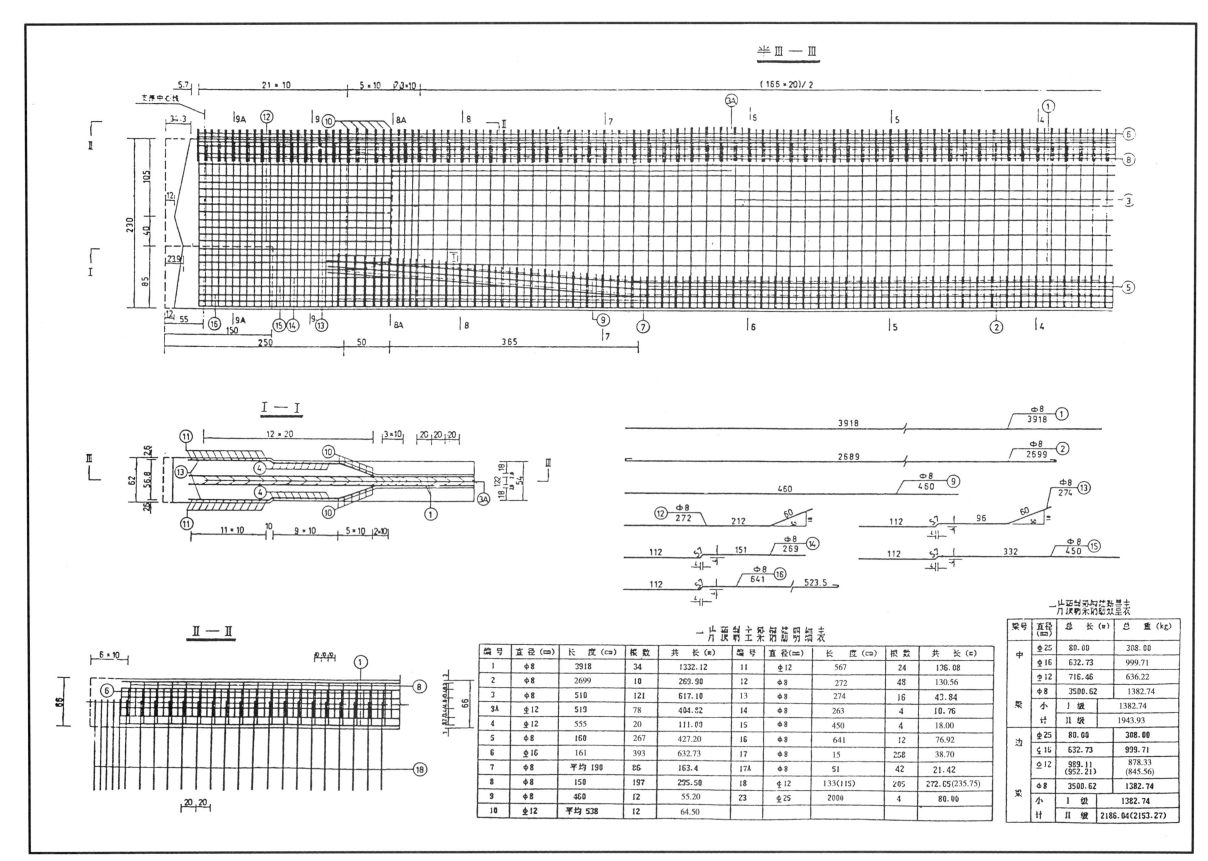

n、l值表　　　单位：cm

项目	内侧边梁	外侧边梁
n	6.34 (5.27)	9.68 (7.56)
l	85.1 (71.8)	88.5 (71.7)

钢束定位钢筋示意

一片梁钢束定位筋明细表

钢束数	编号	直径(mm)	长度 (cm)	根数	共长（m）	共重（kg）	合计 (kg)
5束	19	φ8	16	92	14.72	5.81	24.18
	20	φ8	21	16	3.36	1.32	
	21	φ8	29	95	27.55	10.88	
	22	φ8	52	30	15.60	6.16	
6束	19	φ8	16	60	9.60	3.79	31.67
	20	φ8	21	40	8.40	3.32	
	21	φ8	29	114	33.06	13.06	
	22	φ8	52	56	29.12	11.50	
7束	19	φ8	16	90	14.40	5.69	35.90
	20	φ8	21	32	6.72	2.65	
	21	φ8	29	133	38.57	15.24	
	22	φ8	52	60	31.20	12.32	

附注

1、本图尺寸除钢筋直径以毫米计外，余均以厘米计。

2、梁肋及马蹄箍筋如与横隔板钢筋发生干扰，可适当挪动箍筋位置。

3、横隔板预埋钢筋见横隔板构造图。

4、各断面钢绞线定位筋，应按座标表精确放样定位，间距每组一束。

5、7束梁的梁端尺寸见图号 54。

6、图中数字有括号并列者，括号外数字用于主梁间距为2.5米者；括号内数字用于主梁间距为2.15米者，其余共用。

预应力混凝土I形组合梁斜桥 跨径40米 斜交角 0°	汽车-20级 挂车-100 汽车-超20级 挂车-120 净-11.5 净-9.75
预制I型梁钢筋构造 (一)	图号 38

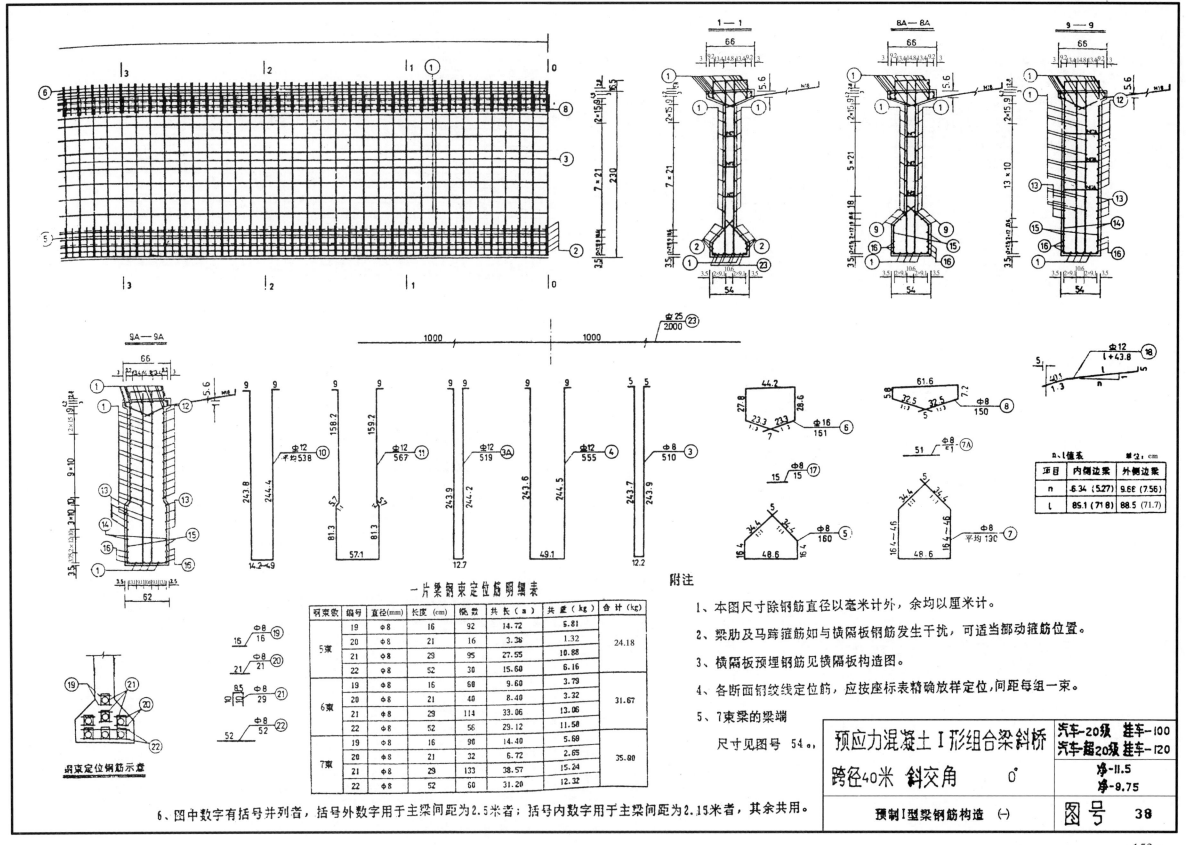

半Ⅲ—Ⅲ

Ⅰ—Ⅰ

Ⅱ—Ⅱ

一片预制主梁钢筋明细表

编号	直径(mm)	长度(cm)	根数	共长(m)	编号	直径(mm)	长度(cm)	根数	共长(m)
1	Φ8	3904	34	1327.36	11	Φ12	567	24	130.08
2	Φ8	2685	10	268.50	12	Φ8	272	48	130.56
3	Φ8	510	121	617.10	13	Φ8	274	16	43.84
3A	Φ12	519	78	404.82	14	Φ8	269	4	10.76
4	Φ12	555	20	111.00	15	Φ8	450	4	18.00
5	Φ8	160	266	425.60	16	Φ8	646	12	77.52
6	Φ16	161	391	629.51	17	Φ8	15	258	38.70
7	Φ8	平均 190	86	163.40	17A	Φ8	51	42	21.42
8	Φ8	150	136	294.00	18	Φ12	133(115)	190	252.70(218.50)
9	Φ8	460	12	55.20	18A	Φ12	137(119)	20	27.40(23.80)
10	Φ12	平均 538	12	64.56	23	Φ25	2000	4	80.00

一片预制梁钢筋数量表

梁号	直径(mm)	总长(m)	总重(kg)
中梁	Φ25	80.00	308.00
	Φ16	629.51	994.63
	Φ12	716.46	636.22
	Φ8	3491.96	1379.32
	小计	Ⅰ级	1379.32
		Ⅱ级	1938.85
边梁	Φ25	80.00	308.00
	Φ16	629.51	994.63
	Φ12	996.56 (958.76)	884.95 (851.39)
	Φ8	3491.96	1379.32
	小计	Ⅰ级	1379.32
		Ⅱ级	2187.58(2154.52)

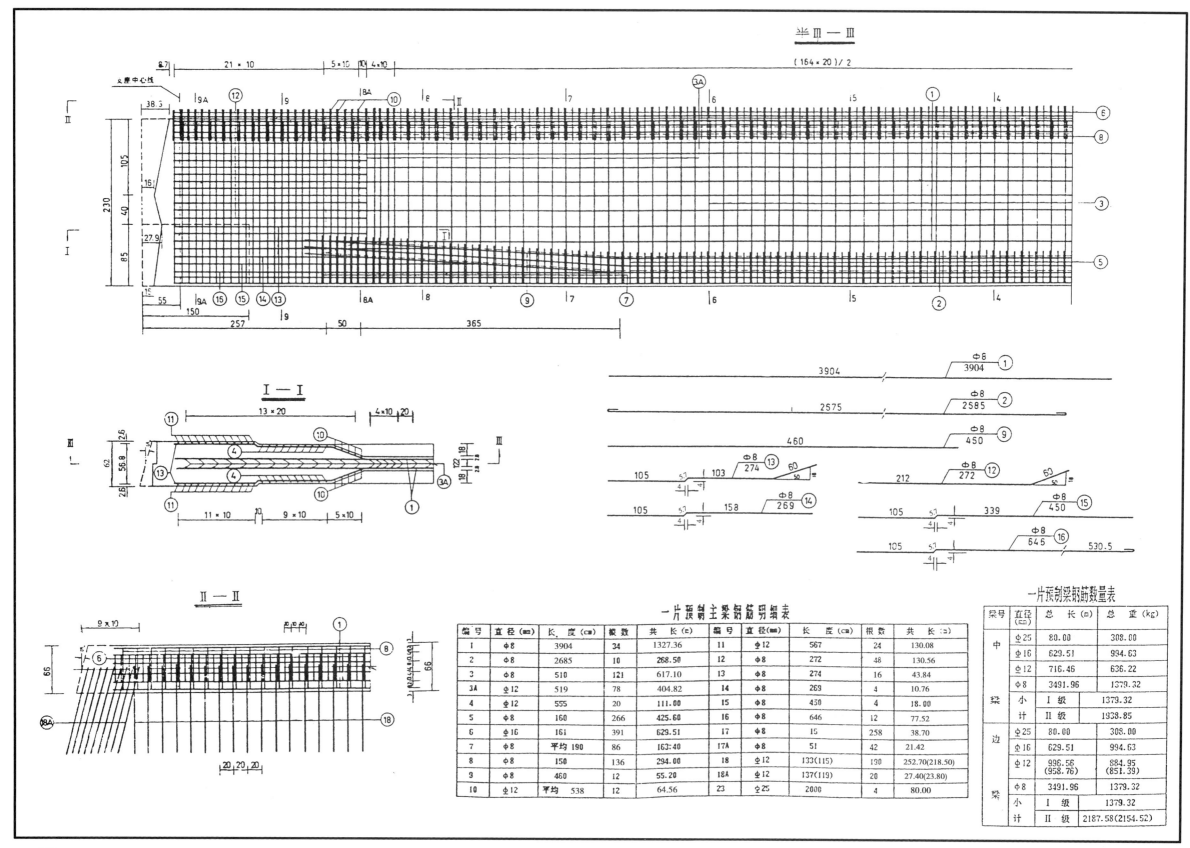

钢束定位钢筋示意

一片梁钢束定位筋明细表

钢束数	编号	直径(mm)	长度(cm)	根数	共长 (m)	共重(kg)	合计(kg)
5束	19	φ8	16	92	14.72	5.81	24.18
	20	φ8	21	16	3.36	1.32	
	21	φ8	29	95	27.55	10.88	
	22	φ8	52	30	15.60	6.16	
6束	19	φ8	16	60	9.60	3.70	31.87
	20	φ8	21	40	8.40	3.32	
	21	φ8	29	114	33.06	13.06	
	22	φ8	52	56	29.12	11.50	
7束	19	φ8	16	90	14.40	5.69	35.06
	20	φ8	21	32	6.72	2.65	
	21	φ8	23	133	38.57	15.24	
	22	φ8	52	60	31.20	12.32	

n、n1、l、l1值表　单位：cm

项目	内侧边梁	外侧边梁
n	6.34 (5.27)	9.68 (7.56)
n_1	6.56 (5.46)	10.02 (7.83)
l	89.1 (71.8)	88.5 (71.1)
l_1	92.2 (74.3)	91.6 (73.6)

附注

1、本图尺寸除钢筋直径以毫米计外，余均以厘米计。

2、梁肋及马蹄箍筋如与横隔板钢筋发生干扰，可适当挪动箍筋位置。

3、横隔板预埋钢筋见横隔板构造图。

4、各断面钢绞线定位筋，应按座标表精确放样定位，间距每组一束。

5、7束梁的梁端尺寸见图号：55。

6、图中数字有括号并列者，括号外数字用于主梁间距为2.5米者；括号内数字用于主梁间距为2.15米者，其余共用。

预应力混凝土I形组合梁斜桥 跨径40米 斜交角 15°	汽车-20级 挂车-100 汽车-超20级 挂车-120
	净-11.5 净-9.75
预制I型梁钢筋构造 (二)	图号 39

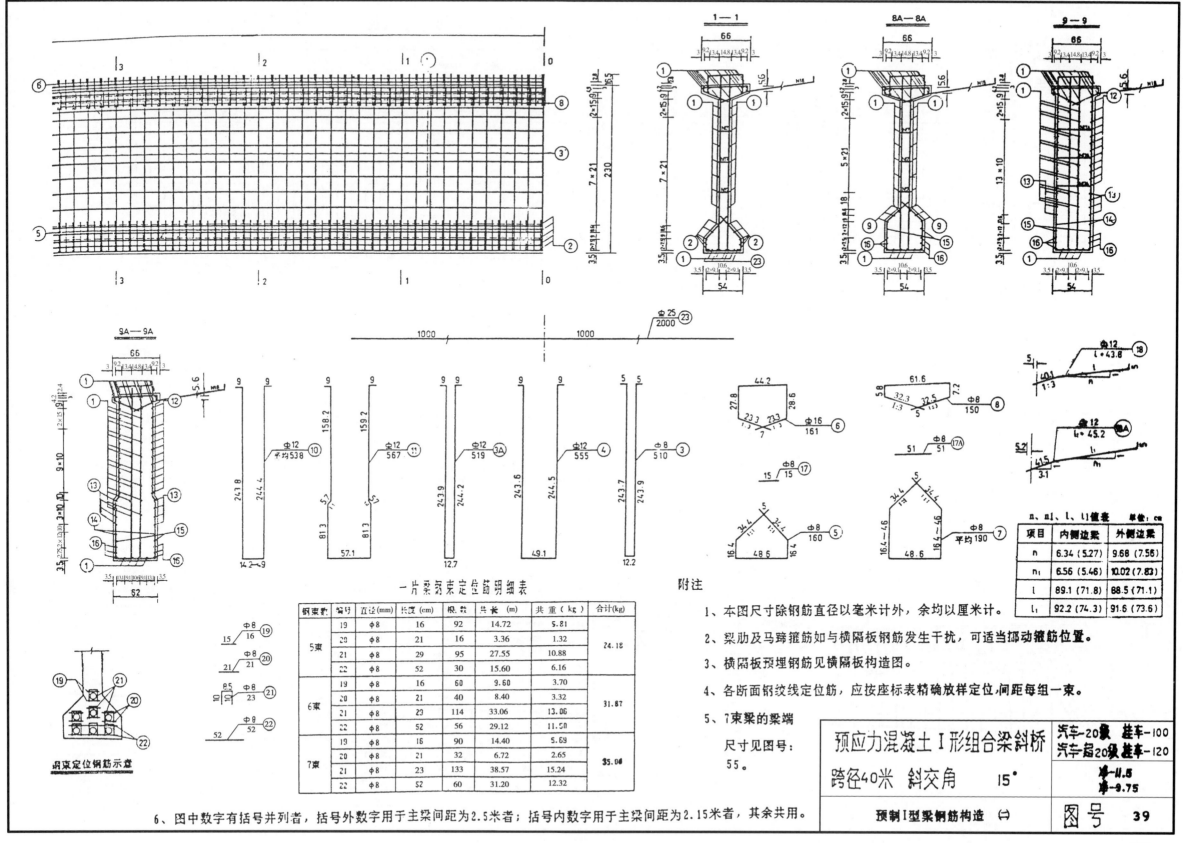

半Ⅲ—Ⅲ

Ⅰ—Ⅰ

Ⅱ—Ⅱ

一片预制主梁钢筋明细表

编号	直径(mm)	长度(cm)	根数	共长(m)	编号	直径(mm)	长度(cm)	根数	共长(m)
1	Φ8	3886	34	1321.24	11	Φ̲12	567	24	136.08
2	Φ8	2667	10	266.70	12	Φ8	272	48	130.56
3	Φ8	510	121	617.10	13	Φ8	274	16	43.84
3A	Φ̲12	519	78	404.82	14	Φ8	268	4	10.72
4	Φ̲12	555	20	111.00	15	Φ8	448	4	17.92
5	Φ8	160	264	422.40	16	Φ8	646	12	77.52
6	Φ16	161	389	626.29	17	Φ8	15	255	38.25
7	Φ8	平均 190	86	163.40	17A	Φ8	51	42	21.42
8	Φ8	150	195	292.50	18	Φ̲12	133(115)	190	252.70(218.50)
9	Φ8	460	12	55.20	18A	Φ̲12	153(132)	20	30.60(26.40)
10	Φ̲12	平均 538	12	64.56	23	Φ̲25	2000	4	80.00

一片预制梁钢筋数量表

梁号	直径(mm)	总长(m)	总重(kg)
中梁	Φ̲25	80.00	308.00
	Φ̲16	629.29	989.54
	Φ̲12	716.46	636.22
	Φ8	3491.96	1374.11
	小计	Ⅰ级	1312.72
		Ⅱ级	1933.76
边梁	Φ̲25	80.00	308.00
	Φ̲16	626.29	989.54
	Φ̲12	999.76(961.36)	887.79(853.69)
	Φ8	3478.77	1374.11
	小计	Ⅰ级	1374.11
		Ⅱ级	2185.33(2151.23)

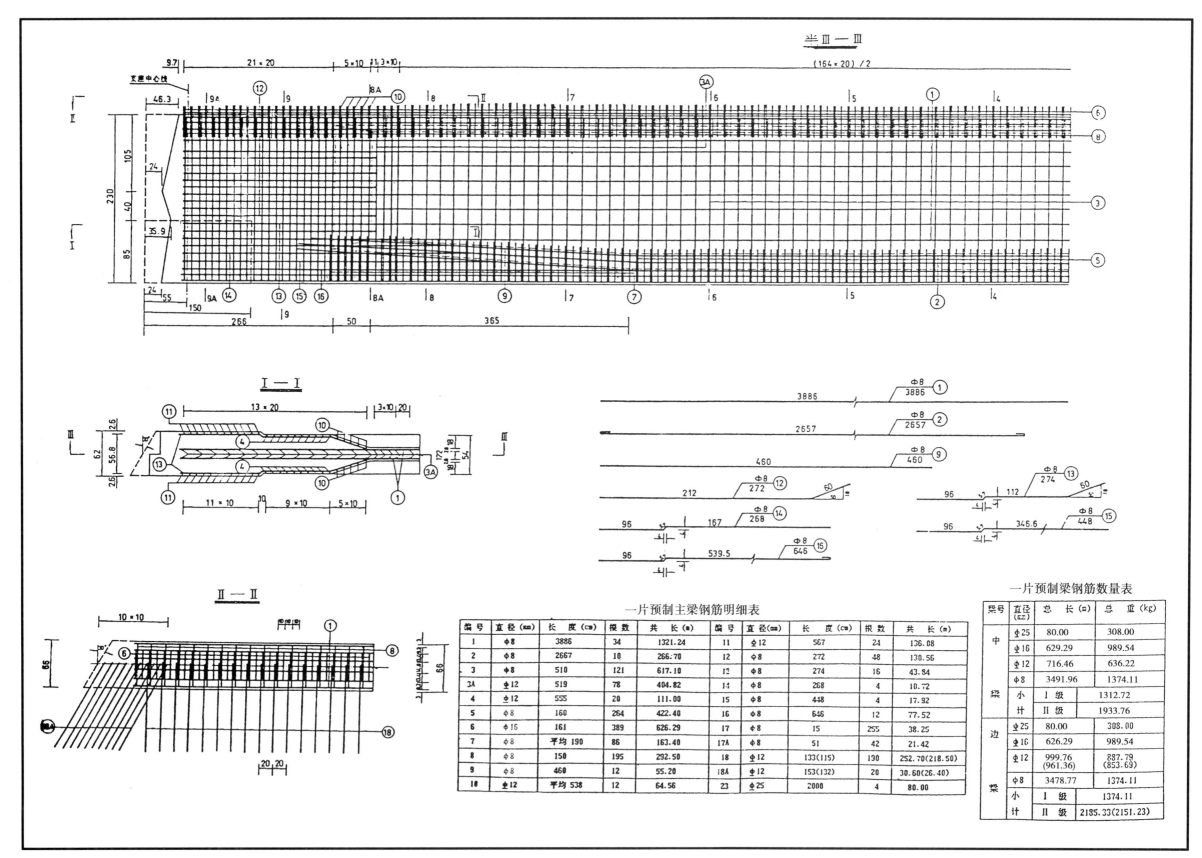

n、n1、l、l1值表 单位：cm

项目	内侧边梁	外侧边梁
n	6.34 (5.27)	9.68 (7.56)
n_1	7.32 (6.09)	11.18 (8.73)
l	89.1 (71.8)	88.5 (71.1)
l_1	102.9 (82.9)	102.2 (82.1)

一片梁钢束定位筋明细表

钢束数	编号	直径(mm)	长度 (cm)	根数	共长 (m)	共重 (kg)	合计 (kg)
5束	19	φ8	16	92	14.72	5.81	24.18
	20	φ8	21	16	3.36	1.32	
	21	φ8	29	95	27.55	10.88	
	22	φ8	52	30	15.60	6.16	
6束	19	φ8	16	60	9.60	3.70	31.07
	20	φ8	21	40	8.40	3.32	
	21	φ8	29	114	33.06	13.06	
	22	φ8	52	56	29.12	11.50	

钢束定位钢筋示意

附注

1、本图尺寸除钢筋直径以毫米计外，余均以厘米计。

2、梁肋及马蹄箍筋如与横隔板钢筋发生干扰，可适当挪动箍筋位置。

3、横隔板预埋钢筋见横隔板构造图。

4、各断面钢绞线定位筋，应按座标表精确放样定位，间距每组一束。

5、图中数字有括号并列者，括号外数字用于主梁间距为2.5米者；括号内数字用于主梁间距为2.15米者，其余共用。

预应力混凝土Ⅰ形组合梁斜桥 跨径40米 斜交角 30°	汽车-20级 挂车-100 汽车-超20级 挂车-120 净-11.5 净-9.75
预制Ⅰ型梁钢筋构造 (三)	图号 40

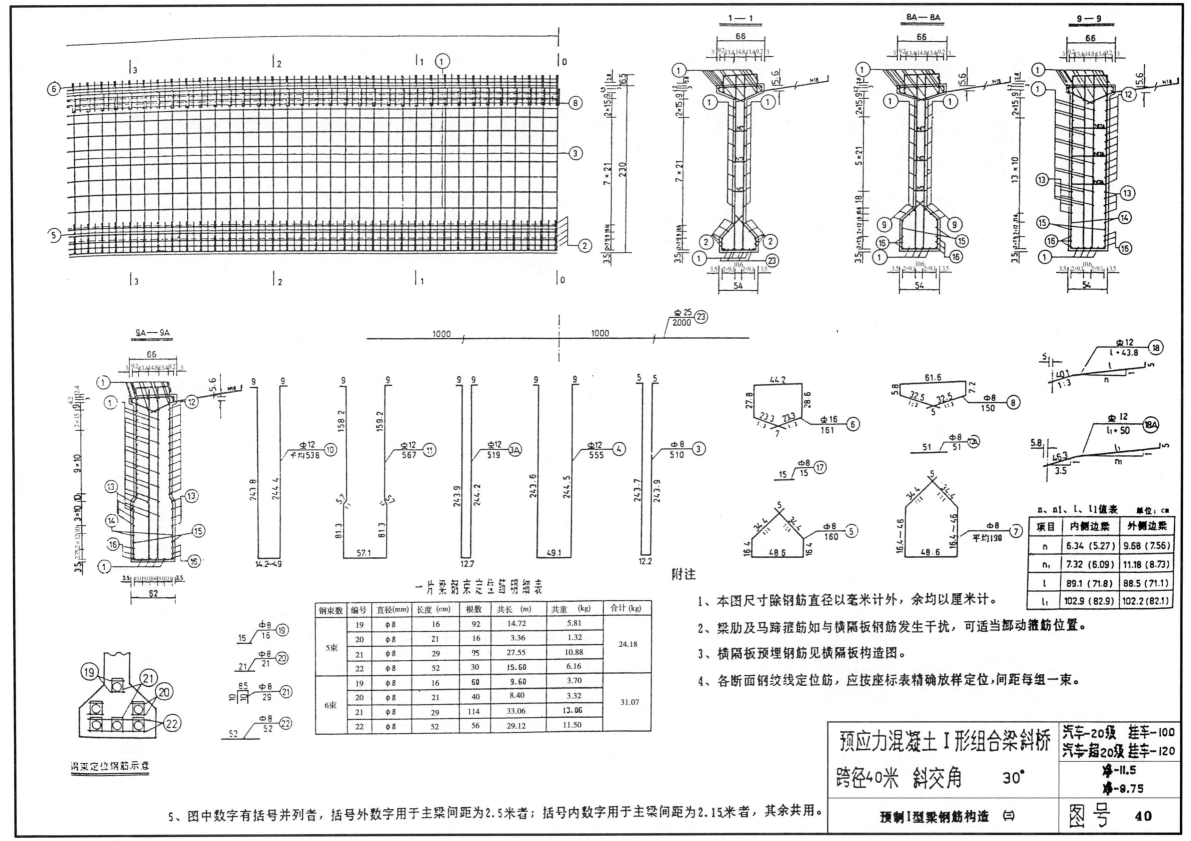

半Ⅲ—Ⅲ

Ⅰ—Ⅰ

Ⅱ—Ⅱ

一片预制主梁钢筋明细表

编号	直径(mm)	长度(cm)	根数	共长(m)	编号	直径(mm)	长度(cm)	根数	共长(m)
1	Φ8	3884	34	1320.65	11	Φ12	567	28	158.76
2	Φ8	2645	10	264.5	12	Φ8	282	48	135.36
3	Φ8	510	121	617.1	13	Φ8	284	16	54.44
3A	Φ12	519	78	404.82	14	Φ8	279	4	11.16
4	Φ12	555	18	99.9	15	Φ8	459	4	18.36
5	Φ8	160	262	419.2	16	Φ8	656	12	78.72
6	Φ16	161	389	626.29	17	Φ8	15	252	37.8
7	Φ8	平均190	86	163.4	17A	Φ8	51	42	21.42
8	Φ8	150	195	292.5	18	Φ12	133(115)	190	252.70 (218.50)
9	Φ8	460	12	55.2	18A	Φ12	186 (161)	20	37.2 (32.2)
10	Φ12	平均 538	10	53.80	23	Φ25	2000	4	80.00

一片预制梁钢筋数量表

梁号	直径(mm)	总长(m)	总重(kg)
中梁	Φ25	80.00	308.00
	Φ16	626.29	989.54
	Φ12	717.28	636.94
	Φ8	3480.72	1374.88
	小计	Ⅰ级	1382.74
		Ⅱ级	1943.93
边梁	Φ25	80.00	308.00
	Φ16	626.29	989.54
	Φ12	1007.18 (967.98)	894.38 (859.5)
	Φ8	3500.62	1382.74
	小计	Ⅰ级	1382.74
		Ⅱ级	2188.04(2153.27)

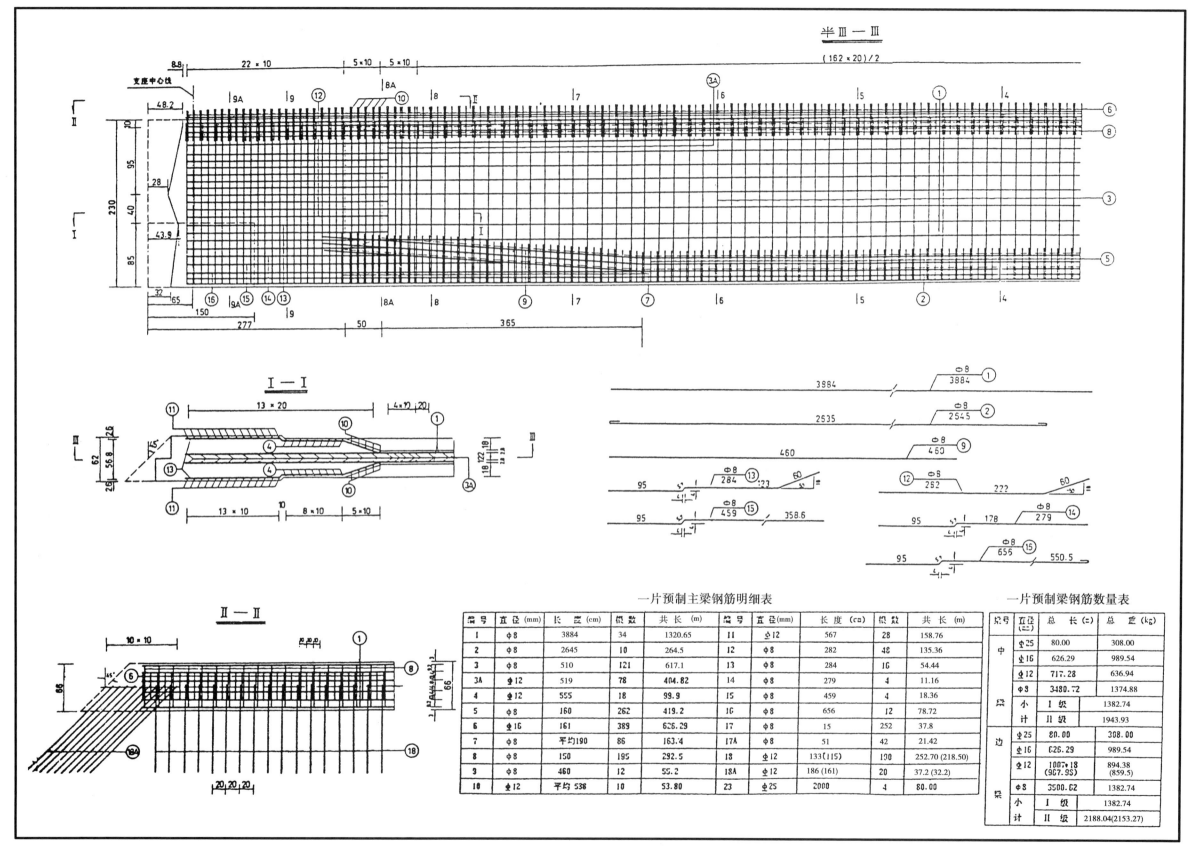

n、n₁、l、l₁值表　　单位：cm

项目	内侧边梁	外侧边梁
n	6.34 (5.27)	9.68 (7.56)
n₁	8.97 (7.45)	13.69 (10.69)
l	89.1 (71.8)	88.5 (71.1)
l₁	126 (101.5)	125.2 (100.6)

一片梁钢束定位筋明细表

钢束数	编号	直径(mm)	长度(cm)	根数	共长(m)	共重(kg)	合计(kg)
5束	19	Φ8	16	92	14.72	5.81	24.18
	20	Φ8	21	16	3.36	1.33	
	21	Φ8	29	95	27.55	10.88	
	22	Φ8	52	30	15.60	6.16	
6束	19	Φ8	16	60	9.60	3.70	31.67
	20	Φ8	21	40	8.40	3.32	
	21	Φ8	29	114	33.06	13.06	
	22	Φ8	52	56	20.12	11.50	

钢束定位钢筋示意

附注

1、本图尺寸除钢筋直径以毫米计外，余均以厘米计。

2、梁肋及马蹄箍筋如与横隔板钢筋发生干扰，可适当挪动箍筋位置。

3、横隔板预埋钢筋见横隔板构造图。

4、各断面钢绞线定位筋，应按座标表精确放样定位，间距每组一束。

5、图中数字有括号并列者，括号外数字用于主梁间距为2.5米者；括号内数字用于主梁间距为2.15米者，其余共用。

预应力混凝土I形组合梁斜桥 跨径40米 斜交角 45°	汽车-20级 挂车-100 汽车-超20级 挂车-120 净-11.5 净-9.75
预制I型梁钢筋构造 (四)	图号 41

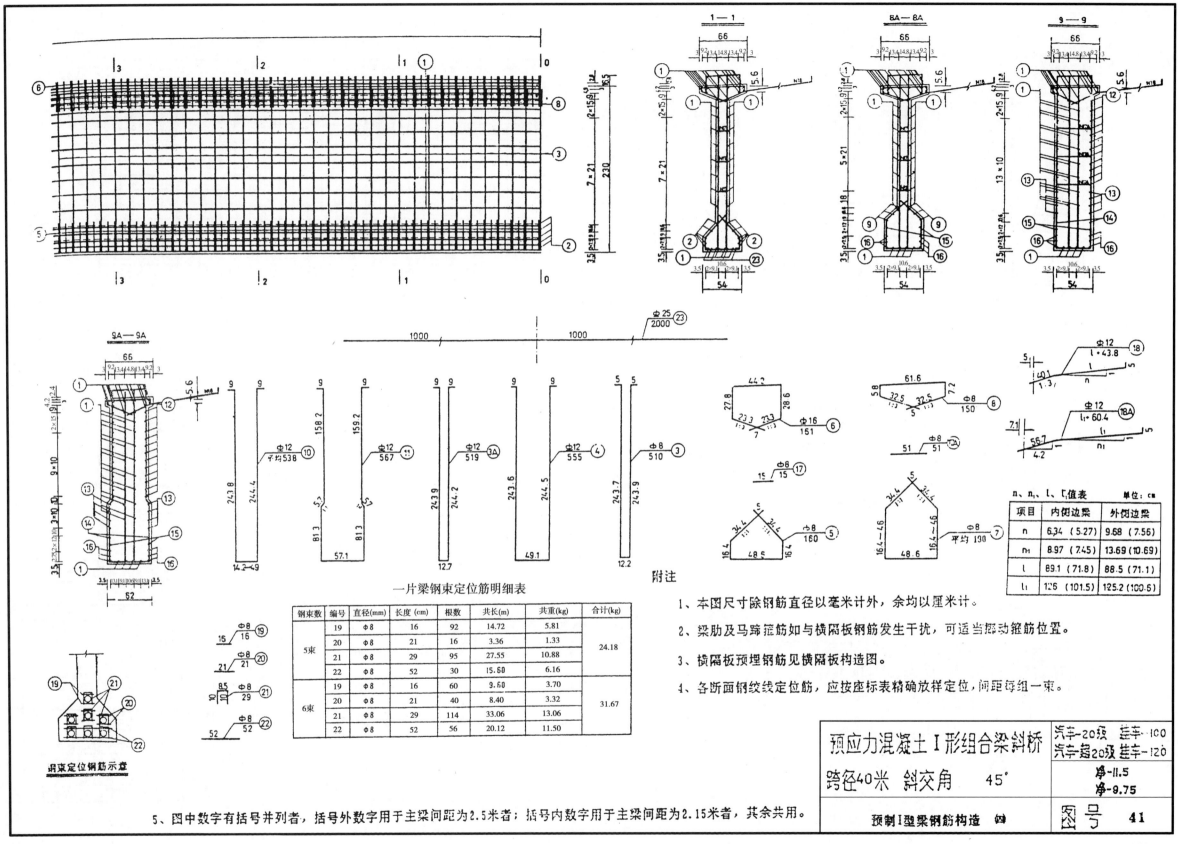

半 Ⅲ — Ⅲ

I — I

II — II

一片预制主梁钢筋明细表

编号	直径(mm)	长　度(cm)	根数	共　长(m)	编号	直径(mm)	长　度(cm)	根数	共　长(m)
1	Φ8	3918	34	1332.12	11	Φ12	567	24	136.08
2	Φ8	2699	10	269.90	12	Φ8	272	48	130.56
3	Φ8	510	121	617.10	13	Φ8	274	16	43.84
3A	Φ12	519	78	404.82	14	Φ8	269	4	10.76
4	Φ12	555	20	111.00	15	Φ8	450	4	18.00
5*	Φ8	160	267	427.20	16	Φ8	641	12	76.92
6	Φ16	161	393	632.73	17	Φ8	15	258	38.70
7	Φ8	平均 190	86	163.4	17A	Φ8	51	42	21.42
8	Φ8	150	197	295.50	18	Φ12	115	205	235.75
9	Φ8	460	12	55.20	23	Φ25	2000	4	80.00
10	Φ12	平均 538	12	64.56					

一片预制梁钢筋数量表

梁号	直径(mm)	总　长(m)	总　重(kg)
中梁	Φ25	80.00	308.00
	Φ16	632.73	999.71
	Φ12	716.46	636.22
	Φ8	3500.62	1382.74
	小计	Ⅰ级	1382.74
		Ⅱ级	1943.93
边梁	Φ25	80.00	308.00
	Φ16	632.73	999.71
	Φ12	952.21	845.56
	Φ8	3500.62	1382.74
	小计	Ⅰ级	1382.74
		Ⅱ级	2153.27

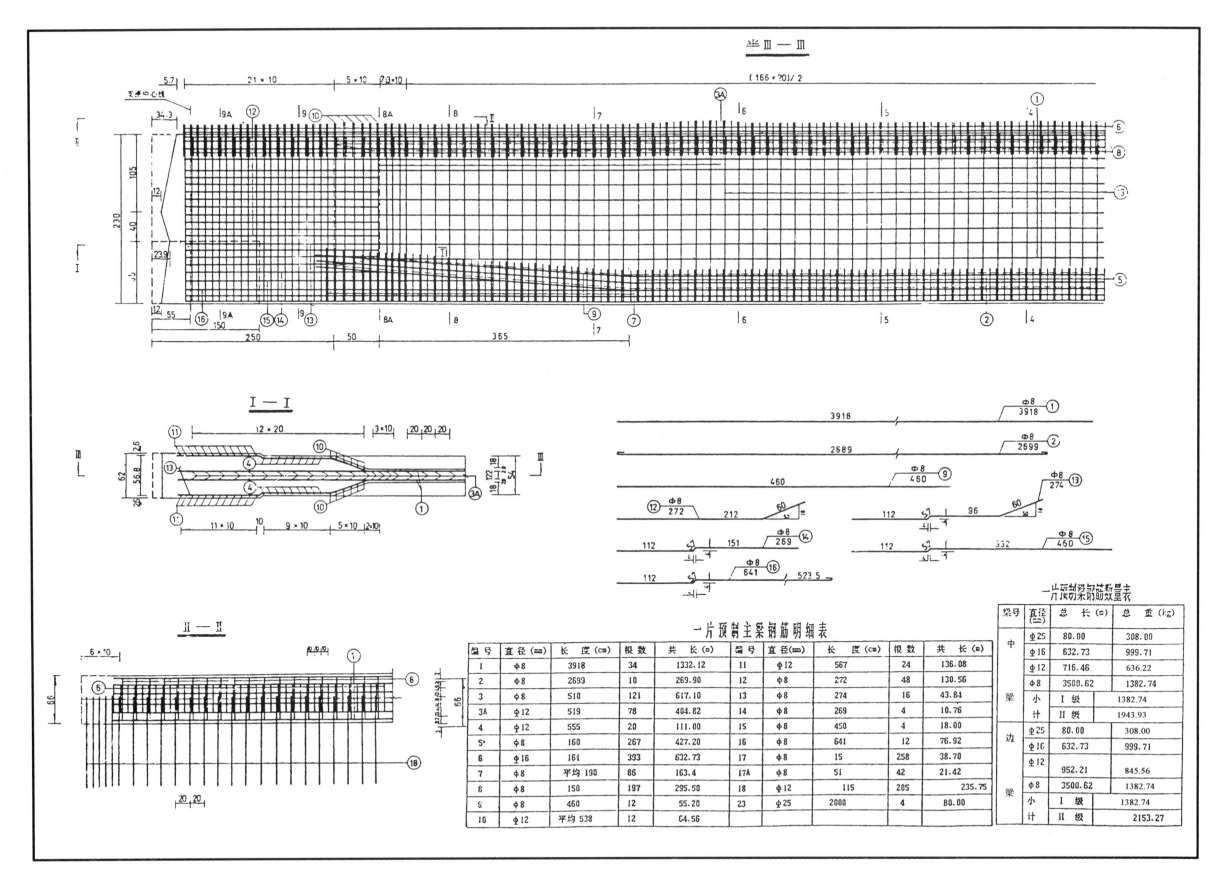

钢束定位钢筋示意

一片梁钢束定位筋明细表

钢束数	编号	直径(mm)	长度(cm)	根数	共长(m)	共重(kg)	合计(kg)
6束	20	φ8	21	40	8.40	3.32	27.88
	21	φ8	29	114	33.06	13.06	
	22	φ8	52	56	29.12	11.50	

附注

1、本图尺寸除钢筋直径以毫米计外，余均以厘米计。

2、梁肋及马蹄箍筋如与横隔板钢筋发生干扰，可适当挪动箍筋位置。

3、横隔板预埋钢筋见横隔板构造图。

4、各断面钢绞线定位筋，应按座标表精确放样定位，间距每组一束。

预应力混凝土I形组合梁斜桥 跨径40米 斜交角 0°	汽车-20级 挂车-100	净-9+2×1.50 净-8+2×1.00 净-7+2×1.00
预制I型梁钢筋构造（五）	图号	42

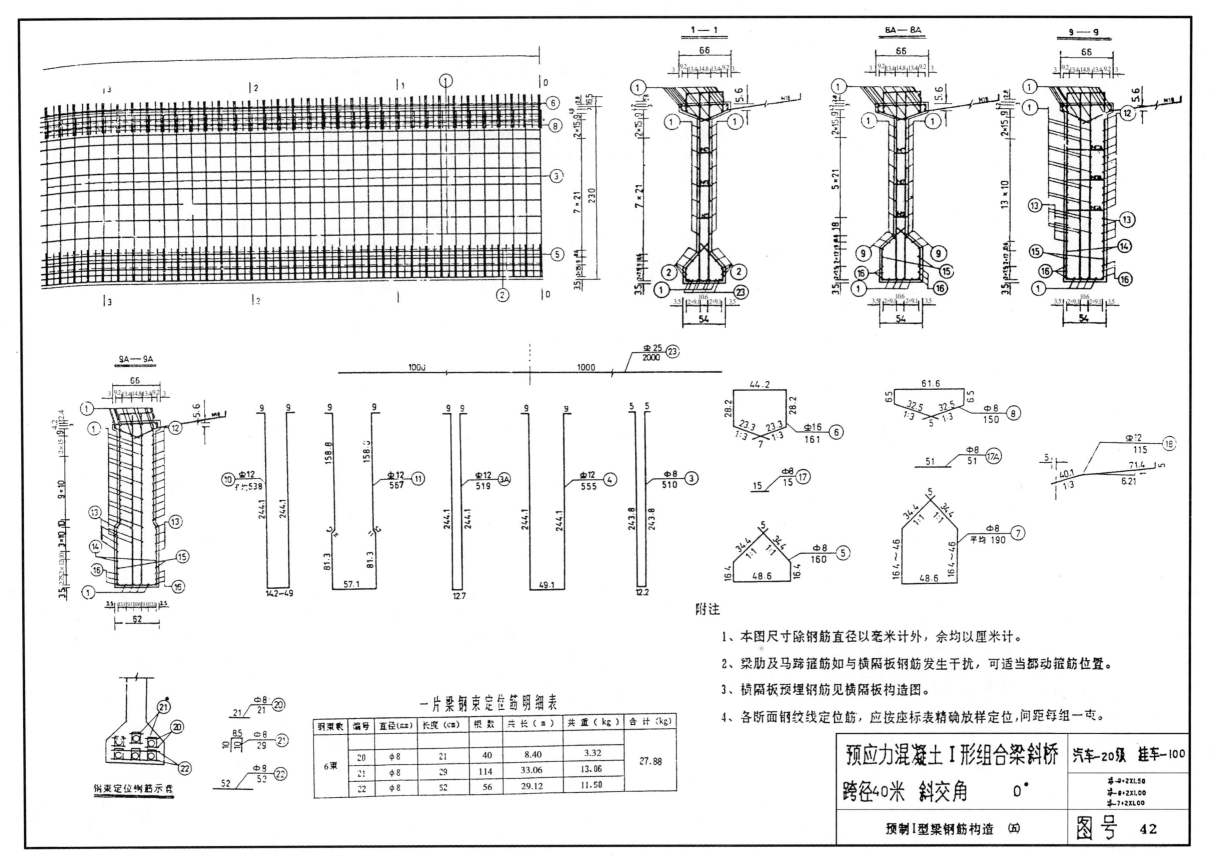

半Ⅲ—Ⅲ

Ⅰ—Ⅰ

Ⅱ—Ⅱ

一片预制主梁钢筋明细表

编号	直径(mm)	长度(cm)	根数	共长(m)	编号	直径(mm)	长度(cm)	根数	共长(m)
1	ф8	3886	34	1321.24	11	Φ12	567	2A	136.08
2	ф8	2667	10	266.70	12	ф8	272	48	130.56
3	ф8	510	121	617.10	13	ф8	274	16	43.84
3A	Φ12	519	78	404.82	14	ф8	268	4	10.72
4	Φ12	555	20	111.00	15	ф8	448	4	17.92
5	ф8	160	264	422.40	16	ф8	646	12	77.52
6	Φ16	161	389	626.29	17	ф8	15	253	38.25
7	ф8	平均 190	86	163.40	17A	ф8	51	42	21.42
8	ф8	150	195	292.50	18	Φ12	115	190	218.50
9	ф8	460	12	55.20	18A	Φ12	132	20	26.40
10	Φ12	平均 538	12	64.56	23	Φ25	2000	4	80.00

一片预制梁钢筋数量表

梁号	直径(mm)	总长(m)	总重(kg)
中梁	Φ25	80.00	308.00
	Φ16	629.29	989.54
	Φ12	716.40	636.22
	ф8	3478.77	1374.11
	小计	Ⅰ级	1312.72
		Ⅱ级	1933.76
边梁	Φ25	80.00	308.00
	Φ16	626.29	989.54
	Φ12	961.36	853.69
	ф8	3478.77	1374.11
	合计	Ⅰ级	1374.11
		Ⅱ级	2151.23

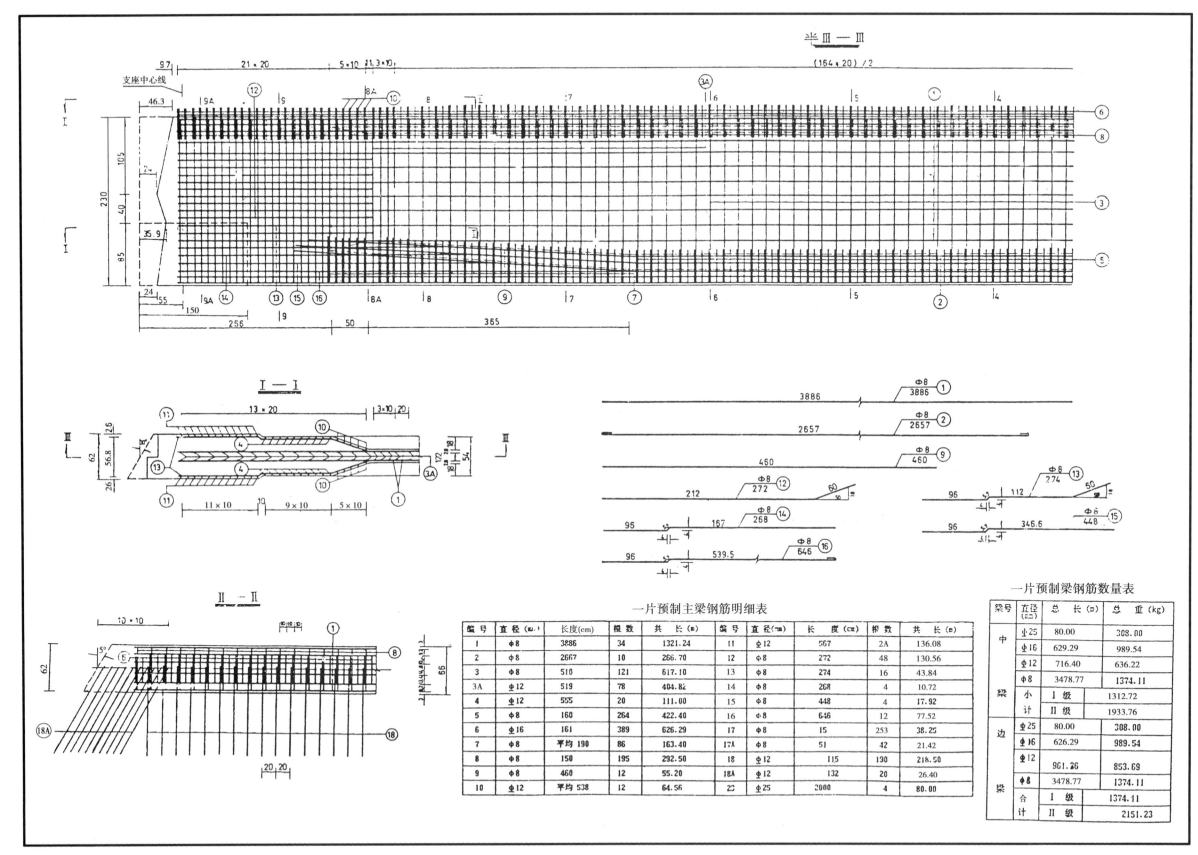

钢束定位钢筋示意

一片梁钢束定位筋明细表

钢束数	编号	直径(mm)	长度 (cm)	根数	共长 (m)	共重（kg）	合计(kg)
5束	19	φ8	16	32	14.72	5.81	24.18
	20	φ8	21	16	3.36	1.33	
	21	φ8	29	95	27.55	10.88	
	22	φ8	52	30	15.60	6.18	
6束	19	φ8	16	60	9.50	3.79	31.07
	20	φ8	21	40	8.40	3.32	
	21	φ8	29	114	33.06	13.06	
	22	φ8	52	56	29.12	11.50	

附注

1、本图尺寸除钢筋直径以毫米计外，余均以厘米计。

2、梁肋及马蹄箍筋如与横隔板钢筋发生干扰，可适当移动箍筋位置。

3、横隔板预埋钢筋见横隔板构造图。

4、各断面钢绞线定位筋，应按座标表精确放样定位，间距每组一束。

预应力混凝土Ⅰ形组合梁斜桥 跨径40米 斜交角 15°	汽车-20级 挂车-100	净-9+2×1.50 净-9+2×1.00 净-7+2×1.50
预制Ⅰ型梁钢筋构造 (六)	图号	43

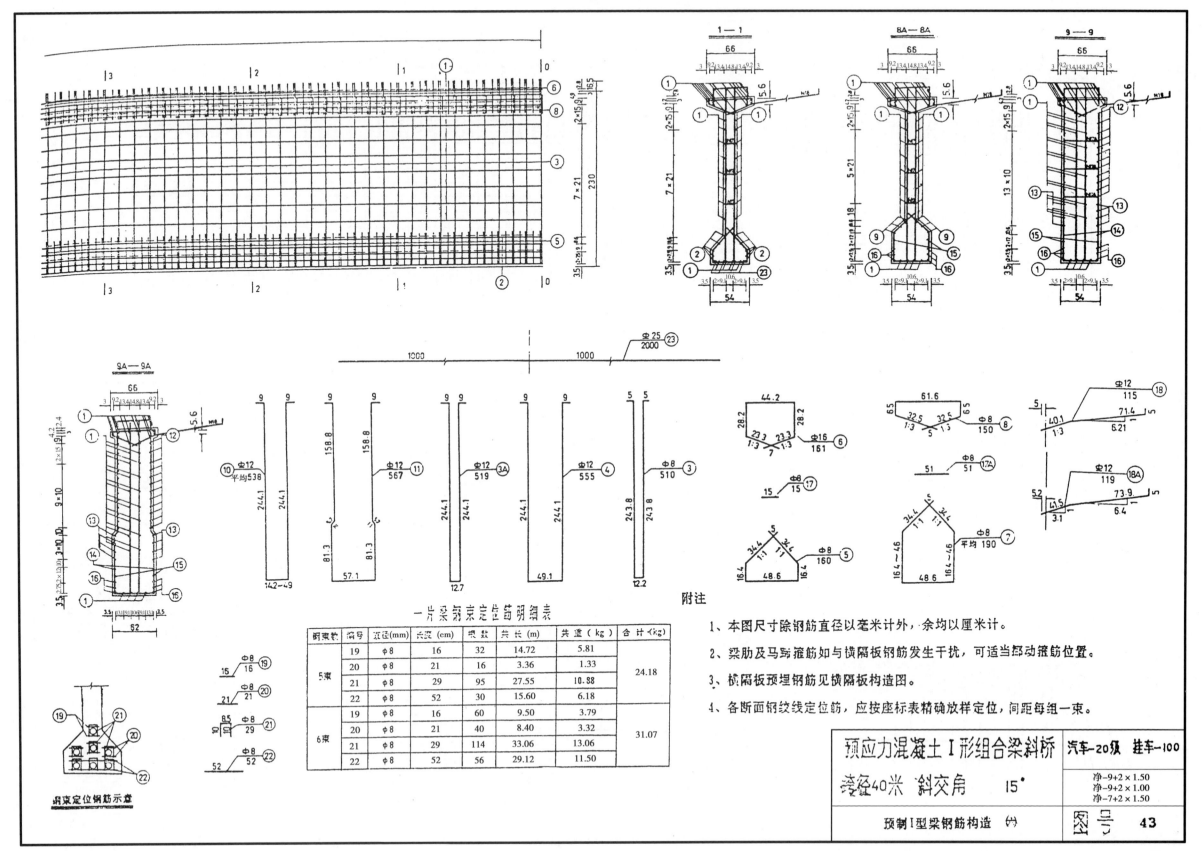

一片预制主梁钢筋明细表

编 号	直 径 (mm)	长 度 (cm)	根 数	共 长 (m)	编 号	直 径(mm)	长 度 (cm)	根 数	共 长 (m)
1	ϕ8	3304	34	1327.36	11	Φ12	567	24	136.08
2	ϕ8	2685	10	268.50	12	ϕ8	272	48	130.56
3	ϕ8	510	121	617.10	13	ϕ8	274	16	43.84
3A	Φ12	519	78	404.82	14	ϕ8	269	4	10.70
4	Φ12	555	20	111.00	15	ϕ8	450	4	18.00
5	ϕ8	160	266	425.60	16	ϕ8	646	12	77.52
6	Φ16	161	391	629.51	17	ϕ8	15	258	38.70
7	ϕ8	平均 190	86	163.40	17A	ϕ8	51	42	21.42
8	ϕ8	150	196	294.00	18	Φ12	115	190	218.50
9	ϕ8	460	12	55.20	18A	Φ12	119	20	23.80
10	Φ12	平均 538	12	64.56	23	Φ25	2000	4	80.00

一片预制梁钢筋数量表

梁号	直径 (mm)	总 长 (m)	总 重 (kg)
中梁	Φ25	80.00	308.00
	Φ16	629.51	994.63
	Φ12	716.46	636.22
	ϕ8	3491.96	1379.32
	小计	Ⅰ 级	1379.32
		Ⅱ 级	1938.85
边梁	Φ25	80.00	308.00
	Φ16	629.51	994.63
	Φ12	958.76	851.39
	ϕ8	3491.96	1379.32
	小计	Ⅰ 级	1379.32
		Ⅱ 级	2154.52

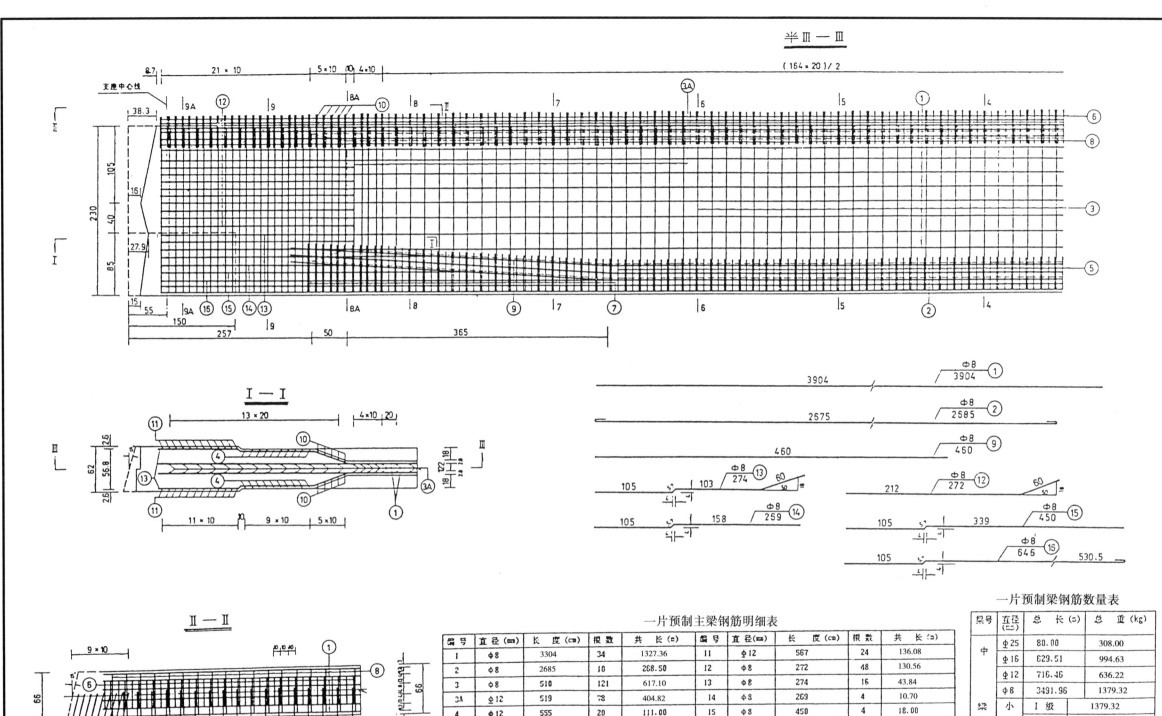

一片梁钢束定位筋明细表

钢束数	编号	直径(mm)	长度(cm)	根数	共长(m)	共重(kg)	合计(kg)
5束	13	Φ8	16	92	14.72	5.81	24.18
	20	Φ8	21	16	3.36	1.33	
	21	Φ8	29	95	27.55	10.88	
	22	Φ8	52	30	15.60	6.16	
6束	19	Φ8	16	60	9.60	3.79	31.67
	20	Φ8	21	40	8.40	3.32	
	21	Φ8	29	114	33.06	13.06	
	22	Φ8	52	56	29.12	11.50	

钢束定位钢筋示意

附注

1、本图尺寸除钢筋直径以毫米计外，余均以厘米计。

2、梁肋及马蹄箍筋如与横隔板钢筋发生干扰，可适当挪动箍筋位置。

3、横隔板预埋钢筋见横隔板构造图。

4、各断面钢绞线定位筋，应按座标表精确放样定位，间距每组一束。

预应力混凝土I形组合梁斜桥 跨径40米 斜交角 30°	汽车-20级 挂车-100 净-9+2×1.50 净-9+2×1.00 净-7+2×1.00
预制I型梁钢筋构造（七）	图号 44

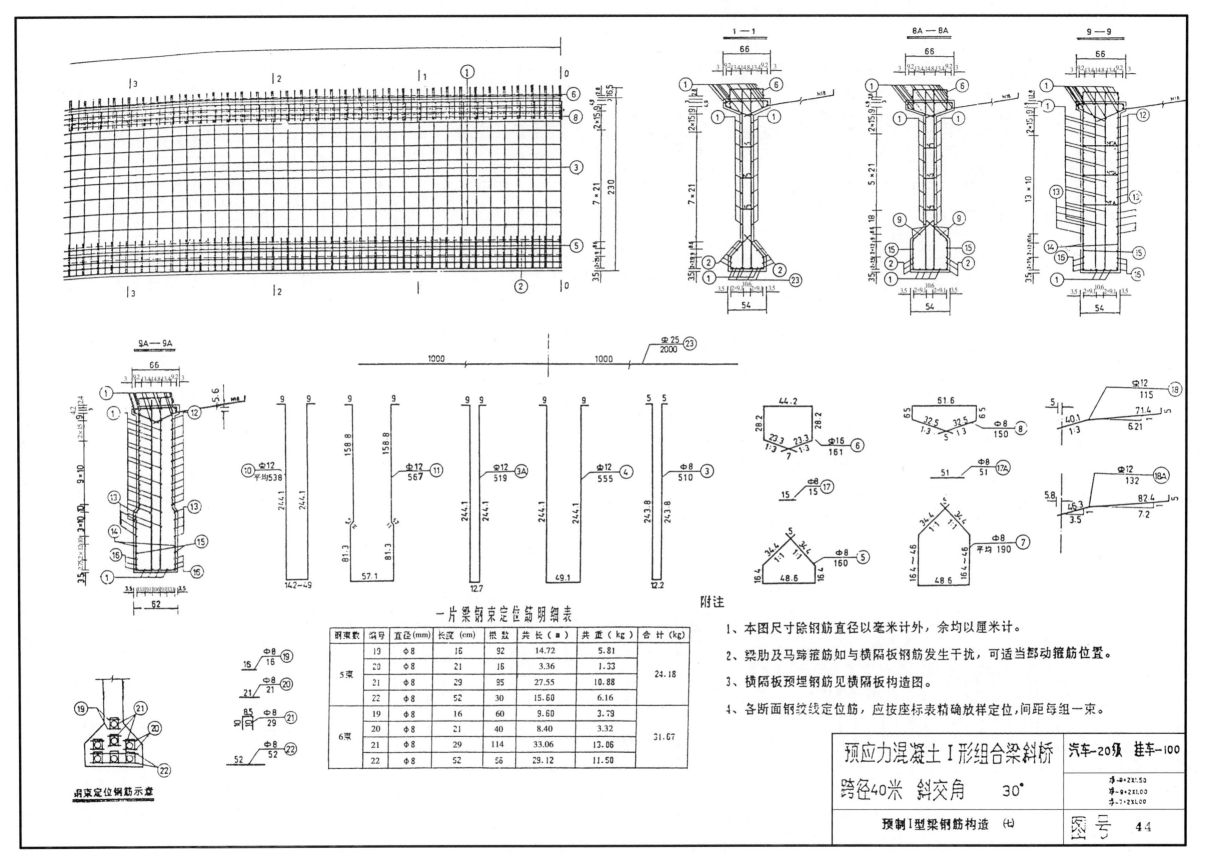

半 Ⅲ—Ⅲ

Ⅰ—Ⅰ

Ⅱ—Ⅱ

一片预制主梁钢筋明细表

编号	直径(mm)	长度(cm)	根数	共长(m)	编号	直径(mm)	长度(cm)	根数	共长(m)
1	Φ8	3884	34	1320.65	11	Φ12	567	28	158.76
2	Φ8	2645	10	264.5	12	Φ8	282	48	135.36
3	Φ8	510	121	617.1	13	Φ8	284	16	54.44
3A	Φ12	513	78	404.82	14	Φ8	279	4	11.16
4	Φ12	555	18	99.9	15	Φ8	459	4	18.36
5	Φ8	160	262	419.2	16	Φ8	656	12	78.72
6	Φ16	161	383	626.29	17	Φ8	15	252	37.8
7	Φ8	平均190	86	163.4	17A	Φ8	51	42	21.42
8	Φ8	150	195	292.5	18	Φ12	115	190	218.50
9	Φ8	460	12	55.2	18A	Φ12	161	20	32.2
10	Φ12	平均 538	10	53.80	23	Φ25	2000	4	80.00

一片预制梁钢筋数量表

编号	直径(mm)	总长(m)	总重(kg)
中梁	Φ25	80.00	308.00
	Φ16	626.29	989.84
	Φ12	717.28	636.94
	Φ8	3480.72	1374.88
	小计	Ⅰ级	1382.74
		Ⅱ级	1943.93
边梁	Φ25	80.00	308.00
	Φ16	626.29	989.54
	Φ12	967.98	859.57
	Φ8	3500.62	1382.74
	小计	Ⅰ级	1382.74
		Ⅱ级	2153.27

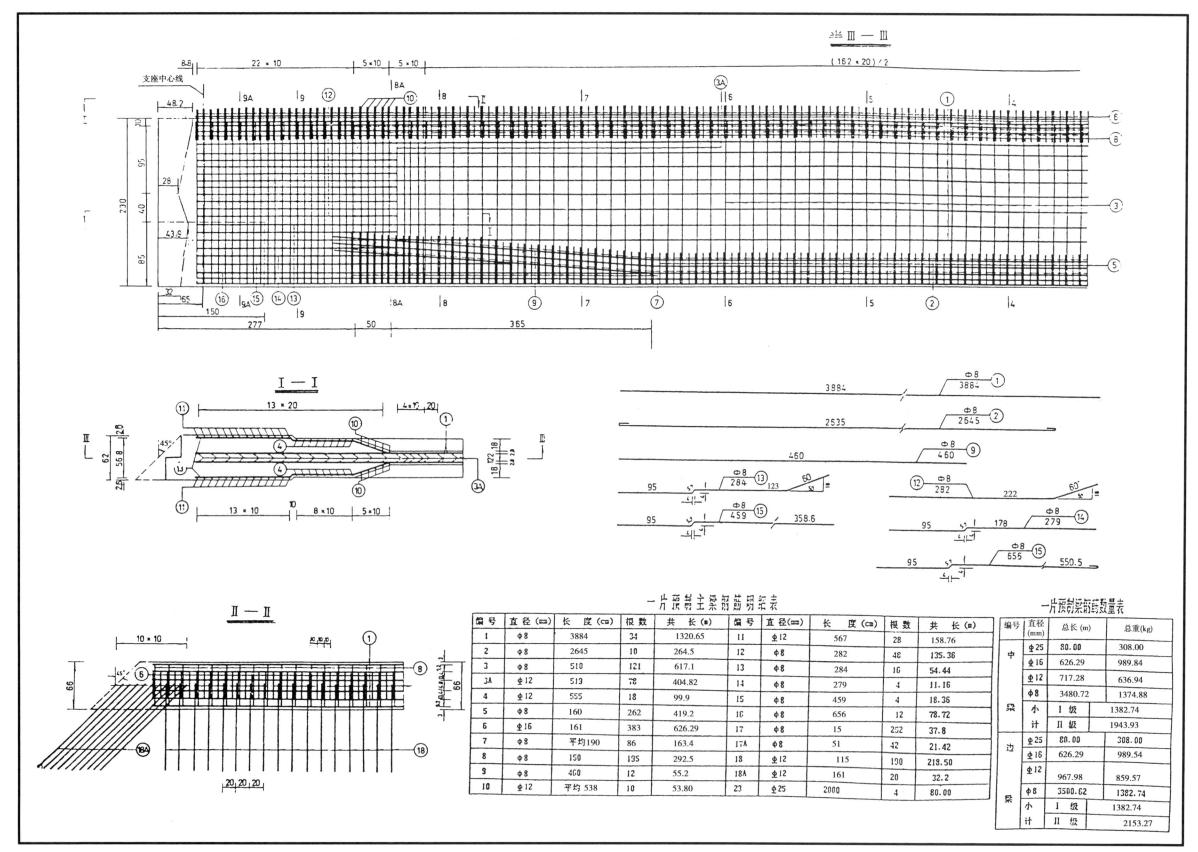

钢束定位钢筋示意

一片梁钢束定位筋明细表

钢束数	编号	直径(mm)	长度(cm)	根数	共长(m)	共重(kg)	合计(kg)
5束	19	Φ8	16	92	14.72	5.81	24.18
	20	Φ8	21	16	3.36	1.33	
	21	Φ8	29	95	27.55	10.88	
	22	Φ8	52	30	15.60	6.16	
6束	19	Φ8	16	60	9.60	3.79	31.67
	20	Φ8	21	40	8.40	3.32	
	21	Φ8	29	114	33.06	13.06	
	22	Φ8	52	56	29.12	11.50	

附注

1、本图尺寸除钢筋直径以毫米计外；余均以厘米计。

2、梁肋及马蹄箍筋如与横隔板钢筋发生干扰，可适当挪动箍筋位置。

3、横隔板预埋钢筋见横隔板构造图。

4、各断面钢绞线定位筋，应按座标表精确放样定位，间距每组一束。

预应力混凝土Ⅰ形组合梁斜桥 跨径40米 斜交角 45°	汽车-20级 挂车-100
	净-9+2×1.50 净-8+2×1.00 净-7+2×1.00
预制Ⅰ型梁钢筋构造 (八)	图号 45

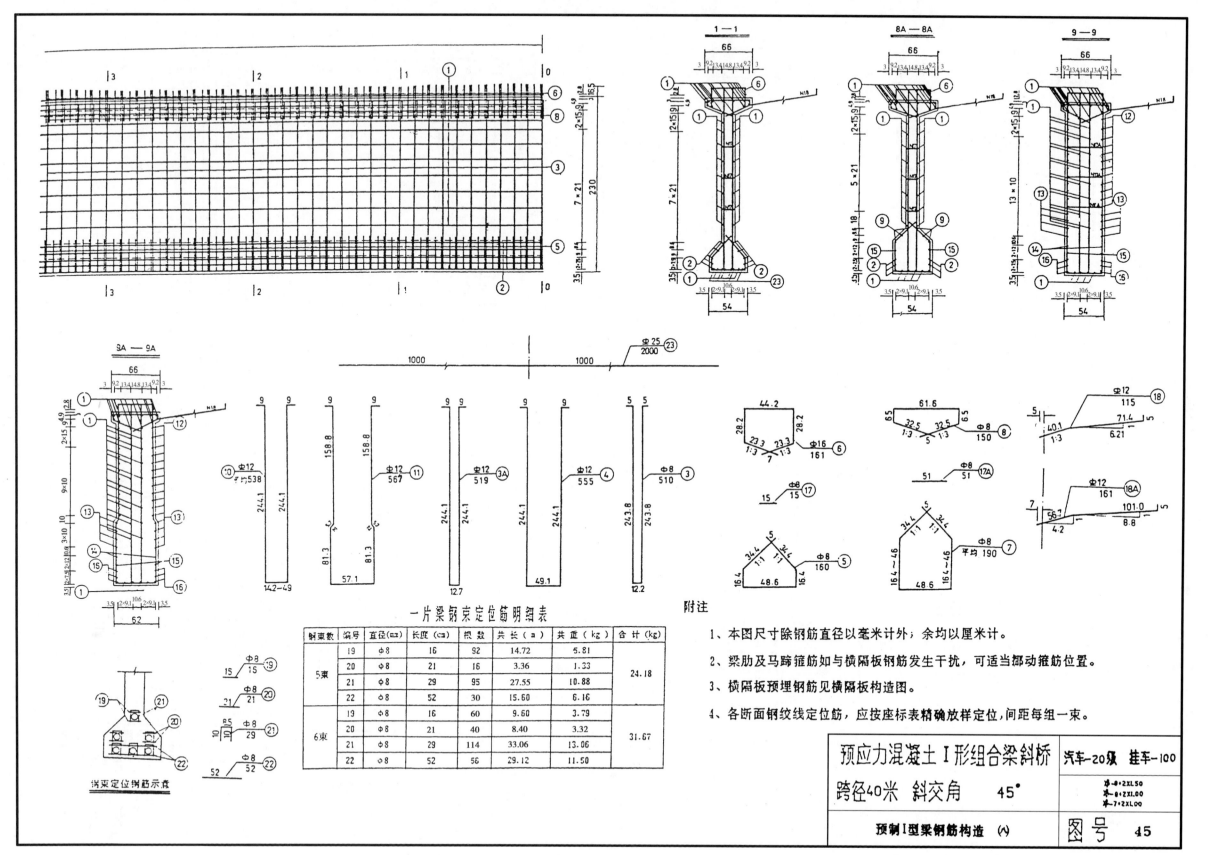

预制梁端部封锚前示意

一片主梁两端端部钢材表

名称	编号	直径 (mm)	长度 (cm)	根数	共长 (m)	共重 (kg)	总重 (kg)
钢筋	1	Φ12	227	8	18.16	16.13	Φ8 89.3 Φ12 45.6
	3	Φ8	157	42	65.94	26.05	
	4	Φ8	185	16	29.60	11.69	
	5	Φ8	146	20	29.20	11.53	
	6	Φ8	51	72	36.72	14.51	
	7	Φ8	59	64	37.76	14.92	
	8	Φ12	265	10	26.50	23.53	
	9	Φ8	平均 121	14	16.94	6.69	
	10	Φ8	平均 123	8	9.84	3.88	
	11	Φ12	28	24	6.72	5.97	
	15	Φ14	708	10	70.80	85.67	85.67
钢板	12	□ 250×35	65	2	1.30	89.29	199.19
	13	□ 250×35	25	2	0.50	84.34	
	14	□ 250×35	55	2	1.10	75.56	
螺栓 A3			M12×100	24		2.46	2.93
螺母 A3			M12	24		0.47	

附注

1、图中尺寸除钢筋直径、钢板尺寸以毫米计外，余均以厘米计。
2、锚下垫板必需保证与钢束轴线垂直、螺旋筋点焊在垫板上。
3、N8钢筋下端及锚垫板处的N9、N10钢筋焊于锚垫板上。
4、N6、N7钢筋如与钢束管道发生干扰，可适当挪动N6、N7钢筋。
5、锚垫板加工大样见图号 90 。

预应力混凝土Ⅰ形组合梁斜桥 跨径40米 斜交角 0°	汽车-20级 挂车-100 汽车-超20级 挂车-120
	净—9.75
端部钢筋构造 (一)	图号 46

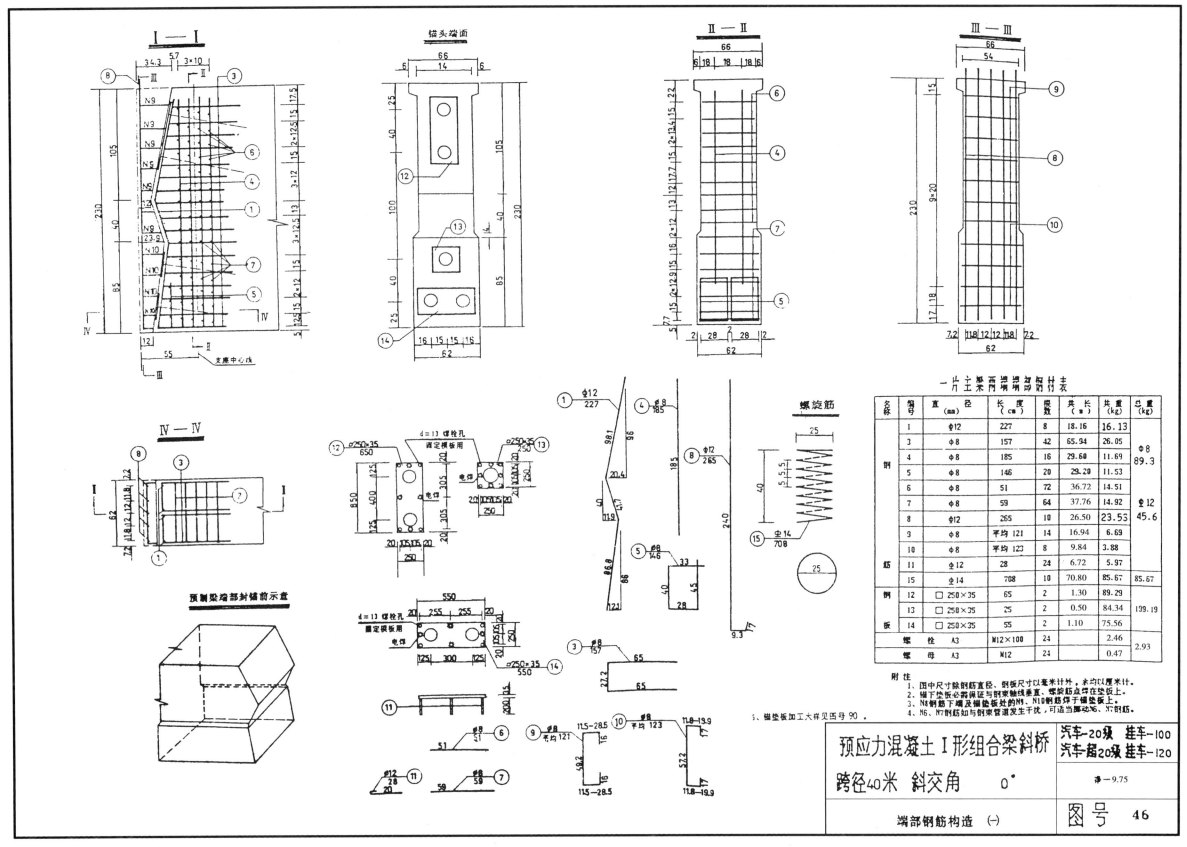

5、锚垫板加工大样见图号 90 。

一片主梁两端端部钢材表

名称	编号	直径 (mm)	长度 (cm)	根数	共长 (m)	共重 (kg)	总重 (kg)
钢筋	1	Φ12	224	4	8.96	7.96	Φ8 92.4
	2	Φ12	220	4	8.80	7.81	
	3	Φ8	157	42	65.94	26.05	
	4	Φ8	185	16	29.6	11.69	
	5	Φ8	146	20	29.20	11.53	
	6	Φ8	51	80	40.80	16.12	Φ12 47.4
	7	Φ8	59	64	37.76	14.92	
	8	Φ12	平均 266	10	26.6	23.62	
	9	Φ8	平均 131	14	18.34	7.24	
	10	Φ8	平均 125	8	10.00	3.95	
	14	Φ8	29	8	2.32	0.92	
	11	Φ12	28	32	8.36	7.96	
	15	Φ14	708	10	70.80	85.67	85.67
钢板	12	□ 250×35	65	2	1.30	89.29	192.32
	13	□ 250×35	25	6	1.50	103.03	
螺栓 A3			M12×100	22		3.28	3.80
螺母 A3			M12	32		0.52	

附注

1、图中尺寸除钢筋直径、钢板尺寸以毫米计外，余均以厘米计。
2、锚下垫板必需保证与钢束轴线垂直，螺旋筋点焊在垫板上。
3、N8钢筋下端及锚垫板处的N9、N10钢筋焊于锚垫板上。
4、N6、N7钢筋如与钢束管道发生干扰，可适当挪动N6、N7钢筋。

预应力混凝土Ⅰ形组合梁斜桥 跨径40米 斜交角 15°	汽车-20级 挂车-100 汽车-超20级 挂车-120 净-9.75 净-7+2×1.00
端部钢筋构造 (二)	图号 47

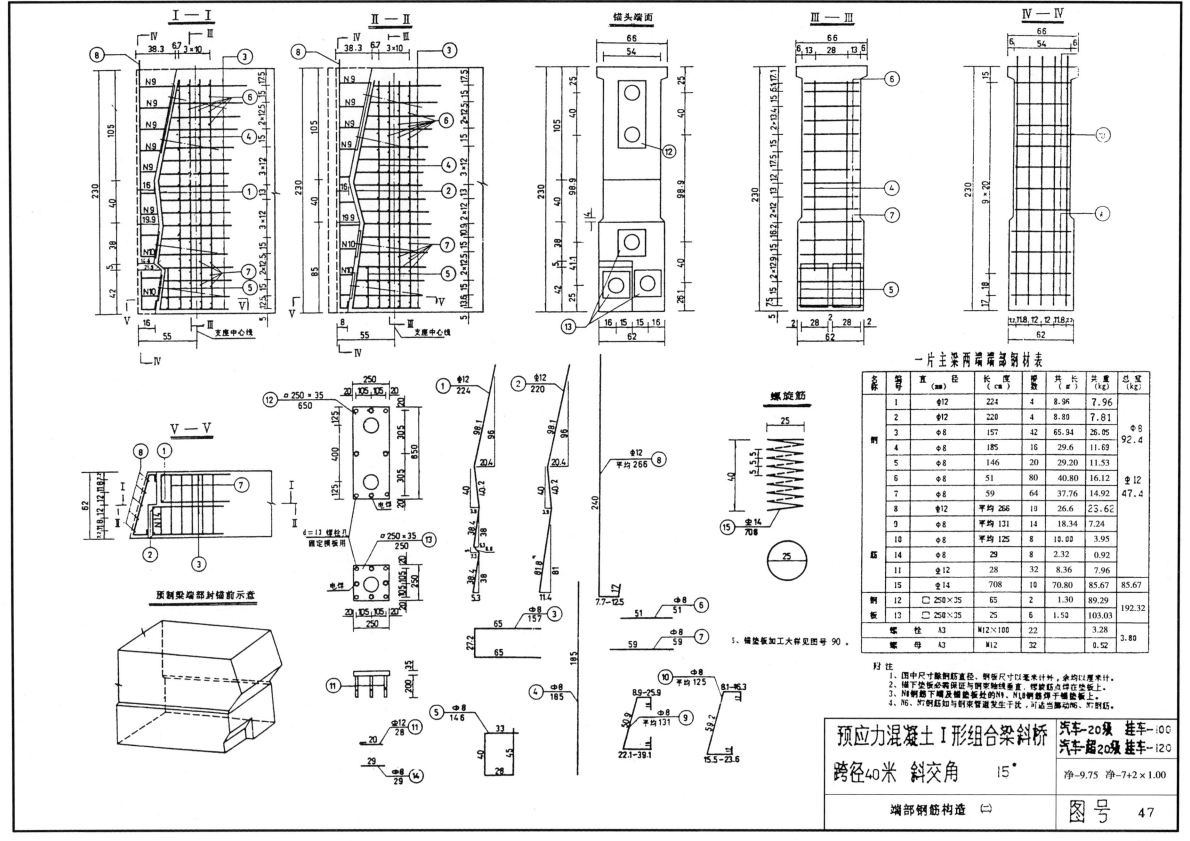

锚垫板加工大样见图号 90 .

一片主梁两端端部钢材表

名称	编号	直径(mm)	长度(cm)	根数	共长(m)	共重(kg)	总重(kg)
钢筋	1	Φ12	230	4	9.20	8.17	Φ8 109.6
	2	Φ12	220	4	8.80	7.81	
	3	φ8	167	42	70.14	27.71	
	4	φ8	185	16	29.60	11.69	
	5	φ8	146	44	64.24	25.38	
	6	φ8	51	80	40.80	16.12	Φ12 47.9
	7	φ8	59	64	37.76	14.92	
	8	Φ12	平均 270	10	27.00	23.98	
	9	φ8	平均 153	14	21.42	8.46	
	10	φ8	平均 141	8	11.28	4.46	
	14	φ8	29	8	2.32	0.92	
	11	Φ12	28	32	8.96	7.96	
	15	Φ14	708	10	70.80	85.67	85.67
钢板	12	□250×35	65	2	1.30	89.29	192.32
	13	□250×35	25	6	1.50	103.03	
螺栓		A3	M12×100	32		3.28	3.80
螺母		A3	M12	32		0.52	

附注

1、图中尺寸除钢筋直径、钢板尺寸以毫米计外，余均以厘米计。
2、锚下垫板必需保证与钢束轴线垂直、螺旋筋点焊在垫板上。
3、N8钢筋下端及锚垫板处的N9、N10钢筋焊于锚垫板上。
4、N6、N7钢筋如与钢束管道发生干扰，可适当挪动N6、N7钢筋。

预应力混凝土 I 形组合梁斜桥 跨径40米 斜交角 30°	汽车-20级 挂车-100 汽车-超20级 挂车-120 净-11.5 净-9+2×1.50 净-9.75 净-9+2×1.00 净-7+2×1.00
端部钢筋构造 (三)	图号 48

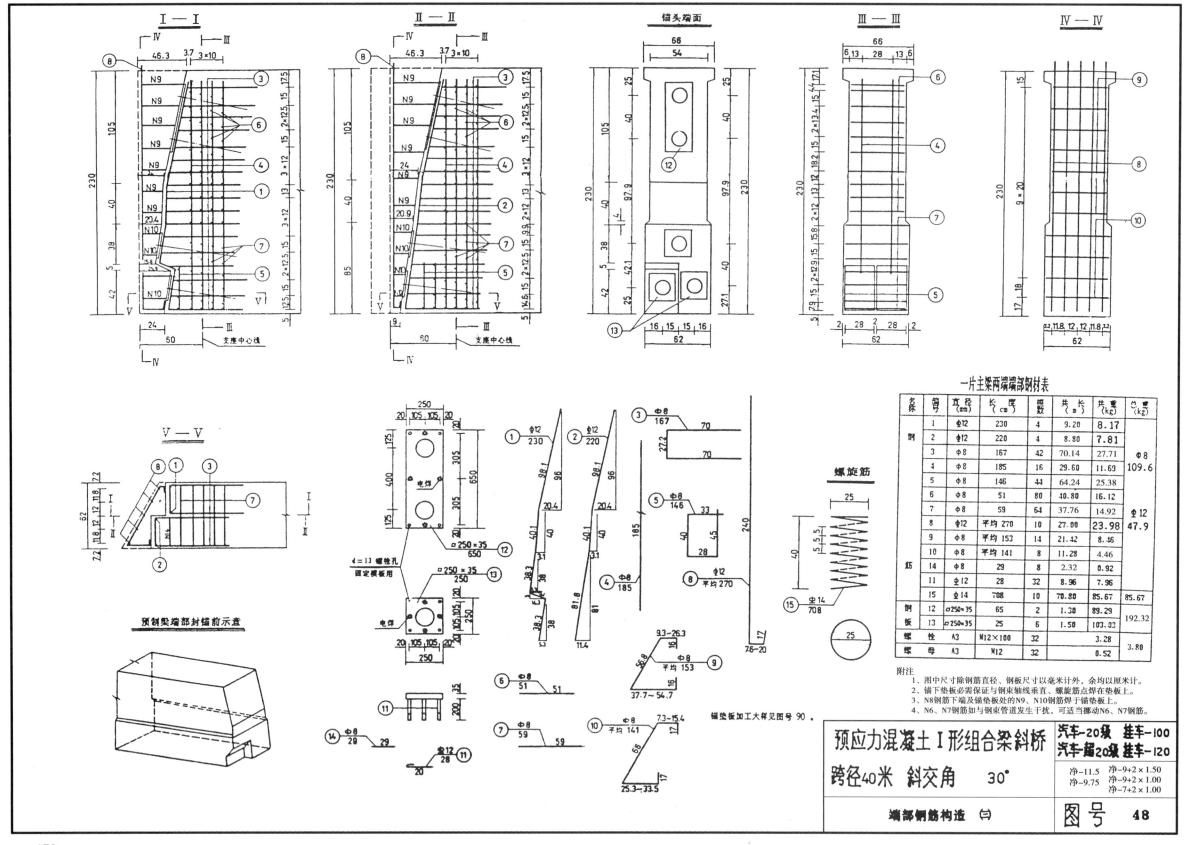

一片主梁两端端部钢材表

名称	编号	直径(mm)	长度(cm)	根数	共长(m)	共重(kg)	总重(kg)
钢筋	1	φ12	237	4	9.48	8.42	Φ8 102.9
	2	φ12	220	4	8.80	7.81	
	3	φ8	187	42	78.54	31.02	
	4	φ8	185	16	29.60	11.69	
	5	φ8	146	22	32.12	12.69	
	6	φ8	51	80	40.80	16.12	
	7	φ8	59	60	35.10	13.98	
	8	φ12	平均 275	10	27.50	24.42	Φ12 48.6
	9	φ8	平均 174	14	24.36	9.62	
	10	φ8	平均 165	8	13.20	5.21	
	11	φ12	242	2	4.84	1.91	
	15	φ8	29	6	1.74	0.69	
	12	Φ12	28	32	8.96	7.96	
	16	Φ14	708	10	70.80	85.67	85.67
钢板	13	□250×35	65	2	1.30	89.29	192.32
	14	□250×35	25	6	1.50	103.03	
螺栓	A3		M12×100	32		3.28	3.80
螺母	A3		M12	32		0.52	

附注

1、图中尺寸除钢筋直径、钢板尺寸以毫米计外，余均以厘米计。
2、锚下垫板必需保证与钢束轴线垂直、螺旋筋点焊在垫板上。
3、N8钢筋下端及锚垫板处的N9、N10钢筋焊于锚垫板上。
4、N6、N7钢筋如与钢束管道发生干扰，可适当挪动N6、N7钢筋。
5、锚垫板加工大样见图号 90 。

预应力混凝土Ⅰ形组合梁斜桥 跨径40米 斜交角 45°	汽车-20级 挂车-100 汽车-超20级 挂车-120 净-11.5 净-9.75 净-9+2×1.50 净-9+2×1.00 净-7+2×1.00
端部钢筋构造 (四)	图号 49

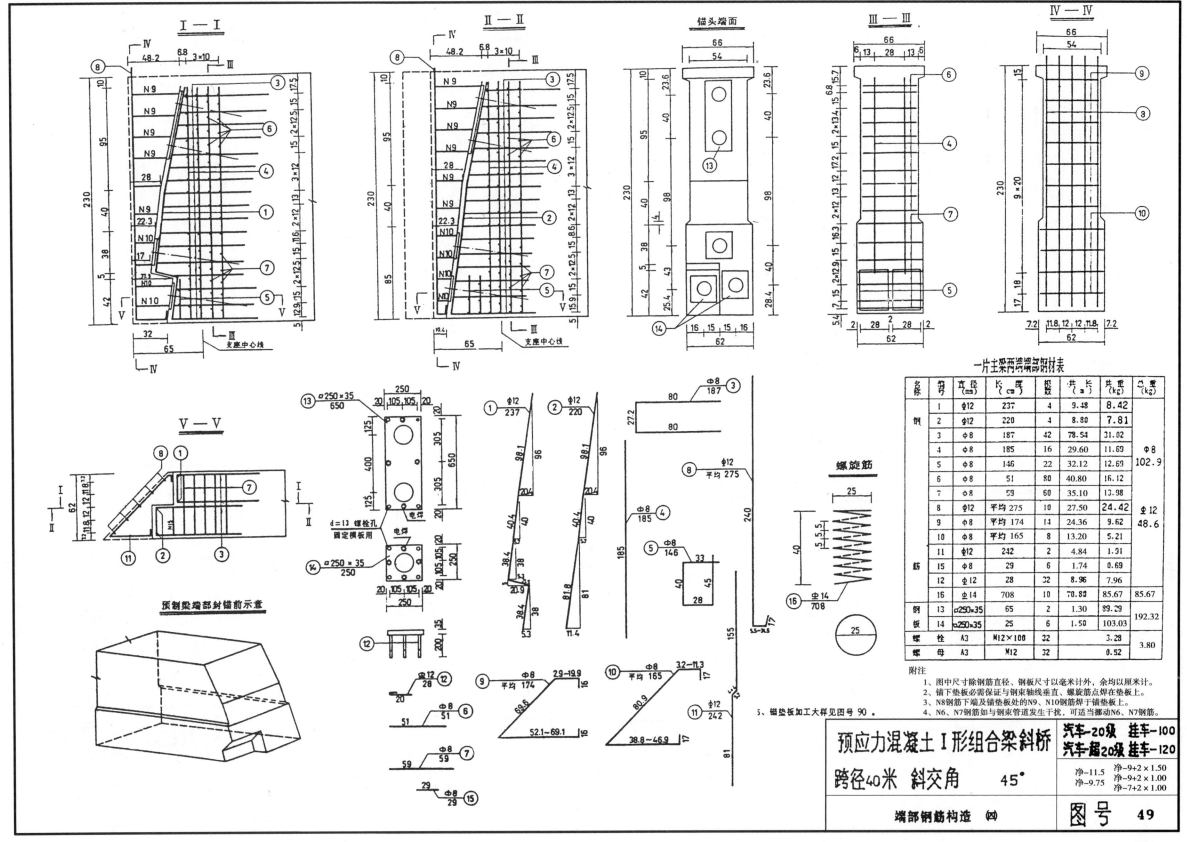

一片主梁两端端部钢材表

名称	编号	直径(mm)	长度(cm)	根数	共长(m)	共重(kg)	总重(kg)
钢筋	1	Φ12	221	8	17.68	15.70	Φ12 45.2
	2	Φ8	140	16	22.40	8.85	Φ8 97.2
	3	Φ8	226	20	45.20	17.78	
	4	Φ8	157	48	75.36	29.17	
	5	Φ8	51	72	36.72	14.57	
	6	Φ8	59	70	41.30	16.31	
	7	Φ12	265	10	26.50	23.53	
	8	Φ8	平均 121	14	16.94	6.69	
	9	Φ8	平均 103	8	8.24	3.25	
	10	Φ12	28	24	6.72	5.97	
	12	Φ14	708	12	84.96	102.80	102.80
钢板	11	▭250×35	65	6	3.90	267.88	267.88
螺栓		A3	M12×100	24		2.46	2.85
螺母		A3	M12	24		0.39	

附注

1、图中尺寸除钢筋直径、钢板尺寸以毫米计外，余均以厘米计。
2、锚下垫板必需保证与钢束轴线垂直、螺旋筋点焊在垫板上。
3、N7钢筋下端及锚垫板处的N8、N9钢筋焊于锚垫板上。
4、N5、N6钢筋如与钢束管道发生干扰，可适当挪动N5、N6钢筋。
5、锚垫板加工大样见图号90。

预应力混凝土I形组合梁斜桥 跨径40米 斜交角 0°	汽车-20级 挂车-100 汽车-超20级 挂车-120 净-11.5 净-9+2×1.50 净-9.75 净-9+2×1.00 净-7+2×1.00
端部钢筋构造 ([illegible])	图号 50

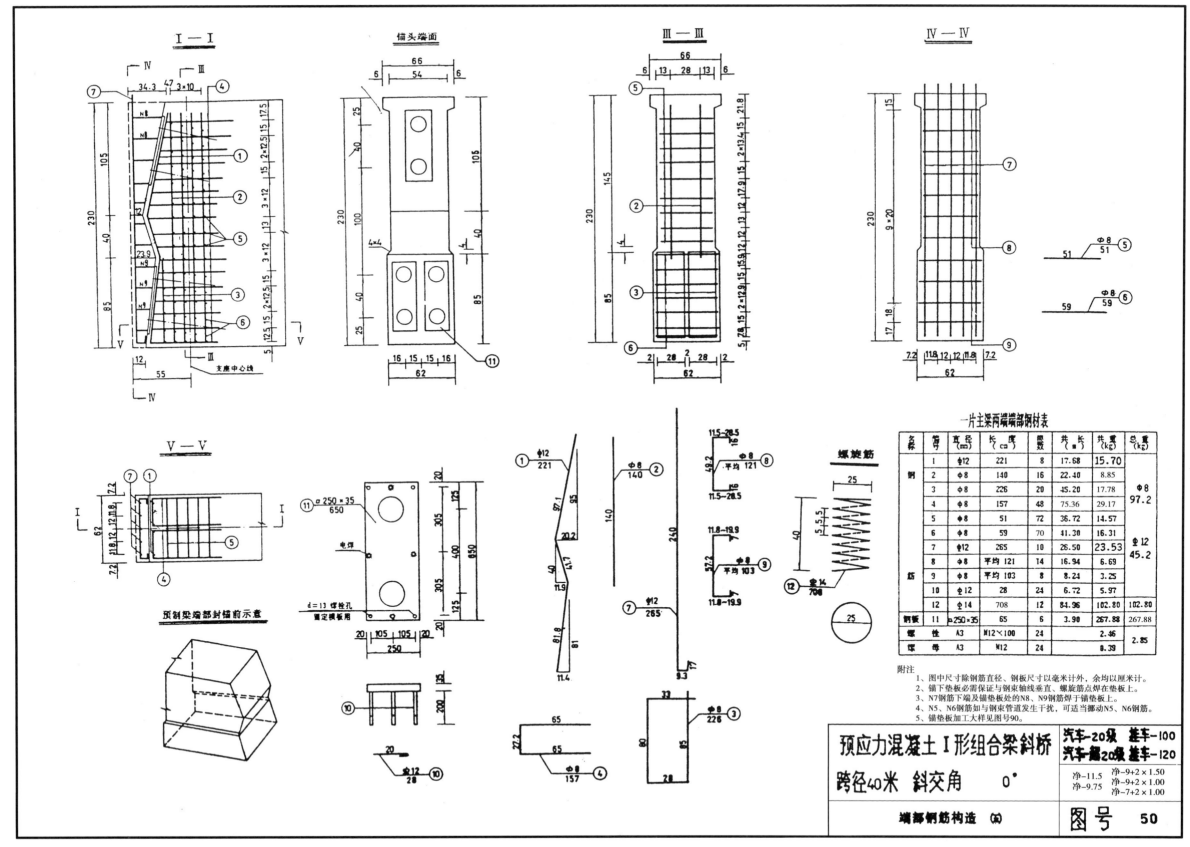

一片主梁两端端部钢材表

名称	筋号	直径 (mm)	长度 (cm)	根数	共长 (m)	共重 (kg)	总重 (kg)
钢筋	1	Φ12	222	4	8.88	7.89	Φ12 45.2
	2	Φ12	221	4	8.84	7.85	
	3	Φ8	120	16	19.20	7.58	Φ8 104.2
	4	Φ8	226	22	49.72	19.64	
	5	Φ8	167	48	80.16	31.66	
	6	Φ8	51	72	36.72	14.51	
	7	Φ8	59	80	47.20	18.64	
	8	Φ12	平均 265	10	26.50	23.53	
	9	Φ8	平均 131	14	18.34	7.24	
	10	Φ8	平均 105	8	8.40	3.32	
	13	Φ8	29	14	4.06	1.60	
	11	Φ12	28	24	6.72	5.97	
	14	Φ14	708	12	84.96	102.80	102.80
钢板	12	□250×35	65	6	3.90	267.88	267.88
螺栓		A3	M12×100	24		2.46	2.85
螺母		A3	M12	24		0.39	

附注

1、图中尺寸除钢筋直径、钢板尺寸以毫米计外，余均以厘米计。
2、锚下垫板必需保证与钢束轴线垂直、螺旋筋点焊在垫板上。
3、N8钢筋下端及锚垫板处的N9、N10钢筋焊于锚垫板上。
4、N6、N7钢筋如与钢束管道发生干扰，可适当挪动N6、N7钢筋。
5、锚垫板加工大样见图号90。

预应力混凝土Ⅰ形组合梁斜桥 跨径40米 斜交角 15°	汽车-20级 挂车-100 汽车-超20级 挂车-120
	净-11.5 净-9.75 净-9+2×1.50 净-9+2×1.00 净-7+2×1.00
端部钢筋构造 (六)	图号 51

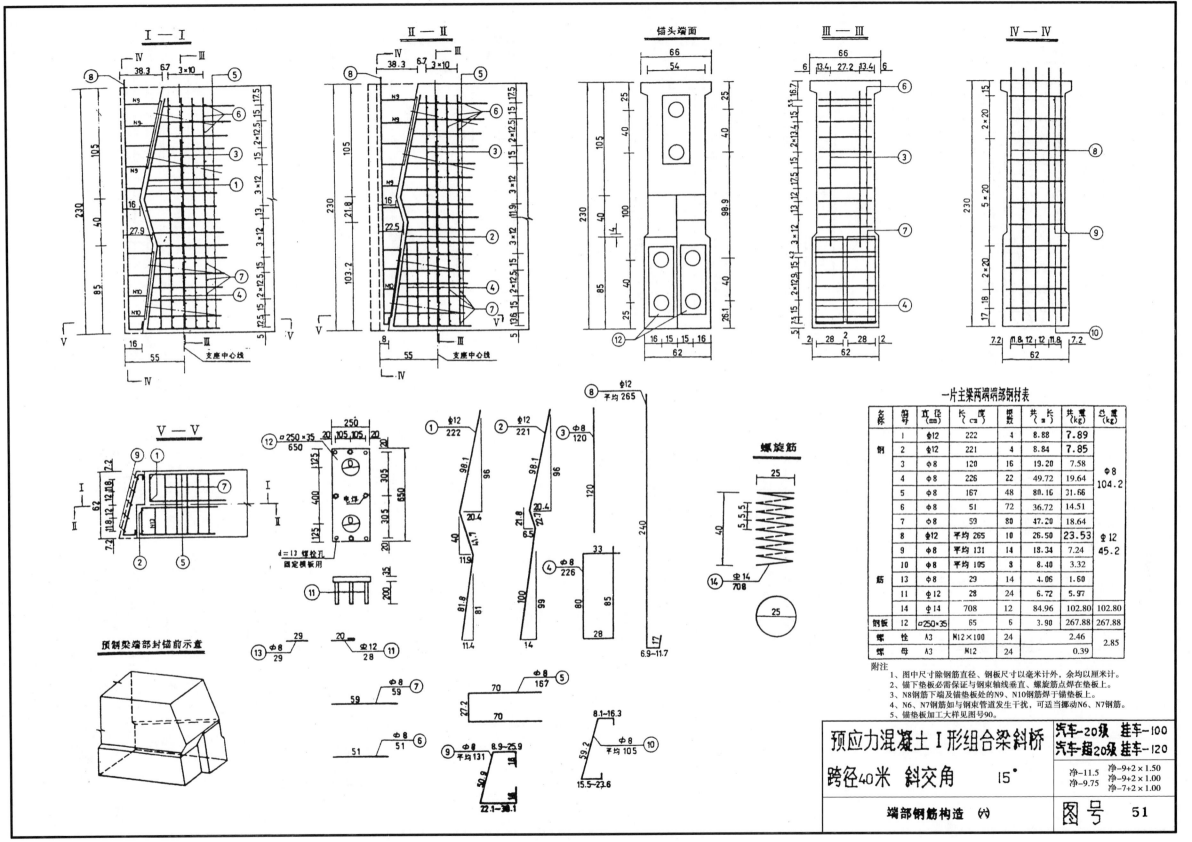

V — V

预制梁端部封锚前示意

一片主梁两端端部钢材表

名称	编号	直径(mm)	长度(cm)	根数	共长(m)	共重(kg)	总重(kg)
钢筋	1	Φ12	222	4	8.88	7.89	Φ12 45.7
	2	Φ12	220	4	8.80	7.81	
	3	φ8	167	48	80.16	31.66	φ8 109.9
	4	φ8	140	16	22.40	8.85	
	5	φ8	226	24	54.24	21.42	
	6	φ8	51	80	40.80	16.12	
	7	φ8	59	70	41.30	16.32	
	8	Φ12	平均 270	10	27.00	23.98	
	9	φ8	平均 153	14	21.42	8.46	
	10	φ8	平均 121	8	9.68	3.82	
	13	φ8	29	28	8.12	3.21	
	11	Φ12	28	24	6.72	5.37	
	14	Φ14	708	12	84.96	102.80	102.80
钢板	12	□250×35	65	6	3.90	267.88	267.88
螺栓		A3	M12×100	24		2.46	2.85
螺母		A3	M12	24		0.39	

附注

1、图中尺寸除钢筋直径、钢板尺寸以毫米计外，余均以厘米计。
2、锚下垫板必需保证与钢束轴线垂直、螺旋筋点焊在垫板上。
3、N8钢筋下端及锚垫板处的N8、N9钢筋焊于锚垫板上。
4、N6、N7钢筋如与钢束管道发生干扰，可适当挪动N6、N7钢筋。
5、锚垫板加工大样见图号90。

预应力混凝土I形组合梁斜桥 跨径40米 斜交角 30°	汽车-20级 挂车-100 汽车-超20级 挂车-120 净-11.5 净-9.75 净-9+2×1.50 净-9+2×1.00 净-7+2×1.00
端部钢筋构造（七）	图号 52

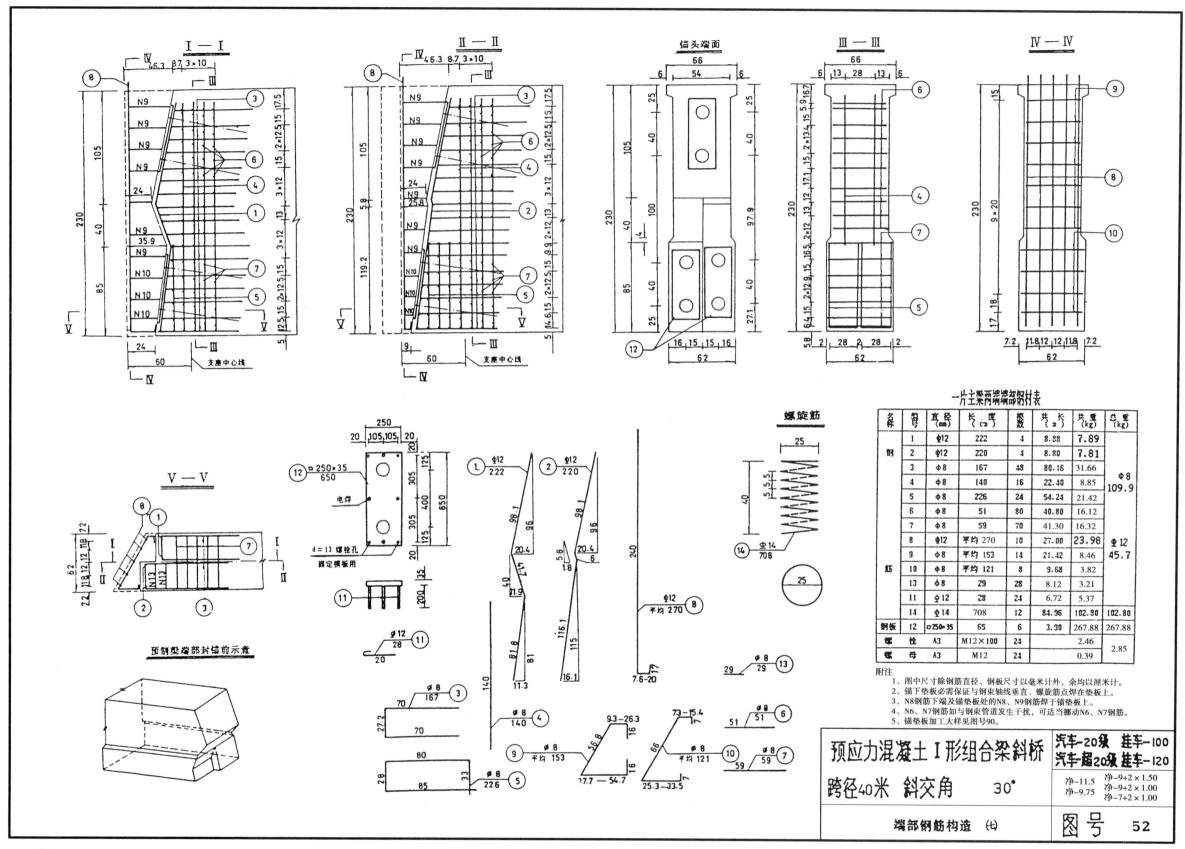

5、锚垫板加工大样见图号90。

一片主梁两端端部钢材表

名称	编号	直径 (mm)	长度 (cm)	根数	共长 (m)	共重 (kg)	总重 (kg)
钢筋	1	Φ12	223	4	8.92	7.92	Φ8 117.4
	2	Φ12	220	4	8.80	7.81	
	3	Φ8	187	48	89.76	35.46	
	4	Φ8	140	16	22.40	8.85	
	5	Φ8	226	24	54.24	21.42	
	6	Φ8	51	80	40.80	16.12	
	7	Φ8	59	70	41.30	16.31	
	8	Φ12	平均 275	10	27.50	24.42	Φ12 46.1
	9	Φ8	平均 174	14	24.36	9.62	
	10	Φ8	平均 145	8	11.60	4.58	
	11	Φ12	237	2	4.74	1.87	
	14	Φ8	29	28	8.12	2.21	
	12	Φ12	28	24	6.72	5.97	
	15	Φ14	708	12	84.96	102.80	102.80
钢板	13	▱250×35	65	6	3.90	267.88	267.88
螺栓		A3	M12×100	24		2.46	2.85
螺母		A3	M12	24		0.39	

附注

1、图中尺寸除钢筋直径、钢板尺寸以毫米计外，余均以厘米计。

2、锚下垫板必需保证与钢束轴线垂直、螺旋筋点焊在垫板上。

3、N8钢筋下端及锚垫板处的N9、N10钢筋焊于锚垫板上。

4、N6、N7钢筋如与钢束管道发生干扰，可适当挪动N6、N7钢筋。

预应力混凝土Ｉ形组合梁斜桥 跨径40米 斜交角 45°	汽车-20级 挂车-100 汽车-超20级 挂车-120 净-11.5 净-9.75 净-9+2×1.50	
端部钢筋构造 (A)	图号	53

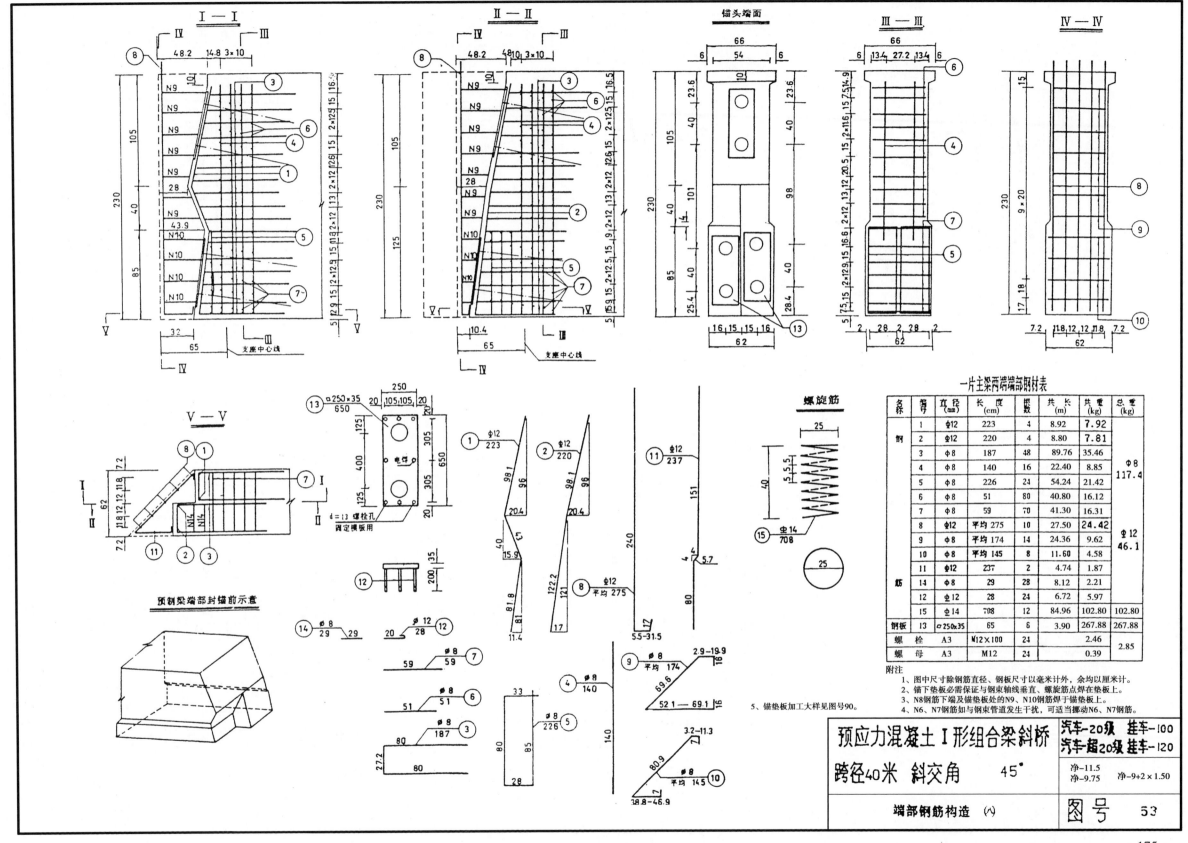

一片主梁两端端部钢材表

名称	编号	直径 (mm)	长度 (cm)	根数	共长 (m)	共重 (kg)	总重 (kg)
钢筋	1	Φ12	230	8	18.40	16.34	Φ12 45.8
	2	Φ8	157	50	78.50	31.01	Φ8 102.2
	3	Φ8	150	16	24.00	9.48	
	4	Φ8	226	20	45.20	17.85	
	5	Φ8	51	88	44.88	17.73	
	6	Φ8	59	70	41.50	16.31	
	7	Φ12	265	10	26.50	23.53	
	8	Φ8	平均 118	14	16.52	6.53	
	9	Φ8	平均 103	8	8.24	3.26	
	10	Φ12	28	24	6.72	5.97	
	13	Φ14	708	14	99.12	119.94	119.94
钢板	11	□ 250×35	85	2	1.70	116.77	267.88
	12	□ 250×35	55	4	2.20	151.11	
螺栓 A3			M12×100	24		2.46	2.85
螺母 A3			M12	24		0.39	

附注

1、图中尺寸除钢筋直径、钢板尺寸以毫米计外，余均以厘米计。
2、锚下垫板必需保证与钢束轴线垂直、螺旋筋点焊在垫板上。
3、N7钢筋下端及锚垫板处的N8、N9钢筋焊于锚垫板上。
4、N5、N6钢筋如与钢束管道发生干扰，可适当挪动N5、N6钢筋。
5、锚垫板加工大样见图号90。

预应力混凝土I形组合梁斜桥 跨径40米 斜交角 0°	汽车-超20级 挂车-120
	净-11.5
端部钢筋构造 (九)	图号 54

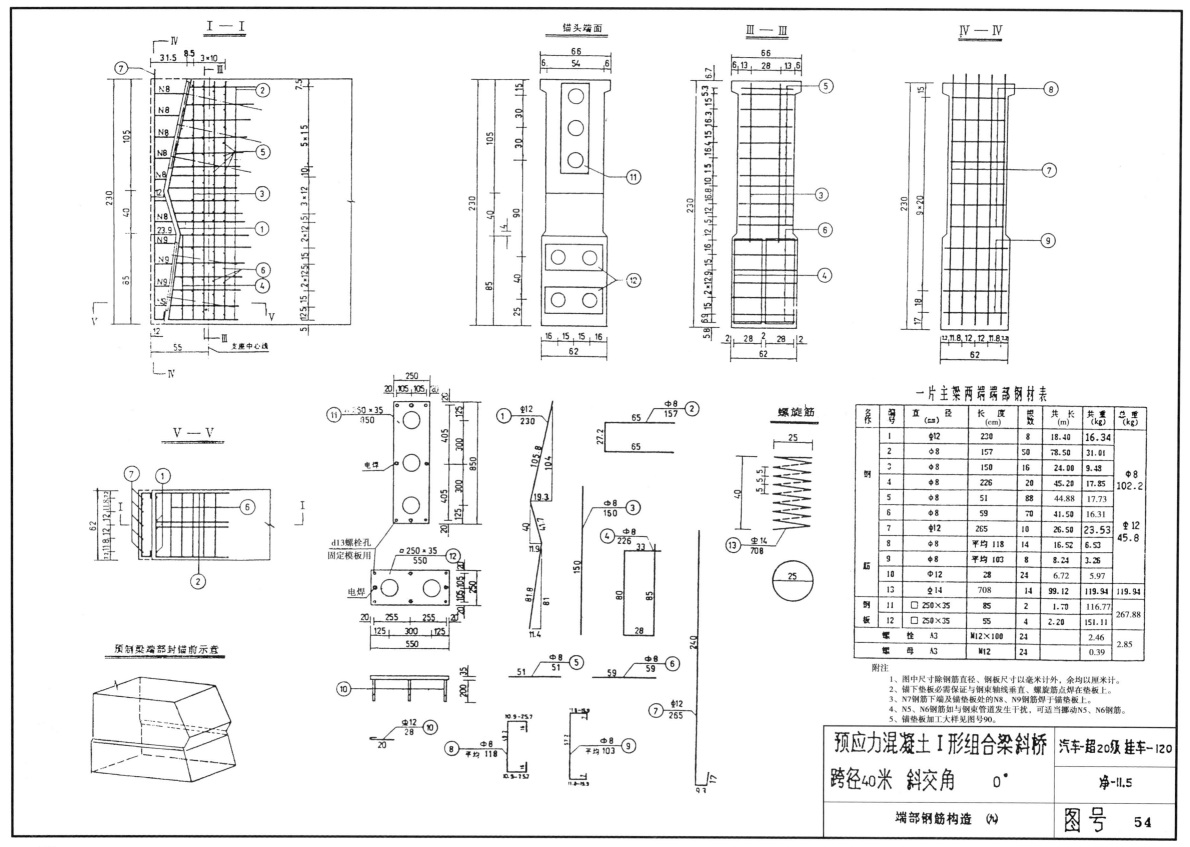

5、锚垫板加工大样见图号88。

一片主梁两端端部钢材表

名称	编号	直径 (mm)	长度 (cm)	根数	共长 (m)	共重 (kg)	总重 (kg)
钢筋	1	Φ12	222	4	8.88	7.89	Φ8 104.5
	2	Φ12	220	4	8.80	7.81	
	3	Φ8	167	48	80.16	31.66	
	4	Φ8	140	16	22.40	8.85	
	5	Φ8	226	22	49.72	19.64	
	6	Φ8	51	80	40.80	16.12	
	7	Φ8	59	70	41.30	16.32	
	8	Φ12	平均 265	10	26.50	23.53	Φ12 45.2
	9	Φ8	平均 130	14	18.20	7.19	
	10	Φ8	平均105	8	8.4	3.32	
	14	Φ8	29	12	3.48	1.37	
	11	Φ12	28	24	6.72	5.97	
	15	Φ14	708	14	99.12	119.94	119.34
钢板	11	□ 250×35	85	2	1.70	116.17	295.36
	13	□ 250×35	65	4	2.60	178.53	
螺栓 A3			M12×100	24		2.46	2.85
螺母 A3			M12	24		0.39	

附注

1、图中尺寸除钢筋直径、钢板尺寸以毫米计外，余均以厘米计。
2、锚下垫板必需保证与钢束轴线垂直、螺旋筋点焊在垫板上。
3、N8钢筋下端及锚垫板处的N9、N10钢筋焊于锚垫板上。
4、N6、N7钢筋如与钢束管道发生干扰，可适当挪动N6、N7钢筋。

预应力混凝土Ⅰ形组合梁斜桥 跨径40米 斜交角 15°	汽车-超20级 挂车-120
	净-11.5
端部钢筋构造 (十)	图号 55

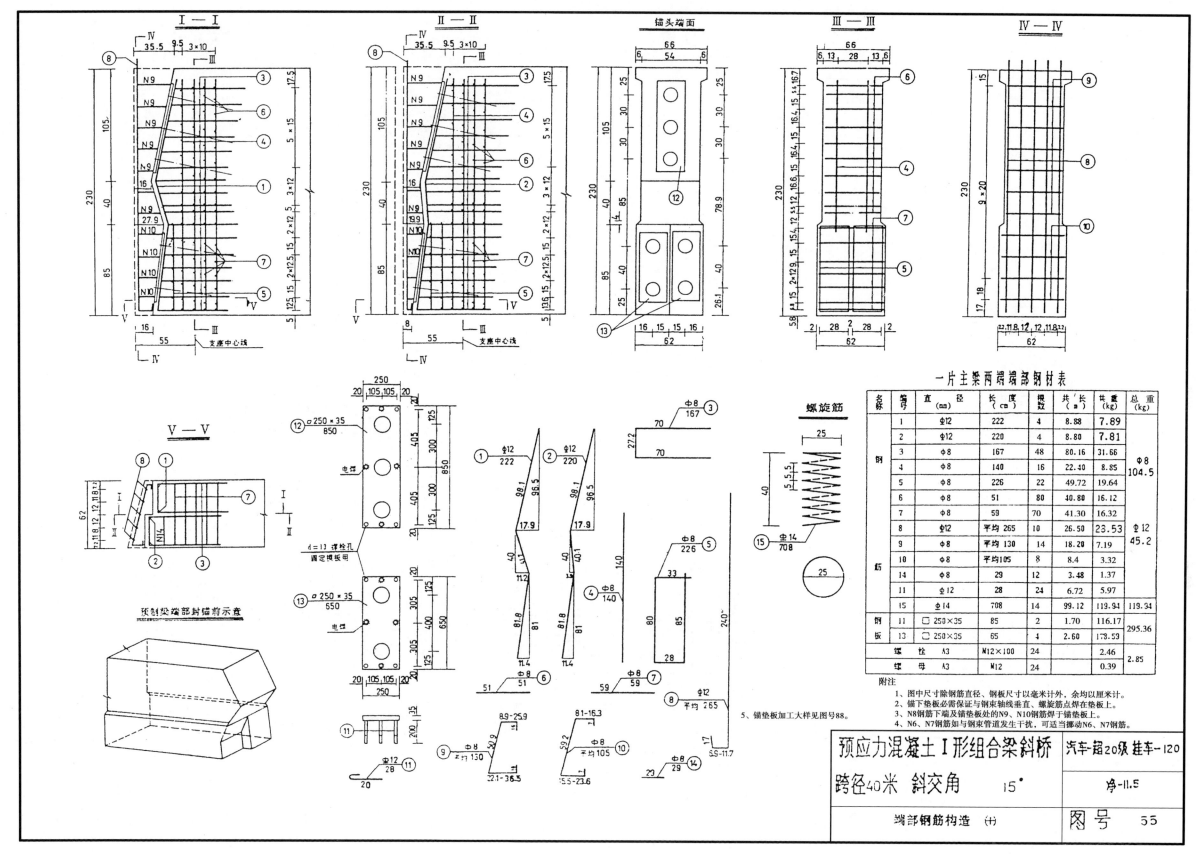

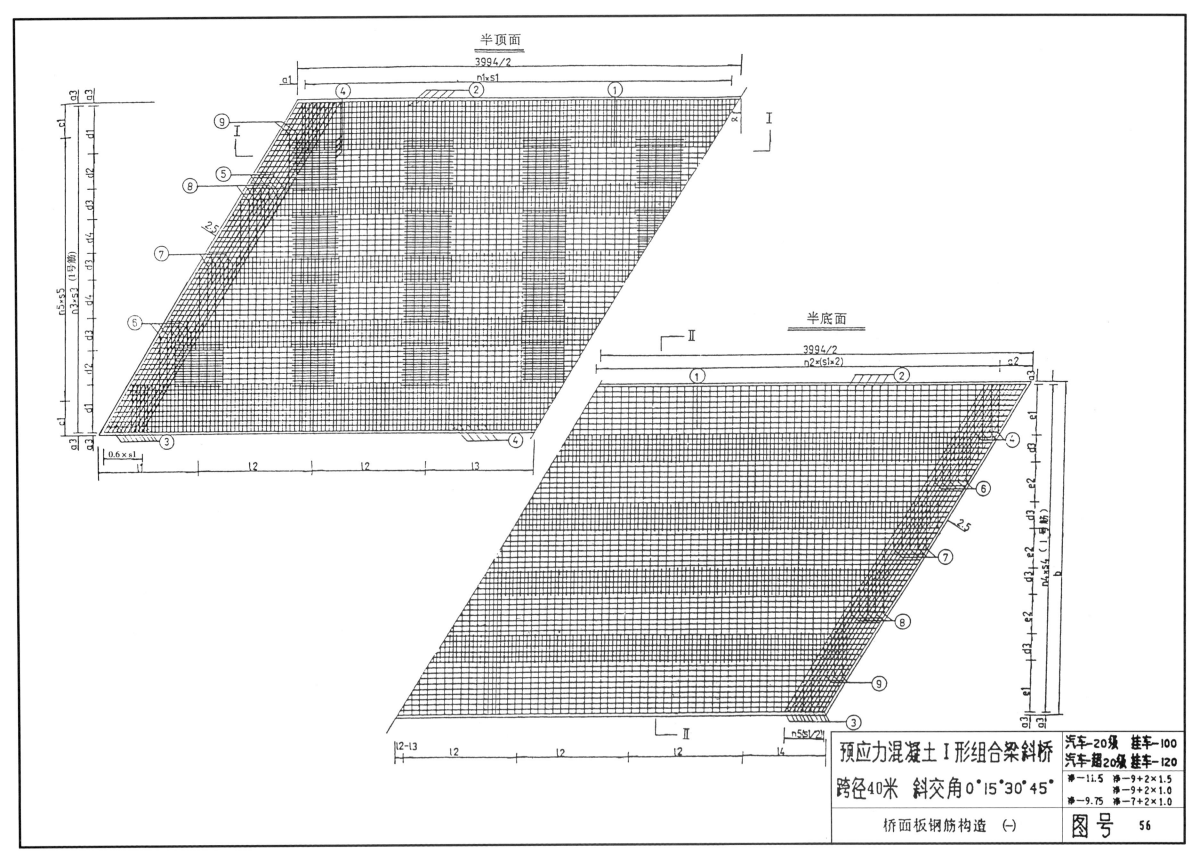

附注

1、本图尺寸除钢筋直径以毫米计外，余均以厘米计。

2、图中S1系指2、6、7、8、9号钢筋的间距。

3、桥面钢筋采用现场绑扎，在端头处点焊成形。

4、护轮带、人行道、伸缩缝、桥面连续等埋置钢筋本图未示。

预应力混凝土Ⅰ形组合梁斜桥 跨径40米　斜交角0°15°30°45°	汽车-20级　挂车-100 汽车-超20级　挂车-120 净-11.5　净-9+2×1.5 净-9+2×1.0 净-9.75　净-7+2×1.0
桥面板钢筋构造　(二)	图号　57

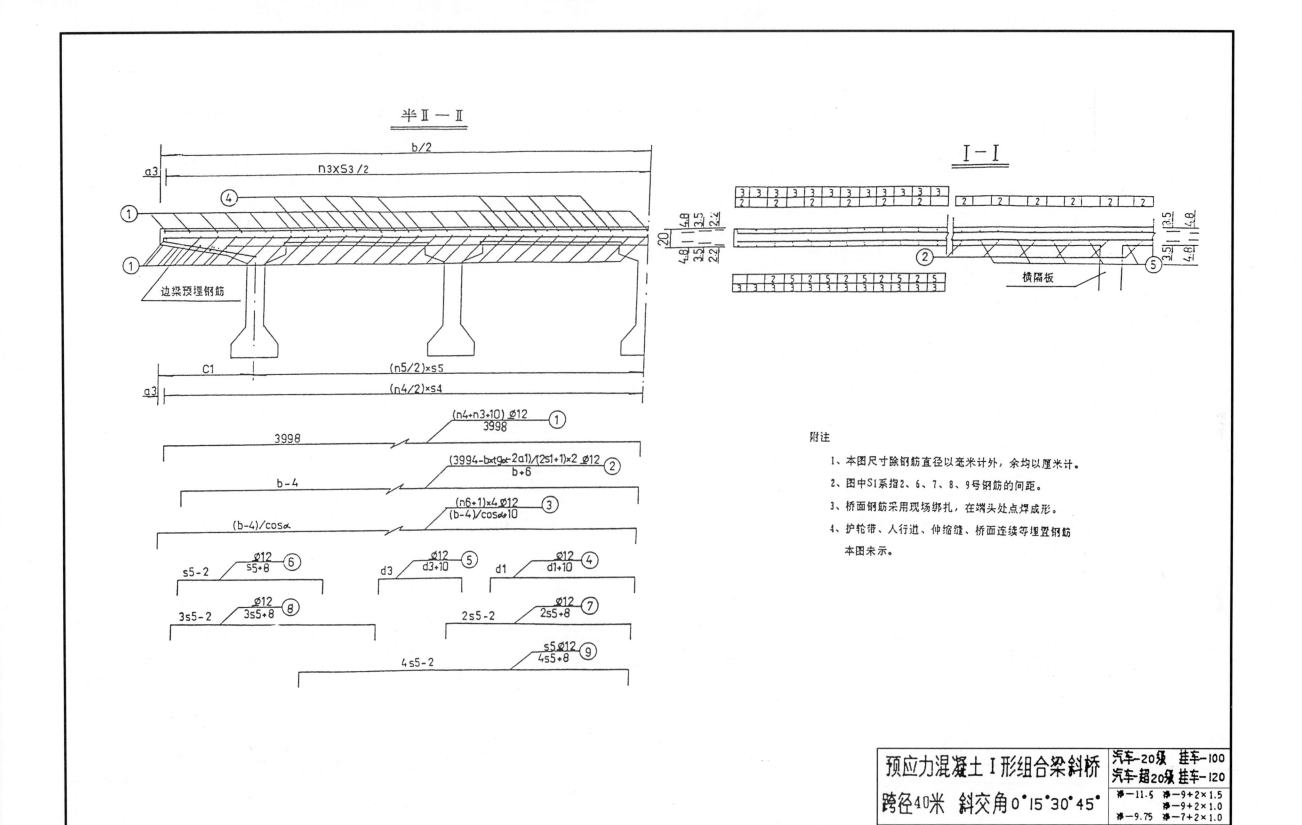

尺 寸 表

荷载	汽车—超20级 挂车—120								汽车—20级 挂车—100											
梁距	2.50m				2.15m				2.50m				2.15m（五梁）				2.15m（四梁）			
斜交角	0°	15°	30°	45°	0°	15°	30°	45°	0°	15°	30°	45°	0°	15°	30°	45°	0°	15°	30°	45°
a1	3.15	9.55	9.43	12	3.15	10.4	9.95	9.5	3.15	11.85	9.63	11.7	3.15	9.55	10.25	8.7	3.15	9.82	12.75	13
a2	3.15	64.45	132.29	222	3.15	74.3	109.01	184.5	3.15	62.05	137.87	213.6	3.15	64.45	128.03	190.9	3.15	72.58	117.25	201
a3	2.5	2.5	2.5	2.5	3.6	3.6	3.6	3.6	2.4	2.4	2.4	2.4	3.1	3.1	3.1	3.1	3.6	3.6	3.6	3.6
b	1250	1250	1250	1250	1075	1075	1075	1075	1250	1250	1250	1250	1075	1075	1075	1075	860	860	860	860
c1	125	125	125	125	107.5	107.5	107.5	107.5	125	125	125	125	107.5	107.5	107.5	107.5	107.5	107.5	107.5	107.5
d1	200	200	200	200	180	180	180	180	200	200	200	200	180	180	180	180	180	180	180	180
d2	102.5	102.5	102.5	102.5	78.9	78.9	78.9	78.9	102.5	102.5	102.5	102.5	79.4	79.4	79.4	79.4	78.9	78.9	78.9	78.9
d3	140	140	140	140	120	120	120	120	140	140	140	140	120	120	120	120	120	120	120	120
d4	110	110	110	110	95	95	95	95	110	110	110	110	95	95	95	95	95	95	95	95
e1	177.5	177.5	177.5	177.5	151.4	151.4	151.4	151.4	177.5	177.5	177.5	177.5	151.9	151.9	151.9	151.9	151.4	151.4	151.4	151.4
e2	110	110	110	110	95	95	95	95	110	110	110	110	95	95	95	95	95	95	95	95
l1	539	604.5	797.9	802	539	581	747.4	714.5	539	604.5	797.9	802	539	581	747.4	714.5	539	582.2	715.3	897
l2	486	520	520	520	486	520	520	520	486	520	520	520	486	520	520	520	486	510	510	510
l3	486	352.5	159.1	155	486	376	209.7	242.5	486	352.5	159.1	155	486	376	209.7	242.5	486	394.8	261.7	80
l4	539	269.5	76.13	72	539	293	126.6	159.5	539	269.5	76.13	72	539	293	126.6	159.5	539	351.8	218.7	37
n1	198	198	198	198	160	158	160	158	180	180	180	178	142	140	142	142	142	142	140	140
n2	100	97	94	89	80	78	76	73	91	89	85	80	72	70	67	65	72	69	68	65
n3	50	50	50	50	38	38	38	38	44	44	44	44	32	32	32	32	26	26	26	26
n4	62	62	62	62	54	54	54	54	62	62	62	62	42	42	42	42	34	34	34	34
n5	4	4	4	4	4	4	4	4	4	4	4	4	4	4	4	4	3	3	3	3
n6	0	8	16	26	0	7	14	18	0	8	16	26	0	7	14	16	0	7	14	16
s1	10.02	10.0	9.98	10	12.46	12.45	12.42	12.5	11.02	10.95	10.93	11.15	13.94	14.0	13.97	13.95	13.94	13.97	14	14
s3	24.9	24.9	24.9	24.9	28.1	28.1	28.1	28.1	28.3	28.3	28.3	28.3	33.4	33.4	33.4	33.4	32.8	32.8	32.8	32.8
s4	20.08	20.08	20.08	20.08	19.77	19.77	19.77	19.77	20.08	20.08	20.08	20.08	25.45	25.45	25.45	25.45	25.1	25.1	25.1	25.1
s5	250	250	250	250	215	215	215	215	250	250	250	250	215	215	215	215	215	215	215	215

附注 表中尺寸除注明者外，余均以厘米计。

预应力混凝土I形组合梁斜桥 跨径40米 斜交角0°15°30°45°	汽车-20级 挂车-100 汽车-超20级 挂车-120 净-11.5 净-9+2×1.5 净-9+2×1.0 净-9.75 净-7+2×1.0
桥面板钢筋构造 (三)	图号 58

一孔钢筋明细表及材料用量

荷载	梁距(m)	编号	直径(mm)	0° 长度(cm)	0° 根数	0° 共长(cm)	0° 总重(kg)	0° 30号混凝土(m^3)	15° 长度(cm)	15° 根数	15° 共长(cm)	15° 总重(kg)	15° 30号混凝土(m^3)	30° 长度(cm)	30° 根数	30° 共长(cm)	30° 总重(kg)	30° 30号混凝土(m^3)	45° 长度(cm)	45° 根数	45° 共长(cm)	45° 总重(kg)	45° 30号混凝土(m^3)
汽车—20级	2.50	1	Φ12	3998	116	4337.7	10910	87.3	3998	116	4637.7	11237	87.3	3998	116	4637.7	11548	87.3	3998	116	4637.7	12132	87.3
		2		1256	364	4571.8			1256	334	4195.0			1256	298	3742.9			1256	246	3089.8		
		3							1300	36	468.0			1449	68	985.2			1772	108	1913.9		
		4		210	560	1176.0			210	562	1180.2			210	554	1163.4			210	554	1163.4		
		5		150	1267	1900.5			150	1246	1869.0			150	1218	1827.0			150	1162	1743.0		
		6							258	12	31.0			258	28	72.2			258	44	113.5		
		7							508	12	61.0			508	24	121.9			508	44	223.5		
		8							758	12	91.0			758	28	212.2			758	44	333.5		
		9							1008	12	121.0			1008	24	241.9			1006	44	443.5		
挂车—100	2.15(五梁)	1	Φ12	3998	84	3358.3	7627.8	75.6	3998	84	3358.3	7255.2	75.6	3998	84	3358.3	8120.8	75.6	3998	84	3358.3	8304.8	75.6
		2		1081	288	3113.3			1081	266	3875.5			1081	242	2616.0			1081	210	2270.1		
		3							1119	32	358.0			1247	60	748.0			1525	68	1036.7		
		4		190	430	817.0			190	424	805.6			190	426	809.4			190	428	813.2		
		5		130	1001	1301.3			130	980	1274.0			130	959	1246.7			130	938	1219.4		
		6							223	8	17.8			223	16	35.7			223	28	62.4		
		7							438	8	35.0			438	20	87.6			438	32	140.2		
		8							653	8	52.2			653	16	104.5			653	32	209.0		
		9							868	8	63.4			868	16	133.9			868	28	243.0		
	2.15(四梁)	1	Φ12	3998	70	27986	6220.4	61.6	3998	70	2798.6	6475.7	61.6	3998	70	2798.6	6636.5	61.6	3998	70	2798.6	6787.0	61.6
		2		866	288	2494.1			866	278	2407.5			866	250	2165.0			866	224	1939.8		
		3							696	32	226.8			998	60	599.1			1221	68	829.9		
		4		190	412	782.8			190	406	771.4			190	408	775.2			190	402	763.8		
		5		130	715	929.5			130	710	923.0			130	705	916.5			130	705	916.5		
		6							223	8	17.8			223	20	44.6			223	32	71.4		
		7							438	8	35.0			438	16	70.1			438	32	140.2		
		8							653	8	52.2			653	16	104.5			653	28	182.8		

预应力混凝土I形组合梁斜桥 跨径40米 斜交角0°15°30°45°	汽车-20级 挂车-100 净-11.5 净-9+2×1.5 净-9+2×1.0 净-9.75 净-7+2×1.0	
桥面板钢筋构造（四）	图号	59

一孔钢筋明细表及材料用量

荷载	梁距 (m)	编号	直径 (mm)	0°					15°					30°					45°				
				长度 (cm)	根数	共长 (cm)	总重 (kg)	30号混凝土 (m^3)	长度 (cm)	根数	共长 (cm)	总重 (kg)	30号混凝土 (m^3)	长度 (cm)	根数	共长 (cm)	总重 (kg)	30号混凝土 (m^3)	长度 (cm)	根数	共长 (cm)	总重 (kg)	30号混凝土 (m^3)
汽车—超20级	2.50	1	Φ12	3998	122	4877.6	11927	87.3	3998	122	4877.6	12214	87.3	3998	122	4677.6	12554	87.3	3998	122	4877.6	13197	87.3
		2		1256	400	5024.0			1256	366	4597.0			1256	328	4119.7			1256	274	3441.4		
		3							1300	36	468.0			1449	68	985.2			1772	108	1913.9		
		4		210	686	1440.6			210	686	1440.6			210	686	1440.6			210	676	1419.6		
		5		150	1393	2089.5			150	1365	2047.5			150	1337	2005.5			150	1302	1953.0		
		6							258	12	31.0			258	28	72.2			258	52	134.2		
		7							508	16	81.3			508	28	142.2			508	48	243.8		
		8							758	12	91.0			758	28	212.2			758	52	394.2		
		9							1008	12	121.0			1008	28	282.2			1008	48	483.8		
挂车—120	2.15	1	Φ12	3998	102	4078.0	8848.7	75.6	3998	102	4078.0	9064.8	75.6	3998	102	4078.0	9378.8	75.6	3998	102	4078.0	9596.5	75.6
		2		1081	322	3480.8			1081	298	3221.4			1081	272	2940.3			1031	234	2529.5		
		3							1119	32	358.0			1247	60	748.0			1525	76	1158.7		
		4		190	500	950.0			190	494	938.6			190	504	957.6			190	496	942.4		
		5		130	1120	1456.0			130	1099	1428.7			130	1078	1401.4			130	1050	1365.0		
		6							223	12	26.8			223	20	44.6			223	36	80.3		
		7							438	8	35.0			438	20	87.6			438	32	140.2		
		8							653	8	52.2			653	20	130.6			653	36	235.1		
		9							868	8	69.4			868	20	173.6			868	32	277.8		

预应力混凝土I形组合梁斜桥 跨径40米 斜交角0°15°30°45°	汽车-超20级 挂车-120 净—11.5 净—9.75
桥面板钢筋构造 (五)	图号 60

附注

1、本图尺寸除钢筋直径以毫米计外，余均以厘米计。

2、当斜度为15°、30°、45°时，3号筋的根数分别为3、4、5根。

3、N 4钢筋的平均长度按下式计算：

$$l = 0.5\times[202-(5.2-D)/tg\alpha+C/tg\alpha-14]$$

4、N1钢筋按5.2厘米一根的间距排列，当 α = 0时，仅有N1和N2钢筋。

5、本图所示为梁距2.50米时的一块桥面板底板边板钢筋构造，其L1、L2尺寸可由施工单位根据实际情况自行确定，但L1不得小于0.5米，中间板块为矩形板，钢筋按本图N1、N2钢筋间距排列，板宽L可由施工单位根据实际情况自行确定，但L不得小于0.5米，且不得大于3.0米。

6、本图未设置吊环，如施工单位需要可自行增加。

预应力混凝土I形组合梁斜桥 跨径40米 斜交角0°15°30°45°	汽车-20级 挂车-100 汽车-超20级 挂车-120	
	净—11.5 净—9.75	净—9+2×1.5 净—9+2×1.0 净—7+2×1.0
预制桥面底板钢筋构造 (一)	图号	61

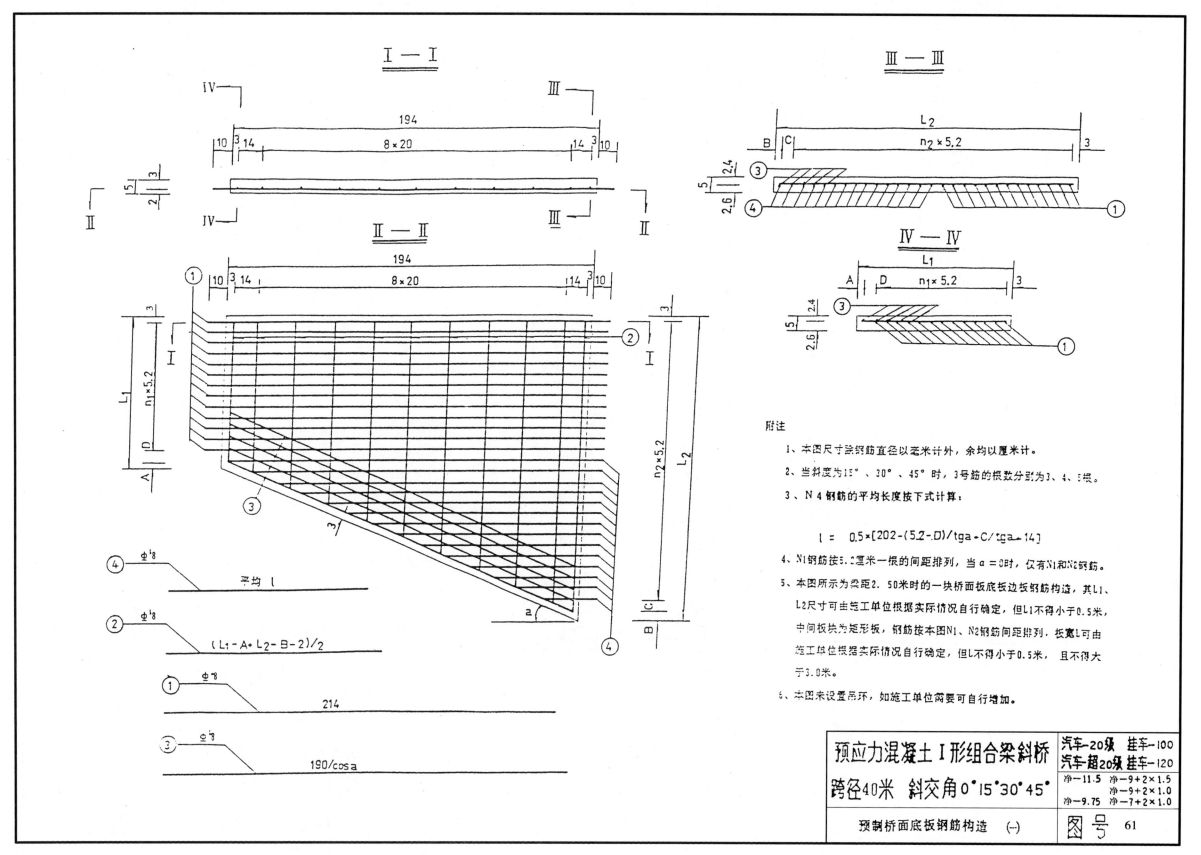

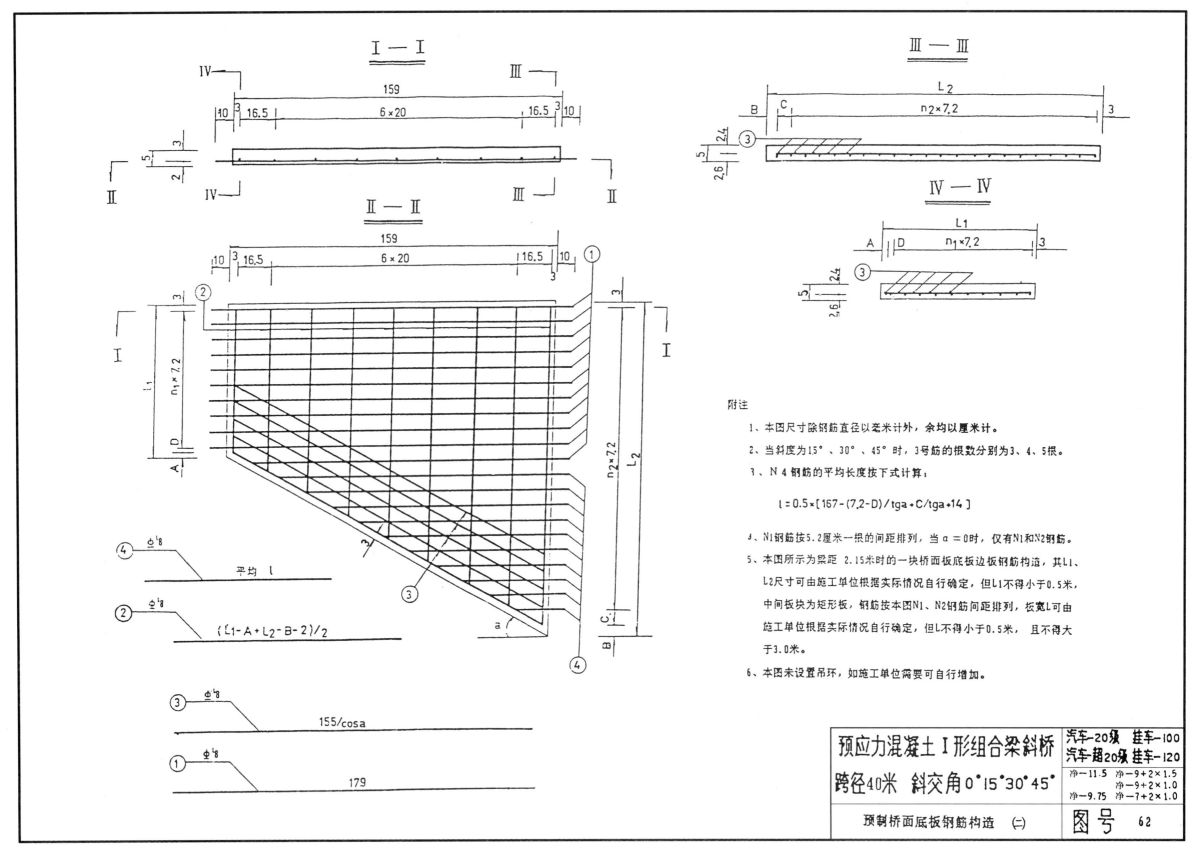

一孔横梁间底板材料数量表

梁距 (m)	编号	直径 (mm)	0° 长度 (cm)	0° 根数	0° 共长 (m)	0° 共重 (kg)	0° 50号混凝土 (m^3)	15° 长度 (cm)	15° 根数	15° 共长 (m)	15° 共重 (kg)	15° 50号混凝土 (m^3)	30° 长度 (cm)	30° 根数	30° 共长 (m)	30° 共重 (kg)	30° 50号混凝土 (m^3)	45° 长度 (cm)	45° 根数	45° 共长 (m)	45° 共重 (kg)	45° 50号混凝土 (m^3)
2.50	1	$\phi^{l}8$	214	2880	6163.2	3079.6	14.5	214	2836	6069.0	3093.4	14.5	214	2784	5957.8	3096.2	14.4	214	2712	5803.7	3100.8	14.6
	2		464	352	1633.3			平均462	352	1626.2			平均462	352	1626.2			平均460	352	1619.2		
	3							197	24	47.3			219	32	70.1			269	40	107.6		
	4							平均111	80	88.8			平均111	166	184.5			平均111	288	319.7		
2.15 五梁	1	$\phi^{l}8$	179	2080	3723.2	1998.5	11.9	179	2056	3680.2	2008.9	11.9	179	2024	3623.0	2013.7	11.8	179	1980	3544.2	2018.9	12.0
	2		464	288	1336.3			平均462	288	1330.6			平均462	288	1330.6			平均460	288	1324.8		
	3							161	24	38.6			179	32	57.3			219	40	87.6		
	4							平均91	40	36.4			平均91	96	87.1			平均92	168	154.6		
2.15 四梁	1	$\phi^{l}8$	179	1560	2792.4	1498.9	8.9	179	1548	2770.9	1511.8	8.9	179	1524	2728.0	1513.5	8.8	179	1492	2670.7	1518.1	9.0
	2		464	216	1002.2			平均462	216	997.9			平均461	216	995.8			平均460	216	993.6		
	3							161	18	29.0			179	24	43.0			219	30	65.7		
	4							平均82	26	29.5			平均90	72	64.8			平均90	126	113.4		

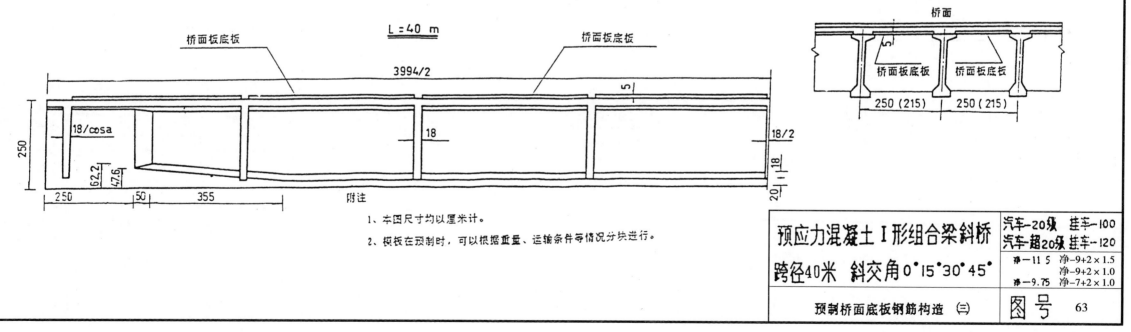

附注

1、本图尺寸均以厘米计。

2、模板在预制时，可以根据重量、运输条件等情况分块进行。

预应力混凝土Ⅰ形组合梁斜桥 跨径40米 斜交角0°15°30°45°	汽车-20级 挂车-100 汽车-超20级 挂车-120 净—11.5 净—9+2×1.5 净—9+2×1.0 净—9.75 净—7+2×1.0
预制桥面底板钢筋构造 (三)	图号 63

附注

1、图中尺寸均以厘米计。

2、五梁式45°横隔板T1，T2相同。

预应力混凝土Ⅰ形组合梁斜桥 跨径40米　斜交角0°、15°、30°、45°	汽车-20级　挂车-100 汽车-超20级　挂车-120	
	净-11.5 净-9.75	净-9+2×1.50 净-9+2×1.00 净-7+2×1.00
横隔板布置	图号	64

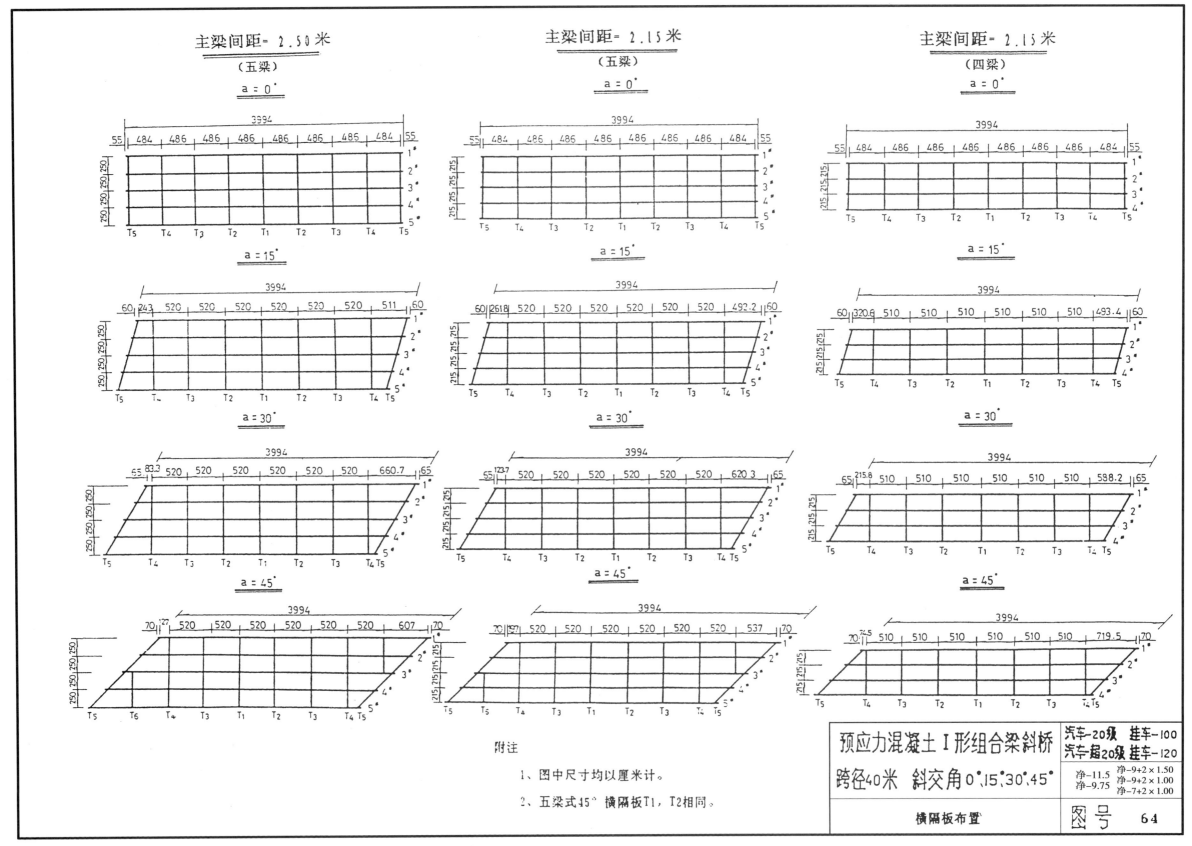

附注

1、本图尺寸除钢筋直径以毫米计外，余均以厘米计。
2、横隔梁下缘受力钢筋高度值H见图号71；横隔梁及主梁编号见图号64。
3、N 3 A，N 3 B钢筋分别用于汽车－20级，挂车－100；斜交角为15° 及30° 的T3横隔梁下缘上。N2A、N3C钢筋用于汽车－超20级，挂车－120；斜交角为30° 的T3横隔梁下缘上。
4、横隔梁尺寸及横隔梁底层受力钢筋高度值均以梁中心线为准。
5、当N 5，N 7及N 5′，N 7′与预留孔道相碰时，可适当移动其位置。
6、受力钢筋采用双面焊接，焊缝长度为 5 d，分布钢筋采用绑扎，其搭接长度为30cm。
7、钢筋明细表及材料数量表见图号66。

尺 寸 表

斜交角	0°	15°	30°	45°
K	35.0	39.4	44.3	46.8
n	18	18	20	26
m	250.0	258.8	288.6	353.6

预应力混凝土I形组合梁斜桥	汽车—20级 挂车—100 汽车—超20级 挂车—120	
跨径40米 α＝0°，15°，30°，45°	净—11.5	
横隔梁钢筋构造 （一）	图 号	65

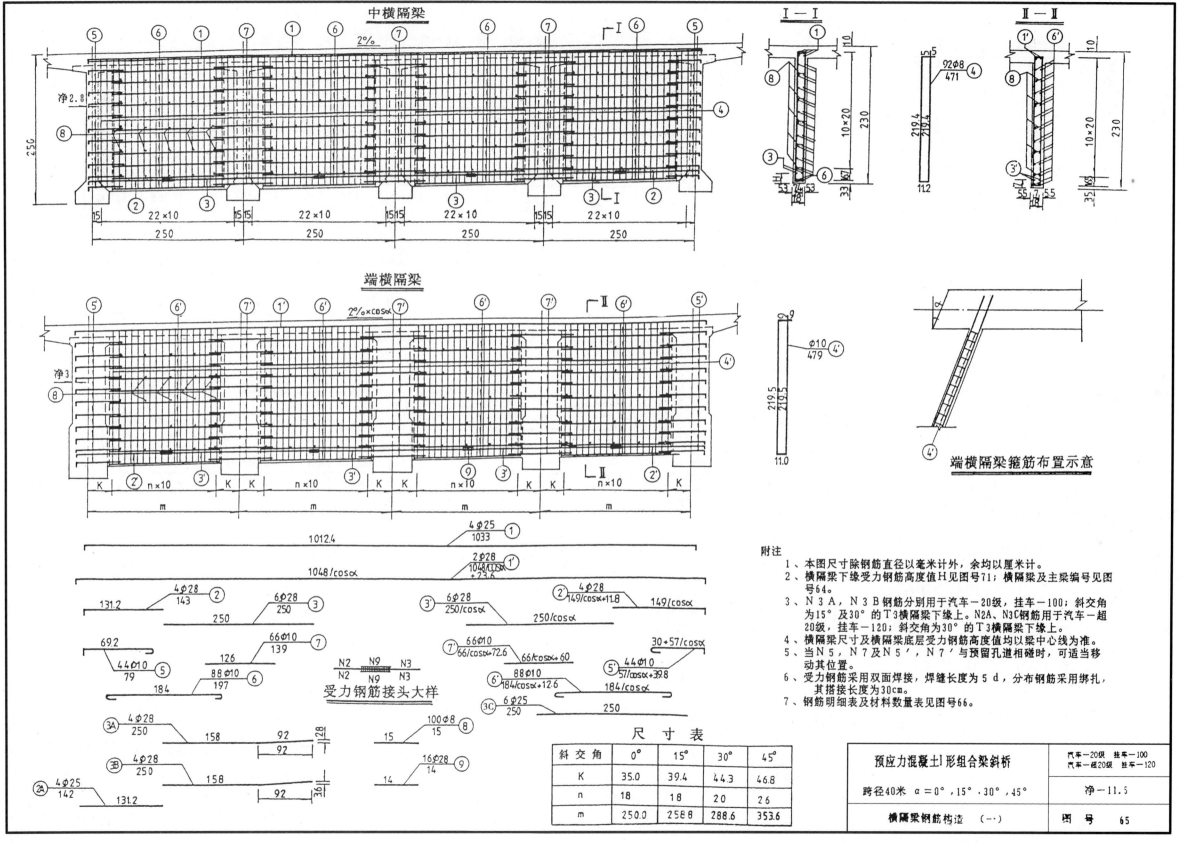

一片中横隔梁钢筋明细表

编号	直径 (mm)	长度 (cm)	根数	共长 (m)
1	φ25	1033	4	41.32
2	φ28	143	4	5.72
3, 3A 3B	φ28	250	6	15.00
4	φ8	471	92	433.32
5	φ10	79	44	34.76
6	φ10	197	88	173.36
7	φ10	139	66	91.74
8	φ8	15	100	15.00
9	φ28	14	16	2.24

一片端横隔梁钢筋明细表

编号	直径 (mm)	0°			15°			30°			45°		
		长度 (cm)	根数	共长 (m)	长度 (cm)	根数	共长 (m)	长度 (cm)	根数	共长 (m)	长度 (cm)	根数	共长 (m)
1′	φ28	1072	2	21.44	1109	2	22.18	1234	2	24.68	1506	2	30.12
2′	φ28	161	4	6.44	166	4	6.64	184	4	7.36	223	4	8.92
3′	φ28	250	6	15.00	259	6	15.54	289	6	17.34	354	6	21.24
4′	φ10	479	76	364.04	479	76	364.04	479	84	402.36	479	108	517.32
5′	φ10	97	44	42.68	99	44	43.56	106	44	46.64	120	44	52.80
6′	φ10	197	88	173.36	203	88	178.64	225	88	198.00	273	88	240.24
7′	φ10	139	66	91.74	141	66	93.06	149	66	98.34	166	66	109.56
8	φ8	15	100	15.00	15	100	15.00	15	120	18.00	15	140	21.00
9	φ28	14	16	2.24	14	16	2.24	14	16	2.24	14	16	2.24

一片T₃横隔梁钢筋明细表

荷载	汽车—超20级，挂车—120 α＝30°			
编号	直径 (mm)	长度 (cm)	根数	共长 (m)
1	φ25	1033	4	41.32
2A	φ25	142	4	5.68
3C	φ25	250	6	15.00
4	φ8	471	92	433.32
5	φ10	79	44	34.76
6	φ10	197	88	173.36
7	φ10	139	66	91.74
8	φ8	15	100	15.00
9	φ28	14	16	2.24

一片中横隔梁材料数量表

直径 (mm)	单位重 (kg/m)	共长 (m)	共重 (kg)
φ28	4.83	22.96	110.9
φ25	3.85	41.32	159.1
φ10	0.617	299.86	185.0
φ8	0.395	448.32	177.1
合计 (kg)			632.1
30号混凝土 (m³)	2.78		

一片T₃横隔梁材料数量表

直径 (mm)	单位重 (kg/m)	共长 (m)	共重 (kg)
φ28	4.83	2.24	10.8
φ25	3.85	62.00	238.7
φ10	0.617	299.86	185.0
φ8	0.395	448.32	177.1
合计 (kg)			611.6
30号混凝土 (m³)	2.78		

一片端横隔梁材料数量表

直径 (mm)	单位重 (kg/m)	0°		15°		30°		45°	
		共长 (m)	共重 (kg)	共长 (m)	共重 (kg)	共长 (m)	共重 (kg)	共长 (m)	共重 (kg)
φ28	4.83	45.12	217.9	46.60	225.1	51.62	249.3	62.52	302.0
φ10	0.617	671.82	414.5	679.30	419.1	745.34	459.9	919.92	567.6
φ8	0.395	15.00	5.9	15.00	5.9	18.00	7.1	21.00	8.3
合计 (kg)		638.3		650.1		716.3		877.9	
30号混凝土 (m³)		2.78		2.88		3.21		3.93	

预应力混凝土I形组合梁斜桥 跨径40米 α＝0°，15°，30°，45°	汽车—20级 挂车—100 汽车—超20级 挂车—120
	净—11.5
横隔梁钢筋构造 （二）	图号 66

中横隔梁

端横隔梁

端横隔梁箍筋布置示意

受力钢筋接头大样

附注

1、本图尺寸除钢筋直径以毫米计外，余均以厘米计。
2、横隔梁下缘受力钢筋高度值H见图号71；横隔梁及主梁编号见图号64。
3、N2A，N3A钢筋用于汽车—超20级，挂车—120，净—9.75，斜交角为30°之T3横隔梁上。N2B、N3B钢筋用于汽车—20级，挂车—100，净—9.75，净—9+2×1.50，净—9+2×1.0；斜交角为30°之T3横隔梁上。
4、当N5，N7及N5′，N7′与预留孔道相碰时，可适当移动其位置。
5、受力钢筋采用双面焊接，焊缝长度为5d，分布钢筋采用绑扎，其搭接长度为30cm。
6、有单向坡时，所有钢筋布置均与横坡一致。材料数量相同。对于中横隔梁横坡为2%，对于端横隔梁横坡为2%×Cos α。
7、钢筋明细表及材料数量表见图号68。

尺 寸 表

斜交角	0°	15°	30°	45°
k	37.5	41.3	44.1	52
n	14	14	16	20
m	215	222.6	248.2	304.0

预应力混凝土I形组合梁斜桥	汽车-20级 挂车-100 汽车-超20级 挂车-120
跨径40米 α＝0°，15°，30°，45°	净-9.75 净-9+2×1.50 净-9+2×1.00
横隔梁钢筋构造（三）	图 号 67

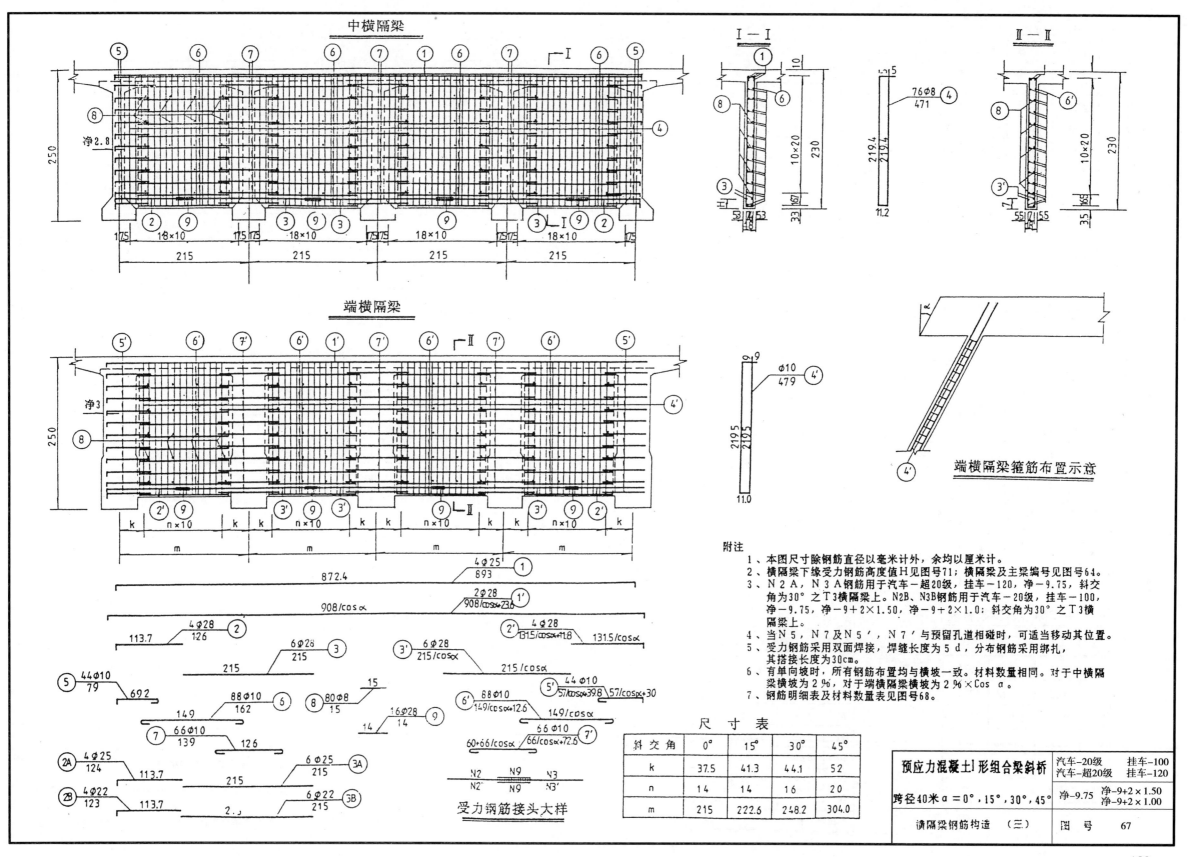

一片中横隔梁钢筋明细表

编号	直径 (mm)	长度 (cm)	根数	共长 (m)
1	Φ25	893	4	35.72
2	Φ28	126	4	5.04
3	Φ28	215	6	12.90
4	Φ8	471	76	357.96
5	Φ10	79	44	34.76
6	Φ10	162	88	142.56
7	Φ10	139	66	91.74
8	Φ8	15	80	12.00
9	Φ28	14	16	2.24

一片T3横隔梁钢筋明细表

荷载及斜交角	汽车—超20级，挂车—120，α＝30° 净—9.75			
编号	直径 (mm)	长度 (cm)	根数	共长 (m)
1	Φ25	893	4	35.72
2A	Φ25	124	4	4.96
3A	Φ25	215	6	12.90
4	Φ8	471	76	357.96
5	Φ10	79	44	34.76
6	Φ10	162	88	142.56
7	Φ10	139	66	91.74
8	Φ8	15	80	12.00
9	Φ28	14	16	2.24

一片端横隔梁钢筋明细表

编号	直径 (mm)	0° 长度 (cm)	0° 根数	0° 共长 (m)	15° 长度 (cm)	15° 根数	15° 共长 (m)	30° 长度 (cm)	30° 根数	30° 共长 (m)	45° 长度 (cm)	45° 根数	45° 共长 (m)
1	Φ28	932	2	18.64	964	2	19.28	1072	2	21.44	1308	2	26.16
2	Φ28	143	4	5.72	148	4	5.92	164	4	6.56	198	4	7.92
3	Φ28	215	6	12.90	223	6	13.38	248	6	14.88	304	6	18.24
4	Φ10	479	60	287.40	479	60	287.40	479	68	325.72	479	84	402.36
5	Φ10	97	44	42.68	99	44	43.56	106	44	46.64	120	44	52.80
6	Φ10	162	88	142.56	167	88	146.96	185	88	162.80	223	88	196.24
7	Φ10	139	66	91.74	141	66	93.06	149	66	98.34	166	66	109.56
8	Φ8	15	80	12.00	15	80	12.00	15	100	15.00	15	120	18.00
9	Φ28	14	16	2.24	14	16	2.24	14	16	2.24	14	16	2.24

一片T3横隔梁钢筋明细表

荷载及斜交角	汽车—20级，挂车—100，α＝30° 净—9.75，净—9＋2×1.50，净—9＋2×1.00，			
编号	直径 (mm)	长度 (cm)	根数	共长 (m)
1	Φ25	893	4	35.72
2B	Φ22	123	4	4.92
3B	Φ22	215	6	12.90
4	Φ8	471	76	357.96
5	Φ10	79	44	34.76
6	Φ10	162	88	142.56
7	Φ10	139	66	91.74
8	Φ8	15	80	12.00
9	Φ28	14	16	2.24

一片T3横隔梁材料数量表

荷载及斜交角	汽车—超20级，挂车—120，α＝30°，净—9.75		
直径 (mm)	单位重 (kg/m)	共长 (m)	共重 (kg)
Φ28	4.83	2.24	10.8
Φ25	3.85	53.58	206.3
Φ10	0.617	269.06	166.0
Φ8	0.395	369.96	146.1
		592.2	
		2.25	

一片端横隔梁材料数量表

直径 (mm)	单位重 (kg/m)	0° 共长 (m)	0° 共重 (kg)	15° 共长 (m)	15° 共重 (kg)	30° 共长 (m)	30° 共重 (kg)	45° 共长 (m)	45° 共重 (kg)
Φ28	4.83	39.50	190.8	40.82	197.2	45.12	217.9	54.56	263.5
Φ10	0.617	564.38	348.2	570.98	352.3	633.50	390.9	760.96	469.5
Φ8	0.395	12.00	4.7	12.00	4.7	15.00	5.9	18.00	7.1
合计 (kg)		543.7		554.2		614.7		740.1	
30号混凝土 (m^3)		2.25		2.33		2.60		3.19	

一片中横隔梁材料数量表

直径 (mm)	单位重 (kg/m)	共长 (m)	共重 (kg)
Φ28	4.83	20.18	97.5
Φ25	3.85	35.72	137.5
Φ10	0.617	269.06	166.0
Φ8	0.395	369.96	146.1
合计 (kg)		547.1	
30号混凝土 (m^3)		2.25	

一片T3横隔梁材料数量表

荷载及斜交角	汽车—20级，挂车—100，α＝30° 净—9.75，净—9＋2×1.50，净—9＋2×1.00，		
直径 (mm)	单位重 (kg/m)	共长 (m)	共重 (kg)
Φ28	4.83	2.24	10.8
Φ25	3.85	35.72	137.5
Φ22	2.98	17.82	53.1
Φ10	0.617	269.06	166.0
Φ8	0.395	369.96	146.1
合计 (kg)		513.5	
30号混凝土 (m^3)		2.25	

预应力混凝土I形组合梁斜桥 跨径40米 α＝0°，15°，30°，45°	汽车–20级 挂车–100 汽车–超20级 挂车–120 净–9.75 净–9+2×1.50 净–9+2×1.00
横隔梁钢筋构造 （四）	图号 68

中横隔梁

端横隔梁

I — I

II — II

端横隔梁箍筋布置示意

受力钢筋接头大样

尺寸表

斜交角	0°	15°	30°	45°
k	37.5	41.3	44.1	52.0
n	14	14	16	20
m	215.0	222.6	248.2	304.0

一片中横隔梁钢筋明细表

编号	直径（mm）	长度（cm）	根数	共长（m）
1	Φ25	678	4	27.12
2	Φ28	126	4	5.04
3	Φ28	215	4	8.60
4	Φ8	471	57	268.47
5	Φ10	79	44	34.76
6	Φ10	162	66	106.92
7	Φ10	139	44	61.16
8	Φ8	15	60	9.00
9	Φ28	14	12	1.68

一片中横隔梁材料数量表

直径（mm）	单位重（kg/m）	共长（m）	共重（kg）
Φ28	4.83	15.32	74.0
Φ25	3.85	27.12	104.4
Φ10	0.617	202.84	125.2
Φ8	0.395	277.47	109.6
合计（kg）			413.2
30号混凝土（m³）		1.69	

一片端横隔梁钢筋明细表

编号	直径（mm）	0° 长度（cm）	0° 根数	0° 共长（m）	15° 长度（cm）	15° 根数	15° 共长（m）	30° 长度（cm）	30° 根数	30° 共长（m）	45° 长度（cm）	45° 根数	45° 共长（m）
1′	Φ28	717	2	14.34	741	2	14.82	824	2	16.48	1004	2	20.08
2′	Φ28	143	4	5.72	148	4	5.92	164	4	6.56	198	4	7.92
3′	Φ28	215	4	8.60	223	4	8.92	248	4	9.92	304	4	12.16
4′	Φ10	479	45	215.55	479	45	215.55	479	51	244.29	479	63	301.77
5′	Φ10	97	44	42.68	99	44	43.56	106	44	46.64	120	44	52.80
6′	Φ10	162	66	106.92	167	66	110.22	185	66	122.10	223	66	147.18
7′	Φ10	139	44	61.16	141	44	62.04	149	44	65.56	166	44	73.04
8	Φ8	15	60	9.00	15	60	9.00	15	75	11.25	15	90	13.50
9	Φ28	14	12	1.68	14	12	1.68	14	12	1.68	14	12	1.68

一片端横隔梁材料数量表

直径（mm）	单位重（kg/m）	0° 共长（m）	0° 共重（kg）	15° 共长（m）	15° 共重（kg）	30° 共长（m）	30° 共重（kg）	45° 共长（m）	45° 共重（kg）
Φ28	4.83	30.34	146.5	31.34	151.4	34.64	167.3	41.84	202.1
Φ10	0.617	426.31	263.0	431.37	266.2	478.59	259.3	574.79	354.6
Φ8	0.395	9.00	3.6	9.00	3.6	11.25	4.4	13.50	5.3
合计（kg）		413.1		421.2		467.0		562.0	
30号混凝土（m³）		1.69		1.75		1.95		2.39	

附注

1、本图尺寸除钢筋直径以毫米计外，余均以厘米计。
2、横隔梁下缘受力钢筋高度值H见图号71；横隔梁及主梁编号见图号64。
3、当N5，N7及N5′，N7′与预留孔道相碰时，可适当移动其位置。
4、受力钢筋采用双面焊接，焊缝长度为5d，分布钢筋采用绑扎，其搭接长度为30cm。

预应力混凝土I形组合梁斜桥	汽车-20级 挂车-100 汽车-超20级 挂车-120
跨径40米 α＝0°，15°，30°，45°	净-7+2×1.00
横隔梁钢筋构造 （五）	图 号 69

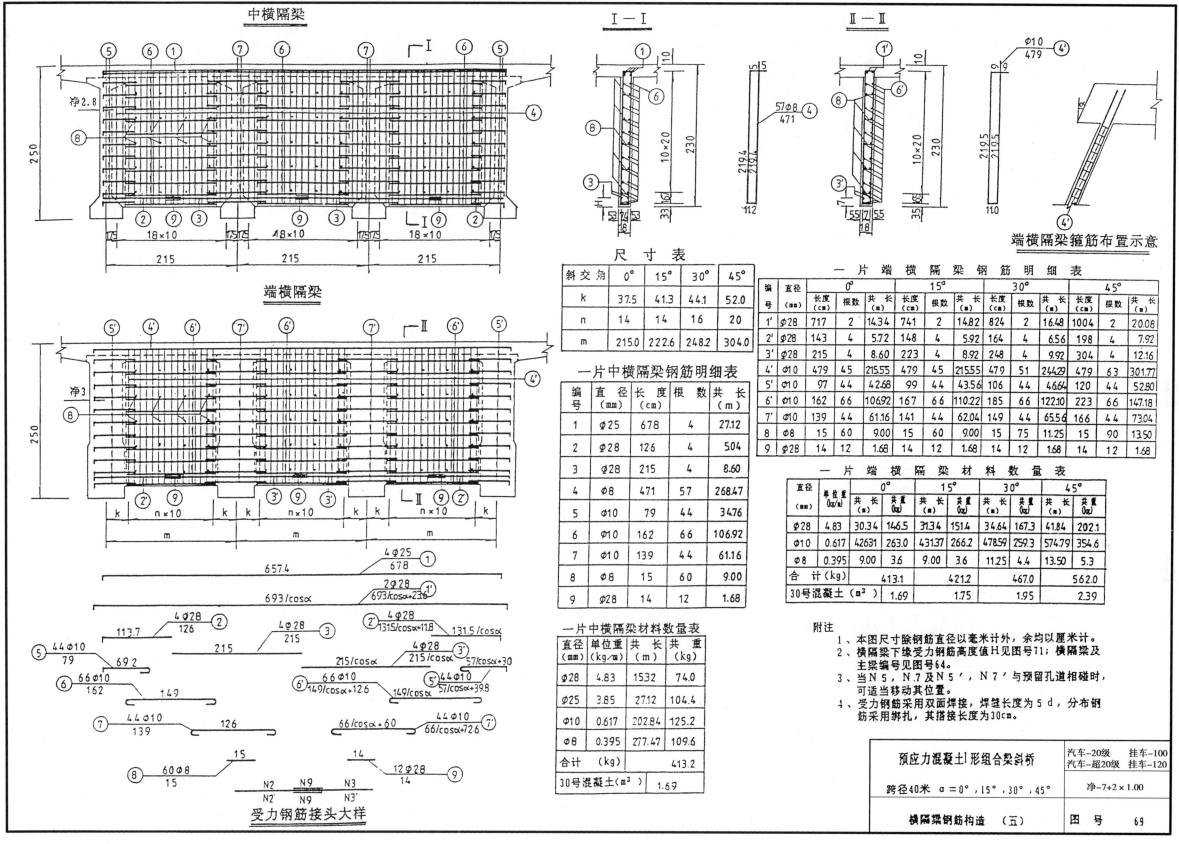

一片T6横隔梁钢筋明细表

净宽	净－11.5			
编号	直径（mm）	长度（cm）	根数	共长（m）
1	φ25	533	4	21.32
2	φ28	143	4	5.72
3	φ28	250	2	5.00
4	φ8	471	46	216.66
5	φ10	79	44	34.76
6	φ10	197	44	86.68
7	φ10	139	22	30.58
8	φ8	15	50	7.50
9	φ28	14	8	1.12

一片T6横隔梁钢筋明细表

净宽	净－9.75，净－9＋2×1.50，净－9＋2×1.00			
编号	直径（mm）	长度（cm）	根数	共长（m）
1′	φ25	463	4	18.52
2′	φ28	126	4	5.04
3′	φ28	215	2	4.30
4′	φ8	471	38	178.98
5′	φ10	79	44	34.76
6′	φ10	162	44	71.28
7′	φ10	139	22	30.58
8	φ8	15	40	6.00
9	φ28	14	8	1.12

一片T6横隔梁材料数量表（净－11.5）

直径（mm）	单位重（kg/m）	共长（m）	共重（kg）
φ28	4.83	11.84	57.2
φ25	3.85	21.32	82.1
φ10	0.617	152.02	93.8
φ8	0.395	224.16	88.5
合计（kg）			321.6
30号混凝土（m³）	1.39		

一片T6横隔梁材料数量表（净－9.75，净－9＋2×1.50，净－9＋2×1.00）

直径（mm）	单位重（kg/m）	共长（m）	共重（kg）
φ28	4.83	10.46	50.6
φ25	3.85	18.52	71.3
φ10	0.617	136.62	84.3
φ8	0.395	184.98	73.1
合计（kg）			279.2
30号混凝土（m³）	1.13		

附注

1、本图尺寸除钢筋直径以毫米计外，余均以厘米计。
2、横隔梁下缘受力钢筋高度值H见图号71；横隔梁及主梁编号见图号64。
3、当N5，N7或N5′，N7′与预留孔道相碰时，可适当移动其位置。
4、受力钢筋采用双面焊接，焊缝长度为5d，分布钢筋采用绑扎，其搭接长度为30cm。
5、图中b代表梁距。
6、对于b＝2.15m者，有单向坡时，其钢筋布置同b＝2.5m者且单向横坡为2%。

预应力混凝土I形组合梁斜桥 跨径40米 α＝45°	汽车－20级 挂车－100；汽车－超20级 挂车－120；净－11.5 净－9＋2×1.50；净－9.75 净－9＋2×1.00
横隔梁钢筋构造（六）	图号 70

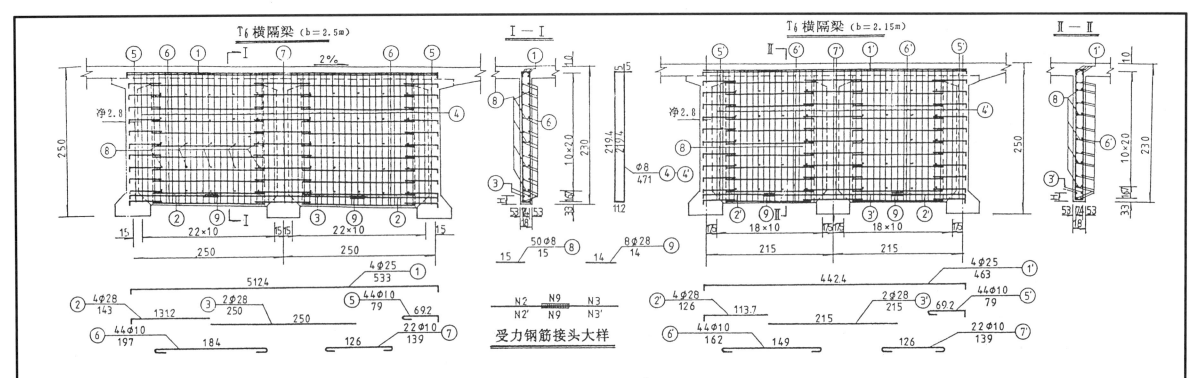

横隔板底层受力钢筋距横梁底高度表

斜交角	横梁编号	汽车-超20级 挂车-120 净--11.5 a=2.5米	汽车-20级 挂车-100 净--11.5 a=2.5米	汽车-20级 挂车-100 净-9+2x1.5a=2.15米	汽车-20级 挂车-100 净-9+2x1.0a=2.15米	汽车-超20级 挂车-120 净-9.75 a=2.15米	汽车-20级 挂车-100 净-9.75 a=2.15米	汽车-20级 挂车-100 净-7+2x1.0 a=2.15米
		1号 2号 3号 4号 5号	1号 2号 3号 4号 5号	1号 2号 3号 4号 5号	1号 2号 3号 4号 5号	1号 2号 3号 4号 5号	1号 2号 3号 4号 5号	1号 2号 3号 4号
0°	T1	5.7	5.7	5.7	5.7	5.7	5.7	5.7
	T2	19.0	19.0	19.0	19.0	19.0	19.0	19.0
	T3	19.0	21.5	21.5	21.5	21.5	21.5	21.5
	T4	7.5	7.5	7.5	7.5	7.5	7.5	7.5
	T5	7.0	7.0	7.0	7.0	7.0	7.0	7.0
15°	T1	5.7	5.5	5.5	5.5	5.5	5.5	5.5
	T2	21.6	17.5	16.5	16.5	16.5	5.8	8.0
	T3	26.0	5.1 / 10.7	25.5	25.5	25.5	29.5	21.5
	T4	20.0	20.0	18.5	18.5	18.5	16.5	14.5
	T5	7.0	7.0	7.0	7.0	7.0	7.0	7.0
30°	T1	6.0	5.9	5.7	5.7	5.5	5.6	5.6
	T2	27.6	5.8	6.0	6.0	24.7	30.5	6.5
	T3	5.9(Φ25)	5.5 / 12.7	20.5(Φ22)	20.5(Φ22)	15.9(Φ25)	20.5(Φ22)	5.2(Φ28)
	T4	21.5	8.0	18.0	18.0	20.0	18.0	10.5
	T5	7.0	7.0	7.0	7.0	7.0	7.0	7.0
45°	T1	13.0	19.7	5.5	6.2	5.5	6.2	5.5
	T2	13.0	19.7	5.5	6.2	5.5	6.2	23.9
	T3	27.0	21.0	21.2	21.2	21.2	21.2	14.0
	T4	32.0	10.5	6.0	11.8	6.0	11.8	4.0
	T5	7.0	7.0	7.0	7.0	7.0	7.0	7.0
	T6	33.0	10.0	12.5	12.0	12.5	12.0	

附 注

1. 本表横隔板及主梁编号见图号64。
2. 注意T3横隔板的反对称性。例如α=30°、汽车—20级,挂车—100、桥宽净—11.5的情况下,对于桥跨左端在1号～5号方向上,1号～3号梁横隔板的受力筋距其底缘的高度为5.5厘米,4号～5号　为12.7厘米;对于桥跨右端,在5号～3号梁方向上,5号～3号梁横隔板的受力筋距其底缘的高度为5.5厘米,4号～5号　为12.7厘米。
3. 表中a表示梁宽。
4. 表中括号内数字为横梁受力钢筋直径。

预应力混凝土Ⅰ形组合梁斜桥 跨径40米 斜交角0°、15°、30°、45°	汽车-20级 挂车-100 汽车-超20级 挂车-120 净-11.5 净-9.75 净-9+2×1.50 净-9+2×1.00 净-7+2×1.00
横隔板底层受力钢筋距横梁底高度表	图号 71

附注

1、尺寸除钢筋直径以毫米计外，余均以厘米计。

2、L1、L2标注的位置见图号72、75。

预应力混凝土I形组合梁斜桥 跨径40米 斜交角0°15°30°45°	汽车-20级 挂车-100
	净-9+2×1.5 净-9+2×1.0 净-7+2×1.0
栏杆钢筋构造(一)	图号 72

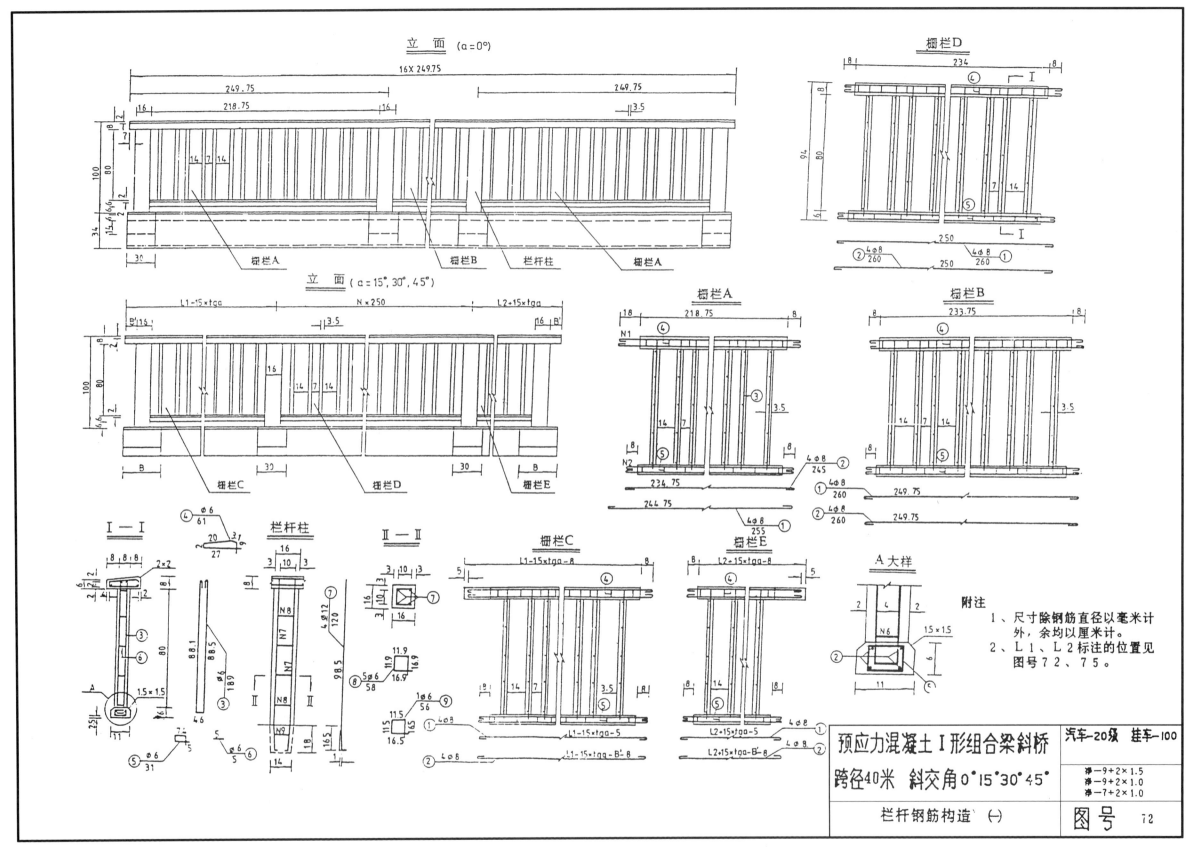

一片栅栏A钢筋明细表

编号	直径 (mm)	长度 (cm)	根数	共长 (m)
1	ø8	255	4	10.20
2	ø8	245	4	9.80
3	ø6	189	5	28.35
4	ø6	61	16	9.76
5	ø6	31	16	4.96
6	ø6	5	75	3.75

一片栅栏B钢筋明细表

编号	直径 (mm)	长度 (cm)	根数	共长 (m)
1	ø8	260	4	10.40
2	ø8	260	4	10.40
3	ø6	189	16	30.24
4	ø6	61	17	10.37
5	ø6	31	17	5.27
6	ø6	5	80	4.00

一片栅栏D钢筋明细表

编号	直径 (mm)	长度 (cm)	根数	共长 (m)
1	ø8	260	4	10.40
2	ø8	260	4	10.40
3	ø6	189	16	30.24
4	ø6	61	17	10.37
5	ø6	31	17	5.27
6	ø6	5	80	4.00

一片栅栏C钢筋明细表

斜交角 (度)	编号	直径 (mm)	1.50米人行道			1.00米人行道		
			长度 (cm)	根数	共长 (m)	长度 (cm)	根数	共长 (m)
15°	1	ø8	146	4	5.84	139	4	5.56
	2		136	4	5.44	129	4	5.16
	3	ø6	189	8	15.12	189	7	13.23
	4		61	9	5.49	61	8	4.88
	5		31	9	2.79	31	8	2.48
	6		5	40	2.00	5	35	1.75
30°	1	ø8	169	4	6.76	154	4	6.16
	2		154	4	6.16	140	4	5.60
	3	ø6	189	9	17.01	189	8	15.12
	4		61	10	6.10	61	9	5.49
	5		31	10	3.10	31	9	2.79
	6		5	45	2.25	5	40	2.00
45°	1	ø8	325	4	13.00	300	4	12.00
	2		304	4	12.16	279	4	11.16
	3	ø6	189	20	37.80	189	18	34.02
	4		61	21	12.81	61	19	11.59
	5		31	21	6.51	31	19	589
	6		5	100	5.00	5	90	4.50

一片栅栏E钢筋明细表

斜交角 (度)	编号	直径 (mm)	1.50米人行道			1.00米人行道		
			长度 (cm)	根数	共长 (m)	长度 (cm)	根数	共长 (m)
15°	1	ø8	108	4	4.32	115	4	4.60
	2		97	4	3.88	104	4	4.16
	3	ø6	189	5	9.45	189	6	11.34
	4		61	6	3.66	61	7	4.27
	5		31	6	1.86	31	7	2.17
	6		5	25	1.25	5	30	1.50
30°	1	ø8	85	4	3.40	100	4	4.00
	2		71	4	2.84	85	4	3.40
	3	ø6	189	3	5.67	189	4	7.56
	4		61	4	2.44	61	5	3.05
	5		31	4	1.24	31	5	1.55
	6		5	15	0.75	5	20	1.00
45°	1	ø8	180	4	7.20	205	4	8.20
	2		159	4	6.36	184	4	7.36
	3	ø6	189	9	17.01	189	11	20.79
	4		61	10	6.10	61	12	7.32
	5		31	10	3.10	31	12	3.72
	6		5	45	2.25	5	55	2.75

一孔栏杆构件数量表

构件 \ 类型	1.50米人行道				1.00米人行道			
	0°	15°	30°	45°	0°	15°	30°	45°
栅栏A	4				4			
栅栏B	28				28			
栅栏C		2	2	2		2	2	2
栅栏D		30	30	28		30	30	28
栅栏E		2	2	2		2	2	2
栏杆柱	34	36	36	34	34	36	36	34

尺寸表

cm

尺寸 \ 斜交角 (度)	B	B′	1.50米人行道			1.00米人行道		
			N	L1	L2	N	L1	L2
15°	35.7	7.9	15	145.5	98.5	15	138.5	105.5
30°	43.1	11.6	15	172.5	71.5	15	158.0	86.0
45°	54.1	17.1	14	334.5	159.5	14	309.5	184.5

一个栏杆柱钢筋明细表

编号	直径 (mm)	长度 (cm)	根数	共长 (m)
7	ø12	120	4	4.80
8	ø6	58	5	2.90
9	ø6	56	1	0.56

一孔栏杆材料数量表

类型	直径 (mm)	0°			15°			30°			45°		
		共长 (m)	共重 (kg)	20号混凝土 (m³)	共长 (m)	共重 (kg)	20号混凝土 (m³)	共长 (m)	共重 (kg)	20号混凝土 (m³)	共长 (m)	共重 (kg)	20号混凝土 (m³)
1.50米人行道	ø12	163.2	144.9	4.0	172.8	153.4	4.0	172.8	153.4	4.0	163.2	144.9	4.0
	ø8	662.4	261.6		663.0	261.9		662.3	261.6		659.8	260.6	
	ø6	1701.6	377.8		1704.2	378.3		1698.1	377.0		1695.4	376.4	
1.00米人行道	ø12	163.2	144.9	4.0	172.8	153.4	4.0	172.8	153.4	4.0	163.2	144.9	4.0
	ø8	662.4	261.6		663.0	261.9		662.3	261.6		659.8	260.6	
	ø6	1701.6	377.8		1704.2	378.3		1698.1	377.0		1695.4	376.4	

预应力混凝土I形组合梁斜桥 跨径40米 斜交角0°15°30°45°	汽车—20级 挂车—100
	净—9+2×1.5 净—9+2×1.0 净—7+2×1.0
栏杆钢筋构造（二）	图号 73

尺寸表

斜交角	15°	30°	45°
B	35.7	43.1	54.1
B′	7.9	11.6	17.1
L_1	145.5	172.5	334.5
L_2	98.5	71.5	159.5
L_3	71.3	63.9	177.9
L_4	68.1	57.0	165.9
L_5	74.5	70.8	189.9
L_6	71.3	63.9	177.9
L_7	94.8	114.4	265.4
L_8	47.8	13.4	90.4

附注

1、本图尺寸除钢筋直径以毫米计外，余均以厘米计。

2、横梁A、横梁B、锚固筋及斜挑梁钢筋的构造见图号74

3、人行道板钢筋构造见图号73

大挑梁及小挑梁钢筋明细表

名称	编号	直径 (mm)	长度 (cm)	根数	共长 (m)
大挑梁	1	Ø12	171	2	3.42
	2		171	2	3.42
	3	ø8	101	5	5.05
	4		95	3	2.85
	5		102	1	1.02
	6		27	1	0.27
小挑梁	7	Ø12	156	2	3.12
	8		156	2	3.12
	9	ø8	70	4	2.80
	10		61	4	2.44

预应力混凝土I形组合梁斜桥 跨径40米 斜交角0°15°30°45°	汽车—20级 挂车—100
	净—9+2×1.5
1.5米人行道钢筋构造 (一)	图号 74

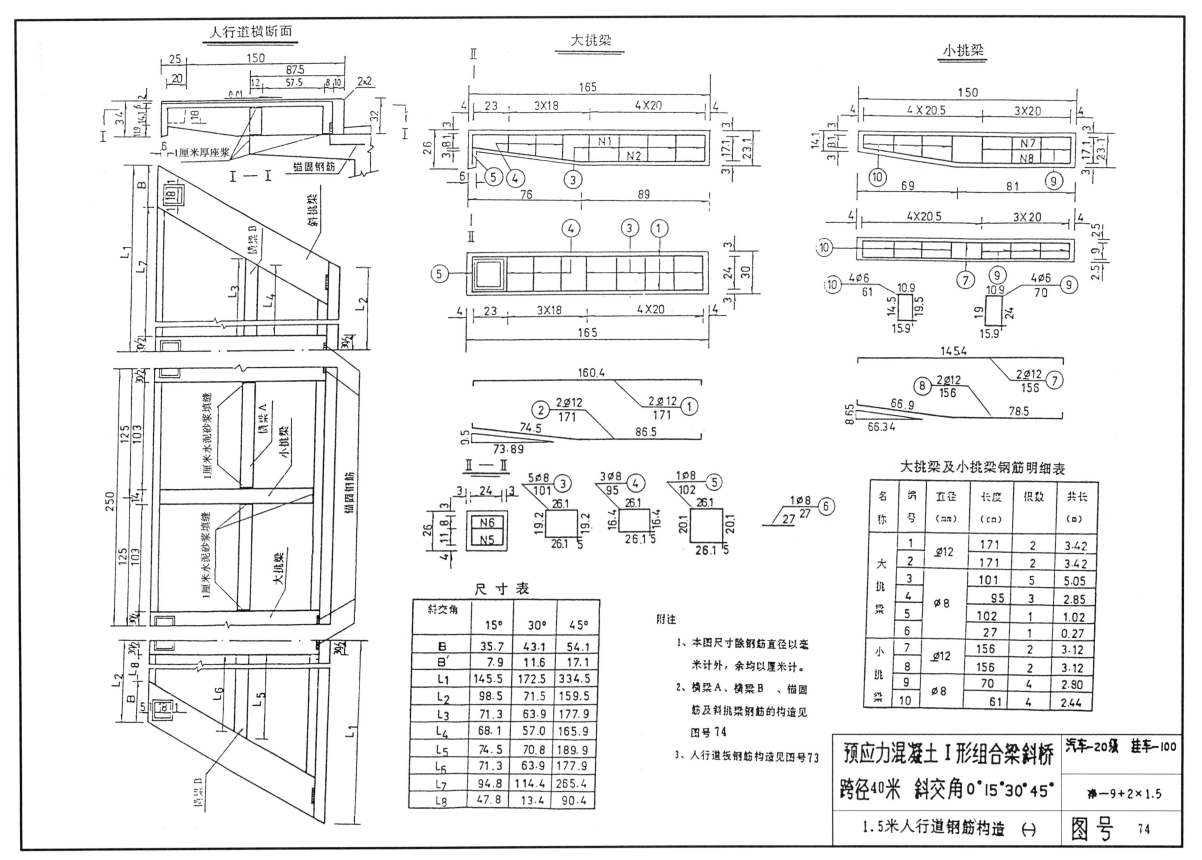

Π型人行道板 (α=0°)

Π型人行道板 (α=15°, 30°, 45°)

I — I

II — II

一块A板及B板钢筋明细表

类别	编号	直径 (mm)	长度 (cm)	根数	共长 (m)
A 板	1	ø8	213	7	14.91
	2		130	1	1.30
	3		120	10	12.00
	5		161	1	1.61
	6		94	5	4.70
B 板	1	ø8	213	8	17.04
	2		130	1	1.30
	3		120	10	12.00
	4		109	5	5.45

一块D板钢筋明细表

斜交角 (度)	编号	直径 (mm)	长度 (cm)	根数	共长 (m)
15°	1	ø8	213	4	8.52
	2		130	1	1.30
	7		185	2	3.70
	8		167	1	1.62
	9		平均 116	9	10.44
	10		92	1	0.92
	11		139	1	1.39
	12		49	1	0.49
	13			0	
	14		167	1	1.67
	21		90	2	1.80
	22		47	2	0.94
30°	1	ø8	213	2	4.06
	2		130	1	1.30
	7		185	2	3.70
	8		平均 149	4	5.96
	9		平均 112	9	10.08
	10		107	1	1.07
	11		165	1	1.65
	12			0	
	13		8	1	0.08
	14		186	1	1.86
	21		108	2	2.16
	22		17	2	0.34
45°	1	ø8	213	7	14.91
	2		130	1	1.30
	7		185	2	7.40
	8		平均 130	7	9.10
	9		平均 230	9	20.70
	10		257	1	2.57
	11		324	1	3.24
	12		13	1	0.13
	13		29	1	0.29
	14		228	1	2.28
	21		257	2	5.14
	22		99	2	1.98

一块C板钢筋明细表

斜交角 (度)	编号	直径 (mm)	长度 (cm)	根数	共长 (m)
15°	1	ø8	213	4	8.52
	2		130	3	3.90
	14		167	1	1.67
	15			0	
	16		156	1	1.56
	17		平均 44	2	0.88
	18		平均 120	9	10.80
	19		47	1	0.47
	20		94	1	0.94
	23		44	2	0.88
	24		87	2	1.74
30°	1	ø8	213	1	2.13
	2		130	2	2.60
	14		186	1	1.86
	15		188	2	3.76
	16		平均 141	4	5.64
	17		平均 35	2	0.70
	18		平均 122	9	10.33
	19		32	1	0.32
	20		68	1	0.68
	23		11	2	0.22
	24		102	2	2.04
45°	1	ø8	213	7	14.91
	2		130	2	2.60
	14		228	1	2.28
	15		188	2	3.76
	16		平均 131	8	10.48
	17		平均 26	2	0.52
	18		平均 251	9	22.59
	19		122	1	1.22
	20		155	1	1.55
	23		88	2	1.76
	24		246	2	4.92

预应力混凝土I形组合梁斜桥	汽车-20级 挂车-100
跨径40米 斜交角0°15°30°45°	净-9+2×1.5
1.5米人行道钢筋构造 (二)	图号 75

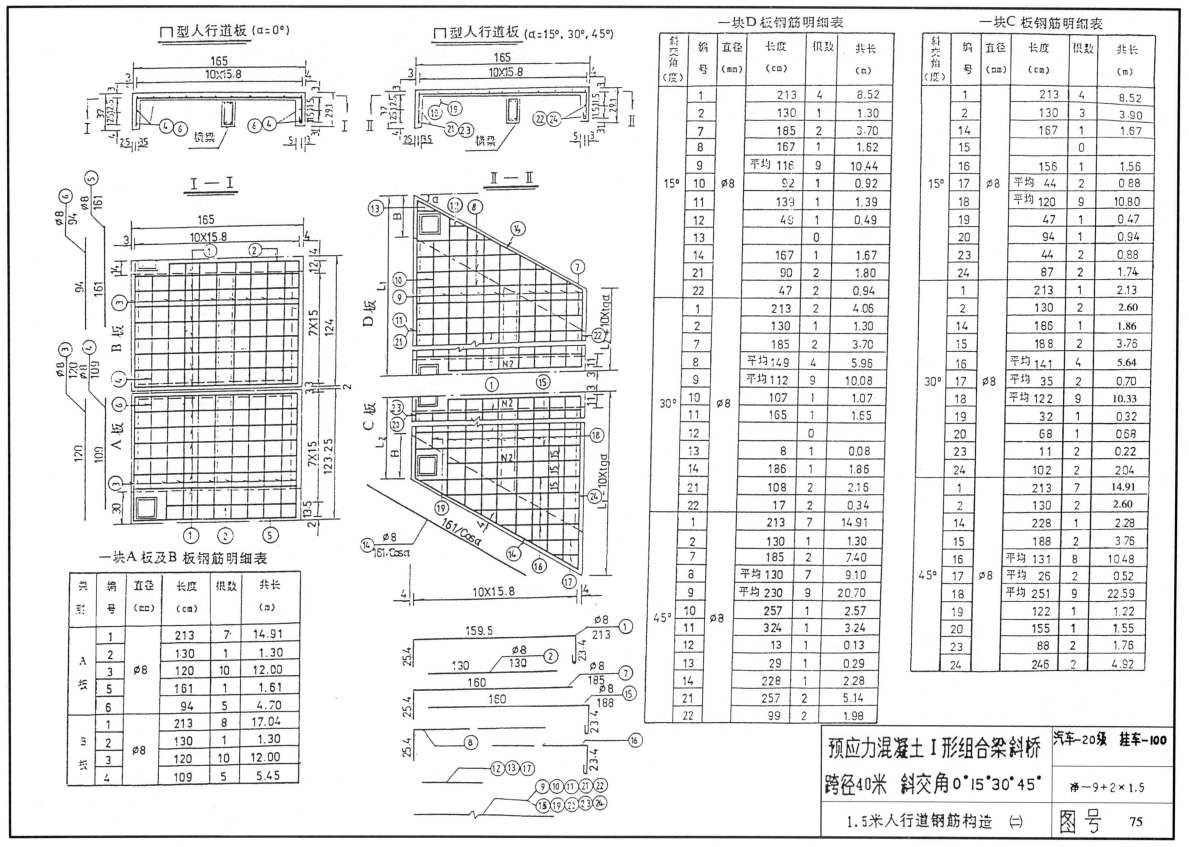

一根斜挑梁钢筋明细表

编号	直径 (mm)	15° 长度 (cm)	15° 根数 (根)	15° 共长 (m)	30° 长度 (cm)	30° 根数 (根)	30° 共长 (m)	45° 长度 (cm)	45° 根数 (根)	45° 共长 (m)
7	Ø12	176	2	3.52	195	2	3.90	237	2	4.74
8		177	2	3.54	196	2	3.92	238	2	4.76
9	Ø8	102	5	5.10	109	5	5.45	122	5	6.10
10		97	3	2.91	103	3	3.09	117	3	3.51
11		104	1	1.04	110	1	1.10	124	1	1.24

一根横梁A钢筋明细表

类别	编号	直径 (mm)	长度 (cm)	根数	共长 (m)
A板下横梁	1	Ø8	90	4	3.60
	2	Ø6	65	6	3.90
B板下横梁	1	Ø8	105	4	4.20
	2	Ø6	65	6	3.90

一根横梁B钢筋明细表

类别	编号	直径 (mm)	15° 长度 (cm)	15° 根数 (根)	15° 共长 (m)	30° 长度 (cm)	30° 根数 (根)	30° 共长 (m)	45° 长度 (cm)	45° 根数 (根)	45° 共长 (m)
D板下横梁	3	Ø8	75	2	1.50	67	2	1.34	180	2	3.60
	4		73	2	1.46	63	2	1.26	173	2	3.46
	5	Ø6	65	4	2.60	65	4	2.60	65	4	2.60
	6		65	1	0.65	67	1	0.67	72	1	0.72
C板下横梁	3	Ø8	78	2	1.56	74	2	1.48	192	2	3.84
	4		76	2	1.52	70	2	1.40	185	2	3.70
	4	Ø6	65	4	2.60	65	4	2.60	65	4	2.60
	5		65	1	0.65	67	1	0.67	72	1	0.72

锚固筋大样

附注

1、本图尺寸除钢筋直径以毫米计外，余均以厘米计。

2、横梁A中有括号者，括号内为A板下横梁值，括号外为B板下横梁值，无括号者共用。

3、横梁B中有括号者，括号内为C板下横梁值，括号外为D板下横梁值，无括号者共用。

4、材料数量见图号78

5、锚固钢筋已计入材料数量表内。

预应力混凝土Ⅰ形组合梁斜桥 跨径40米 斜交角0°15°30°45°	汽车—20级 挂车—100
	净—9+2×1.5
1.5米人行道钢筋构造 (三)	图号 76

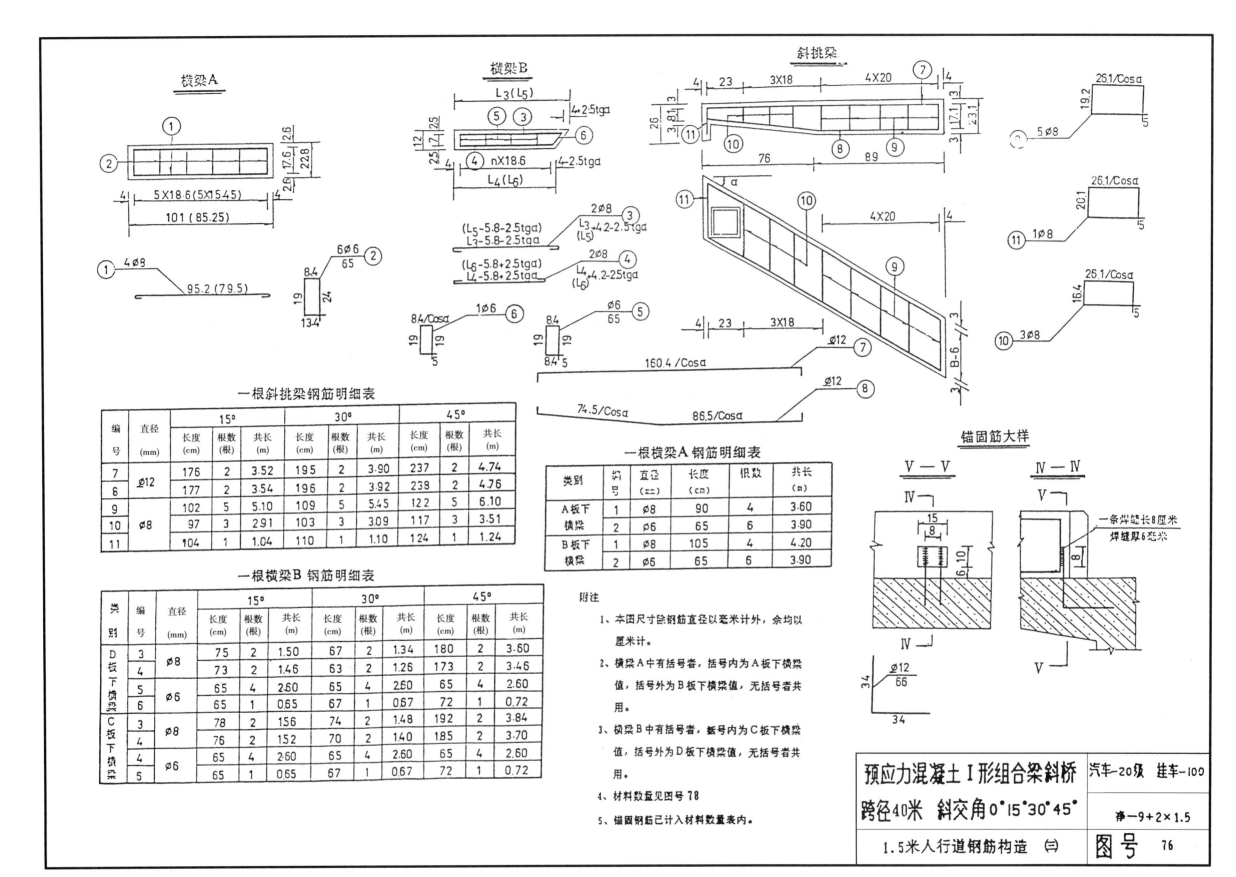

大挑梁及小挑梁钢筋明细表

名称	编号	直径 (mm)	长度 (cm)	根数	共长 (m)
大挑梁	1	φ12	121	2	2.42
	2	φ12	122	2	2.44
	3	φ8	101	4	4.04
	4	φ8	93	1	0.93
	5	φ8	102	1	1.02
	6	φ8	27	1	0.27
小挑梁	7	φ12	106	2	2.12
	8	φ12	106	2	2.12
	9	φ8	70	3	2.10
	10	φ8	60	3	1.80

尺寸表

斜交角(度)	15	30	45
B	35.7	43.1	54.1
B′	7.9	11.6	17.1
L1	138.5	158.0	309.5
L2	105.5	86.0	184.5
L3	75.9	74.0	195.4
L4	72.8	67.1	183.4
L5	69.8	60.7	172.4
L6	66.7	53.8	160.4
L7	87.8	99.9	240.4
L8	54.8	27.9	115.4

附注

1、本图尺寸除钢筋直径以毫米计外，余均以厘米计。

2、横梁A、横梁B、锚固筋及斜挑梁钢筋的构造见图号77

3、人行道板钢筋构造见图号76

预应力混凝土I形组合梁斜桥 跨径40米 斜交角0°15°30°45°	汽车—20级 挂车—100	净—9+2×1.0 净—7+2×1.0
1米人行道钢筋构造 (一)	图号	77

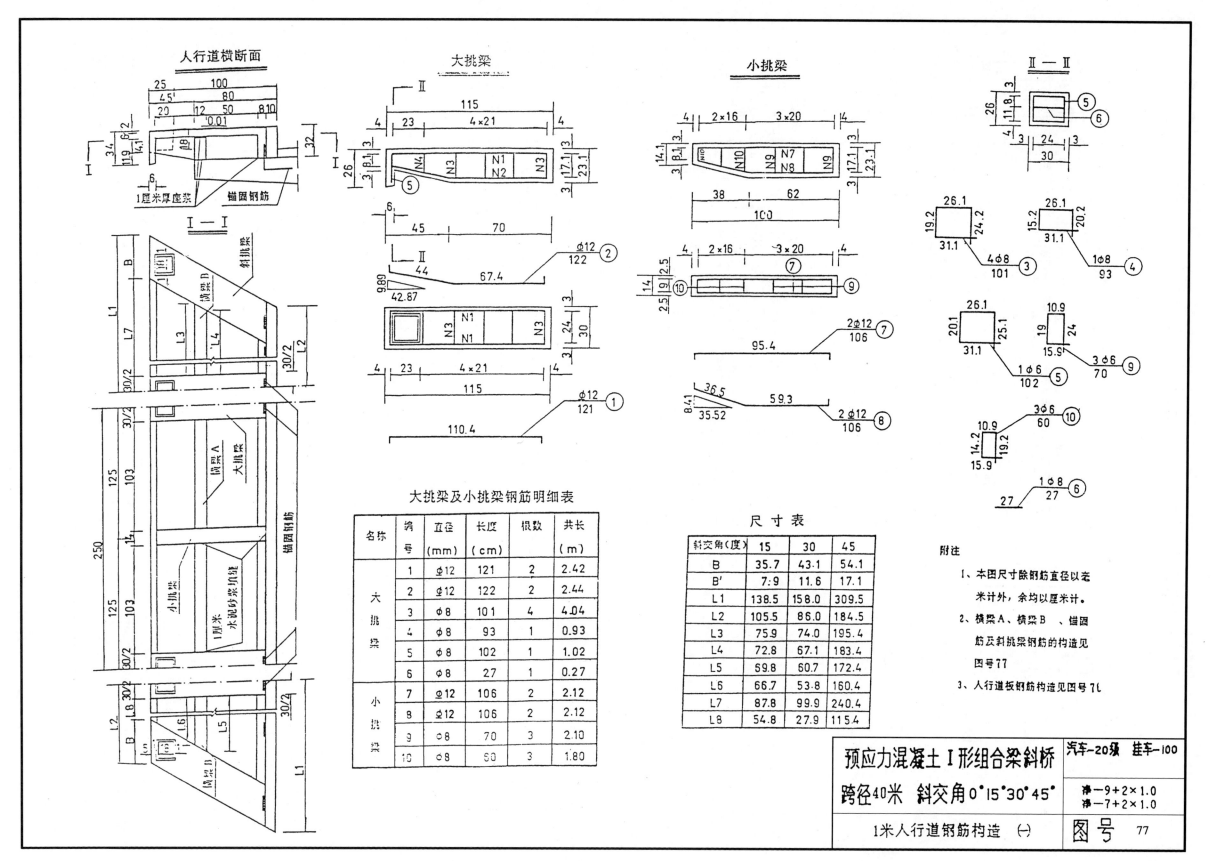

一块A板及B板钢筋明细表

类别	编号	直径 (mm)	长度 (cm)	根数	共长 (m)
A板	1	φ8	163	7	11.41
	2		84	1	0.84
	3		120	7	8.40
	5		111	1	1.11
	6		94	5	4.70
B板	1	φ8	163	8	13.04
	2		84	1	0.84
	3		120	7	8.40
	4		109	5	5.45

一块D板钢筋明细表

斜交角 (度)	编号	直径 (mm)	长度 (cm)	根数	共长 (m)
15	1	φ8	163	4	6.52
	2		84	1	0.84
	7		135	3	4.05
	8				
	9		平均 115	6	6.90
	10		92	1	0.92
	11		121	1	1.32
	12		29	1	0.29
	13		21	1	0.21
	14		115	1	1.15
	21		83	2	1.66
	22		54	2	1.08
30	1	φ8	163	3	4.89
	2		84	1	0.84
	7		135	2	2.70
	8		平均 97	2	1.94
	9		平均 112	6	6.72
	10		92	1	0.92
	11		150	1	1.50
	12		5	1	0.05
	13		7	1	0.07
	14		128	1	1.28
	21		94	2	1.88
	22		31	2	0.62
45	1	φ8	163	9	14.67
	2		84	1	0.84
	7		135	3	4.05
	8		平均 104	5	5.20
	9		平均 232	6	13.92
	10		242	1	2.42
	11		299	1	2.99
	12		6	1	0.06
	13		19	1	0.19
	14		157	1	1.57
	21		232	2	4.64
	22		124	2	2.48

一块C板钢筋明细表

斜交角 (度)	编号	直径 (mm)	长度 (cm)	根数	共长 (m)
15	1	φ8	163	4	6.52
	2		84	2	1.68
	14		115	1	1.15
	15		138	1	1.38
	16				
	17		平均 68	2	1.36
	18		平均 119	6	7.14
	19		62	1	0.62
	20		103	1	1.03
	23		51	2	1.02
	24		80	2	1.60
30	1	φ8	163	2	3.26
	2		84	2	1.68
	14		128	1	1.28
	15		138	2	2.76
	16		平均 116	2	2.32
	17		平均 36	2	0.72
	18		平均 121	6	7.26
	19		47	1	0.47
	20		69	1	0.83
	23		25	2	0.50
	24		87	2	1.74
45	1	φ8	163	8	13.04
	2		84	2	1.68
	14		157	1	1.57
	15		138	2	2.76
	16		平均 97	5	4.85
	17		平均 16	2	0.32
	18		平均 249	6	14.94
	19		137	1	1.37
	20		180	1	1.80
	23		113	2	2.26
	24		221	2	4.42

预应力混凝土Ⅰ形组合梁斜桥 跨径40米 斜交角0°15°30°45°	汽车—20级 挂车—100 净—9+2×1.0 净—7+2×1.0
1米人行道钢筋构造（二）	图号 78

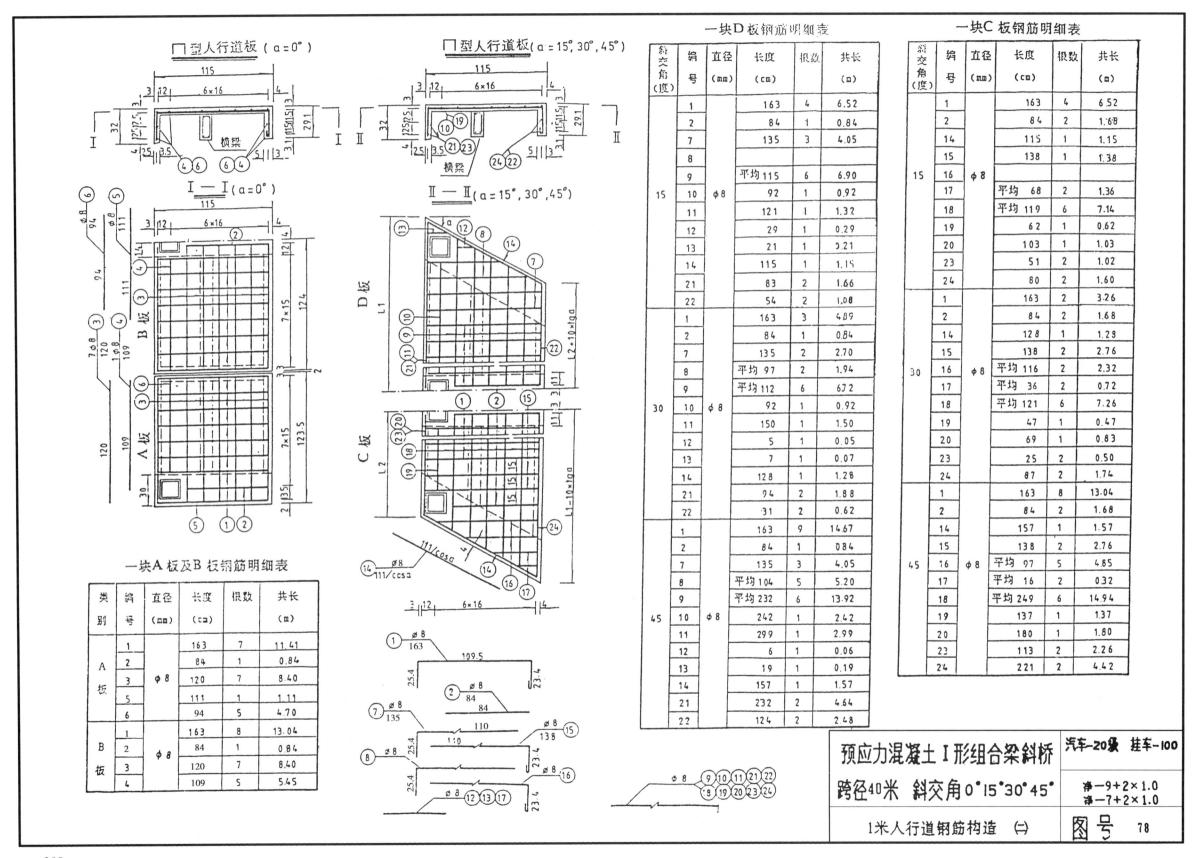

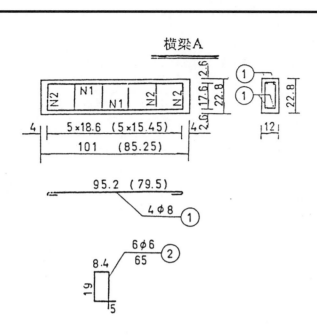
横梁A

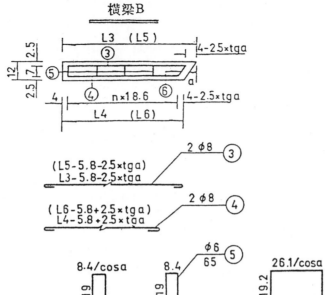
横梁B

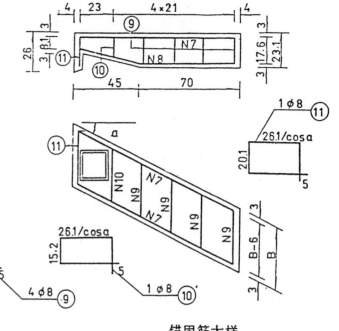
斜挑梁

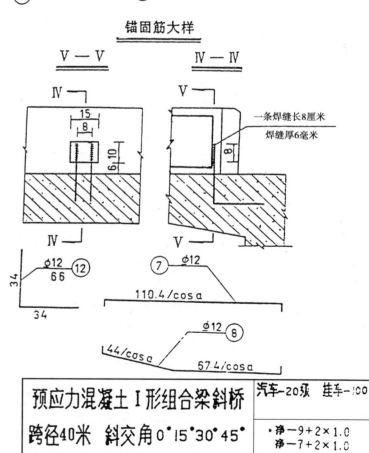
锚固筋大样

一根斜挑梁钢筋明细表

编号	直径(mm)	15° 长度(cm)	15° 根数	15° 共长(m)	30° 长度(cm)	30° 根数	30° 共长(m)	45° 长度(cm)	45° 根数	45° 共长(m)
7	φ12	124	2	2.48	138	2	2.76	166	2	3.32
8	φ12	126	2	2.52	139	2	2.78	168	2	3.36
9	φ8	102	4	4.08	109	4	4.36	122	4	5.76
10	φ8	94	1	0.94	101	1	1.01	114	1	1.14
11	φ8	104	1	1.04	110	1	1.10	124	1	1.24

一根横梁A钢筋明细表

类别	编号	直径(mm)	长度(cm)	根数	共长(m)
A板下横梁	1	φ8	90	4	3.60
A板下横梁	2	φ6	65	6	3.90
B板下横梁	1	φ8	105	4	4.20
B板下横梁	2	φ6	65	6	3.90

一根横梁B钢筋明细表

类别	编号	直径(mm)	15° 长度(cm)	15° 根数	15° 共长(m)	30° 长度(cm)	30° 根数	30° 共长(m)	45° 长度(cm)	45° 根数	45° 共长(m)
C板下横梁	3	φ8	73	2	1.46	63	2	1.26	174	2	3.48
C板下横梁	4	φ8	72	2	1.44	59	2	1.18	157	2	3.34
C板下横梁	5	φ6	65	4	2.60	65	4	2.60	65	4	2.60
C板下横梁	6	φ6	65	1	0.65	67	1	0.67	72	1	0.72
D板下横梁	3	φ8	79	2	1.58	77	2	1.54	197	2	3.94
D板下横梁	4	φ8	78	2	1.56	73	2	1.46	190	2	3.80
D板下横梁	5	φ6	65	4	2.60	65	4	2.60	65	4	2.60
D板下横梁	6	φ6	65	1	0.65	67	1	0.67	72	1	0.72

附注

1. 本图尺寸除钢筋直径以毫米计外，余均以厘米计。
2. 横梁A中有括号者，括号内为A板下横梁值，括号外为B板下横梁，无括号者共用。
3. 横梁B中有括号者，括号内为C板下横梁值，括号外为D板下横梁，无括号者共用。
4. 材料数量见图号78
5. 锚固钢筋已计入材料数量表内。

预应力混凝土 I 形组合梁斜桥 跨径40米 斜交角 0° 15° 30° 45° 1米人行道钢筋构造（三）

汽车—20级 挂车—100

净—9+2×1.0
净—7+2×1.0

图号 79

一孔人行道构件数量表

类别	斜交角（度）	A板	B板	C板	D板	大挑梁	小挑梁	斜挑梁	横梁A	横梁B	锚固件
1.0米人行道	0°	4	60			34	32		60(4)		34
	15°		60	2	2	32	30	4	60	2(2)	36
	30°		60	2	2	32	30	4	60	2(2)	36
	45°		56	2	2	30	28	4	56	2(2)	34
1.5米人行道	0°		60			34	32		60(4)		34
	15°		60	2	2	32	30	4	60	2(2)	36
	30°		60	2	2	32	30	4	60	2(2)	36
	45°		56	2	2	30	28	4	56	2(2)	34

一孔人行道材料数量表

类别	直径与规格（mm）	0° 共长(m)	0° 共重(kg)	0° 20号混凝土(m³)	15° 共长(m)	15° 共重(kg)	15° 20号混凝土(m³)	30° 共长(m)	30° 共重(kg)	30° 20号混凝土(m³)	45° 共长(m)	45° 共重(kg)	45° 20号混凝土(m³)
1.0米人行道	$\phi 12$	345.80	307.1	13.5	350.24	311.0	13.6	352.40	312.9	13.7	336.12	298.5	13.6
	$\phi 8$	2373.32	937.5		2366.32	934.7		2362.34	933.1		2350.84	928.6	
	$\phi 6$	249.60	55.4		247.00	54.8		247.10	54.9		231.68	51.4	
	⌒100×12	5.10	48.0		5.40	50.9		5.40	50.9		5.10	48.0	
1.5米人行道	$\phi 12$	477.12	423.7	17.4	481.84	427.9	17.5	484.88	430.6	17.6	462.80	411.0	17.5
	$\phi 8$	3032.02	1197.6		3027.10	1195.7		3026.82	1195.6		3006.68	1187.6	
	$\phi 6$	249.60	55.4		247.00	54.8		247.10	54.9		231.68	51.4	
	⌒100×12	5.10	48.0		5.40	50.9		5.40	50.9		5.10	48.0	

附注

一孔人行道构件数量表，横梁A中有括号者，括号内为A板下横梁个数，括号外为B板下横梁个数，横梁B中有括号者，括号内为C板下横梁个数，括号外为D板下横梁个数。

预应力混凝土 I 形组合梁斜桥
跨径40米 斜交角 0° 15° 30° 45°
人行道材料数量表

汽车—20级 挂车—100
净—9+2×1.5
净—9+2×1.0
净—7+2×1.0

图号 80

预应力混凝土I形组合梁斜桥 跨径40米 斜交角0°15°30°45°	汽车—20级 挂车—100 汽车—超20级 挂车—120	净—11.5 净—9.75
护栏、泄水管钢筋构造（一）	图号	81

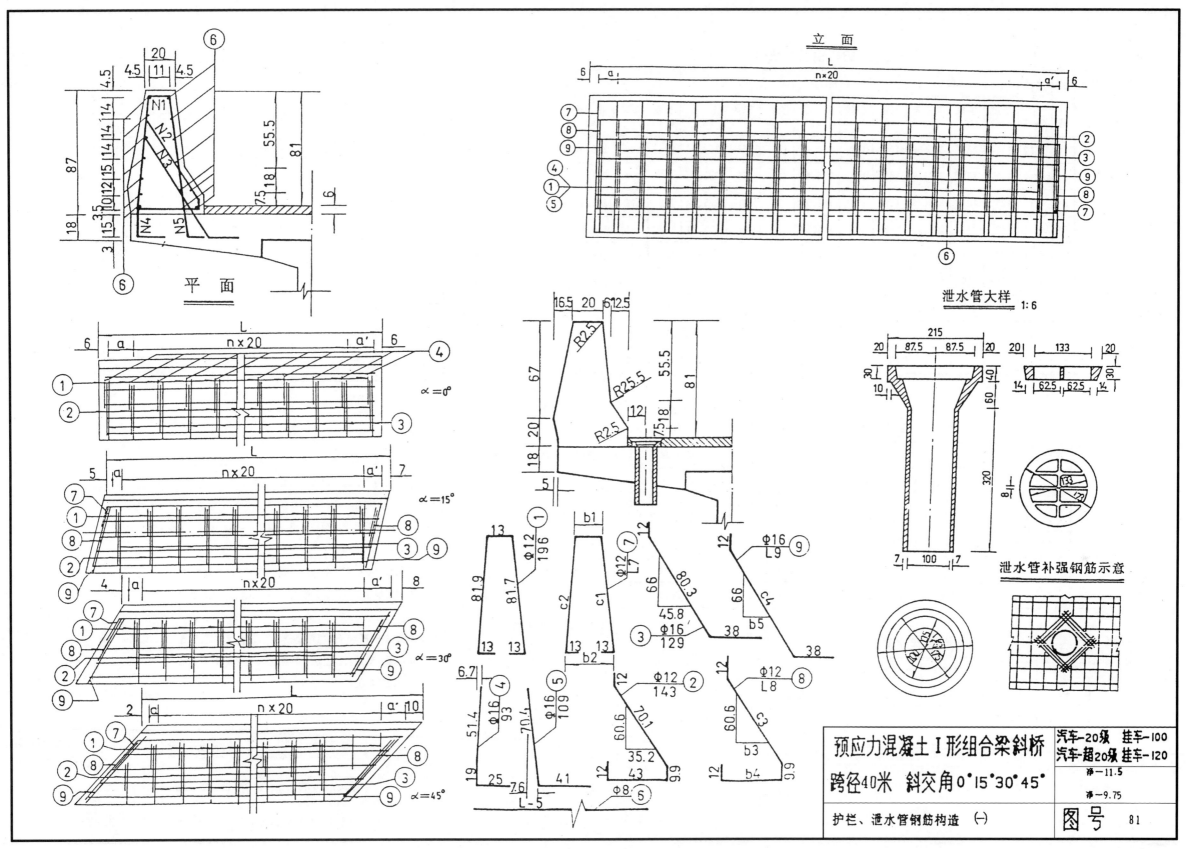

一孔一侧护栏钢筋明细表

跨径 (m)	编号	直径 (mm)	α=0° 长度 (cm)	α=0° 根数	α=0° 共长 (m)	α=15° 长度 (cm)	α=15° 根数	α=15° 共长 (m)	α=30° 长度 (cm)	α=30° 根数	α=30° 共长 (m)	α=45° 长度 (cm)	α=45° 根数	α=45° 共长 (m)
40	1	φ12	196	201	393.96	196	199	390.04	196	199	390.04	196	199	390.04
	2	φ12	143	201	287.43	143	199	284.57	143	198	283.14	143	198	283.14
	3	φ16	129	201	259.29	129	199	256.71	129	198	255.42	129	198	255.42
	4	φ16	93	201	186.93	93	201	186.93	93	201	186.93	93	201	186.93
	5	φ16	109	201	219.09	109	201	219.09	109	201	219.09	109	201	219.09
	6	φ8	3993	16	638.88	3993	16	638.88	3993	16	638.88	3993	16	638.88
	7	φ12				197	2	3.94	199	2	3.98	203	2	4.06
	8	φ12				145	2	2.90	153	2	3.06	169	2	3.38
	9	φ16				130	2	2.60	133	2	2.66	141	2	2.82

n、a、a′值

跨径 (m)	L (cm)	α=0° n	α=0° a	α=0° a′	α=15° n	α=15° a	α=15° a′	α=30° n	α=30° a	α=30° a′	α=45° n	α=45° a	α=45° a′
40	3998	198	13.0	13.0	198	11.1	14.9	198	8.8	17.2	198	5.8	20.2

尺 寸 表

斜交角 α	N7 b1	N7 b2	N7 c1	N7 c2	N7 l7	N8 b3	N8 b4	N8 c3	N8 l8	N9 b5	N9 c4	N9 l9
15°	13.5	33.6	81.7	82.0	197	36.4	44.5	70.7	145	47.4	81.3	130
30°	15.0	37.5	81.8	82.1	199	40.6	49.7	72.9	153	52.9	84.6	133
45°	18.4	45.9	82.1	82.6	203	49.8	60.8	78.4	169	64.8	92.5	141

一孔一侧护栏材料数量表

跨径 (m)	直径 (mm)	单位重 (kg/m)	α=0° 共长 (m)	α=0° 共重 (kg)	α=15° 共长 (m)	α=15° 共重 (kg)	α=30° 共长 (m)	α=30° 共重 (kg)	α=45° 共长 (m)	α=45° 共重 (kg)	30号混凝土 (m³)
40	φ16	1.580	665.3	1051.2	665.3	1051.2	664.1	1049.3	664.3	1049.5	12.8
	φ12	0.888	681.4	605.1	681.5	605.1	680.2	604.0	680.6	604.4	
	φ8	0.395	638.9	252.4	638.9	252.4	638.9	252.4	638.9	252.4	
			1908.7		1908.7		1905.7		1906.3		

一孔铸铁泄水管数量表

跨径 (m)	名称	单件重 (kg)	一套重 (kg)	每孔套数	共重 (kg)
40	泄水管	14.53	16.95	8	135.6
	栅盖	2.42			

附注

1、本图尺寸除钢筋直径和泄水管尺寸以毫米计外，余均以厘米计。
2、泄水管设于人行道右边缘，顺桥向以5米的间隔排列。
3、泄水管与桥面板的钢筋相碰时，可切断桥面钢筋，在泄水管周围配置φ10补强钢筋上下两层，钢筋用工地短料，表中未计入材料数量。
4、α=45°中的锐角处的N2、N3钢筋可顺护栏端面弯折或截断。
5、N3、N4、N5钢筋预埋在主梁桥面板内，其它钢筋在现浇护栏时架立。
6、护栏长度比主梁长4厘米（两端各2厘米），每孔之间留缝2厘米，或者作成通长时用2×2厘米木头压缝；在一联两端伸缩缝处，作成与主梁等长。

预应力混凝土Ⅰ形组合梁斜桥 跨径40米 斜交角0°15°30°45°	汽车—20级 挂车—100 汽车—超20级 挂车—120
	净—11.5 净—9.75
护栏、泄水管钢筋构造 (二)	图号 82

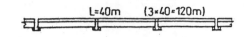

桥面连续示意

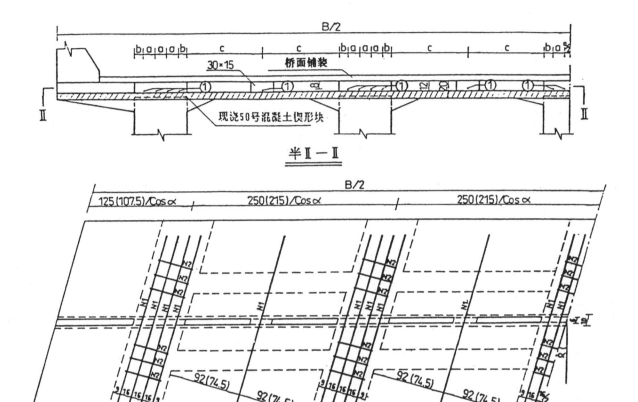

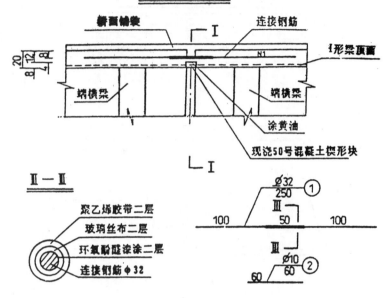

连接钢筋构造

附注：

1、图中尺寸除钢筋直径以毫米计、跨径以米计外，余均以厘米计。
2、连接钢筋构造图中，现浇混凝土楔形块的高为8厘米，其中有5厘米在I形梁中，主梁预制时应预留位置。
3、材料数量中未计聚乙烯胶带，玻璃丝布及环氧胶涂的数量。
4、N1周围的2（a+b）×12及30×12部位用50号混凝土现浇。
5、图中数字有括号并列者，括号外数字用于主梁间距为2.50米，括号内数字用于主梁间距为2.15米，无括号者共用。

尺寸表

斜交角 α	a (cm)	b (cm)	C (cm)	B (cm)
0°	16	9	92 (74.5)	1250 (1075)
15°	16.56	9.32	95.25 (77.13)	1294.10 (1112.92)
30°	18.48	10.39	106.23 (86.03)	1443.38 (1241.30)
45°	22.63	12.73	130.11 (105.36)	1767.77 (1520.28)

一道缝钢筋明细表

编号	规格 (mm)	单位长 (cm)	根数	共长 (m)
1	φ32	250	24	60.00
2	φ10	60	30	18.00

一联（单向）材料数量表

名称	编号	规格 (mm)	一道缝共长 (mm)	单位重	一道缝共重 (kg)	道数	一联总重 (kg)
钢筋	1	φ32	60.0	6.31	378.60	2	757.2
	2	φ10	18.0	0.617	11.11		22.2
合 计 (kg)							779.4

50号混凝土 (m³)	一道缝	一联
	0.15 (0.13)	0.30 (0.26)

预应力混凝土I形组合梁斜桥
跨径40米 斜交角 0°15°30°45°
桥面连续构造（一）

汽车-20级 挂车-100
汽车-超20级 挂车-120

净-11.5 净-9+2×1.5
净-9.75 净-9+2×1.0

图号 83

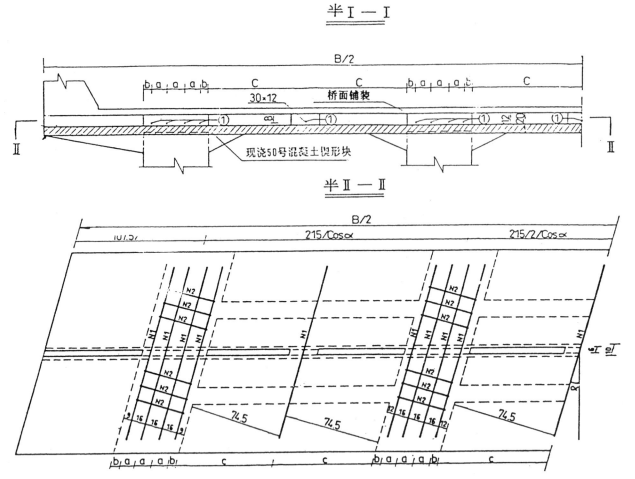

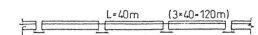

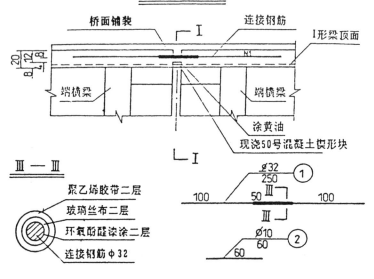

半Ⅰ—Ⅰ

半Ⅱ—Ⅱ

桥面连续示意

连接钢筋构造

附注

1、图中尺寸除钢筋直径以毫米计、跨径以米计外，余均以厘米计。

2、连接钢筋构造图中，现浇混凝土楔形块的高为8厘米，其中有5厘米在Ⅰ形梁中，主梁封锚时应预留位置。

3、材料数量中未计聚乙烯胶带，玻璃丝布及酚醛漆的数量。

4、N1周围的2（a+b）×12及30×12部位用50号混凝土现浇。

尺寸表

斜交角 α	c	b	C	B
0°	16	9	74.5	860
15°	16.56	9.32	77.13	890.34
30°	18.48	10.39	86.03	993.04
45°	22.63	12.73	105.36	1216.22

一道缝钢筋明细表

编号	规格 (mm)	单位长 (cm)	数量	共长 (m)
1	Ø32	250	19	47.5
2	Ø10	60	24	14.4

一联（单向）材料数量表

名称	编号	规格 (mm)	一道缝共长(mm)	单位重	一道缝共重(kg)	道数	一联总重 (kg)
钢筋	1	Ø32	47.5	6.31	299.73	2	599.5
	2	Ø10	14.4	0.617	8.88		17.8
合计 (kg)							617.3
50号混凝土 (m³)				一道缝		一联	
				0.10		0.20	

预应力混凝土Ⅰ形组合梁斜桥 跨径40米 斜交角0°15°30°45°	汽车-20级 挂车-100 净—7+2×1.0
桥面连续构造（二）	图号 84

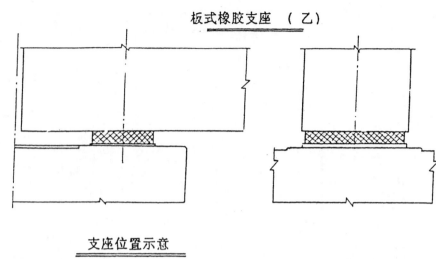
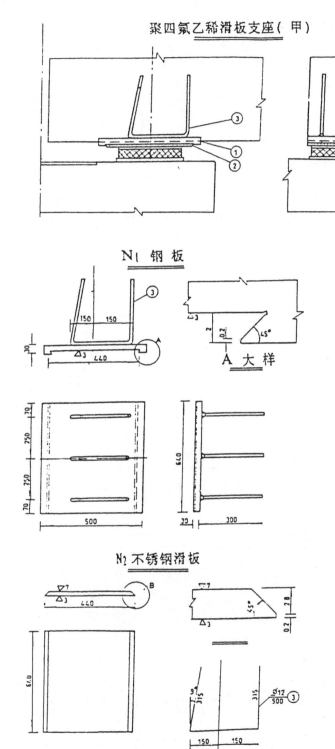
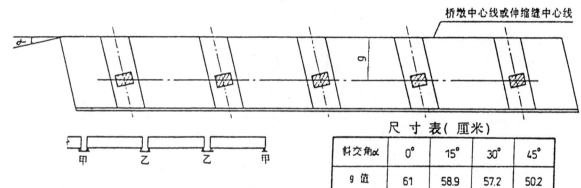

尺寸表（厘米）

斜交角α	0°	15°	30°	45°
g值	61	58.9	57.2	50.2

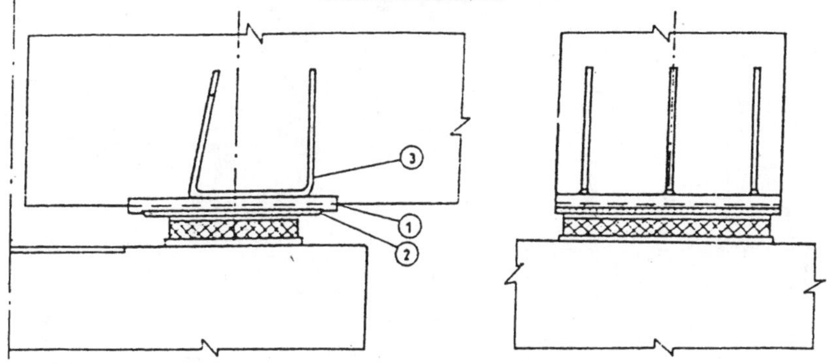

一联F4支座滑板材料表

名称	编号	规格(mm)	单位重(kg/m)	一个支座 数量	一个支座 重量(kg)	一联 数量	一联 重量(kg)
钢垫板	1	□500×30×640	75.4	1	75.4	10(8)	754(603.2)
不锈钢滑板	2	□440×3×640	6.60	1	6.6	10(8)	66(53.0)
锚固钢筋	3	∅12	0.80	3	2.4	30(24)	72(57.6)

附注：
1、图中尺寸除注明者外，余均以毫米计。
2、F4滑板支座用于一联两端支座，其余用板式橡胶支座。
3、聚四氟乙烯滑板橡胶支座技术性能及规格应符合JT3132.1-88（PTFE）300×600×(67+3)-8。板式橡胶支座的技术性能及规格应符合JT3132.1-88-300×600×67-8。两种支座构造本图未示。
4、钢垫板及锚固钢筋应在预制I字梁时预埋就位，钢垫板应嵌入梁底至少20厘米。
5、表中数字有括号者，括号内用于四梁式，括号外用于五梁式。
6、如桥面净空为分离形式，则表示半边的数量。

预应力混凝土I形组合梁斜桥 跨径40米 斜交角0°15°30°45°	汽车-20级 挂车-100 汽车-超20级 挂车-120 净-11.5 净-9+2×1.5 净-9+2×1.0 净-9.75 净-7+2×1.0
橡胶支座、滑板支座	图号 85

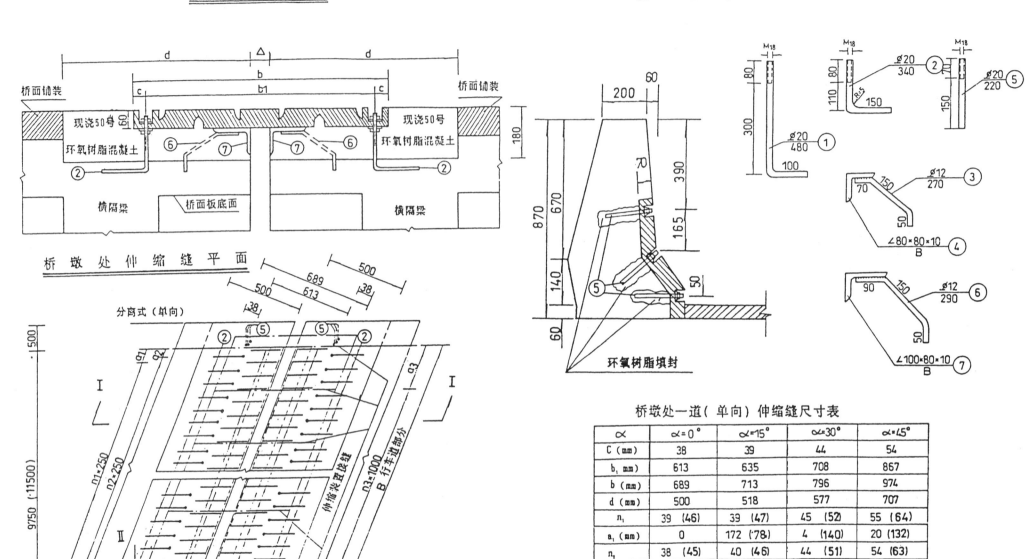

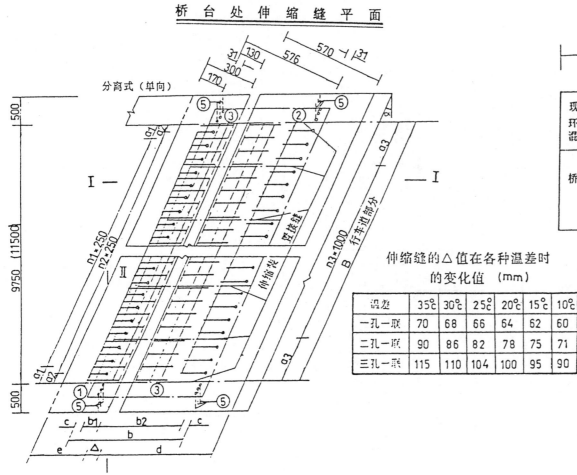
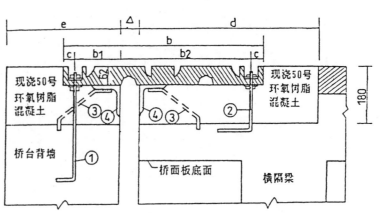

桥台处伸缩缝平面

桥台处行车道伸缩装置 I-I

伸缩缝的 △ 值在各种温差时的变化值 (mm)

温差	35℃	30℃	25℃	20℃	15℃	10℃
一孔一联	70	68	66	64	62	60
二孔一联	90	86	82	78	75	71
三孔一联	115	110	104	100	95	90

桥台处一道(单向)伸缩缝尺寸表

α	α=0°	α=15°	α=30°	α=45°
c (mm)	31	32	36	44
b_1 (mm)	99	102	114	140
b_2 (mm)	415	430	479	587
b (mm)	576	596	665	815
e (mm)	300	311	346	424
d (mm)	570	590	658	806
n_1	39 (46)	39 (47)	45 (52)	55 (64)
a_1 (mm)	0	172 (78)	4 (140)	20 (132)
n_2	38 (45)	40 (46)	44 (51)	54 (63)
a_2 (mm)	125	47 (203)	129 (265)	145 (257)
n_3 (块)	8 (11)	9 (10)	10 (12)	12 (15)
a_3 (mm)	875 (250)	547 (953)	629 (640)	895 (632)
B (mm)	9750 (11500)	10094 (11906)	11258 (13279)	13789 (16263)

桥台处一道(单向)伸缩缝钢材数量表

编号	名称规格 (mm)	α=0° 长度(cm)	α=0° 根数(根)	α=0° 共长(m)	α=15° 长度(cm)	α=15° 根数(根)	α=15° 共长(m)	α=30° 长度(cm)	α=30° 根数(根)	α=30° 共长(m)	α=45° 长度(cm)	α=45° 根数(根)	α=45° 共长(m)
1	φ20(M18螺杆)	48	39(46)	18.72(22.08)	48	41(47)	19.68(22.56)	48	45(52)	21.60(24.96)	48	55(64)	26.40(30.72)
2	φ20(M18螺杆)	34	39(46)	13.26(15.64)	34	41(46)	13.94(15.98)	34	45(52)	15.30(17.68)	34	55(64)	18.70(21.76)
3	φ12	27	80(94)	21.60(25.38)	27	84(96)	22.68(25.92)	27	92(106)	24.84(28.62)	27	112(130)	30.24(35.10)
4	L80×80×10	975(1150)	2	19.50(23.00)	1009(1191)	2	20.18(23.82)	1126(1328)	2	22.52(26.56)	1379(1626)	2	27.58(32.52)
5	φ20(M18螺杆)	22	12	2.64	22	12	2.64	22	12	2.64	22	12	2.64

预应力混凝土 I 形组合梁斜桥 跨径40米 斜交角 0°15°30°45°

汽车—20级 挂车—100
汽车—超20级 挂车—120

净—11.5
净—9.75

伸缩缝构造(二)   图号 87

桥墩、桥台处一道（单向）伸缩缝材料总表

部位	名称规格 (mm)	单位重 (kg/m)	α=0° 长度(m)	α=0° 共重(kg)	α=15° 长度(m)	α=15° 共重(kg)	α=30° 长度(m)	α=30° 共重(kg)	α=45° 长度(m)	α=45° 共重(kg)
桥墩	φ20(M18螺杆)	2.46	29.15 (33.92)	71.73 (83.44)	30.52 (34.60)	75.08 (85.12)	33.24 (38.00)	81.77 (93.48)	40.04 (46.16)	98.50 (113.55)
	φ12	0.888	23.20 (27.26)	20.60 (24.21)	24.36 (27.84)	21.63 (24.72)	26.68 (30.74)	23.69 (27.30)	32.48 (37.70)	28.84 (33.48)
	L100×80×10	13.48	19.50 (23.00)	252.85 (310.04)	20.18 (23.82)	272.03 (321.09)	22.52 (26.56)	303.57 (358.03)	27.58 (32.52)	371.78 (438.37)
	螺母M18	0.04419	168 (196)	7.42 (8.66)	176 (200)	7.78 (8.84)	192 (220)	8.48 (9.72)	232 (268)	10.25 (11.84)
	垫圈18	0.01398	168 (196)	2.35 (2.74)	176 (200)	2.46 (2.80)	192 (220)	2.68 (3.08)	232 (268)	3.24 (3.75)
	合计			354.95 (429.09)		378.98 (442.57)		420.19 (491.61)		512.61 (600.99)
	50号环氧树脂混凝土 (m³)		1.5	(1.8)	1.6	(1.8)	1.8	(2.0)	2.0	(2.5)
桥台	φ20(M18螺杆)	2.46	34.62 (40.36)	85.17 (99.29)	35.26 (41.18)	89.20 (101.30)	39.54 (45.28)	97.27 (111.39)	47.74 (55.12)	117.44 (135.60)
	φ12	0.888	21.60 (25.38)	19.18 (22.54)	22.68 (25.92)	20.14 (23.02)	24.84 (28.62)	22.05 (25.41)	30.24 (35.10)	26.85 (31.17)
	L80×80×10	11.87	19.50 (23.00)	231.47 (273.01)	20.18 (23.82)	239.54 (282.74)	22.52 (26.56)	267.31 (315.28)	27.58 (32.52)	327.37 (386.01)
	螺母M18	0.04419	168 (196)	7.42 (8.66)	176 (200)	7.78 (8.84)	192 (220)	8.48 (9.72)	232 (268)	10.25 (11.84)
	垫圈18	0.01398	168 (196)	2.35 (2.74)	176 (200)	2.46 (2.80)	192 (220)	2.68 (3.08)	232 (268)	3.24 (3.75)
	合计			345.59 (406.24)		359.12 (418.70)		397.8 (464.88)		485.15 (568.37)
	50号环氧树脂混凝土 (m³)		1.4	(1.6)	1.4	(1.7)	1.6	(1.8)	1.9	(2.2)

桥墩、桥台一道（单向）伸缩装置数量表 单位：块

部位	型号	α=0°	α=15°	α=30°	α=45°
桥墩 行车道	JB-150-90a	10 (13)			
	JB-150-75a		11 (12)		
	JB-150-60a			12 (14)	
	JB-150-45a				14 (17)
桥墩 护栏	JB-150-90b	2			
	JB-150-75b		2		
	JB-150-60b			2	
	JB-150-45b				2
桥台 行车道	JB-100-90a	10 (13)			
	JB-100-75a		11 (12)		
	JB-100-60a			12 (14)	
	JB-100-45a				14 (17)
桥台 护栏	JB-100-90b	2			
	JB-100-75b		2		
	JB-100-60b			2	
	JB-100-45b				2

附注：
1、本图尺寸 单位除注明者外，余均以毫米计。
2、表中括号外数字用于净-9.75+2×0.5的桥梁断面，括号内数字用于净-11.5+2×0.5的桥梁断面，无括号者共用。
3、伸缩缝采用JB型系列产品。
4、图中桥台背墙及桥面板中原配钢筋未示出，施工中原配钢筋不得减少或截断，若与本图有冲突时，可适当移动原配钢筋。
5、行车道伸缩装置标准块斜边长度为1.0米，行车道两边的块件长度按尺寸表中a3截取。
6、施工温度视当地平均年最高气温及最低气温而定。
7、可根据情况选用其它类型的伸缩缝。

桥墩一道（单向）伸缩缝钢材数量表

编号	名称规格 (mm)	α=0° 长度(cm)	α=0° 根数(根)	α=0° 共长(m)	α=15° 长度(cm)	α=15° 根数(根)	α=15° 共长(m)	α=30° 长度(cm)	α=30° 根数(根)	α=30° 共长(m)	α=45° 长度(cm)	α=45° 根数(根)	α=45° 共长(m)
2	φ20(M18螺杆)	34	78 (92)	26.52 (31.28)	34	82 (94)	27.88 (31.96)	34	90 (104)	30.60 (35.36)	34	110 (128)	37.40 (43.52)
5	φ12	29	80 (94)	23.20 (27.26)	29	84 (96)	24.36 (27.84)	29	92 (106)	26.68 (30.74)	29	112 (130)	32.48 (37.70)
7	L100×80×10	975 (1150)	2	19.50 (23.00)	1009 (1191)	2	20.18 (23.82)	1126 (1328)	2	22.52 (26.56)	1379 (1626)	2	27.58 (32.52)
8	φ20(M18螺杆)	22	12	2.54	22	12	2.54	22	12	2.54	22	12	2.54

预应力混凝土I形组合梁斜桥
跨径40米 斜交角0° 15° 30° 45°
汽车-20级 挂车-100
汽车-超20级 挂车-120
净-11.5
净-9.75

伸缩缝构造（三）

图号 88

桥墩处一道(双向)行车道伸缩缝钢材数量表

编号	名称规格 (mm)	α=0°			α=15°			α=30°			α=45°		
		长度 (cm)	根数 (根)	共长 (m)	长度 (cm)	根数 (根)	共长 (m)	长度 (cm)	根数 (根)	共长 (m)	长度 (cm)	根数 (根)	共长 (m)
1	Φ20 (M18螺杆)	34	72 (56)	24.48 (19.04)	34	76 58	25.84 (19.72)	34	84 (66)	28.56 (22.44)	34	102 (80)	34.68 (27.20)
2	Φ12	29	74 (58)	21.46 (16.82)	29	78 (60)	22.62 (17.40)	29	86 (68)	24.94 (19.72)	29	104 (82)	30.16 (23.78)
3	L100×80×10	900 (700)	2	18.00 (14.00)	931.7 (724.7)	2	18.63 (14.49)	1039.2 (808.3)	2	20.78 (16.17)	1272.8 (989.9)	2	25.46 (19.80)

桥墩处一道(双向)行车道伸缩缝尺寸表

α	α=0°	α=15°	α=30°	α=45°
C (mm)	38	39	44	54
b_1 (mm)	613	635	708	867
b (mm)	689	713	796	974
d (mm)	500	518	577	707
n_1	36 (28)	36 (29)	40 (31)	49 (38)
a_1 (mm)	0	159 (249)	196 (167)	239 (200)
n_2	35 (27)	37 (28)	41 (32)	50 (39)
a_2 (mm)	125	34 (124)	71 (42)	114 (75)
n_3 (块)	9 (7)	8 (6)	9 (7)	11 (8)
a_3 (mm)	0	659 (624)	696 (542)	864 (950)
B (mm)	9000 (7000)	9317 (7247)	10392 (8083)	12728 (9899)

桥台处一道(双向)行车道伸缩缝钢材数量表

编号	名称规格 (mm)	α=0°			α=15°			α=30°			α=45°		
		长度 (cm)	根数 (根)	共长 (m)	长度 (cm)	根数 (根)	共长 (m)	长度 (cm)	根数 (根)	共长 (m)	长度 (cm)	根数 (根)	共长 (m)
1	Φ20 (M18螺杆)	48	36 (28)	17.28 (13.44)	48	38 (29)	18.24 (13.92)	48	42 (33)	20.16 (15.84)	48	51 (40)	24.48 (19.20)
2	Φ20 (M18螺杆)	34	36 (28)	12.24 (9.52)	34	38 (29)	12.92 (9.86)	34	42 (33)	14.28 (11.22)	34	51 (40)	17.34 (13.60)
3	Φ12	27	74 (58)	19.98 (15.66)	27	78 (60)	21.06 (16.20)	27	86 (68)	23.22 (18.36)	27	104 (82)	28.08 (22.14)
4	L80×80×10	900 (700)	2	18.00 (14.00)	931.7 (724.7)	2	18.63 (14.49)	1039.2 (808.3)	2	20.78 (16.17)	1272.8 (989.9)	2	25.46 (19.80)

桥台处一道(双向)行车道伸缩缝尺寸表

α	α=0°	α=15°	α=30°	α=45°
C (mm)	31	32	36	44
b_1 (mm)	99	102	114	140
b_2 (mm)	415	430	479	587
b (mm)	576	596	665	815
e (mm)	300	311	346	424
d (mm)	570	590	658	806
n_1	36 (28)	36 (27)	40 (31)	49 (38)
a_1 (mm)	0	159 (249)	196 (157)	239 (200)
n_2	35 (27)	37 (28)	41 (32)	50 (39)
a_2 (mm)	125	34 124	71 42	114 75
n_3 (块)	9 (7)	8 (6)	9 (7)	11 (8)
a_3 (mm)	0	659 (624)	696 (542)	864 (950)
B (mm)	9000 (7000)	9317 (7247)	10392 (8083)	12728 (9899)

预应力混凝土I形组合梁斜桥 跨径40米 斜交角0°15°30°45°	汽车-20级 挂车-100 净-9+2×1.5 净-9+2×1.0 净-7+2×1.0
伸缩缝构造(四)	图号 89

桥墩、桥台处一道（双向）行车道伸缩缝材料总表

位置	名称规格 (mm)	单位重 (kg／m)	α=0° 长度 (m)	α=0° 共重 (kg)	α=15° 长度 (m)	α=15° 共重 (kg)	α=30° 长度 (m)	α=30° 共重 (kg)	α=45° 长度 (m)	α=45° 共重 (kg)
桥墩	⌀20（M18螺杆）	2.46	24.48 (19.04)	60.22 (46.84)	25.84 (19.72)	63.57 (48.51)	28.56 (22.44)	70.26 (55.20)	34.68 (27.20)	85.31 (66.91)
	⌀12	0.888	21.46 (16.82)	19.06 (14.94)	22.62 (17.40)	20.07 (15.45)	24.94 (19.72)	22.15 (17.51)	30.16 (23.78)	26.78 (21.12)
	L100×80×10	13.48	18.00 (14.00)	242.64 (188.72)	18.63 (14.49)	251.13 (195.33)	20.78 (16.17)	280.11 (217.97)	25.46 (19.80)	343.20 (266.90)
	螺母M18	0.04419	144 (112)	6.36 (4.95)	152 (116)	6.72 (5.13)	168 (132)	7.42 (5.83)	204 (160)	9.01 (7.07)
	垫圈18	0.01398	144 (112)	2.01 (1.57)	152 (116)	2.12 (1.62)	168 (132)	2.35 (1.85)	204 (160)	2.85 (2.24)
	合计			330.29 (257.02)		343.61 (266.04)		382.29 (298.36)		467.15 (364.24)
	50号环氧树脂混凝土（m³）		1.3 (1.0)		1.3 (1.1)		1.5 (1.2)		1.9 (1.5)	
桥台	⌀20（M18螺杆）	2.46	29.52 (22.96)	72.62 (56.48)	31.18 (23.78)	76.70 (58.50)	34.44 (27.06)	84.72 (66.57)	41.82 (32.80)	102.88 (80.69)
	⌀12	0.888	19.98 (15.66)	17.74 (13.91)	21.06 (16.20)	18.70 (14.39)	23.22 (18.36)	20.62 (16.30)	28.08 (22.14)	24.94 (19.66)
	L80×80×10	11.87	18.00 (14.00)	213.66 (166.18)	18.63 (14.49)	221.14 (172.00)	20.78 (16.17)	246.66 (191.94)	25.46 (19.80)	302.21 (235.03)
	螺母M18	0.04419	144 (112)	6.36 (4.95)	152 (116)	6.72 (5.13)	168 (132)	7.42 (5.83)	204 (160)	9.01 (7.07)
	垫圈18	0.01398	144 (112)	2.01 (1.57)	152 (116)	2.12 (1.62)	168 (132)	2.35 (1.85)	204 (160)	2.85 (2.24)
	合计			312.39 243.09		325.38 251.64		361.77 282.49		441.89 344.69
	50号环氧树脂混凝土（m³）		1.2 (1.0)		1.2 (1.0)		1.3 (1.1)		1.6 (1.3)	

桥墩、桥台处一道（双向）行车道伸缩缝装置数量表 单位：块

部位		型号	α=0°	α=15°	α=30°	α=45°
桥墩	行车道	JB－150－90a	9 (7)			
		JB－150－75a		10 (8)		
		JB－150－60a			11 (9)	
		JB－150－45a				13 (10)
桥台	行车道	JB－100－90a	9 (7)			
		JB－100－75a		10 (8)		
		JB－100－60a			11 (9)	
		JB－100－45a				13 (10)

附注：

1、本图用于净－9＋2×1.5米人行道，净－9＋2×1.0米人行道，净－7＋2×1.0米人行道宽的桥。
2、人行道部分的伸缩缝的构造示意图见桥宽为净－11.5＋2×0.5米及净－9.75＋2×0.5米的行车道伸缩缝构造示意图。
3、行车道部分的计算表格中，括号外数据用于净－9的行车道，括号内数据用于净－7的行车道，无括号者共用。
4、可根据情况选用其它类型的伸缩缝。

桥墩、桥台处一道（双向）伸缩缝钢材总表 单位：kg

α		α=0°			α=15°			α=30°			α=45°		
桥宽（m）		净－9＋2×1.5	净－9＋2×1.0	净－7＋2×1.0	净－9＋2×1.5	净－9＋2×1.0	净－7＋2×1.0	净－9＋2×1.5	净－9＋2×1.0	净－7＋2×1.0	净－9＋2×1.5	净－9＋2×1.0	净－7＋2×1.0
桥墩	人行道	2×12.88	2×9.74	2×9.74	2×13.31	2×10.07	2×10.07	2×14.80	2×11.17	2×11.17	2×18.01	2×13.57	2×13.57
	行车道	330.29	330.29	257.02	343.61	343.61	266.04	382.29	382.29	298.36	467.15	467.15	364.24
	合计	356.05	349.77	276.50	370.23	363.75	286.18	411.89	404.63	(320.70)	503.17	494.29	391.38
桥台	人行道	2×12.88	2×9.74	2×9.74	2×13.31	2×10.07	2×10.07	2×14.80	2×11.17	2×11.17	2×18.01	2×13.57	2×13.57
	行车道	312.39	312.39	243.09	325.38	325.38	251.64	361.77	361.77	282.49	441.89	441.89	344.69
	合计	338.15	331.87	262.57	352.00	345.52	271.78	391.37	384.11	304.83	477.91	469.03	371.83

预应力混凝土I形组合梁斜桥 跨径40米 斜交角0°15°30°45°	汽车－20级 挂车－100	
	净－9＋2×1.5 净－9＋2×1.0 净－7＋2×1.0	
伸缩缝构造(五)	图号	90

人行道伸缩缝装置横断面

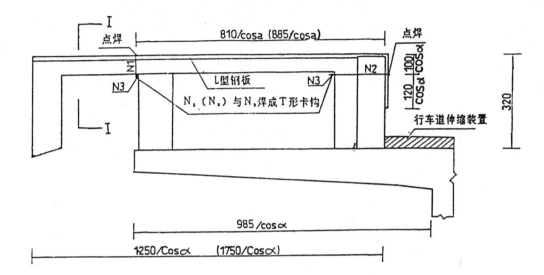

I—I

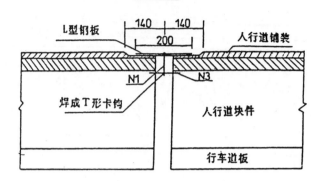

L型钢板平面展开图

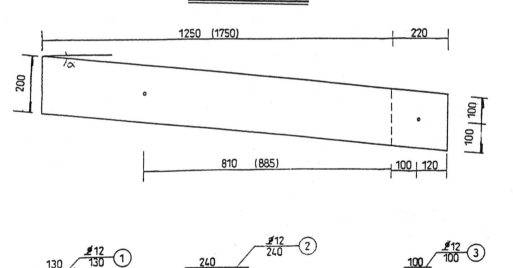

一道一侧人行道伸缩装置材料数量表

	编号	直径(mm)	长度(cm)	根数(根)	共长(m)	共重(kg)
钢筋	1	φ12	13	1	0.13	0.684
	2	φ12	24	1	0.24	
	3	φ12	20	2	0.40	
钢板	α=0°	1470×200×4 (1970×200×4)				9.23 (12.37)
	α=15°	1522×200×4 (2039×200×4)				9.56 (12.80)
	α=30°	1697×200×4 (2275×200×4)				10.66 (14.29)
	α=45°	2079×200×4 (2786×200×4)				13.06 (17.50)

附注：

1、本图尺寸以毫米计。

2、括号外数据用于1.0米宽人行道，括号内数据用于1.5米宽人行道，无括号者共用。

3、可根据情况选用其它类型的伸缩缝。

预应力混凝土I形组合梁斜桥
跨径40米 斜交角 0° 15° 30° 45°
伸缩缝构造(六)

汽车—20级 挂车—100
净—9+2×1.5
净—9+2×1.0
净—7+2×1.0

图号 91

附注

1、图中尺寸均以毫米计。

2、锚垫板布置及材料数量见图号：46～55。

3、一块垫板上可能有两种锚具型号，加工时必须注意。

4、各孔道内钢绞线根数见图号：35～37。

5、双孔垫板括号外数字用于直立布置，括号内数字用于横式布置，无括号者共用。

预应力混凝土I形组合梁斜桥 跨径40米 斜交角0°、15°、30°、45°	汽车-20级 挂车-100 汽车-超20级 挂车-120	净-11.5 净-9+2×1.50 净-8.75 净-9+2×1.00 净-7+2×1.00
锚具大样	图号	92

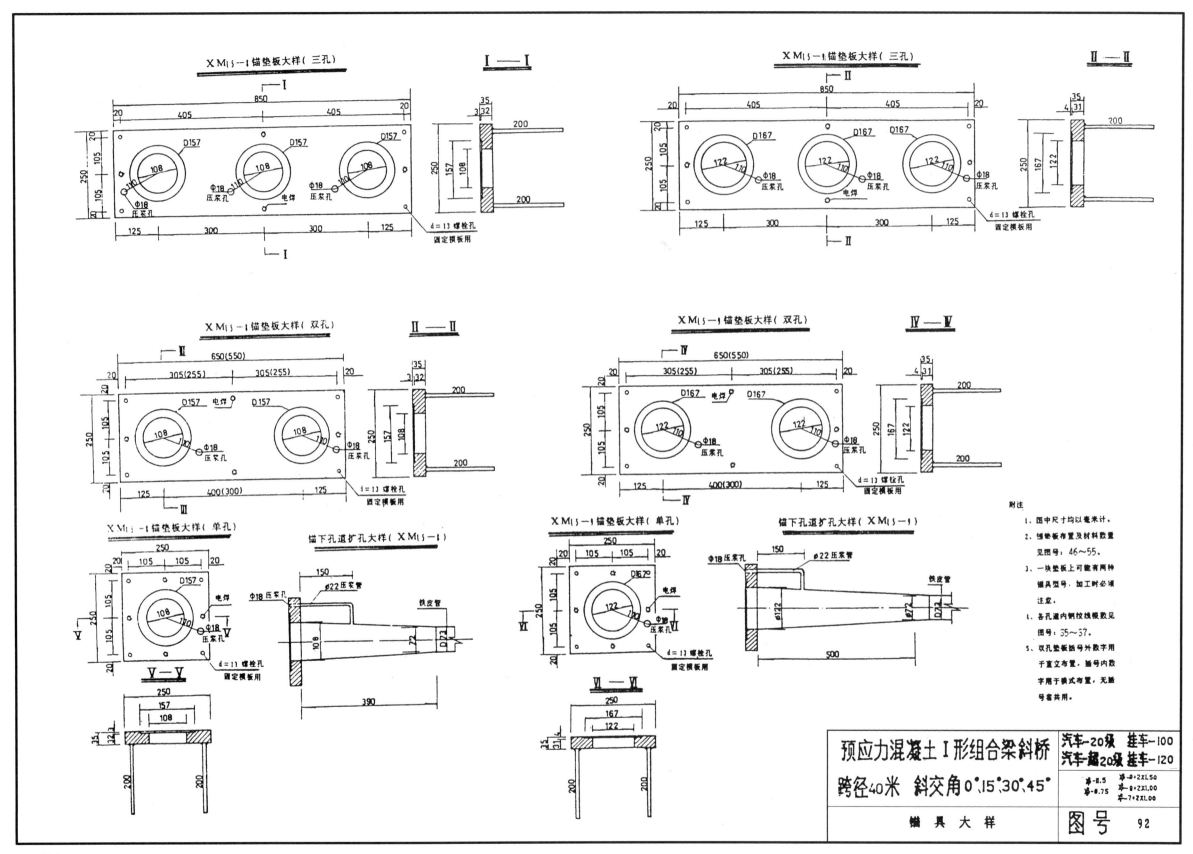